21世纪普通高等院校系列规划教材

成本会计学

Chengben Kuaijixue

刘艳丽 主 编

西南财经大学出版社

图书在版编目(CIP)数据

成本会计学/刘艳丽主编.—成都:西南财经大学出版社,2016.8
ISBN 978-7-5504-2305-3

Ⅰ.①成… Ⅱ.①刘… Ⅲ.①成本会计 Ⅳ.①F234.2

中国版本图书馆CIP数据核字(2016)第021311号

成本会计学

刘艳丽 主编

责任编辑:李筱
封面设计:杨红鹰 张姗姗
责任印制:封俊川

出版发行	西南财经大学出版社(四川省成都市光华村街55号)
网　　址	http://www.bookcj.com
电子邮件	bookcj@foxmail.com
邮政编码	610074
电　　话	028-87353785 87352368
照　　排	四川胜翔数码印务设计有限公司
印　　刷	郫县犀浦印刷厂
成品尺寸	185mm×260mm
印　　张	20
字　　数	455千字
版　　次	2016年8月第1版
印　　次	2016年8月第1次印刷
印　　数	1—2000册
书　　号	ISBN 978-7-5504-2305-3
定　　价	39.80元

前言

成本会计作为会计学的一个重要分支，在整个会计体系中占有十分重要的地位，但作为一门独立的学科，它又有自身特有的理论和方法体系。近年来，随着我国会计理论的巨大变革和会计实践的不断变化，特别是2014年《企业会计准则第9号——职工薪酬》准则的颁布实施，对成本会计的核算产生了很大影响，从而也对成本会计学的理论教学带来了一定的挑战，基于此，一本能顺应我国目前会计环境要求的《成本会计学》教材就显得特别必要，本书正是基于以上目的而编写的。本书的主要内容及其特点有：

第一，根据最新的企业会计准则编写。在第三章要素费用的核算中，根据我国《企业会计准则第9号——职工薪酬》的规定，将应付职工薪酬费用按照新的分类和处理方法编写，本节和以往的教材相比较，增加了离职后福利计划的核算内容。

第二，较为全面、深入地阐述了成本的含义，成本会计的对象、环节，成本会计的组织形式、核算程序等基本理论问题，这对于全面认识成本会计的内容和作用，把握成本会计的课程核心是非常重要的。

第三，根据现行会计准则和会计制度，以工业企业为例，对产品制造成本的核算方法进行了较为全面、系统的阐述，特别是对工业企业产品成本的品种法、分批法、分步法、分类法和定额法等基本方法，从其基本特点、判断程序、计算方法、适用范围等方面，均作了较为详尽的阐述，同时，对变动成本法、标准成本法以及作业成本法等辅助方法也作了概括的介绍。

第四，为了便于老师教学与学生自学，本书每章前面都列出了本章的学习目标、重要知识点、关键词汇，在每章的后面都附有练习题，并在本书最后集中给出了参考答案。此外，为了增加可阅读性和趣味性，每章开始都给出了一个案例作为本章的引导。

本书由华北水利水电大学刘艳丽老师担任主编，王晓燕老师为副主编，李红杰老师、罗昭君老师、张春红老师和王红娜老师参加了本书的编写。各章的分工为：刘艳丽负责撰写大纲以及全书的审稿、修改和定稿工作，并编写了第三章、第十二章；第一章、第五章、第六章由罗昭君执笔；第二章、第八章由王红娜执笔；第四章、第七章由张春红执笔；第十章、第十一章由李红杰执笔。

本书在编写过程中参考了大量国内外有关著作和教材，并得到了华北水利水电大学杨孝海教授的指导和建议，在此一并表示衷心的感谢！由于编者水平所限，书中难免有各种不妥和纰漏，恳请读者朋友给予批评指正。

编者

2015 年 8 月 14 日

目 录

1 绪论

教学目标：

通过本章的学习，要求学生从理论上掌握成本的经济实质和现实含义，以及成本在现实经济生活中的作用；了解成本会计的产生和发展历程，熟练掌握成本会计的对象和任务，并对成本会计的组织工作有所了解。

教学要求：

知识要点	能力要求	相关知识
成本的含义	（1）理解成本的经济实质； （2）理解会计的现实含义	（1）马克思成本理论分析； （2）经济学上不同的成本概念； （3）会计学上不同的成本概念
成本的作用	（1）了解商品价值的概念； （2）了解商品价格的概念	（1）成本是补偿生产耗费的价值尺度； （2）成本是制定产品价格的重要基础； （3）成本是计算企业盈亏的依据； （4）成本是企业进行决策的依据； （5）成本是综合反映企业工作业绩的指标
成本会计的发展	（1）了解成本会计的产生； （2）了解成本会计的发展阶段	（1）原始的成本会计阶段； （2）近代的成本会计阶段； （3）现代的成本会计阶段
成本会计的对象、任务和职能	（1）理解成本会计的对象； （2）理解成本会计的任务； （3）理解成本会计的职能	（1）成本会计的对象可以概括为：各行业企业生产经营业务的成本和期间费用。 （2）现代成本会计的主要职能有：成本预测、成本决策、成本计划、成本控制、成本核算、成本分析和成本考核。 （3）成本会计的职能是对成本会计实务的高度概括和抽象
成本会计的组织工作	（1）了解成本会计组织工作的原则； （2）了解成本会计的组织形式	成本会计的组织工作是有效进行成本会计管理工作的重要保障

基本概念：

成本　成本会计　剩余价值　经济实质　成本对象　成本核算形式　组织工作

导入案例：

由光线影业出品，徐峥首次自编、自导、自演的喜剧电影《人再囧途之泰囧》自上映以来受到观众的极力热捧，被赞为“年度最好笑喜剧”，上映 5 天票房就已经突破了 3 亿元，创造了华语片首周票房纪录。上映一个月票房达到了 12 亿元，观影人次超过 3 900 万人，成为华语片票房冠军。自《泰囧》上映以来，电影出品公司光线传媒的股价几乎是疯狂飙涨。而这部成本仅为 3 000 万元的电影，却成为国产片中最赚钱的电影。

1.1 成本的含义及其作用

1.1.1 成本的含义

成本是现代社会经济生活中被广泛使用的一个重要概念。它是商品生产发展到一定阶段，人们为了比较生产中的所费与所得，并对所费进行补偿，而产生的一个用价值表现的生产耗费的概念，在现代社会经济生活中被广泛使用。成本是商品经济的产物，是商品经济中的一个经济范畴，是商品价值的主要组成部分。

对于成本的含义，应当在明确其经济实质的基础上，重点掌握其在会计学上的现实含义。

1. 成本的经济实质

马克思在《资本论》一书中，系统阐述了成本的经济学含义。他指出：“按照资本主义方式生产的每一个商品 W 的价值，用公式来表示是 W=C+V+M。如果我们从这个产品价值中减去剩余价值 M，那么，在商品剩下来的，只是一个在生产要素上耗费的资本价值 C+V 的等价物或补偿价值。”“商品价值的这个部分，即补偿所消耗的生产资料价格和所使用的劳动力价格的部分，只是补偿商品使资本家自身耗费的东西，所以对资本家来说，这就是商品的成本价格。”①

以上论述，指出的只是产品成本的经济实质，并不是泛指一切成本。马克思一方面从耗费角度指明了产品成本的经济实质是 C+V，由于 C+V 的价值无法计量，人们所能计量和把握的成本，实际上是 C+V 的价格即成本价格；另一方面从补偿角度指明了成本是补偿商品生产中资本自身消耗的东西，实际上是说明了成本对再生产的作用。也就是讲产品成本是企业维持简单再生产的补偿尺度，由此可见，在一定的产品销售量和销售价格的条件下，产品成本水平的高低，不但制约着企业的生存，而且决定着剩余价值 M，即利润的多少，从而制约着企业再生产扩大的可能性。马克思对于成本的考察，既看到耗费，又重视补偿，这是对成本性质完整的理解。商品生产条件下，

① 资本论：第 3 卷［M］. 北京：人民出版社，1974：30.

成本是耗费和补偿的对立统一，因为耗费是个别生产者的行为，而补偿则是社会过程。生产中耗费要求补偿和流通中能否补偿是两个不同的事情，这就迫使商品生产者不但要重视成本信息，更要重视成本管理，力求以较少的耗费寻求补偿，来获取最大限度的利润。一般理论成本不包括生产经济中许多特殊情况和经济生活中若干方针政策问题以及外界客观条件的影响。

2. 成本的现实含义

会计账户上规定的成本与经济学家眼中的成本，即会计成本与经济成本，二者在含义上存在较大差异。企业都有自己的会计账户，它记录了企业在过去一段时期内生产和经营过程中的实际支出，这些支出被称为会计成本。会计成本常被用于对以往经济行为的审核和评价。

成本包括了产品成本、期间成本、变动成本、重置成本、沉没成本、差别成本、机会成本等各种具体概念。一般认为，会计学意义上的各种成本概念，都属于现实意义上的成本。会计学上成本的内涵，应该是对成本进行高度概括，能揭示出成本的本质的，不仅能用来解释产品成本，而且能用来解释实际工作中遇到的各种具体工作。因此，会计学上的成本含义应该是：特定的会计主体为了达到一定的目的而发生的可以用货币计量的代价。具体来说包括以下几个方面的含义：第一，成本必须发生于某一特定的会计主体，以符合会计主体假设的要求。第二，成本的发生是为了达到一定的目的。如果成本的发生没有明确的目的，则是浪费，因为生产是人类有目的的活动。第三，所发生的成本必须是可以用货币计量的，否则就无法进行成本的核算。成本会计也属于会计，因此应符合会计的货币计量假设。

成本的内容往往要服从于管理的需要。此外，由于从事经济活动的内容不同，成本含义也不同。随着社会经济的发展、企业管理要求的提高，成本概念和内涵都在不断地发展、变化，人们所能感受到的成本范围逐渐扩大。这标志着人们加深了对成本的认识，使成本理论更加丰富、充实和完善，从而为成本会计适应现代企业管理的需要拓宽了新的领域。

1.1.2 成本的作用

成本在市场经济条件下的经济管理工作中具有十分重要的作用：

1. 成本是补偿生产耗费的价值尺度

企业要维持再生产，进行持续经营的必要条件是必须补偿其在生产中发生的耗费，成本就是生产耗费补偿的价值尺度。企业在取得销售收入后，必须把相当于成本的数额用于补偿生产经营中发生的资金损耗，否则，就不能维持企业的简单再生产和扩大再生产。

2. 成本是制定产品价格的重要基础

企业在制定产品价格时，需要考虑的因素很多，既要考虑国家的价格政策、产品的市场需求状态和消费水平等因素，更要考虑产品的耗费成本、企业的个别生产成本和产品的社会平均成本。产品价格是产品价值的货币表现，在现阶段，人们只能通过计算成本，间接地、相对地反映和掌握产品的价值，因此，产品成本是制定产品价格的重要基础。

3. 成本是计算企业盈亏的依据

企业为了未来的利益，进行生产、技术和投资决策时，与备选方案相联系的各种形式的未来成本，是进行经营决策、选择最优方案的重要依据。同时，产品成本也是企业确定经营损益的重要依据，只有抵补了生产经营过程中发生的耗费后，企业才有可能盈利。

4. 成本是企业进行决策的依据

企业进行正确的生产经营决策，需要考虑的因素很多，成本是主要因素之一。这是因为，在价格等因素一定的前提下，成本的高低直接影响着企业盈利的多少。而较低的成本，则可以使企业在激烈的市场竞争中处于有利地位。

5. 成本是综合反映企业工作业绩的重要指标

成本是一项综合性的经济指标，产品成本的高低是企业生产技术和经营管理水平的综合反映。企业劳动生产率的高低、原材料的利用程度、固定资产的使用效率、资金运用的节约程度、生产工艺过程的合理与生产组织的协调水平、产品质量的优劣、产品产量的大小、企业定额或预算管理工作的好坏、经营管理水平的高低等都会通过成本直接或间接地体现，因此成本是衡量企业工作业绩的重要标志。

1.2 成本会计的产生及发展

成本会计是基于商品经济条件下，为求得产品的总成本和单位成本而核算全部生产成本和费用的会计活动。现代成本会计拓宽了传统成本会计的内涵和外延，其涉及的内容广泛，以我国会计界目前的共识来看，现代成本会计的基本内容是：成本预测、成本决策、成本计划、成本控制、成本核算、成本分析、成本考核、成本检查。由于成本预测、成本决策、成本计划、成本控制、成本核算等内容通常在管理会计和财务管理等书中有较为系统的介绍，因此本书将主要阐述的是狭义的成本会计的内容与方法，即主要是指成本核算，按照一定的程序、标准和方法，对企业发生的各种费用进行归集和分配，计算出成本计算对象的总成本和单位成本的一系列程序和方法。

成本会计先后经历了早期成本会计、近代成本会计、现代成本会计和战略成本会计四个阶段。成本会计的方式和理论体系，随着发展阶段的不同而有所不同。

1. 早期成本会计阶段（1880—1920 年）

成本会计起源于英国。随着英国产业革命的完成，会计人员为了满足企业管理上的需要，起初是在会计账簿之外，用统计的方法来计算成本。此时，成本会计出现了萌芽。后来传入美国及其他国家后，随着企业的生产规模的进一步扩大，市场竞争日趋激烈，生产成本越来越得到普遍的重视。早期发展阶段，成本会计在实务方面取得以下进展：

一是建立了材料核算和管理办法。如设立材料账户和材料卡片，标明“最高库存量”和“最低库存量”，以确保材料既能保证生产的需要，又可以节约使用资金；实行材料管理的“永续盘存制”，采取领料单制度控制材料耗用量，按先进先出法计算材料耗用成本。

二是建立了工时记录和人工成本计算方法。主要做法是对人工使用卡片记录工作时间和完成产量；将人工成本先按部门归集，再分配给各种产品，以便控制和准确计算人工成本。

三是确立了间接费用的分配方法。随着工厂制度的建立，生产设备大量增加，间接费用也快速增长，在实践中先后提出了按实际数额进行分配和按间接费用正常分配的理论。

四是利用分批成本计算法和分步成本计算法计算产品成本。根据制造业的生产工艺特点，选择分批计算产品成本或分步骤计算产品成本。

五是出现了专门的成本会计组织。美国于 1919 年成立了全国成本会计师联合会；同年，英国也成立了成本和管理会计师协会。这些成本会计组织成立后，对成本会计进行了一系列的研究，为奠定成本会计的理论基础和完善成本会计方法作出了重大贡献。

2. 近代成本会计阶段（1921—1945 年）

成本会计的理论和方法在这一阶段得到了进一步的完善与发展，成本会计有了以下方面的进展：

一是标准成本制度的实施。19 世纪末 20 世纪初，以泰勒为代表的“科学管理”思想，对成本会计的发展产生了深刻的影响。在此之前，没有控制成本，发生多少算多少，生产中浪费了，只有事后计算实际计算成本时才知道。标准成本制度实施后，成本会计不仅仅是事后计算和确定产品的生产成本和销售成本，还要事先制定成本标准，并据以控制日常生产消耗与定期分析成本。这样，成本会计增加了“管理上的成本控制与分析”的新职能，发展成为管理成本和降低成本的手段。这标志着成本会计已经进入了一个新阶段。

二是预算制度的完善。西方国家普遍认为：控制成本最有效的办法，除了制定标准成本外，还有预算控制，标准成本制度和预算控制是成本控制的两大支柱。预算控制最开始采用的是固定预算方法，即根据预算期间某一业务量确定相应的预算数。但是由于产量变动使间接费用预算数和实际数无法比较，影响了预算控制的实际效果，1928 年，美国一公司的会计师和工程师根据成本与产量的关系，设计了一种弹性预算方法，分别编制固定预算和弹性预算。这就使相关费用项目的实际数与预算数更具有可比性，而且可使企业合理地控制不同属性的费用支出，便于有效地控制成本，也利于考核经营者的工作业绩。所以，弹性预算是近代成本会计的重大进步，也是节约间接费用的最好办法。

三是成本会计的应用范围更广泛。在这一阶段，成本会计的应用范围从原来的工业企业扩大到各个行业，并由企业的制造部门深入应用到一个企业内部的各主要部门，特别是应用到企业经营的销售环节。

3. 现代成本会计阶段（1945—1980 年）

第二次世界大战以后，经济迅速发展，生产自动化程度大大提高，产品更新速度加快；企业规模越来越大，跨国公司大量出现，市场竞争愈演愈烈。企业只进行事后、事中的成本控制已经远远不够，为了适应社会经济出现的新情况，企业不得不在生产过程之前就开始考虑降低成本，这一阶段运筹学、系统工程和电子计算机等各种学科和技术，在成本会计中得到了广泛的应用，从而使成本会计发展到了一个新阶段，即成本会计发展重点由如何事中控制成本、事后计算和分析成本转移到如何预测、决策和规划成本，形成了新型的注重管理的经营性成本会计。成本会计的外延已经远远超出了成本核算的范围。

其主要表现有：一是开展成本预测与决策。为了控制成本，现代成本运用预测理论和方法，建立起数量化的管理技术，对未来成本发展变动趋势进行估计和测算；运用决策理论和方法，依据成本预测资料，选取最优成本方案，做出正确的成本决策。变动成本法完成了成本性态的分析，将企业产品划分为变动成本和固定成本，对企业成本、业务量和利润之间各变量关系进行分析，有利于企业进行成本预测。

二是实行目标成本管理。随着目标管理理论的应用，成本会计有了新的发展。产品设计前，按照客户所能接受的价格，确定产品售价和目标利润，然后确定目标成本管理，使成本会计与工程技术等有机结合，有助于企业形成产品品质和功能优化、成本降低的竞争优势。

三是实施责任成本计算。第二次世界大战后，随着美国企业规模的日益扩大和管理的日趋复杂，管理由集权制转为分权制，为了加强对企业内部各级单位的业绩考核，1952 年美国会计学家倡导责任会计，提出建立成本中心、利润中心和投资中心相结合的会计制度，将成本目标进一步分解为各级责任单位的责任成本，进行责任成本核算，使成本控制更为有效。

四是推行质量成本核算。随着工业生产的发展，企业对质量管理日益重视。到 20 世纪 60 年代，质量成本概念基本形成，并确定了质量成本项目、质量成本的计算和方法，扩大了成本会计的研究领域，促使企业在提高产品质量的同时，进一步注重质量成本的分析。

五是施行作业成本管理。美国会计学家在 20 世纪 80 年代后期提出了作业成本法，即以作业为基础的成本计算制度，施行作业成本管理。作业成本计算是一种真正具有创新意义的成本计算方法，它是适应当代高新科学技术制造环境而形成和发展起来的。

4. 战略成本会计阶段（1981 年以后）

20 世纪 80 年代，英国学者西蒙首先提出了战略成本管理。该理论认为，电脑技术的进步、生产方式的改变、产品生命周期的缩短以及全球性竞争的加剧，大大改变了产品成本结构与市场竞争模式，成本管理的视角应由单纯的生产经营过程管理和重股东财富，扩展到与顾客需求及利益直接相关的、包括产品设计和产品使用环节的产品生命周期管理，更加关注产品的顾客可察觉价值。同时要求企业更加注重内部组织管理，尽可能地消除各种增加顾客价值的内耗，以获取市场竞争优势。此时，战略相关性成本管理信息已成为成本管理系统不可缺少的部分。国外学者对于战略成本管理研究的成功，主要表现为通过成本管理来提供对战略决策有用的成本信息。一般认为，战略成本管理的内容包括价值链分析、战略定位分析、成本动因分析等。

随着全球竞争加剧，产业结构不断发生变化，新的经济环境对成本会计提供了新的发展机遇，也提出了新的挑战，这必将促进成本会计的进一步发展和完善。

1.3 成本会计的对象、职能和任务

1.3.1 成本会计的对象

成本会计是会计的一个分支，是以成本为对象的一种专业会计。成本会计的对象，就是成本会计反映和监督的内容。由于成本会计主要是研究物质生产部门为制造产品而发生的生产成本，所以，成本会计核算和监督的具体内容就是指产品生产过程中的生产成本。

1. 工业企业成本会计的对象

企业的成本，包括产品的生产成本以及不计入产品生产成本的销售费用、管理费用和财务费用。按照工业企业会计制度的有关规定，工业企业的销售费用、管理费用和财务费用，与产品生产并没有直接联系，按照发生的期间归集，是直接计入当期损益的，构成了企业的期间费用，因此，工业企业成本会计的对象是产品的生产成本和期间费用。

2. 成本会计的一般对象

商品流通企业的成本，包括商品购销成本以及不计入商品购销成本的经营费用、管理费用和财务费用；施工企业的成本，包括工程成本以及不计入工程成本的管理费用和财务费用；旅游、饮食服务企业的成本，包括营业成本以及不计入营业成本的营业费用、管理费用和财务费用等。

工业企业和这些行业企业的产品生产成本、工程成本、商品购销成本和营业成本等，可以总称为生产经营业务成本。工业企业和这些行业企业的销售费用、经营费用、营业费用、管理费用和财务费用等，直接计入当期损益，构成了企业的期间费用。

因此，成本会计的对象可以概括为：各行业企业生产经营业务的成本和期间费用，简称成本、费用。成本会计实际上是成本、费用会计。

随着成本概念的发展、变化，成本会计的对象和成本会计本身也在相应地发展、变化。

1.3.2 成本会计的职能

成本会计的职能是对成本会计实务的高度概括和抽象，是指成本会计作为一种管理经济的活动，在生产经营过程中所能发挥的作用。由于现代成本会计与管理紧密结合，因此，它实际上包括了成本管理的各个环节。现代成本会计的主要职能有：成本预测、成本决策、成本计划、成本控制、成本核算、成本分析和成本考核。

1. 成本预测

成本预测，是指运用一定的科学方法，依据成本的有关数据及其与各种技术经济

因素之间的依存关系，结合企业发展状况、前景及应采取的措施，通过一定的程序、方法和模型，对未来成本水平及其变化趋势作出科学的估计。

通过成本预测，掌握未来的成本水平及其变动趋势，有助于减少决策的盲目性，使经营管理者易于选择最优方案，作出正确决策。

2. 成本决策

成本决策，是指在成本预测的基础上，根据成本预测及有关成本资料，运用定性与定量的方法，对企业生产经营的成本方案进行计算分析，从中选择最优方案。

成本决策贯穿于整个生产经营过程，涉及面广，因此，在每个环节都应选择最优的成本决策方案，这样才能达到总体的最优。做好成本决策对于企业争取制定成本计划，促进企业提高经济效益，具有十分重要的意义。

3. 成本计划

成本计划，是根据成本决策所确定的方案和目标，规定企业在计划期内产品生产耗费和各种产品的成本水平，以及为相应降低成本水平而采取的具体措施。

成本计划属于成本的事前管理，是企业生产经营管理的重要组成部分。成本计划执行的过程，也是进行成本控制的过程。通过对成本的计划与控制，分析实际成本与计划成本之间的差异，指出有待加强控制和改进的领域，达到评价有关部门的业绩，增产节约，从而促进企业发展的目的，做好成本计划对企业的经营管理有重要的意义。

4. 成本控制

成本控制，是企业在生产经营过程中，根据一定时期预先建立的成本管理目标，将实际发生的费用严格控制在限额标准之内，对各种影响成本的因素和条件采取的一系列预防和调节措施，以保证成本管理目标实现的管理行为。

成本控制是成本管理的一部分，其对象是成本发生的过程，包括设计过程、采购过程、生产和服务提供过程、销售过程、物流过程、售后服务过程、管理过程、后勤保障过程等所发生的成本控制。成本控制的结果应能使被控制的成本达到规定的要求。为使成本控制达到规定的、预期的成本要求，就必须采取适宜的和有效的措施。

开展成本控制活动的目的就是防止资源的浪费，使成本降到尽可能低的水平，并保持已降低的成本水平。进行成本控制，有利于实现预期的成本目标和不断降低成本。

5. 成本核算

成本核算，是指将企业在生产经营过程中发生的各种成本费用，按照一定的程序，采取一定的方法，进行分配和归集，以计算出各成本对象所应负担的总成本和单位成本。

成本核算通常以会计核算为基础，以货币为计算单位。成本核算是成本管理的重要组成部分，对于企业的成本预测和企业的经营决策等存在直接影响。通过成本核算，不仅可以考核和分析成本计划的执行情况，发现企业生产经营中存在的问题，还可以为制定产品价格提供依据。

6. 成本分析

成本分析，是利用成本核算及其他有关资料，全面分析成本水平及其构成的变动情况，研究影响成本变动的各种因素和原因，寻找降低成本的途径的分析方法。

成本分析是成本管理的重要组成部分，其作用是正确评价企业成本计划的执行结果，揭示成本升降变动的原因，为编制成本计划和制定经营决策提供重要依据。

7. 成本考核

成本考核，是指将一定时期的成本、成本效益的各项实际完成指标同计划指标、定额指标和预算指标进行对比，评价企业成本管理工作的成绩及存在问题的一项工作。

成本考核的作用是，评价各责任中心特别是成本中心业绩，促使各责任中心对所控制的成本承担责任，并借以控制和降低各种产品的生产成本。

在成本会计的各个职能中，成本核算是最基本的职能，没有成本核算就没有成本会计。成本会计的各个职能是相互联系、互为条件的，并贯穿于企业生产经营活动的全过程，在全过程中发挥作用。

1.3.3 成本会计的任务

成本会计作为一项综合性很强的价值管理工作，应该在企业的成本管理工作中发挥主导作用。成本会计的中心任务或目标是：降低成本、费用，改进生产经营管理，争取企业生产经营效益的最优化。根据企业经营管理的要求，结合成本会计对象的特点，成本会计的具体任务包括以下几个方面：

一是根据成本决策，制定企业的目标成本，编制成本计划，作为企业降低成本和费用的努力方向，作为成本控制、分析和考核的依据。

目标成本是企业在一定时期为保证实现目标利润而制定的成本控制指标，制定的正确与否，直接影响着成本控制的有效性。因此，目标成本的确定，必须以企业可靠的数据资料为依据，必须切实可行，既能激发职工的工作积极性，又是经过主观努力可以实现的。这样制定出的目标成本才能起到控制成本的作用。

二是根据成本计划、相应的消耗定额和有关的法规制度，促使企业执行成本计划，控制各项成本费用，积极寻求降低成本的途径和方法。

企业作为自主经营、自负盈亏的商品生产者和经营者，在追求经济利益最大化的动力驱使下，务必会以节约增产为原则，重视经济核算，不断提高企业的经济效益。成本会计负担着极为重要的任务，在遵守国家有关成本费用开支范围和标准的前提下，按照企业的有关规定、计划和预算，严格控制各项费用的开支，监督企业内部各单位严格按照计划、预算和规定办事，并积极探求降低成本的各种方法和途径，促进企业经济效益不断提高。

三是正确、及时地进行成本核算，反映成本计划的执行情况，为企业生产经营决策提供成本信息。

按照国家相关法律法规和制度的要求，出于企业经营管理的需要，及时、正确地进行成本核算，提供真实、有用的成本信息，这是成本会计的基本任务。在成本管理中，对各项费用的监督与控制主要是在成本核算过程中，利用有关核算资料进行的。成本的各项任务也是以成本核算所提供的成本信息为基本依据的。

四是分析和考核各项消耗定额和成本计划的执行情况和结果，通过成本考核和分析，检查企业成本计划的完成情况，促使企业改进生产经营管理，挖掘降低成本、费用的潜力，提高经济效益。

在成本管理工作中，要认真、全面地开展成本分析工作。因为成本是一个综合性很强的经济指标，其计划的完成情况是诸多因素共同作用的结果。通过成本分析，揭示影响成本升降的各种因素及影响程度，以便正确评价企业及企业内部各有关单位在成本管理工作中的业绩和企业成本管理工作中存在的问题，从而改进企业成本管理工作，提高其经济效益。

1.4 成本会计工作的组织

为了有效进行成本会计工作，充分发挥其职能作用，企业必须加强成本会计工作的组织。科学的成本会计工作的组织，主要包括建立健全成本会计机构、配备必要的成本会计人员、制定和推行合理的内部成本会计制度等几个方面的内容。

1.4.1 成本会计工作组织的原则

要做好成本会计的组织工作，企业应根据本单位生产经营活动的特点、生产规模的大小和成本管理的要求等具体情况来组织成本会计工作。具体来说，必须遵循以下几项主要的原则：

1. 成本会计工作要实现经济与技术相结合

成本是一项综合性的经济指标，它受多种因素的影响。其中产品的设计与加工工艺等技术是否先进、在经济上是否合理，对产品成本的高低有着决定性的影响。在传统的成本会计工作中，会计部门多注重产品加工中的耗费，而对产品的设计、加工工艺、质量、性能等与产品成本之间的联系则考虑较少，甚至有的成本会计人员不懂基本的工艺技术问题

这种成本会计工作与技术工作的脱节，使得企业在降低产品成本方面受到很大限制。因此，为了在提高产品质量的同时不断地降低成本，提高企业经济效益，在成本会计工作的组织上应贯彻与技术相结合的原则。不仅要求工程技术人员要懂得相关的成本知识，树立成本意识，而且成本会计人员也必须改变传统的知识结构，具备与正确进行成本预测、参与经营决策相适应的生产技术方面的知识。只有这样，才能在成本管理上实现经济与技术的结合，才能使成本会计工作真正发挥其应有的作用。

2. 成本会计工作必须与经济责任制相结合

实行成本管理上的经济责任制是降低成本的一条重要途径。由于成本会计工作是一项综合性的价值管理工作，涉及面宽、信息灵，因此，企业应充分发挥成本会计的优势，将其与成本管理上的经济责任制有机地结合起来，这样可以使成本管理工作收到更好的效果。例如，为了配合成本分级归口管理，不仅要搞好厂一级的成本会计工作，而且应该完善各车间的成本会计工作，使之能进行车间成本的核算和分析，并指导和监督班组的日常成本管理，从而使成本会计工作渗透到企业生产经营过程的各个环节，更好地发挥其在成本管理经济责任制中的作用。

3. 成本会计工作必须建立在广泛的群众基础之上

降低成本、费用，改进生产经营管理，争取企业生产经营效益的最优化，是成本会计的中心任务或目标。各种耗费是在生产经营的各个环节中发生的，成本的高低取决于各科室、车间、班组和职工的工作质量。同时，各级、各部门的职工群众最熟悉生产经营情况，最了解哪里有浪费现象、哪里有节约的潜力，因此，要加强成本管理，实现降低成本的目标，就不能仅靠几个专业人员，而必须充分调动广大群众在成本管理上的积极性和创造性。为此，成本会计人员还必须做好成本管理方面的宣传工作，经常深入实际，与广大职工群众建立起经常性的联系，了解生产经营过程中的具体情况，并吸收广大群众参加成本管理工作，增强广大职工群众的成本意识和参与意识，以便互通信息，掌握第一手资料，从而把成本会计工作建立在广泛的群众基础之上。

1.4.2 成本会计工作的组织

1. 设置成本会计机构

成本会计机构是处理成本会计工作的职能单位。在专设的会计机构中是单独设置成本会计科、室或组等，还是只配备成本核算人员来专门处理成本会计工作，这是根据企业规模和成本管理要求来考虑和选择的。

2. 配备必需的成本会计人员

成本会计人员是指在会计机构或专设成本会计机构中所配备的成本工作人员，对企业日常的成本工作进行处理。诸如成本计划、费用预算、成本预测、决策、实际成本计算和成本分析、考核等。成本核算是企业核算工作的核心，成本指标是企业一切工作质量的综合表现，为了保证成本信息质量，对成本会计人员业务素质要求比较高。要求从业人员不仅会计知识面广，有较好的成本理论和实践基础，同时还需熟悉企业生产经营的流程（工艺过程）。当然，还必须具备刻苦勤奋的基本素质和良好的职业道德。

3. 确定成本会计工作的组织原则和组织形式

任何工作的组织都必须遵循一定的原则，成本会计工作也不例外，它的组织原则如前所述，主要有：①成本会计工作必须与经济和技术相结合；②成本会计工作必须与经济责任制相结合；③成本会计工作必须建立在广泛的群众基础之上。

成本会计工作的组织形式，主要是从方便成本工作的开展和及时准确地提供成本信息的需要，而按成本要素划分为材料成本、人工成本和间接费用成本组织核算。

4. 制定成本会计制度

成本会计制度是指对进行成本会计工作所作的规定。它的内涵与外延随着经济环境的变化在不断发展变化。在商品经济条件下，现代企业的成本会计制度内容包括成本预测、决策、规划、控制、计算、分析和考核等所作出的有关规定，指导着成本会计工作的全过程，这也被称作广义的成本会计制度。

具体的成本会计制度有：关于成本预测、决策制度；关于计划（或标准成本）成本编制的制度；关于成本核算制度；关于成本控制制度；关于成本分析、考核制度等。

本章小结

现实生活中，成本包括了产品成本、期间成本、变动成本等各种具体概念。一般认为，会计学意义上的各种成本概念，都属于现实意义上的成本。会计学会计成本常被用于对以往经济行为的审核和评价，即特定的会计主体为了达到一定的目的而发生的可以用货币计量的代价。

成本会计是基于商品经济条件下，为求得产品的总成本和单位成本而核算全部生产成本和费用的会计活动。成本会计的方式和理论体系，随着发展阶段的不同而有所不同。

成本会计的对象，就是成本会计所反映和监督的内容。成本会计的职能，是指成本会计作为一种管理经济的活动，在生产经营过程中所能发挥的作用，帮助企业降低成本、费用，改进生产经营管理，提高经营效益。要做好成本会计的组织工作，企业应根据本单位生产经营活动的特点、生产规模的大小和成本管理的要求等具体情况来组织成本会计工作。

习题

1. 成本的经济实质是什么？会计学意义上的成本含义是什么？
2. 成本的作用表现在几个方面？
3. 工业企业的成本会计对象主要包括哪些内容？
4. 成本会计的基本职能是什么？还有哪些其他职能？
5. 在了解成本会计的形成与发展过程中，你受到哪些启发？

2 成本核算的要求和一般程序

教学目标：

通过本章的学习，要求学生能够理解成本核算的各项原则；掌握企业成本核算的各项要求、成本核算的一般程序并能正确把握各项成本费用的分类。

教学要求：

知识要点	能力要求	相关知识
产品成本核算的原则	理解成本核算的各项原则	(1) 可靠性原则； (2) 分期核算原则； (3) 配比原则； (4) 按历史成本计价原则； (5) 一贯性原则； (6) 重要性原则； (7) 权责发生制原则
成本核算的要求	掌握企业成本核算的各项要求	(1) 核算应与管理相结合，满足管理的要求； (2) 正确划分各种费用界限； (3) 正确确定财产物资计价和价值结转的方法； (4) 做好各项基础工作； (5) 采取适当的方法计算产品成本
费用的分类	正确把握各成本费用的分类	(1) 成本费用按经济内容的分类； (2) 成本费用按经济用途的分类
成本核算的一般程序及主要的会计科目	理解并掌握成本核算的一般程序	(1) 确定成本计算对象，设置成本明细账； (2) 正确归集和分配各项生产费用； (3) 归集分配辅助生产费用、制造费用等； (4) 将废品损失计入产品成本； (5) 计算完工产品成本和月末在产品成本

基本概念：

成本核算要求　费用分类　成本核算的程序　成本会计科目

导入案例：

世通公司成立于1979年，主要从事互联网数据传输、长途电话和商业通信等业务。到2002年3月底，世通公司的资产总值超过了1 000亿美元，是安然公司的两倍，是环球电讯公司的四倍。但如今这家特大型企业却濒临破产，成为“新经济”最受瞩目的失败案例之一。

2002年4月，世通公司前任执行官埃伯斯被迫辞职后，新任CEO西奇摩尔随即对公司财务进行了一次常规的审计，结果令世人吃惊。世通内部审计发现，自2001年初以来的五个季度中，世通将总额38亿美元的营业开支计在资本项目下，如果没有这部分违规入账，世通2001年度和2002年第一季度应该为巨额亏损。世通公司曾经宣称，自己2001年的利润为14亿美元，而2002年第一季度也赢利1.3亿美元。现在它不得不改口说，这些其实“都是假的”。6月26日，世通公司虚报利润高达38亿美元的丑闻正式曝光，成为美国商业史上最大的一笔诈骗案。世通公司将收益性支出记在资本性支出项目名下，并不是世通公司不懂得美国的会计规则，而是明如故犯。目的只有一个：虚报利润。这样，不仅可以制造一片利好的假象，以获得投资者的青睐，吸引股市，更可以提高股票价格，使公司内持有期权的管理人员直接获得利益。虚报盈利的丑闻曝光后，无疑为风波不断的华尔街投下了又一颗重磅炸弹，不仅炸醒了华尔街一直热血沸腾的投资者，也炸醒了美国的政治高层。2002年6月27日，美国财政部长保罗·奥尼尔向公众表示：“世通公司的丑闻令人难以置信，应该对做假账的公司管理人员提起刑事诉讼，将其投入监狱。”2002年7月21日晚，世通公司依据美国《破产法》第十一章，正式向纽约南部地方联邦法院递交了破产保护申请。

通过该案例可以看出，正确划分费用的界限，不仅是正确核算产品成本的基础，同时也会间接影响企业利润，进而可能对经济社会也造成一定的影响。

2.1 产品成本核算的原则

成本核算就是按照国家统一的会计制度的要求，对产品生产经营过程中实际发生的生产费用进行归集和分配。对于企业来说，为了提供管理上需要的资料，成本核算所提供的信息应能够满足企业管理者进行成本分析、成本决策和成本考核的需要；成本核算应讲究质量，使提供的信息符合规定。因此，要提高成本核算的质量，就必须使成本核算符合一定的原则。成本核算必须遵守的原则主要有：

1. 可靠性原则

可靠性原则指的是成本核算结果所提供的成本信息与客观的经济事项相一致，不应掺假，或人为地提高、降低成本。另外，成本核算资料按一定原则由不同的会计人员加以计算时应该得出相同的结果，只有这样，成本信息使用者才不至于得出错误的结论。

2. 分期核算的原则

成本的分期核算原则指成本会计在进行成本核算时，应将企业持续不断的生产经营过程按会计期间分别予以计算和报告，为管理者提供及时有效的成本信息。企业的生产活动是川流不息的，企业为了取得一定期间内所生产产品的成本，必须将企业的生产活动按一定阶段（月、季、年）划分为各个时间段，这样才能计算各期产品的成本。成本核算的分期，必须与会计年度的分期相一致，即按年、季、月划分成本核算期，这样有利于与财务会计配合确定企业各期的经营成果。必须指出，成本核算的分期与产品的成本计期不一定会保持一致，不论企业生产类型如何，成本核算工作，包括费用的归集和分配，都必须按月进行。至于完工产品成本计算，它与生产类型有关，可能是定期的，也可能是不定期的。

3. 配比的原则

为了确定某一会计期间的产品销售利润，除需确定本期营业收入外，还应确定应由本期成本负担的费用，将费用和相应的收入相配比。这对企业成本计算来说，就是为实现本期收入而发生应由本期成本负担的费用，不论是否已经支付，都要计入本期成本；凡不是为实现本期收入所发生不应由本期成本负担的费用（即已计入以前各期的成本，或应由以后各期成本负担的费用），虽然在本期支付，也不应计入本期成本，以便正确提供各期的成本信息。

4. 按历史成本计价的原则

历史成本指实际成本，按历史成本计价的原则就是成本核算应按实际成本计价。包括两方面的内容：一是对生产所耗用的原材料、燃料、动力和折旧等费用，都要按实际成本计价。例如，原材料、燃料的明细账如果按计划成本计价，在计入产品成本时，需将计划成本调整为实际成本。二是完工产品成本要按实际成本计价。即产品完工转出时，账面上已归纳的属于该产品的实际成本应随之转出，不能多转或少转。这并不是说“库存商品”账户不能按计划成本（或定额成本、标准成本）计价，在采用计划成本记账时，实际成本与计划成本（或定额成本、标准成本）之间的差异，应相应结转。

5. 一贯性原则

一贯性原则，是指成本核算所采用的方法前后各期必须一致，以便各期的成本资料有统一的口径，前后连贯。这样，才能保证成本核算资料的可比性。它体现在各个方面，如耗用材料实际成本的计算方法、折旧的计提方法、辅助生产费用和制造费用的分配方法、在产品的计价方法等。坚持一贯性原则，并不是说对成本核算中所采用的方法就不能作必要的变动。如果变更成本核算方法是为了适应客观环境变化的需要，是为了取得并提供更加准确、更加有用的信息，那变动是必要的，是可以的。但是，在进行这种变动时，必须在成本报表中将由于方法变动造成对成本的影响进行详细的说明。

6. 重要性原则

重要性原则，是指对于成本有重大影响的项目，应作为重点，力求精确，而对于那些不太重要的琐碎项目，就可以从简处理，不必要求过严。例如，对于产品直接耗用的原材料应该直接计入有关产品成本，而对于那些虽是直接耗用，但数额不大的材料，可以计入制造费用。

7. 权责发生制原则

权责发生制原则的基本内容是指，凡是应计入本期的收入和支出，无论其款项是否收到或付出，均应作为本期的收入或支出。凡不应该计入本期的收入或支出，即使款项已经收到或付出，也不应作为本期的收入或支出。在进行成本核算时，应遵循全责发生制原则，正确处理各期的预提及待摊费用，不能人为地调节成本费用，只有这样，才能保证各期的成本费用真实可靠。

2.2 企业成本核算的要求

2.2.1 成本核算应与管理相结合，满足管理的要求

企业成本核算应当与加强管理相结合，所提供的成本信息应当满足经营管理和决策的需要。企业管理的主要目的就是降低成本费用，提高经济效益。因此，成本核算与管理相结合，就是要根据企业管理的要求组织成本核算，核算要服务于管理，服从于管理。具体应做到以下两点：

第一，成本核算不仅要对各项费用支出进行事后的核算，提供事后的成本信息，而且必须以国家有关的法规、制度和企业成本计划和相应的消耗定额为依据，加强对各项费用支出的事前事中的审核和控制，并及时进行信息反馈。对于合法、合理、有利于发展生产提高经济效益的开支，要积极予以支持，否则就要坚决加以抵制，确实已经无法制止的要追究责任，采取措施，防止以后再发生。对于各项费用的发生情况，以及费用脱离定额（或计划）的差异进行日常的计算和分析，及时进行反馈。对于定额或计划不符合实际情况的，要按规定程序予以修订。

第二，成本计算必须正确、及时。只有成本资料的正确，才能据以考核和分析成本计划的完成情况，才能保证国家的财政收入和企业再生产资金得到合理的补偿。同时，成本计算的正确与否，衡量的标准首先要看提供的核算资料能否满足管理的需要。在成本计算中，既要防止片面的简单化，不能满足成本管理要求的做法，也要防止脱离成本管理要求，为算而算，搞烦琐哲学的倾向。必须从管理要求出发，在满足管理需要的前提下，按照重要性原则分清主次，区别对待，主要从细，次要从简，细而有用，简而有理，为企业的经营管理和经营决策提供必要的成本信息。为此，企业应选用既简便又合理的成本计算方法，正确计算产品成本。

2.2.2 正确划分各种费用的界限

企业发生的各项支出，有的可以计入产品成本，有的不能计入产品成本，有的可以计入当期的产品成本，有的不能计入当期产品成本。因此，为了正确地核算生产费用和经营管理费用，正确地计算产品实际成本和企业损益，必须正确划分以下五个方

面的费用界限：

1. 正确划分生产经营管理费用与非生产经营管理费用的界限

生产经营管理费用指的是企业在日常的经营管理过程中所发生的与生产经营活动直接相关的各项支出，包括应计入产品成本的各项支出以及应计入期间费用的支出。企业的经济活动是多方面的，除了生产经营活动以外，还有其他方面的经济活动，因而费用的用途也是多方面的，并非都应计入生产经营管理费用。例如，企业购置和建造固定资产、购买无形资产以及进行对外投资，这些经济活动都不是企业日常的生产经营活动，其支出都属于资本性支出，不应计入生产经营管理费用。又如企业的固定资产盘亏损失、固定资产报废清理损失、由于自然灾害等原因而发生的非常损失以及出于非正常原因发生的停工损失等，都不是由于日常的生产经营活动而发生的，也不应计入生产经营管理费用，而应该计入营业外支出。乱计和少计生产经营管理费用，都会使成本费用不实，不利于企业成本管理。乱计生产经营管理费会减少企业利润和国家财政收入；少计生产经营管理费用则会虚增利润，超额分配，使企业生产经营管理费用得不到应有的补偿，影响企业再生产的顺利进行。因此，每一个企业都应正确划分生产经营管理费用和非生产经营管理费用的界限，遵守国家关于成本费用开支范围的规定，防止乱计和少计生产经营管理费用的错误做法。

2. 正确划分生产成本与期间费用的界限

企业的生产经营管理费用不仅包括应计入产品生产成本的各项支出，如生产产品所发生的直接材料、直接人工和制造费用等，还包括和产品没有直接对应关系的期间费用，如企业管理部门的办公费用、企业的业务招待费用、各种广告费用等。在分清楚企业生产经营管理费用与非生产经营管理费用界限的基础上，企业还必须进一步将计入生产经营性的各项支出划分为生产成本与期间费用。因为产品成本要在产品生产完成并销售以后才计入企业的损益，而当月投入生产的产品不一定当月产成、销售，当月产成、销售的产品不一定是当月投入生产的，因而本月发生的生产费用往往不是计入当月损益，从当月利润中扣除的产品销售成本。但是，工业企业发生的经营管理费用则作为期间费用处理，不计入产品成本，而直接计入当月损益，从当月利润中扣除。因此，为了正确计算产品成本和期间费用，正确计算企业各月份的损益，必须正确地划分产品生产费用和各项期间费用的界限。应当防止混淆产品生产费用与期间费用的界限，借以调节各月产品成本和各月损益的错误做法。

3. 正确划分各个月份的费用界限

为了按月分析和考核产品成本和经营管理费用，正确计算各月损益，还应将应计入产品成本的生产费用和作为期间费用处理的经营管理费用，在各个月份之间进行划分。本月发生的费用，都应在本月全部入账，不能将其一部分延至下月入账；也不应在月末以前提前结账，将本月成本、费用的一部分作为下月成本、费用处理。更重要的是，应该贯彻权责发生制原则，正确地划分各期费用的界限。本月份支付，但属于本月及以后各月份受益的费用，应在各月间合理分摊计入成本（受益期限超过一年的费用，应记作递延资产，在一年以上的期间内，分月摊入成本）。本月虽未支付，但本月已经受益，应由本月负担的费用，应预提计入本月的成本。正确划分各期的费用界限，实质上是从时间上确定各个成本计算期的费用和产品成本，是保证成本核算正确性的重要环节。值得注意的是，应该坚决防止利用费用待摊和预提的办法人为调节各个月份的产品成本和经营管理费用，从而人为调节各月损益的错误做法。产品成本，是保证成本核算正确性的重要环节。

4. 正确划分各种产品的费用界限

无论企业的生产类型、生产规模、管理要求如何，为了正确计算生产经营损益以及加强成本管理，分析和考核各种产品或劳务的成本计划或成本定额的执行情况，必须计算出各种产品的实际成本。因此，对本期的生产费用还应在各种产品之间划分清楚。属于某种产品单独发生，能够直接计入此种产品成本的费用，应直接计入该种产品的成本。属于几种产品共同发生，不能直接计入某种产品成本的，则应采用适当的分配方法，分配计入这几种产品的成本。既要防止随意分配费用，又要特别注意防止在盈利产品与亏损产品、可比产品与不可比产品之间任意增减生产成本，以盈补亏、掩盖超支，虚报产品成本降低业绩的错误做法。

5. 正确划分完工产品与在产品的费用界限

通过以上四种费用界限的划分，已将应计入产品成本的生产费用全部计入各种产品的生产成本。月末在计算产品成本时，如果某种产品都已完工，这种产品的各项费用之和，就是这种产品的完工产品成本。如果某种产品都未完工，这种产品的各项费用之和，就是这种产品的月末在产品成本。但是如果某种产品一部分已经完工，另一部分尚未完工，这种产品的各项生产费用，还应采用适当的分配方法（如约当产量法、定额分配法等）在完工产品与月末在产品之间进行分配，分别计算完工产品成本和月末在产品成本，以准确计算完工产品成本。

以上五个方面费用界限的划分过程，也就是产品成本的计算和各项期间费用的归集过程，在这一过程中，应贯彻受益原则，即谁受益谁负担费用、何时受益何时负担费用、负担费用的多少应与受益程度的大小成正比，从而保证某种产品成本的核算的正确无误。

2.2.3 正确确定财产物资的计价和价值结转的方法

工业企业的财产物资是生产资料，它包括了固定资产和生产经营过程中所要耗费的各种存货，其价值要随着生产经营过程的耗费，转移到产品成本、费用中去。这些财产物资可以认为是尚未转移为成本、费用的价值储存。因此，财产物资的计价和价值结转的方法，也是影响成本费用正确性的重要因素。如固定资产的正确计价和价值结转，应包括其原值的计算方法、折旧方法、折旧率的高低以及固定资产与低值易耗品的划分标准。低值易耗品和包装物，在按其取得时实际成本计价的同时，还要合理制定其摊销方法。各种原材料应按实际采购成本计价，其价值的结转，在材料按实际成本进行日常核算时，企业可以根据情况，对发出材料选用加权平均法、移动加权平均法、个别计价法、先进先出法等确定其实际成本；在材料按计划成本进行日常核算时，应当按期结转其成本差异，将计划成本调整为实际成本。这些物资的计价及结转方法在产品成本计算的过程中都十分重要。为了正确计算成本和费用，对于各种财产物资的计价和价值的结转，以及各种费用的分配，都应制定比较合理、简便的方法。同时，为了使各企业和各期的产品成本可比，有的要在全国范围内规定统一的方法，有的应在同行业同类型企业范围内规定统一的方法。而方法一经确定，必须保持相对稳定，不应任意改变，要防止任意改变财产物资计价和价值结转的方法，如任意改变固定资产折旧率以及不按规定方法和期限计算、调整材料成本差异等，其结果势必造成人为调节成本和费用的错误做法。为了保证企业生产费用数据的真实、可靠，要正确计算产品成本和经营管理费用必须做好以下各项基础工作：

1. 制定和修订各项定额

定额是企业在正常生产条件（指设备条件和技术条件等）及相对稳定的经济环境下，对生产的数量、质量，以及人力、物力和财力等方面所规定的应达到的数量标准。定额是编制成本计划、分析和考核成本水平的依据，也是审核和控制成本的标准。应该根据企业当前设备条件和技术水平，充分考虑职工群众的积极因素，制定和修订先进而又可行的原材料、燃料、动力和工时等项消耗定额，并据以审核各项耗费是否合理，是否节约，借以控制耗费，降低成本、费用。制定和修订产量、质量定额，是搞好生产管理、成本管理和成本核算的前提。企业的定额主要有产量定额、材料消耗定额、动力消耗定额、设施利用定额、劳动（工时）定额、各项费用定额等。这些定额的制定都应该先进、合理、切实可行，并随着生产的发展、技术的进步、劳动生产率的提高，不断修订，以充分发挥其应有的作用。

2. 建立健全材料的物资计量、收发、领退和盘点制度

为了进行成本管理和成本核算，还必须对材料物资收发、领退和结存进行计量，建立和健全材料物资的计量、收发、领退和盘点制度。材料物资的收发、领退，在产品、半成品的内部转移和产成品的入库等，均应填制相应的凭证，经过一定的审批手续，并经过计量、验收与交接，防止任意领发和转移。库存的材料、半成品和产成品以及车间的在产品和半成品，均应按照规定进行盘点、清查，防止丢失、积压、损坏、变质和被贪污盗窃。只有这样，才能保证账物相符，保证计算的正确性。

3. 建立和健全原始记录工作

原始记录是反映生产经营活动的原始资料，是进行成本预测、编制成本计划、执行成本核算、分析消耗定额和成本计划执行情况的依据。只有计量没有记录，核算就没有书面的凭证依据。因此，为了进行成本的核算和管理，对于生产经营过程中工时和动力的耗费、在产品和半成品的内部转移以及产品质量的检验结果等，均应做出真实的记录。原始记录对于劳动工资、设备动力、生产技术等方面的管理，以及有关的计划统计工作，也有重要意义。应该制定既符合各方面管理需要，又符合成本核算要求，既科学易行，又讲求实效的原始记录制度，并组织有关职工认真做好各种原始记录的登记、传递、审核和保管工作，以便正确、及时地为成本核算和其他有关方面提供所需原始资料。

4. 做好厂内计划价格的制定和修订工作

在计划管理基础较好的企业中，为了分清企业内部各单位的经济责任，便于分析和考核内部各单位成本计划的完成情况，还应对材料、半成品和厂内各车间相互提供

的劳务（如修理、运输等）制定厂内计划价格，作为内部结算和考核的依据。厂内计划价格应该尽可能接近实际并相对稳定，年度内一般不作变动。在制定了厂内计划价格的企业中，对于材料领用、半成品转移以及各车间、部门之间相互提供劳务，都应按计划价格结算，月末再采用一定的方法计算和调整价格差异，据以计算实际的成本、费用。按计划价格进行企业内部的往来结算，还可以简化、加速成本和费用的核算工作。

2.2.4 做好各项基础工作

要保证成本会计所提供的成本信息的质量，必须加强产品成本核算的各项基础工作。如果基础工作做得不好，就会影响成本计算的准确性。要做好成本核算的各项基础工作，需要会计部门和其他各部门密切配合，共同做好这项工作。成本核算的基础工作主要有：制定各种先进而可行的消耗定额并及时地进行修订；完善物资的计量、收发、领退制度；建立各种原始记录的收集整理制度；确定合适的企业内部结算价格；建立各责任单位的责任成本等。

2.2.5 根据企业的生产特点和管理要求，采取适当的方法计算产品成本

产品成本是在生产过程中形成的，产品生产组织和生产工艺特点及管理要求的不同是影响产品成本计算方法选择的重要因素。企业生产的特点按其组织方式，有大量生产、成批生产和单件生产；按工艺过程的特点，有连续式生产和装配式生产。企业采用何种成本计算方法，在很大程度上取决于产品生产的特点。计算产品成本是为了管理成本，管理要求不同的产品，也应该采用不同的成本计算方法。同一企业可以采用一种成本计算方法，也可以采用多种成本计算方法，即多种成本计算方法同时使用或多种成本计算方法结合使用，但是对于企业来说成本计算方法一经选定，就不应经常变动，此问题将在后面详细讲述。

2.3 费用的分类

工业企业生产经营过程中的耗费是多种多样的，为了科学地进行成本管理，正确计算产品成本和期间费用，需要对种类繁多的费用进行合理分类。费用可以按不同的标准分类，工业企业在生产经营过程中发生的费用，最基本的分类是按生产费用的经济内容和经济用途进行分类。

2.3.1 费用按经济内容的分类

一个企业为进行正常的生产经营活动，会发生很多费用。例如，首先企业为了生产产品，需要领用材料用于加工产品并构成产品实体，因此，要发生材料费用；要生产产品就必须有一定数量的生产工人来加工产品，为此要支付给工人工资，发生人工费用；为生产产品还必须有一定的设备，用于加工产品，为此，因使用设备将会发生

折旧费用；此外，生产车间为了组织产品生产，还将发生各种料费、工费和其他费用。其次，除了生产产品之外，企业在正常经营过程中，还将发生以下各项费用：公司经费、企业房屋建筑物的折旧费、修理费、保险费、管理人员的工资费用、借款利息、研究开发费等。再次，企业在正常生产经营活动中会发生购建固定资产、无形资产的支出，以及对外投资支出。这些在一定时期发生的费用均是用货币表现的，其具体内容按照费用经济内容可以划分为：劳动对象消耗的费用、劳动手段消耗的费用和活劳动中必要劳动消耗的费用。前两方面为物化劳动耗费，即物质消耗；后一方面为活劳动耗费，即非物质消耗。这三类可以被称为制造业企业费用的三大要素。为了具体反映制造业企业各种费用的构成和水平，还可将这三大类进一步分为以下几种费用要素：

（1）外购材料。是指企业为进行生产经营管理而耗用的从外部购入的原料及主要材料、半成品、辅助材料、修理用备件、包装物和低值易耗品等。

（2）外购燃料。是指企业为进行生产经营管理而耗用的从外部购入的各种燃料，包括固体燃料、液体燃料、气体燃料。

（3）外购动力。是指企业为生产耗用而从外部购进的各种动力，如外购的电力、蒸汽动力等。

（4）职工薪酬。是指企业为获得职工提供的服务而给予各种形式的报酬以及其他相关支出。包括：职工工资、奖金、津贴和补贴；职工福利费；医疗保险费、养老保险费、失业保险费、工伤保险费和生育保险费等社会保险费；住房公积金；工会经费和职工教育经费；非货币性福利；因解除与职工的劳动关系给予的补偿；其他与获得职工提供的服务相关的支出等。

（5）折旧费。是指企业按照规定方法，对生产经营用固定资产计提的折旧费用。

（6）利息支出。指企业按规定计入生产费用的借款利息支出减去利息收入后的金额。

（7）税金。是指企业按照规定计入管理费用的各种税金，如房产税、车船使用税、土地使用税、印花税等。

（8）其他支出。是指不属于以上各要素的费用但应计入产品成本或期间费用的费用支出，如差旅费、办公费、租赁费、外部加工费、保险费和诉讼费等。

费用要素是一种反映费用原始形态的分类。将费用划分为若干要素进行反映，对于企业的生产经营管理有以下作用：

（1）有助于企业了解在一定时期内发生了哪些费用、各要素的比重是多少，借以分析各个时期各种要素费用的结构和水平。

（2）这种分类反映了企业外购材料、燃料费用及职工工资的实际数额，可以为编制材料采购资金计划、劳动工资计划以及核定储备资金定额、考核储备资金周转速度提供资料。

（3）这种费用的划分，能将物化劳动的耗费明显地从劳动耗费中划分出来，进行单独反映，有利于企业计算工业净产值，并为计算国民收入提供资料。这种分类核算不足之处是不能反映各种费用的经济用途，因而不便于分析各种费用的支出是否节约、合理。因此，对于工业企业的这些费用还必须按经济用途进行分类。

2.3.2 费用按经济用途的分类

企业的各种生产费用按照不同的经济用途可以进行如下分类：首先，企业的全部费用可以划分为用于日常生产经营的生产经营管理费用（即收益性支出）和用于其他有关方面的非生产经营管理费用（即资本性支出）。其次，生产经营管理费用按照是否用于产品生产还可以分为用于产品生产，可以计入产品成本的生产费用和用于组织、管理产品生产及销售的日常经营管理活动的经营管理费用。最后，计入产品成本的生产费用在生产过程中的用途也各不相同。为了具体反映用于生产产品的生产费用的各种用途，可以将生产经营费用分为计入产品成本的生产费用和直接计入当期损益的期间费用两大类。下面分别讲述这两类费用按照经济用途的分类。

1. 计入产品成本的生产费用按经济用途的分类

计入产品成本生产费用按经济用途可以进一步划分为若干项目，即产品成本项目，具体有如下内容：

（1）直接材料。指直接用于产品生产、构成产品实体的原材料、主要材料以及有助于产品形成的辅助材料。

（2）直接人工。指直接参加产品生产的工人薪酬。

（3）制造费用。指间接用于产品生产的各项费用，以及虽直接用于产品生产，但不便于直接计入产品成本，因而没有专设成本项目的费用（如机器设备的折旧费用）。制造费用包括为组织和管理生产所发生的生产单位管理人员工资、职工福利费、生产单位房屋与机器设备等的折旧费、设备租赁费、机物料消耗、低值易耗品摊销、取暖费、水电费、办公费、差旅费、运输费、保险费、设计制图费、试验检验艘、劳动保险费、季节性、修理期间的停工损失以及其他制造费用。

企业可根据生产的特点和管理要求对上述成本项目做适当调整。对于管理上需要单独反映、控制和考核的费用，以及成本中比重较大的费用，应专设成本项目；否则，为了简化核算，不必专设成本项目。例如，如果废品损失在产品成本中所占比重较大，在管理上需要对其进行重点控制和考核，则应单设“废品损失”成本项目。又如，如果工艺上耗用的燃料和动力较多，应设置“燃料及动力”项目；如果工艺上耗用的燃料和动力不多，为了简化核算，可将其中的工艺用燃料费用并入“原材料”成本项目，将其中的工艺用动力费用并入“制造费用”成本项目。

2. 期间费用按经济用途的分类

工业企业的期间费用按经济用途可分为管理费用、销售费用和财务费用三项，各自所核算的内容如下：

（1）管理费用。是指企业为组织和管理生产经营活动所发生的各种管理费用，包括企业在筹建期间发生的开办费、公司经费、工会经费、劳动保险费、待业保险费、董事会费、咨询费（含顾问费）、聘请中介机构费、审计费、诉讼费、排污费、绿化费、税金、土地使用费、土地损失补偿费、技术转让费、技术开发费、矿产资源补偿费、无形资产摊销、业务招待费、研究费用、存货盘亏或盘盈，以及企业生产车间（部门）和行政管理部门发生的固定资产修理费等。

（2）财务费用。是指企业为筹集生产经营所需资金而发生的筹资费用，包括利息支出（减利息收入）、汇兑损益、调剂外汇手续费、金融机构等手续费以及企业发生的现金折扣或收到的现金折扣等。

（3）销售费用。是指企业在销售产品和材料、提供劳务过程中发生的各项费用，以及为销售本企业产品而专设的销售机构的各项经费。包括运输费、装卸费、包装费、保险费、委托代销手续费、广告费、展览费、租赁费（不包括融资租赁费），以及为销售本企业产品而专设的销售机构（含销售网点、售货服务网点等）的销售部门人员工资、职工福利费、办公费、差旅费以及其他经费等。

除了上述两种基本分类外，企业的费用或成本还可以按照不同的标准进行如下几种分类：

（1）按照生产费用与产品生产工艺的关系分为直接生产费用和间接生产费用。其中直接生产费用又叫直接费用，指直接用于产品生产并能直接计入产品成本或按一定比例分配后计入产品成本的生产费用，如生产工艺过程中耗用的原料及主要材料、燃料及动力、产品生产工人工资及福利费、生产用机器设备折旧费等。这些费用有时是用于两种以上产品的生产，因而还需按一定比例分配后计入各种产品成本。这一类费用一般是直接计入按产品种类等成本计算对象分别设置的“生产成本——基本生产成本”账户中。间接生产费用又叫间接费用，指与生产工艺没有关系，间接用于产品生产的费用，如生产管理部门人员的工资、办公费、差旅费、机物料消耗、车间厂房的折旧费等。这类费用一般计入车间或其他生产部门的“制造费用”。这种分类便于了解企业产品成本构成情况，分析企业不同时期的管理水平。管理水平越高，产品成本中间接费用的比重越低。因此，这种分类有利于促使企业提高管理水平，降低一般费用的开支，提高经济效益。

（2）按照生产费用计入产品成本的方法分为直接计入费用和间接计入费用。直接计入费用简称直接费用，是指可以分清哪种产品所耗用、能直接计入某种产品成本的生产费用。如直接用于某种产品生产的专用原材料费用，就可以根据有关的领料单直接计入该种产品成本。间接计入费用简称间接费用，是指不能分清哪种产品所耗用、不能直接计入某种产品成本，而必须按照一定标准分配后才能计入有关的各种产品成本的生产费用。如生产部门管理人员的薪酬、加工的几种产品共同耗用零件的生产设备折旧费等。

值得注意的是，直接生产费用大多是直接计入费用，间接生产费用大多是间接计入费用，但也不都是如此，如在某车间只生产一种产品时，直接生产费用和间接生产费用都可以直接计入该种产品成本，因而都是直接计入费用；而在用同一种材料同时生产几种产品的生产单位中，直接生产费用和间接生产费用都不能直接计入某种产品成本，因而都是间接计入费用。

这种费用的划分方法有利于企业正确计算产品成本，对于直接计入费用必须，根据有关费用的原始凭证直接计入该产品成本，对于间接计入费用，则要选择合理的分配标准将其分配计入有关各种产品的成本。

（3）按照生产费用与产品产量的关系分为变动费用、固定费用和混合费用三种。

变动费用又称变动成本，是指费用总额随着产品产量的变动而成正比例变动的费用。如直接材料、直接人工中的计件工资都是和单位产品的产量直接相联系的，其总额会随着产量的增减成正比例增减。但从产品的单位成本看，则恰恰相反，产品单位成本中的直接材料、直接人工将保持不变，不受产量变动的影响。固定费用也叫固定成本，是指费用总额不直接受产量变动的影响的生产费用，如车间厂房的折旧、机器的修理费用及生产工人薪酬中的计时工资等。这类费用总额在相关产量范围内保持不变，但从产品的单位成本看，则恰恰相反，随着产量的增加，每单位产品分摊的份额将相应地减少。混合费用指其总额虽然受业务量变动的影响，但与业务量不成正比例变动的费用。在产品成本项目的构成中，制造费用的较大部分都是混合费用。这类费用既有固定费用的特性，又有变动费用的特性。

（4）按照成本可控与否分为可控成本和不可控成本。可控成本是指责任单位可以调节和控制的成本；不可控成本是超出责任单位的职责范围因而不能控制的成本。可控成本是一种责任成本，可控成本必须与责任主体相联系。就整个企业而言，一切成本都应是可控成本。

（5）按照成本与决策方案的相关性分为相关成本和不相关成本。相关成本是与特定决策方案有关的、因决策方案的采用而必须发生的成本。非相关成本是指与决策方案无关的成本。如过去已发生的各项费用，未来方案已无法改变，因而在进行未来方案的选择时可以不予以考虑。这种分类主要是为了更好地预测和决策，以及规划未来成本。

除了以上几种分类之外，还有其他成本费用分类方法，其分类标准也不尽相同。不同的目的会出现不同的分类，如历史成本、未来成本、实际成本、计划成本、标准成本、定额成本、沉没成本等。

2.4 产品成本核算的一般程序及成本核算的主要会计科目

2.4.1 产品成本核算的一般程序

成本核算是对生产费用的发生和产品成本的形成进行的核算。因此，成本核算的过程，就是按一定的程序，对发生的生产费用进行汇总、分配，将应计入产品成本的生产费用归集于各种产品，计算出各种产品实际总成本和单位成本的过程。产品成本核算程序就是指从生产费用的发生、归集开始，直到计算出完工产品成本为止的整个核算顺序和步骤，一般包括以下几个具体步骤：

1. 确定成本计算对象，设置生产成本明细账

成本计算对象是生产费用的承担者，即归集和分配生产费用的对象。确定成本计算对象，就是要解决生产费用由谁来承担的问题。成本计算对象的确立，是设置产品成本明细账，正确计算产品成本的前提，也是区别各种成本计算方法的主要标志。不同性质的企业，成本计算对象的确定是不相同的，可以是某种产品、某一生产步骤、

产品的某一批别，也可以是同类产品。至于选用什么作为成本计算对象，则取决于企业的生产特点和管理要求。不论成本计算对象如何确立，最后都要达到计算各种产品生产成本的基本要求，即能够分成本项目确定某种产品的单位成本和总成本。确定产品成本计算对象是计算产品成本的前提。由于企业的生产特点、管理要求、规模大小、管理水平的不同，企业成本计算对象也不同。企业应根据自身的生产特点和管理的要求，选择合适的产品成本计算对象设置生产成本明细账。

2. 对本期发生的生产费用进行归集与分配

将生产经营过程中发生的各项要素费用按照成本项目进行分配，企业应该将应计入本月产品成本的原材料、燃料、动力、职工薪酬、折旧费等费用要素在各种产品之间，按照成本项目进行归集和分配。对于为生产某种产品直接发生的生产费用，能分清成本核算对象的，直接计入该产品成本；对于由几种产品共同负担的，或为产品生产服务发生的间接费用，可先按发生地点和用途进行归集汇总，然后分配计入各受益产品。在进行费用的归集与分配时，应按照国家的相关规定，对于企业发生的生产费用进行审核和控制，确定各项费用是否应该开支，已开支的费用是否应该计入产品成本。凡是不符合费用开支规定的，不予入账，并追究相应的违规责任。凡应计入资本性支出、营业外支出或期间费用的，均应计入相应的账户，不得计入产品生产成本。此外，企业应根据权责发生制原则和配比原则的要求，分清各项费用，特别是跨期摊提费用的归属期。本月支付应由本月负担的生产费用，计入本月产品成本。以前月份支付应由本月负担的生产费用，分配摊入本月产品成本。应由本月负担而在以后月份支付的生产费用，预先计入本月产品成本。对于本月开支应由以后月份负担的生产费用，做待摊费用处理。对于已由以前月份负担而在本月支付的生产费用，应从预提费用列支。

3. 归集与分配辅助生产费用

辅助生产费用的归集与分配根据生产的类型进行。在单品种辅助生产车间，其生产费用都是直接费用，直接归集计入所生产的产品或劳务成本；在多品种辅助生产车间，其生产费用需直接或分配归集各种产品或劳务的费用。所归集的辅助生产费用，要采用科学合理的方法在各受益对象。主要是基本生产车间和管理部门之间进行分配。如果企业的辅助生产车间不止一个，且辅助生产车间相互之间也提供劳务，在分配辅助生产费用时，还应该考虑相互之间费用的分配。在这种情况下，实务中经常采用的辅助费用分配方法有直接分配法、交互分配法、顺序分配法、代数分配法和计划分配法等。

4. 归集与分配制造费用

在一个生产车间或部门生产多种产品或提供多种劳务的情况下，归集的制造费用应采用适当的方法分配转入该车间或部门的各种产品或劳务的成本。对于制造费用的分配，应特别注意其分配标准的恰当选择。制造费用的分配标准既可以是实际的，如产品的体积、重量、容积、产品生产所耗用的生产工时、生产工人的工资等，也可以是计划标准或定额标准，如定额工时等。

5. 将废品损失计入产品成本

期末计算各种产品的不可修复废品损失，并将“废品损失”明细账中记的本期废品净损失转入该产品“生产成本——基本生产成本”，根据计算结果做会计分录并登账。

6. 计算完工产品成本和月末在产品成本

将生产费用计入各成本核算对象后，对于既有完工产品又有月末在产品的产品，应采用适当的方法，把生产费用在其完工产品和月末在产品之间进行分配，求出按成本项目反映的完工产品和月末在产品的成本。月末完工产品和在产品生产费用的分配方法主要有约当产量法、不计在产品成本法、期末固定在产品成本法、在产品只计所耗原材料法以及定额分配法和定额比例法等。

2.4.2 成本核算的主要会计科目

为了进行成本核算，企业一般应设置“生产成本”“制造费用”“销售费用”“管理费用”“财务费用”“长期待摊费用”等科目，如果需要单独核算废品损失和停工损失，还应设置“废品损失”和“停工损失”科目。下面分别加以介绍。

（1）“生产成本”科目。“生产成本”科目属于成本类科目，该科目用于核算企业进行工业生产，包括生产各种产品（包括产成品、自制半成品、提供劳务等）、自制工具、自制设备等所发生的各项生产费用。该科目的借方登记生产过程中发生的直接材料、直接工资等直接费用以及分配转入的制造费用。该科目的贷方登记完工入库的产成品、自制半成品的实际成本以及分配转出的辅助生产费用。该科目的期末余额在借方，为尚未完工的各项在产品成本。“生产成本”科目应设置“基本生产成本”和“辅助生产成本”两个明细科目进行明细核算。在发生各项生产费用时，应按成本核算对象和成本项目分别归集。属于直接材料、直接工资等直接费用的，直接记入“基本生产成本明细账”和“辅助生产成本明细账”中。属于企业辅助生产车间为生产产品提供的动力等费用，应在“辅助生产成本”中核算。

（2）“制造费用”科目。“制造费用”科目属于成本类科目，该科目用来核算各生产单位（分厂、车间）为组织和管理生产所发生的各项费用以及所发生的固定资产使用和维修费，包括工资和福利费、修理费、办公费，水电费、机物料消耗、劳动保护费、季节性和修理期间的停工损失等。企业行政管理部门为组织和管理生产经营活动而发生的管理费用，应作为期间费用，记入“管理费用”科目，不在本科目中核算。企业在发生制造费用时，应记入该科目的借方；制造费用应按企业成本核算办法的规定，分配记入有关的成本核算对象，记入该科目的贷方。制造费用应按不同的车间、部门设置明细账进行明细核算。除季节性生产或采用累计分配率法分配制造费用的企业外，本科目月末应无余额。必须指出，在大中型企业中，根据管理需要，可将“生产成本”科目分为“基本生产成本”和“辅助生产成本”两个明细科目。对于属于辅助生产车间的制造费用，可直接记入“生产成本——辅助生产成本”科目的借方，也可仍然通过“制造费用”科目，再转入“生产成本——辅助生产成本”科目的借方。另外，在中小型企业中，如果业务比较简单，也可以将“生产成本”和“制造费用”

两个科目合并为“生产费用”科目。

（3）“管理费用”科目。“管理费用”属于费用类科目，该科目核算企业为组织和管理生产经营活动所发生的各种费用，包括企业的董事会和行政管理部门在企业的经营管理中发生的，或者应当由企业统一负担的各项费用。具体包括公司经费、工会经费、董事会费、聘请中介机构费、咨询费、诉讼费、业务招待费、房产税、车船使用税、土地使用税、印花税、技术转让费、矿产资源补偿费、研究费用、排污费以及企业生产车间（部门）和行政管理部门等发生的固定资产修理费用等。企业发生管理费用时，借记“管理费用”账户，贷记“银行存款”“累计折旧”“原材料”“应交税费”等有关账户。期末将该账户余额结转入“本年利润”账户，结转后无余额。

（4）“财务费用”科目。“财务费用”科目属于费用类科目，核算企业为筹集生产经营所需资金等而发生的费用，包括利息支出（减利息收入）、汇兑损益以及相关的手续费、企业发生的现金折扣或收到的现金折扣等。企业发生财务费用时，借记“财务费用”账户，贷记“银行存款”“长期借款”“应付利息”等有关账户。期末将该账户余额结转入“本年利润”账户，结转后无余额。

（5）“销售费用”科目。“销售费用”科目属于费用类科目，核算企业在销售商品和材料、提供劳务过程中发生的各项费用，包括保险费、包装费、展览费和广告费、商品维修费、预计产品质量保证损失、运输费、装卸费等费用，以及为销售本企业商品而专设的销售机构（含销售网点、售后服务网点等）的职工薪酬、业务费、折旧费、固定资产修理费等费用。企业发生销售费用时，借记“销售费用”账户，贷记“银行存款”“累计折旧”“应付职工薪酬”等有关账户。期末将该账户余额结转入“本年利润”账户，结转后无余额。

（6）“废品损失”账户。“废品损失”账户应按车间设置明细账，账内按产品品种和成本项目登记废品损失的详细资料。该科目的借方归集不可修复废品的生产成本和可修复废品的修复费用。不可修复废品的生产成本应根据不可修复废品损失表，借记“废品损失”科目，贷记“基本生产成本”科目。可修复废品的修复费用，应根据各种费用分配表所列废品损失数额，借记“废品损失”科目，贷记“原材料”“应付职工薪酬”“辅助生产成本”和“制造费用”等科目。该科目的贷方登记废品残料回收的价值、应收赔款和应由本月生产的同种合格产品负担的废品损失，及从“废品损失”科目的贷方转出，分别借记“原材料”“其他应收款”“基本生产成本”等科目。经过上述归集和分配，“废品损失”科目月末无余额。

（7）“停工损失”账户。该账户由单独组织停工损失核算的企业设置，用以核算企业基本生产车间因管理组织不当造成停工而发生的各种损失，包括各种意外停工期间应支付的职工工资和福利费、材料损失、应负担的制造费用等。该账户按成本计算对象或费用发生地点设置明细账，按成本项目分设专栏组织核算。账户的借方归集停工期间的各种损失，贷方结转过失者赔偿款、按规定转由其他账户负担的部分和计入基本生产成本计算对象的净损失。除跨月停工外，本账户月末应无余额。

本章小结

本章主要阐述了成本核算的原则、要求、账户设置与账务处理程序及费用要素与成本项目等成本核算有关的基本问题。成本核算原则是进行成本核算时所应遵循的原则与规范。成本核算的重要内容，应当符合企业会计准则和会计制度中所规定的会计核算原则，大部分体现出成本核算的特色，这些会计原则便是成本核算的原则。成本核算的要求包括算管结合、算为管用，正确划分各种费用界限，正确确定财产物资的计价方法和价值转移方法，做好成本核算的基础工作，适应生产特点和管理要求采用适当的成本计算方法。费用要素与成本项目是对企业费用所做的最基本的分类。将费用以经济内容为依据进行分类所得到的类别就是费用要素，将生产费用以经济用途为依据进行分类所得到的类别就是成本项目。进行产品成本核算需要设置相应的成本核算账户，最具典型意义的成本核算账户有“生产成本”和“制造费用”等。成本核算的账务处理程序通常包括归集与分配各种要素费用、摊销和预提本月的成本费用、分配辅助生产费用、分配制造费用、结转完工产品成本、结转期间费用、结转完工的工程成本等。

习题

1. 企业进行成本核算时应遵循哪些基本原则？为什么？
2. 为保证成本核算资料的正确性，成本核算应满足哪些要求？
3. 为正确计算产品成本，应正确划分哪些费用界限？
4. 成本核算的基础工作有哪些？为什么？
5. 什么是费用要素？什么是成本项目？费用要素与成本项目各包括哪些？
6. 进行成本核算，应设置哪些账户？这些账户具体核算哪些内容？
7. 成本核算的账务处理程序如何？

3 要素费用在各种产品之间的分配和归集

教学目标：

通过本章学习，学生应该能够了解材料的分类；掌握发出材料实际成本的确定、材料费用的分配、外购动力费用的核算、工资费用的核算、折旧的计算方法和归集分配；了解其他费用的核算。

教学要求：

知识要点	能力要求	相关知识
材料费用的核算	了解材料费用的分类； 掌握材料费用的归集和分配	（1）材料费用的分类； （2）材料费用的归集； （3）材料费用的分配
外购动力费用的核算	掌握外购动力费用的归集和分配	（1）外购动力费用的归集； （2）外购动力费用的分配
工资费用的核算	掌握工资费用的归集和分配	（1）工资费用的计算； （2）工资费用的归集； （3）工资费用的分配
折旧费用的核算	掌握固定资产折旧的计算方法和会计分录	（1）折旧费用的计算； （2）折旧费用的会计分录
其他费用的核算	了解利息、税金等的核算	（1）利息费用的核算； （2）应付税金的核算

基本概念：

直接材料　直接人工　外购动力　固定资产折旧　利息费用　税费

导入案例：

求实机床厂主要生产Ⅰ型机床和Ⅱ型机床两种产品，产品销往全国各地。厂内设有铸造、机械加工和装配三个基本生产车间，设有机修和配电两个辅助生产车间。

企业管理上要求各车间进行成本控制，成本效率与经济效益挂钩，同时，企业有Ⅰ型机床和Ⅱ型机床两种产品的材料消耗定额及生产工人工时定额和生产工人工资资料，有两个辅助生产车间劳务量资料。

企业成本核算员对实际发生的各项生产费用是这样处理的：领用的材料费用，能分清成本计算对象的直接记入相应的账户中。两种产品共同耗用的原材料，能取得第一手资料的，就按该资料显示的标准分配，确实没有相应资料的，就按产品数量分配；支付的人工费用分配，能分清成本计算对象的直接记入相应的账户中，两种产品共同耗用的计时工资按生产工人工时比例法进行分配；耗用的燃料动力费用，按电表记录的耗电度数进行分配，两种产品共同耗用的电费，各自一半平均分配电费；各部门使用固定资产的折旧费，按各使用部门分配，基本生产车间固定资产折旧费直接记入“制造费用”，不直接分配给两种产品；归集的辅助生产费用，因企业管理上要求各车间进行成本控制，成本效益与经济效益挂钩，采用交互分配法进行分配；归集的制造费用，按各生产车间采用生产工人工时比例法进行分配。

各生产车间负责人认为成本核算员对实际发生的各项生产费用的处理符合实际，没有意见，但财务负责人对成本核算员的处理提出了质疑。如果你是该企业成本核算员，你会怎样分配各项生产费用？

3.1 要素费用核算概述

3.1.1 要素费用核算的意义

要素费用主要包括外购材料、外购燃料、外购动力、工资薪酬、固定资产折旧、税金及利息支出等费用。要素费用的核算，就是按照成本核算的一般程序，对生产加工企业在生产经营管理过程中发生的各项要素费用进行审核、控制并加以归集，然后按“谁受益谁负担”的原则，在有关产品和部门之间进行分配的过程。要素费用的核算是计算各种产品成本和各项期间费用的基础，是整个成本核算工作的第一步，只有通过要素费用的核算，才可以划清生产经营管理费用与非生产经营管理费用的界限，以及生产费用与经营管理费用的界限。所以，要素费用核算的正确与否，直接影响着整个成本核算结果的真实性和可靠性，是成本核算的重要内容。

3.1.2 要素费用核算的总体要求

要素费用虽然种类较多、作用不同，但其核算的基本程序大致相同。

（1）对各项要素费用进行审核、控制，归集计算本期各要素费用的发生额。会计人员首先应对当月发生的要素费用进行审核，确定其费用应不应该开支，对不符合规定的开支要严加控制，防止乱计和少计成本；对应该开支的费用也应尽量节约。根据经过审核的原始凭证，分别归集计算各要素费用的本期发生额。

（2）将企业发生的各项要素费用分别按用途在有关受益产品、部门之间进行分配。直接用于产品生产并专设有成本项目、为某一种产品单独耗用的费用，如生产某一种产品单独耗用的材料费用、单独生产某一种产品的生产工人工资费用等，直接记入“生产成本”总账及其所属明细账。直接用于产品生产并专设有成本项目，但为几种产品共同耗用的费用，在直接记入“生产成本”总账的同时，还需采用一定的分配标准，分配记入“生产成本”各明细账。分配计入费用的计算公式可概括为：

$$费用分配率=\frac{待分配费用总额}{分配标准总和}$$

某产品对象应负担的费用=该对象的分配标准×费用分配率

（3）直接用于产品生产但没有专门设立成本项目的费用（如生产用机器设备的折旧费等），或间接用用于产品生产的费用（如车间领用的消耗性材料、车间管理人员工资费用等），都应记入“制造费用”总账及其所属明细账。

（4）企业管理部门用于组织和管理生产经营活动、销售部门用于产品销售、财务部门用于筹集生产经营资金而发生的各项要素费用，不计入产品成本，作为期间费用按用途分别计入管理费用、销售费用或财务费用。

在实际工作中，各项要素费用的分配，都需编制相应的费用分配表，表中应列示费用的分配去向及金额，根据费用分配表，编制会计分录，并据以登记各种成本、费用总账和明细账。

3.2 材料费用的核算

生产用材料无论是外购的还是自制的，其核算都包括材料费用的归集和分配两个过程。

3.2.1 材料费用的归集

材料费用的归集就是按材料品种和规格计算确定本期耗用的材料总成本，进行材料发出的核算。正确计量各种材料的发出数量及发出材料的单位成本是保证材料费用归集顺利进行的基础。

材料发出应根据领料单或领料登记表等发料凭证进行。会计部门应对发料凭证所列材料的种类、数量和用途等项目进行审核，检查所领材料的种类和用途是否符合规定，数量有无超过定额或计划。只有经过审核、签章的发料凭证才能据以发料，并作为发料核算的凭证。为了更好地控制材料的领发，降低材料费用，应该尽量采用限额领料单，实行限额领料制度。

生产所剩余料，应该编制退料单，据以返回仓库。对于车间已领未用，下月需要继续耗用的材料，为了简化核算工作，可以采用“假退料”办法，即材料实物原地不动，只是填制一份本月份的退料单，表示该项余料已经退库，同时编制一份下月份的领料单，表示该项余料在下月份领用出库。为了进行材料收入、发出和结存的明细核算，应该按照材料的品种、规格设立材料明细账，根据收、发料凭证所列收、发材料数量和金额，登记材料明细账，利用期初结存材料的数量和金额，以及本月收、发材料的数量和金额，计算、登记期末结存材料的数量和金额。

企业按实际成本计价进行材料日常收发核算时，应设置“原材料”账户，对材料的收入、发出进行核算。该账户的借方登记验收入库材料的实际成本，贷方登记发出材料的实际成本，期末余额在借方，表示期末结存库存材料的实际总成本。该账户应按材料种类、规格设立明细账，对材料进行明细分类核算。原材料明细分类账采用数量金额式账，可以反映库存材料的收入、发出和结存的数量及金额。

在实际工作中，为了简化核算手续，对于材料的日常收发可不必逐笔登记“原材料”总账。月末（或定期），根据收、发料凭证分别汇总编制“收料凭证汇总表”和“发料凭证汇总表”，据以登记原材料总账，并根据“发料凭证汇总表”汇总计算当期的材料费用。

【例 3-1】2015 年 4 月，昌运公司会计部门根据领料单、限额领料单等，编制“发料凭证汇总表”，如表 3-1 所示。

表 3-1　　发料凭证汇总表

2015 年 4 月　　单位金额：元

材料用途＼材料类别		原材料	辅助材料	包装材料	其他材料	合计
生产用	甲产品	40 000	4 000	1 600		45 600
	乙产品	36 000	3 400	1 400		40 800
	小计	76 000	7 400	3 000		86 400
车间管理用					2 300	2 300
行政管理用			600		2 700	3 300
对外销售			1 500			1 500
合计		76 000	9 500	3 000	5 000	93 500

根据“发料凭证汇总表”，企业会计部门作会计分录如下：

借：生产成本——基本生产成本——甲产品　　45 600
　　　　　　　　　　　　　　——乙产品　　40 800
　　制造费用　　2 300
　　管理费用　　3 300
　　其他业务成本　　1 500
　贷：原材料　　93 500

3.2.2 材料费用的分配

企业生产经营过程中耗用的所有材料，无论是自制材料，还是外购材料，都应根据审核无误的领、退料凭证，按材料的具体用途进行分配：产品生产直接耗用的材料，直接记入“生产成本——基本生产成本”科目；辅助生产车间耗用的材料，记入“生产成本——辅助生产成本”；生产车间一般消耗的材料，计入制造费用；管理部门消耗的材料，计入管理费用；专设销售机构消耗的材料，计入销售费用；专项工程消耗的材料，计入在建工程；对外销售的材料，计入其他业务成本。

企业产品生产直接耗用的材料，应在生产成本明细账中开设“直接材料”成本核算项目专栏归集。凡是一种产品单独耗用的材料，其费用属于直接计入费用，应根据领退料凭证直接记入该产品成本明细账的“直接材料”成本项目；凡是几种产品共同耗用的材料，其费用属于间接计入费用，应选择既合理又简便的方法在有关受益产品之间进行分配，记入有关产品成本明细账的“直接材料”成本项目。所选择的分配标准要尽可能与成本的发生有密切联系，分配标准的资料应较易取得且计算比较简单。由于原料、主要材料的耗用量一般与产品的重量、体积有关，因而原料、主要材料费用一般可以按产品的重量比例或体积比例进行分配。如果难于确定适当的分配方法，或者作为分配标准的资料不易取得，而原料或主要材料的消耗定额比较准确，原料或主要材料费用也可以按材料的定额消耗量或定额费用比例分配。

1. 重量比例分配法

重量比例分配法就是根据消耗同种原材料的各种产品的重量之和与原材料费用总额的比例进行分配的方法，这种方法适用于原材料耗用数量与产品重量有直接关系的业务。其计算公式如下：

$$材料费用分配率=\frac{各种产品消耗的材料费用总额}{各种产品的重量之和}$$

某产品负担的材料费用=该对象重量×材料费用分配率

【例 3-2】昌运公司生产甲、乙两种产品，共同耗用一种原材料 2 000 千克，单价 40 元/千克。甲产品的重量为 3 000 千克，乙产品的重量为 7 000 千克。采用重量比例分配法分配材料费用结果如下所示：

材料费用分配率=(2 000×40)÷(3 000+7 000)= 8（元）

甲产品分配的材料费用=3 000×8=24 000（元）

乙产品分配的材料费用=7 000×8=56 000（元）

在会计实务中，材料费用分配通常是用分配表来完成的，其格式如表 3-2 所示。

表 3-2 **材料费用分配表**

（重量比例分配法）

项目 产品	分配标准 （千克）	分配率 （元/千克）	材料费用 （元）
甲产品	3 000	8	24 000
乙产品	7 000	8	56 000
合计	10 000	9 500	80 000

2. 定额消耗量（定额费用）比例法

材料费用的分配标准很多，在材料消耗定额比较准确的情况下，原材料费用可以按照产品的材料定额消耗量的比例或材料定额费用的比例进行分配。

定额消耗量比例法是以产品定额消耗量为标准，进行材料费用分配的一种方法。

适用于各项材料消耗定额健全而且比较准确的企业。按定额消耗量比例分配的计算程序是：首先，计算出某种产品材料定额消耗量；其次，计算单位材料定额消耗量应分摊的材料实际消耗量（计算材料消耗量分配率）；再次，计算出某种产品应分摊的材料数量；最后，计算出某种产品应分摊的材料费用。

定额费用比例法是指在各种产品共同耗用原材料的种类较多的情况下，为了简化分配计算工作，可以按照各种材料的定额费用的比例分配材料实际费用的方法。定额消耗量（或定额费用）比例法的计算公式如下：

各种产品材料定额消耗量（定额费用）= 各种产品材料单位消耗定额×该种产品实际产量

$$材料费用分配率=\frac{耗用材料费用总额}{全部产品定额消耗量（定额费用）}$$

各种产品应分配材料费用 = 该产品定额消耗量（定额费用）×材料费用分配率

【例 3-3】昌运公司生产甲、乙两种产品，共同耗用某种原料 6 000 千克，每千克 1.44 元，共计 8 640 元。生产甲产品 1 200 件，单件甲产品原料消耗定额为 3 千克，生产乙产品 800 件，单件乙产品原料消耗定额为 1.5 千克。原料费用分配计算如下：

甲产品原料定额消耗量 = 1 200×3 = 3 600（千克）

乙产品原料定额消耗量 = 800×1.5 = 1 200（千克）

原料消耗量分配率 = 6 000÷（3 600+1 200）= 1.25

甲产品应分配原料数量 = 3 600×1.25 = 4 500（千克）

乙产品应分配原料数量 = 1 200×1.25 = 1 500（千克）

甲产品应分配原料费用 = 4 500×1.44 = 6 480（元）

乙产品应分配原料费用 = 1 500×1.44 = 2 160（元）

上述计算方法，可以考核原料消耗定额的执行情况，有利于加强成本管理。如表 3-3 所示。实际工作中为了简化计算，也可以采用按定额消耗量的比例，直接分配原料费用的方法。仍以上例资料计算分配如下：

原料费用分配率 = 8 640÷（3 600+1 200）= 1.8

甲产品应分配原料费用 = 3 600×1.8 = 6 480（元）

乙产品应分配原料费用 = 1 200×1.8 = 2 160（元）

两种分配方法计算结果相同，但后一种分配方法不能提供原料实际消耗量资料，因此，不便于考核材料消耗定额的执行情况。

表 3-3 材料费用分配表

（定额消耗量比例分配法）

项目 产品	产品产量（件）	单位消耗定额（千克/件）	定额耗用量（千克）	分配率	材料实际耗用量（千克）	材料费用（元）
甲产品	1 200	3	3 600	1.25	4 500	6 480
乙产品	800	1.5	1 200	1.25	1 500	2 160
合计	2 000		4 800		6 000	8 640

3. 材料费用分配表的编制与账务处理

在实际工作中，材料费用的分配是通过编制材料费用分配汇总表进行的，材料费用分配汇总表根据归类后的领退料凭证和有关资料编制，它是材料费用分配核算的汇总原始凭证。表中应列示成本、费用账户的金额，并按成本项目或费用项目列示。在采用实际成本计价核算时，表中金额可根据领料凭证上的实际成本加总填入。在采用计划成本计价核算时，表中金额栏应分“计划成本”和“差异”两栏列示。计划成本栏根据领料凭证上计划成本加总填入，然后根据本月材料成本差异分配率计算应负担的差异，填入差异栏。实际成本计价方式下，材料费用分配汇总表格式如表 3-4 所示：

表 3-4　　　　材料费用分配汇总表

（实际成本计价）　　　　单位金额：元

贷方账户 借方账户		原材料			
		成本或费用项目	直接计入	分配计入	合计
基本生产成本	甲产品	直接材料	5 000	1 200	6 200
	乙产品	直接材料	3 500	2 800	6 300
	小计		8 500	4 000	12 500
辅助生产成本	供电车间	直接材料	3 000		3 000
	模具车间	直接材料	7 000		7 000
	小计		10 000		10 000
制造费用	生产车间	机物料消耗	1 200		1 200
管理费用		办公耗材	600		600
销售费用		其他	1 500		1 500
合计			21 800	4 000	25 800

根据表 3-4 编制的会计分录如下：

借：生产成本——基本生产成本——甲产品　　6 200
　　　　　　　　　　　　　　——乙产品　　6 300
　　　　　　——辅助生产成本——供电车间　　3 000
　　　　　　　　　　　　　　——模具车间　　7 000
　　制造费用　　1 200
　　管理费用　　600
　　销售费用　　1 500
　贷：原材料　　25 800

3.3 外购动力费用的核算

3.3.1 外购动力费用支出的核算

外购动力费用是指向外单位购买电力、蒸汽、煤气等动力所支付的费用。外购动力费用主要是以计量仪器、仪表所显示的计量数乘以单价计算的，一般由动力供应单位定期抄录数量，开列账单，向耗用企业收取款项。企业在付款时，应该按外购动力的用途，直接借记各有关成本、费用账户，贷记“银行存款”账户。但是，在实际工作中，外购动力费用一般是在每月下旬的某日支付的，而且所支付的是上月付款日到本月付款日期间的动力费用，不是本月实际发生的动力费用。为了正确计算当月动力费用，就需要将账单所列余额扣除上月付款日到上月末的费用，加上当月付款日到当月末的动力费用，核算工作量很大。为了简化工作量，外购动力费用可通过“应付账款”账户核算，即在付款时先作为暂付款处理，借记“应付账款”账户，贷记“银行存款”账户。月末，按照外购动力的用途和数量分配费用时，再借记相关成本、费用账户，贷记“应付账款”账户，冲销原来记入“应付账款”账户的暂付款。如果供应单位每月抄表日基本固定，且每月从抄表日到月末的耗用数量相差不多，也可不通过“应付账款”账户，在支付外购动力费用时直接借记各有关成本、费用账户，贷记“银行存款”账户。

3.3.2 外购动力费用分配的核算

企业外购的动力，有的直接用于产品生产，有的用于照明、取暖、制冷等其他用途，因此，动力费用应按用途和使用部门进行分配。对于直接用于产品生产的动力费用，如果生产成本单独设立“燃料及动力”成本项目，要记入“基本生产成本”明细账的“燃料及动力”成本项目。如果没有专门设立此成本项目，应与一般用途的动力费用一样，按其使用部门分别记入“制造费用”“管理费用”等账户。计入成本、费用的动力费用，在有仪表记录的情况下，按仪表所示耗用数量和单价直接计入；在没有仪表记录的情况下，可按生产工时的比例、机器工时的比例或定额消耗量比例分配计入，计算公式如下：

$$\text{分配率}=\frac{\text{共同耗用外购动力费用总额}}{\text{各种产品分配标准数额之和}}$$

某产品应分配的外购动力费用＝该种产品分配标准数额×分配率

【例 3-4】昌运公司 2015 年 6 月份电费账单应付金额为 25 000 元，已通过银行转账支付。当月实际耗用外购电 48 000 度，每度电 0.55 元。其中：基本生产车间生产甲、乙两种产品，共耗电 35 000 度；供水车间耗电 5 000 度；机修车间耗电 4 000 度；基本生产车间照明耗电 2 000 度；公司管理部门耗电 1 000 度；营销部门耗电 1 000 度。生产用电按产品生产工时分配，甲产品生产工时 4 000 小时，乙产品生产工时 3 000 小时。基本生产成本专设有“燃料及动力”成本项目。

甲、乙产品用电量分配率=35 000÷（4 000+3 000）=5（度/小时）

甲产品耗用电量=4 000×5=20 000（度）

乙产品耗用电量=3 000×5=15 000（度）

实务中，外购动力费用的分配可通过编制外购动力费用分配表的形式进行。格式如表 3-5 所示。

表 3-5　　**外购动力费用（电费）分配表**

2015 年 6 月　　单位金额：元

贷方账户 借方账户		应付账款					
		成本、费用项目	耗用电量			电费单价（元/度）	分配金额（元）
			生产工时（小时）	分配率（度/小时）	分配量（度）		
基本生产成本	甲产品	燃料及动力	4 000		20 000		11 000
	乙产品	燃料及动力	3 000		15 000		8 250
	小计		7 000	5	35 000		19 250
辅助生产成本	供水车间	水电费			5 000		2 750
	机修车间	水电费			4 000	0.55	2 200
	小计				9 000		4 950
制造费用	生产车间	水电费			2 000		1 100
管理费用		水电费			1 000		550
销售费用		水电费			1 000		550
合计					48 000		26 400

根据表 3-5 编制的会计分录如下：

借：生产成本——基本生产成本——甲产品　　11 000
　　　　　　　　　　　　　　——乙产品　　8 250
　　　　　　——辅助生产成本——供水车间　　2 750
　　　　　　　　　　　　　　——机修车间　　2 200
　　制造费用　　1 100
　　管理费用　　550
　　销售费用　　550
　贷：原材料　　26 400

3.4 职工薪酬的核算

根据我国 2014 年 7 月开始实施的新职工薪酬准则的定义，职工薪酬是指企业为获得职工提供服务或解除劳动关系而给予的各种形式的报酬或补偿，包括短期薪酬、辞退福利、离职后福利以及其他长期职工福利。由于职工薪酬直接关系到产品成本和产品价格的高低，直接影响企业生产经营的成果，因此，加强职工薪酬的核算，对正确进行产品成本核算，降低成本费用有着重大意义。

企业会计准则对于“职工”的范围界定如下：与企业订立劳动合同的所有人员，含全职、兼职和临时职工，以及虽未与企业订立劳动合同但由企业正式任命的人员，如董事会成员、监事会成员等；还包括虽未与企业订立劳动合同或未由其正式任命，但为其提供与职工类似服务的人员，如劳务用工合同人员等也纳入职工范畴。

3.4.1 职工薪酬的构成

1. 短期薪酬

短期薪酬指企业在职工提供相关服务的年度报告期间结束后十二个月内需要予以支付的职工薪酬。一般包括下面一些内容：

（1）职工工资、奖金、津贴和补贴。这是指按照国家统计局的规定构成工资总额的计时工资、计件工资、支付给职工的超额劳动报酬和增收节支的劳动报酬、为了补偿职工特殊或额外的劳动消耗和因其他特殊原因支付给职工的津贴，以及为了保证职工工资水平不受物价影响支付给职工的物价补贴等。

（2）职工福利费。指企业医务室、职工浴室、理发室、托儿所等福利机构人员的工资、医务经费、职工生活困难补助，以及按照国家规定开支的其他职工福利支出。

（3）住房公积金。指企业按照国务院《住房公积金管理条例》规定的基准和比例计算，向住房公积金管理机构缴存的住房公积金。

（4）工会经费和职工教育经费。指企业为了改善职工文化生活、为职工学习先进技术和提高业务素质，用于开展工会活动和职工教育及职业技能培训等的相关支出。

（5）非货币性福利。包括企业以自己的产品或外购商品发放给职工作为福利；企业提供给职工无偿使用的自己拥有的资产或租赁资产供职工无偿使用，如提供给企业高级管理人员使用的住房等；免费为职工提供诸如医疗保健的服务等，如以低于成本的价格向职工出售住房等。

2. 辞退福利

辞退福利指企业在职工劳动合同到期之前解除与职工的劳动关系，或者鼓励职工自愿接受裁减而给与职工的补偿。

3. 离职后福利

离职后福利是指企业为获得职工提供的服务而在职工退休或与企业解除劳动关系后，提供的各种形式的报酬和福利，如养老保险、失业保险等。离职后福利计划分为设定提存计划和设定受益计划两种。

（1）设定提存计划是指向独立的基金缴存固定费用后，企业不再承担进一步支付义务的离职后福利计划，其支付义务的承担主体是企业以外的第三者，一般为社会保险经办机构、基金公司等。例如企业为职工缴纳的养老保险和失业保险，职工离职后由保险机构支付其相应的福利金额，如果以后保险机构不能按约定向职工支付福利，企业也不再承担替代支付的义务，这就是一项设定提存计划。

（2）设定受益计划是指除设定提存计划以外的其他离职后福利计划。设定受益计划的义务承担主体是享受服务的企业本身。例如，某企业为了能够留住高级管理人才，制订了一项计划，该计划约定：如果满足条件的管理人员能够连续在企业工作满十年，离职后企业将每年承担其医药费用的50%。在这项计划中，义务的承担者为企业本身，这项规定就属于设定受益计划。

4. 其他长期职工福利

这是指除短期薪酬、离职后福利、辞退福利之外所有的职工薪酬，包括长期带薪缺勤、长期残疾福利、长期利润分享计划等。

3.4.2 职工薪酬的计算

在工业企业中，短期薪酬中的工资计算一般包含按出勤时间计算（计时工资）和按产出量计算（计件工资）两种，其他奖金、福利、住房公积金等则按照工资的一定比例计提；辞退福利一般在职工离职时一次性支付；离职后福利计划中的设定提存计划应根据我国养老保险、失业保险等相关制度的规定向相关部门缴纳；离职后福利的设定受益计划应根据企业年金计划中所确定的标准计算出企业每年应为职工缴纳的金额。由于职工薪酬所涉及的计时工资、计件工资以及设定受益计划的计算较为复杂，因此本书重点介绍这三种计算方法。

1. 计时工资的计算

职工的计时工资是根据考勤记录登记的每一职工出勤或缺勤日数，按照规定的工资标准计算的。工资标准按其计算的时间不同，有按月计算的月薪、按日计算的日薪或按小时计算的小时工资等。企业固定职工的计时工资一般按月薪计算，临时职工的计时工资大多按日薪计算，也有按小时工资计算的。采用月薪制，不论各月日历日数多少，每月的标准工资相同。为了按照职工出勤或缺勤日数计算应付的月工资，还应根据月工资标准计算日工资率，即每日平均工资。采用日薪制，每日工作时数为8小时。如果有出勤不满8小时的情况，还应根据日标准工资计算小时工资率，即每小时平均工资。下面着重讲述月薪制计时工资的计算方法。

采用月薪制计算应付工资，由于各月日历日数不同，有的月份30日，有的月份31日，2月份则只右28日或29日，因而同一职工各月的日工资率不尽相同。在实际工作中，为简化日工资的计算，日工资率一般按以下两种方法之一计算：①每月固定按30日计算；以月工资标准除以30日，算出每月的日工资率。②每月固定按年日历日数365日减去104个双休日和11个法定节假日，再除以12个月算出的平均工作日数20.83日计算，以月工资标准除以20.83日计算出每月的日工资率。此外，应付的月工资，可以按日工资率乘以职工出勤日数计算，也可以按月工资标准扣除缺勤工资（即日工资率乘以缺勤日数）计算。

综上所述，应付月工资一般有四种计算方法：

（1）按30日计算日工资率，按扣缺勤日数计算月工资。

（2）按30日计算日工资率，按出勤日数计算月工资。

（3）按20.83日计算日工资率，按扣缺勤日数计算月工资。

（4）按 20.83 日计算日工资率，按出勤日数计算月工资。

在按 30 日计算日工资率的企业中，由于节假日视作工作日，因而出勤期间的节假日，也按出勤日算工资，事假、病假等缺勤期间的节假日，也按缺勤日扣工资。在按 20.83 日计算日工资率的企业，节假日不算作工作日，所以节假日既不算工资、也不扣工资。企业可以自行决定采用哪一种方法，但确定以后不得随意变动。

【例 3-5】某企业某工人的月工资标准为 3 000 元。2015 年 5 月份共 31 天，病假 3 天、事假 2 天，双休日休假 10 天，出勤 16 天。根据该工人的工龄，其病假工资按工资标准的 90%计算。该工人的病假和事假期间没有节假日。按上述四种方法分别计算该工人 5 月份的计时工资。

（1）按 30 日计算日工资率，扣缺勤天数计算计时工资。

日工资率 = 3 000÷30 = 100（元/日）

应扣缺勤病假工资 = 100× 3×（1−90%）= 30（元）

应扣缺勤事假工资 = 100×2 = 200（元）

计时工资 = 3 600−30−200 = 2 770（元）

（2）按 30 日计算日工资率，按出勤天数计算计时工资。

日工资率 = 3 000÷30 = 100（元/日）

应付出勤工资 = 100×（16+10）= 2 600（元）

应付病假工资 = 100×3×90% = 270（元）

计时工资 = 2 600+270 = 2 870（元）

（3）按 20.83 日计算日工资率，扣缺勤天数计算计时工资。

日工资率 = 3 000÷20.83 = 144.02（元/日）

应扣缺勤病假工资 = 144.02× 3×（1−90%）= 43.21（元）

应扣缺勤事假工资 = 144.02×2 = 288.04（元）

计时工资 = 3 000−43.21−288.04 = 2 668.75（元）

（4）按 20.83 日计算日工资率，按出勤天数计算计时工资。

日工资率 = 3 000÷20.83 = 144.02（元/日）

应付出勤工资 = 144.02×16 = 2 304.32（元）

应付病假工资 = 144.02×3×90% = 388.85（元）

计时工资 = 2 304.32+388.85 = 2 693.17（元）

从以上四种计算方法的举例中可以看出，在按 30 日计算日工资率的情况下，按实际出勤天数计算月工资比按扣缺勤天数计算工资多 100 元（2 870−2 770），即多算 1 日的工资。这是由于该月日历日数是 31 日，大于作为日工资率计算依据的日数 30 日刚好一天。在日历日数是 30 日的月份，两者计算结果应相同。

此外，还可以看出，在按 20.83 计算日工资率的情况下，按实际出勤天数计算月工资比按扣缺勤天数计算工资多 24.42 元（2 963.17−2 668.75），即多算 0.17 天（24.42÷144.02）的工资资。这是因为，该月的法定工作日数是 21 日（31−10），日薪制按出勤日数计算月工资，是以 20.83 日为基础计算的，两者相差 0.17 日工资额。由于每月的法定工作日数都是整数，而作为日工资率计算依据的日数都是小数，因此，在按 20.83 日计算日工资率的情况下，无论按实际出勤天数计算月工资还是按扣缺勤天数计算月工资，两者的计算结果在每一个月份都会有所不同。

计算计时工资的上述四种方法各有利弊，但按 20.83 日计算日工资率，节假日不算工资，更能体现按劳分配的原则，而且职工缺勤日数一般比出勤日数少，计算缺勤工资比计算出勤工资简便。

2. 计件工资的计算

职工的计件工资，应根据产量记录中登记的每一工人的产品产量，乘以规定的计件单价计算求得。这里的产量包括合格品产量和不是由于工人本人过失造成的不合格品产量，如料废产品数量。由于工人本人过失造成的不合格品，如工废产品则不计算计件工资，在有些情况下，甚至还应由工人赔偿废品损失。计件工资的计算公式如下：

应付计件工资=∑月内每种产品的产量×该种产品的计件单价

某种产品的计件单价=工时定额×小时工资率

【例 3-6】2015 年 6 月份，昌运公司职工刘某加工甲产品 150 个，经验收发现其中工废 3 个，由于材料缺陷发生料废 2 个，合格品 145 个，每个计件单价 5 元；加工乙产品 200 个，经验收全部合格，每个计件单价 3 元。要求计算应付刘某的计件工资。

应付计件工资=（150-3）×5+200×3=1 335（元）

如果同一工人生产计件单价不同的各种产品，为了简化计算工作，也可以根据每一工人完成的产品定额工时总数和工人所属等级的小时工资率计算工资。其计算公式如下：

应付计件工资=定额工时×小时工资率

【例 3-7】2015 年 6 月份，昌运公司职工张某加工甲产品 180 个，经验收发现其中工废 10 个，工时定额为 0.5 小时；B 零件 210 个，其中料废 5 个，工时定额为 0.3 小时。张某的小时工资为 15 元，要求计算应付张某的计件工资。

张某完成的定额工时及计件工资计算如下：

定额工时=（180-10）×0.5+210×0.3=148（小时）

应付计件工资=148×15=2 220（元）

3. 设定受益计划的计算

企业会计准则规定，企业应将设定受益计划义务归属于职工能够获得离职后福利而提供服务的期间，而不是离职前为企业提供服务的所有期间。例如，一项计划规定，为企业服务满 10 年以上的职工，将会在离职时获得一次性 10 000 元的福利补助，预计某职工将在 15 年后离职，则其 15 年后所能获得的 10 000 元福利应平均归属于其提供服务的最初 10 年。企业在某期确认和设定受益计划相关的负债时，要将未来支付给职工的离职后福利折现，其金额包含两项内容：一是与当期服务相关的设定受益计划义务的现值，二是前期累计确认的设定受益计划义务现值所产生的利息。我们通过一个具体的例子来说明其计算过程。

【例 3-8】假设某企业为了吸引高级人才长期留在企业而出台一项规定，该规定的内容如下：学历为硕士以上的人员，如果能够连续为企业服务 5 年以上，离职后可以一次性获得 50 000 元的补助。假定该规定开始执行当期，企业预计有某位学历为博士的工程师刚好5年后要离职。表3-6可以反映该工程师5年内每年设定受益计划义务的形成过程（本例中假设折现率为10%）。

表3-6　　设定受益计划义务计算表

单位：元

项目 年份	当期义务 ①	前期累计义务 ②	折现系数 ③	当期义务现值 ④=①×③	前期累计义务现值 ⑤=②×③＊	前期累计义务利息 ⑥=⑤×10%	当期应确认负债 ⑦=④+⑥
1	10 000	0	0.68	6 800	0	0	6 800
2	10 000	10 000	0.75	7 500	6 800	680	8 180
3	10 000	20 000	0.83	8 300	15 000	1 500	9 800
4	10 000	30 000	0.91	9 100	24 900	2 490	11 590
5	10 000	40 000	1.00	10 000	36 400	3 640	13 630＊
合计	50 000	—	—	—	—	—	50 000

＊说明：（1）本列“前期累计义务现值”等于第2列“前期累计义务”乘以第3列中相对应的上一年的折现率。

（2）由于四舍五入的原因，13 630由50 000-6 800-8 180-9 800-11 590倒挤算出。

3.4.3　职工薪酬费用分配的核算

企业财务部门应该根据计算出的职工工资，按照车间、部门分别编制薪酬结算单，在薪酬结算单中，按照职工类别和姓名分行填列应付每一职工的各种工资、代发款项（如代发应付福利费）、代扣款项（如代扣职工水电费等）和应发金额。薪酬结算单是与职工进行薪酬结算的依据。

薪酬费用的分配应通过薪酬费用分配汇总表进行。该表应根据薪酬结算单等有关资料编制，其格式参见表3-7。

为了总括反映职工薪酬的结算和分配业务，企业应设置“应付职工薪酬”账户，该账户核算企业应支付给职工的各种薪酬。每月支付工资、奖金、津贴、福利费等，从应付职工薪酬中扣还的各种款项等，借记“应付职工薪酬”账户，贷记“银行存款”“库存现金”“其他应收款”“应交税费——应交个人所得税”等账户。

每月月末根据薪酬分配汇总表，进行薪酬费用的分配。直接进行产品生产的生产工人薪酬费用，借记“基本生产成本”，并记入其明细账户“直接人工”成本项目；辅助生产车间的生产工人薪酬费用，借记“辅助生产成本”，并记入其明细账户的相关成本项目；生产车间的管理人员的薪酬费用，借记“制造费用”账户；企业行政管理部门的人员（包括炊事人员、工会人员）薪酬费用，借记“管理费用”账户；专设销售机构人员薪酬费用借记“销售费用”账户；固定资产构建等专项工程人员的薪酬费用，借记“在建工程”账户。以上各账户所对应的贷方都是“应付职工薪酬”账户。

为了详细地反映和监督企业应付职工薪酬的结算情况，企业还应按职工类别、薪酬总额的组成内容进行明细核算，在“应付职工薪酬”账户下应设置“工资”“职工福利”“社会保险费”“住房公积金”“工会经费”“职工教育经费”“非货币性福利”

“辞退福利”“股份支付”等明细项目。

“应付职工薪酬”账户期末一般没有余额，如果企业本月实发职工薪酬是按上月考勤记录计算的，实发工资与按本月考勤记录计算的应付薪酬的差额，即为本账户的期末余额。如果企业实发薪酬与应付薪酬相差不大，也可以按本月实发薪酬作为应付薪酬进行分配，这样本账户期末即无余额。如果不是由于上述原因引起的应付薪酬大于实发薪酬的，期末贷方余额反映为企业应付未付的职工薪酬。

【例 3-8】昌运公司 2015 年 6 月职工“薪酬费用分配汇总表”，如表 3-7 所示。

表 3-7 薪酬费用分配汇总表

2015 年 6 月 单位金额：元

借方账户＼贷方账户		应付职工薪酬			
		成本或费用项目	直接计入	分配计入	合计
基本生产成本	甲产品	直接人工	36 000	27 000	63 000
	乙产品	直接人工	32 400	25 600	58 000
	小计		68 400	52 600	121 000
辅助生产成本	供电车间	直接人工	8 000		8 000
	模具车间	直接人工	7 200		7 200
	小计		15 200		15 200
制造费用	生产车间	人工费用	6 800		6 800
管理费用		人工费用	15 400		15 400
销售费用		人工费用	13 600		13 600
合计			119 400	52 600	172 000

根据表 3-7 编制的会计分录如下：

借：生产成本——基本生产成本——甲产品　　63 000
　　　　　　——乙产品　　58 000
　　　　——辅助生产成本——供电车间　　8 000
　　　　　　　　——模具车间　　7 200
　　制造费用　　6 800
　　管理费用　　15 200
　　销售费用　　13 600
　贷：应付职工薪酬　　172 000

3.5 折旧费用的核算

固定资产折旧是指固定资产在使用过程中，由于损耗而减少的价值，这部分价值会转移到生产的产品中或构成企业的经营成本或费用。折旧费用的核算主要包括两个部分：折旧的计算和折旧费用的分配。

3.5.1 折旧的计算

会计上计算折旧的方法很多，有平均年限法、工作量法、双倍余额递减法和年数总和法等，企业应在国家规定的范围内选择折旧的计提方法。

1. 平均年限法

平均年限法又称直线法，是按照应提折旧总额除以固定资产使用年限，平均计算折旧额的方法。其计算公式如下：

$$年折旧额=\frac{固定资产原始价值\times（1-预计净残值率）}{预计使用年限}$$

$$月折旧额=\frac{年折旧额}{12}$$

【例 3-9】昌运公司一栋行政用办公用大楼原价为 2 000 万元，平均预计使用年限为 50 年，预计净残值率为 2%。要求按平均年限法计算该行政办公大楼每月应计提的折旧额。

年折旧额=2 000 万×（1-2%）÷50=39.2（万元）

月折旧额=39.2 万÷12=3.27（万元）

2. 工作量法

工作量法是以固定资产预计可完成的工作量为分摊标准，根据各期实际完成的工作量计算折旧额的一种方法。采用这种方法计提折旧，各期固定资产的折旧额随工作量的变动而成正比例变动。计算公式如下：

$$每一工作量折旧额=\frac{固定资产原价\times（1-残值率）}{预计总工件量}$$

某固定资产月折旧额=该项固定资产当月实际完成工作量×每一工作量折旧额

【例 3-10】昌运公司一辆行政用轿车原值为 30 万元，预计净残值 2 万元，预计总行驶里程 50 万千米，当月行驶 4 000 千米。则：

每千米折旧额=（300 000-20 000）÷500 000=0.56（元/千米）

本月折旧额=4 000×0.56=2 240（元）

3. 双倍余额递减法

双倍余额递减法是指在不考虑固定资产预计净残值的情况下，根据每期期初固定资产账面净值乘以两倍的直线法折旧率计算折旧的方法。其计算公式如下：

$$年折旧率=\frac{2}{预计使用年限}\times 100\%$$

年折旧额=年初固定资产账面净值×年折旧率

$$月折旧率=\frac{年折旧率}{12}$$

采用双倍余额递减法计提折旧的固定资产，应当在固定资产折旧年限到期前两年内，将固定资产净值（扣除净残值）平均摊销。

【例 3-11】昌运公司的一台生产用机器，原价为 200 万元，预计使用年限为 5 年，预计净残值为 2 万元。要求按双倍余额递减法，计算机器每年应计提的折旧额。

年折旧额=2 000 万×（1-2%）÷50=39. 2（万元）

月折旧额=39. 2 万÷12=3. 27（万元）

该企业编制“折旧计算表”如表 3-8 所示。

表 3-8

折旧计算表

（双倍余额递减法）

单位：万元

计算期	期初折余价值	年折旧率	年折旧额	累计折旧额	期末折余价值
1	200	40%	80	80	120
2	120	40%	48	128	72
3	72	40%	28. 8	156. 8	43. 2
4	43. 2	–	20. 6	177. 4	22. 6
5	22. 6	–	20. 6	198	2

上表中最后两年的折旧额的计算过程为［（43. 2-2）］÷2=20. 6。各月的折旧额用年折旧额除以 12 计算。

4. 年数总和法

年数总和法又称合计年限法，是指将固定资产的原价减去预计净残值后的余额，乘以逐年递减的分数计算折旧的方法。这个分数的分子表示固定资产尚可使用的年限，分母表示各年可使用年数的总和。其计算公式如下：

年折旧额=（固定资产原始价值-预计净残值）×年折旧率

$$年折旧率=\frac{尚可使用年数}{年数总和}$$

尚可使用年数=预计使用年数-已使用年数

【例 3-12】昌运公司的一台生产用机器原价为 200 万元，预计使用年限为 5 年，预计净残值为 2 万元。要求按年数总和法，计算机器每年应计提的折旧额。计算过程如表 3-9 所示。

表 3-9

折旧计算表

（年数总和法）

单位：万元

计算期	固定资产净值	尚可使用年数	年折旧率	本年折旧额	累计折旧额
1	198	5	5/15	66	66
2	198	4	4/15	52. 8	118. 8
3	198	3	3/15	39. 6	158. 4
4	198	2	2/15	26. 4	184. 8
5	198	1	1/15	13. 2	198

表 3-8 中的年数总和=5+4+3+2+1=15，各月折旧额等于各年折旧额除以 12。

3.5.2 折旧费用的分配

企业应设量“累计折旧”账户核算固定资产折旧数额，该账户一般只进行总分类核算，而不进行明细分类核算。企业计提固定资产折旧，应根据固定资产的用途及受益对象，分别借记“制造费用”“销售费用”和“管理费用”账户，贷记“累计折旧”账户。实物中固定资产折旧常通过编制“固定资产折旧费用分配表”核算，格式如表3-10所示。

表3-10　　固定资产折旧费用分配表

2015年6月份　　单位：元

借方账户	车间部门	上月固定资产折旧额	当月增加固定资产折旧额	当月减少固定资产折旧额	本月固定资产折旧额
制造费用	基本生产车间	53 000		2 000	51 000
辅助生产成本	供水车间	2 700	500	230	2 970
	供电车间	2 450	350	200	2 600
	小计	5 150	850	430	5 570
管理费用	行政管理部门	15 000	1 000	200	15 800
销售费用	专设销售机构	12 000			12 000
合计		85 150	1 850	2 630	84 370

根据表3-9编制的会计分录如下：

借：制造费用　　51 000
　　生产成本——辅助生产成本——供水车间　　2 970
　　　　　　　　　　　　　　——供电车间　　2 600
　　管理费用　　15 800
　　销售费用　　12 000
　贷：累计折旧　　84 370

3.6 利息、税金和其他费用的核算

3.6.1 利息费用的核算

工业企业各种要素费用中的利息费用，如果不是专门为构建固定资产而借入的款项所产生的利息，并不构成产品成本的组成部分，而是财务费用的一个费用项目；专门为构建固定资产所借入的专项借款的利息，在符合资本化条件时要计入在建工程，在所建造的固定资产投入使用时，通过累计折旧计入产品成本或期间费用中。利息费用一般按月计提，按季结算支付。每月末，借记“财务费用”，贷记“应付利息”。实际支付全季利息费用时，应借记“财务费用”及“应付利息”账户，贷记“银行存

款”账户。

【例 3-13】昌运公司 2015 年第二季度每月的利息费用为 20 000 元，季末共支付利息费用 60 000 元。会计分录如下：

2015 年 4 月份和 5 月份计提利息费用时的分录为：

借：财务费用	20 000	
贷：应付利息		20 000

2015 年 6 月末实际支付利息费用时的分录为：

借：财务费用	20 000	
应付利息	40 000	
贷：银行存款		60 000

3.6.2 税金的核算

工业企业各种要素费用中的税金，也不是产品成本的组成部分，而是管理费用等费用的组成部分，包括房产税、车船税、城镇土地使用税和印花税等。

在这些税金中，有的税金（如印花税）可用银行存款等货币资金直接缴纳，缴纳时，应借记“管理费用”总账和所属明细账（在明细账中记入“印花税”等费用项目），贷记“银行存款”等账户，而有的税金（如房产税、车船税和城镇土地使用税等）应该通过“应交税费”账户核算。在计算应交税金时，应借记“管理费用”等账户和所属明细账（在明细账中记入“房产税”“车船税”和“城镇土地使用税”费用项目），贷记“应交税费”账户。在缴纳税金时，应借记“应交税费”账户，贷记“银行存款”等账户。

3.6.3 其他费用的核算

生产业企业各种要素费用中的其他费用，是指除了前述各要素以外的费用，包括邮电费、租赁费、印刷费、图书资料报刊费、办公用品费、试验检验费、排污费、差旅费、误餐补助费、交通费、保险费、职工技术培训费等。这些费用都没有专门设立成本项目，应该在费用发生时，按照发生的车间、部门和用途，分别借记“制造费用”“管理费用”等账户，贷记“银行存款”或“库存现金”等账户。

工业企业的各种要素费用经过以上分配，都按照费用的用途分别记入“基本生产成本”“辅助生产成本”“制造费用”“销售费用”“管理费用”“财务费用”和“在建工程”等账户的借方进行归集。

本章小结

本章主要介绍了材料费用、工资费用、折旧费用及其他各要素费用的核算。材料可分为原材料、外购半成品、辅助材料、修理用备件、燃料、包装物、低值易耗品等。材料费用核算的原始凭证主要包括领料单、限额领料单和领料登记表。企业材料收发的日常核算，无论是按照实际成本组织，还是按照计划成本进行，对于发出的材料，均应将其实际成本计入生产费用或期间费用。当若干产品共同耗用一种材料时，则材料费用需在各产品间进行合理分配。工资费用是企业支付给职工的劳动报酬，它由短期薪酬、辞退福利、离职后福利计划以及其他长期薪酬等部分内容组成。工资费用核算的原始凭证主要是考勤记录与产量记录。工资的计算主要包括计时工资的计算和计件工资的计算等方面。固定资产折旧是固定资产的价值损耗。企业可采用的折旧方法有年限平均法、工作量法、年数总和法、双倍余额递减法等。计提折旧时，应正确确定固定资产折旧的计提范围，科学估计固定资产的使用年限和净残值，并合理选择固定资产折旧方法。折旧费用应按固定资产的用途分别计入产品成本或当期损益。此外，本章还阐述了外购动力费用、利息费用等费用的核算。

习题

1. 某企业基本生产车间生产 A、B 两种产品，共同耗用甲材料 13 500 千克，每千克单价为 2. 16 元。生产 A 产品 1 800 件，单件 A 产品甲材料消耗定额为 45 千克；生产 B 产品 1 200 件，单件 B 产品甲材料消耗定额为 2. 25 千克。

要求：

（1）根据上述资料，采用定额消耗量比例法计算 A、B 两种产品应分配的甲材料费用。

（2）编制材料费用分配的会计分录。

2. 某企业 9 月 26 日通过银行支付外购电费 24 000 元。9 月末查明各车间、部门耗电度数为：基本生产车间耗电 35 000 度，其中车间照明用电 5 000 度；辅助生产车间耗电 8 900 度，其中辅助生产车间照明用电 1 900 度；企业行政管理部门耗电 6 000 度。该月应付外购电力费共计 24 950 元。

要求：

（1）按所耗电度数分配电力费用，A、B 产品按生产工时分配电费。A 产品生产工时为 36 000 小时，B 产品生产工时为 24 000 小时。

（2）编制该月份支付外购电力费用的会计分录。

（3）编制该月份分配外购电力费用的会计分录。该企业基本生产产品设有“燃料及动力”成本项目，辅助生产产品设有“燃料及动力”成本项目。

3. 某企业 10 月份有关工资及工时发生情况如下：

（1）基本生产车间生产工人工资 60 000 元，按产品实耗工时比例在甲、乙两种产品之间进行分配，甲产品实用 12 000 工时，乙产品实用 8 000 工时。

（2）第一基本生产车间管理人员工资 2 000 元，第二车间管理人员工资 3 000 元；

（3）辅助生产机修车间人员工资 19 000 元；

（4）厂部行政管理人员工资 17 600 元；

（5）六个月以上病假人员工资 1 800 元；

（6）医务、福利人员工资 3 200 元；

要求：根据以上资料，编制该企业 10 月份薪酬费用分配表，并编制有关会计分录。

4 辅助生产费用的归集与分配

教学目标：

通过本章的学习，了解辅助生产费用核算的内容及归集，了解辅助生产费用各种分配方法的特点及适用范围，重点掌握辅助生产费用各种分配方法的核算。

教学要求：

知识要点	能力要求	相关知识
辅助生产费用的归集	(1) 了解辅助生产费用的构成； (2) 了解辅助生产费用核算的账户设置	(1) 直接材料； (2) 直接人工； (3) 制造费用； (4) 从其他辅助生产部门分配转入的费用； (5) 总账账户的设置； (6) 明细账账户的设置
辅助生产费用的分配	(1) 理解辅助生产费用分配的特点； (2) 掌握辅助生产费用分配的方法	(1) 直接分配法； (2) 顺序分配法； (3) 一次交互分配法； (4) 代数分配法； (5) 计划成本分配法

基本概念：

基本生产费用　辅助生产费用　直接分配法　顺序分配法　一次交互分配法　代数分配法　计划成本分配法

导入案例：

惠康医疗中心位于三亚市，设有住院部和门诊部。由于其位于退休职工密集区，病人趋向老龄化，因而当地政府的医疗照顾计划为其提供医疗保险，对门诊病人的医疗照顾由政府按成本补偿，每个诊所要提供一份关于治疗享受医疗照顾病人的成本报告。住院病人的医疗照顾补偿是以预计的比例为基础，求出每位病人的补偿额，不考虑医院成本。另外，该医疗中心还有两个行政管理部门，即会计部和信息管理部，为住院部和门诊部提供劳务。表 4-1 列示了两个部门所提供的服务情况：

表 4-1　　会计部、信息管理部所提供的服务情况汇总表

行政管理部门		会计部	信息管理部
待分配费用		3 600 000 元	5 800 000 元
分配基础		交易数量	磁盘空间（GB）
耗用服务数量	会计部		8
	信息管理部	40 000	
	住院部	1 200 000	8
	门诊部	760 000	9
	合计	2 000 000	25

会计部的成本是按照各受益对象的交易量为基础进行分配的，信息管理部是以各受益对象的存贮 GB 数为基础进行分配的。医疗照顾计划指南允许采用以上标准分配成本，同时该指南也允许采用一些其他方法分配成本，只要方法合理、公认即可。

要求：设计一种在住院部和门诊部之间分配会计部和信息管理部成本的方法，并计算住院病人和门诊病人分别负担多少会计部和信息管理部成本。

4.1　辅助生产费用的归集

工业企业的生产按照生产职能的不同可以分为基本生产与辅助生产。基本生产是指企业主要商品产品的生产活动，如纺织厂的纺纱织布，汽车厂的汽车制造，电池厂的电池制造，钢铁企业的炼铁、炼钢等。从事基本生产的部门称为基本生产车间（或部门），从事基本生产而发生的耗费称为基本生产费用。辅助生产是为基本生产服务而进行的产品生产和劳务供应。辅助生产有两种情况：一种是为基本生产车间制造工具和模具的，或是为基本生产提供刀具、刃具、模具、夹具的生产；另一种是为基本生产提供水、电、汽或提供修理、运输等劳务。从事辅助生产的部门称为辅助生产车间（或部门），从事辅助生产而发生的耗费称为辅助生产费用。

辅助生产车间主要是为基本生产车间、行政管理等部门提供产品或劳务，很少对外服务，因此辅助生产费用一般应由企业内部各受益部门负担。除此之外，在企业生产过程中，辅助生产部门不但向其他部门提供劳务，其自身内部也相互提供劳务，例如：供电车间消耗动力车间的动力费用，动力车间消耗供电车间电力费用等，这就要求辅助生产车间内部要进行费用的相互分配，以便正确归集各辅助生产车间的成本费用。由此可以看出，对辅助生产费用的归集与分配是否正确，不仅决定了辅助生产产品和劳务成本的正确性，还影响企业主要商品产品的成本的正确性。因此，正确合理地归集和分配辅助生产费用具有重大意义。

4.1.1　辅助生产费用的成本构成项目

辅助生产费用的成本构成项目包括：①直接材料。指直接用于辅助生产车间劳务

生产的各种材料（包括外购的和企业自制的）、燃料及动力费用等。②直接人工。指直接从事辅助生产部门劳务生产人员的工资、福利费、社会保险费、住房公积金、职工教育经费、工会经费等各种人工费用。③制造费用。指辅助生产车间内部为组织和管理生产而发生的各项间接费用，包括辅助生产部门管理人员和其他非生产人员工资及社会保险费、职工教育经费、工会经费和非货币性福利费、折旧费、办公费、水电费、机物料消耗等。④从其他辅助生产部门分配转入的费用。指一个辅助生产车间消耗其他辅助生产车间的劳务，通过一定的方法分配转入的应由该辅助生产车间负担的费用。如动力车间消耗供电车间费用300元，则这300元电费应计入动力车间的费用中。具体分配方法在下一节介绍。

4.1.2 辅助生产费用归集的账户设置

辅助生产费用的归集包括两个层次，即总账账户的设置和明细账账户的设置。

1. 总账账户的设置

辅助生产费用的核算是通过“生产成本——辅助生产成本”科目进行的。其结构如下：

借方　　　　生产成本——辅助生产成本　　　　贷方

为进行辅助生产而发生的一切费用，包括直接材料、直接人工、分配转入的制造费用、从其他辅助生产车间分配转入的费用等	由辅助生产按照一定的标准向基本生产车间、管理部门、其他辅助车间等部门分配的辅助生产费用以及完工入库的自制工具、模具的成本
余额：辅助生产车间在产品的成本	

2. 明细账账户的设置

辅助生产成本明细账的设置，应根据各个辅助生产车间的具体情况决定。

（1）辅助生产车间只生产一种产品或只提供一种劳务

在只生产一种产品或只提供一种劳务的辅助生产车间，如供水、供电、供汽、运输等车间，应按照车间分别设置“辅助生产成本明细账”，在账内按规定的成本项目设置专栏，车间发生的所有费用都登记在“辅助生产成本明细账”内。

（2）辅助生产车间生产多种产品或提供多种劳务

在生产多种产品或提供多种劳务的辅助生产车间，如工具、模具等车间，应按车间以及产品或劳务的种类设置明细账。发生的单一成本项目的费用记入辅助生产按产品、劳务的种类设置的明细账中，辅助生产车间发生应由几种产品、劳务共同承担的费用，则应先记入“制造费用——辅助生产车间”明细账中。期末，再从“制造费用——辅助生产车间”转出，分配记入按产品、劳务的种类设置的辅助生产成本明细账中。

有的企业辅助生产车间的规模较小，发生的制造费用不多，为了简化核算，辅助生产车间可以不单独设置“制造费用——辅助生产车间”明细账，而直接记入“生产成本——辅助生产成本”账户及其明细账的借方。

辅助生产费用的归集根据“材料费用分配表”“工资及福利费分配表”“制造费用分配表”“折旧费用分配表”等有关凭证登记“生产成本——辅助生产成本”及其所属明细账。辅助生产成本明细账的格式见表4-2、表4-3。

表4-2 辅助生产成本明细账

车间： 单位：元

日期	凭证号	摘要	费用明细项目								合计	转出	余额
			材料费	工资及福利费	动力费	折旧费	修理费	办公费	水电费	其他			
		合计											

表4-3 辅助生产成本明细账

车间： 单位：元

日期	凭证号	摘要	产品成本项目			合计
			直接材料	直接人工	制造费用	
		合计				

4.2 辅助生产费用的分配

4.2.1 辅助生产费用分配的基本思路

辅助生产车间发生的各种费用如何分配计入成本费用，是由辅助生产车间提供产品和劳务的性质以及它在生产中的作用决定的。

1. 提供产品的辅助生产费用分配

若辅助生产车间是生产产品的，如自制材料、工具、模具等，在这些产品完工后，应将其成本从“生产成本——辅助生产成本”账户转入“原材料”或“低值易耗品”等账户中。各车间、部门领用时，再比照财务会计中存货的核算方法，根据具体的用途和数量，一次或分次转入有关成本费用账户。

2. 提供劳务的辅助生产费用分配

如果辅助生产车间提供电、水、蒸汽、运输、修理等产品或劳务，因没有实物形态，辅助生产车间发生的费用在归集后，应根据各受益部门的耗用量，采用一定的分配方法在各受益部门间进行分配。

辅助生产费用分配的基本原则是：谁受益谁承担，多收益多承担，少收益少承担；分配方法力求简单、合理、易行。其分配的关键是确定辅助生产产品或劳务的单位成本和各受益部门的耗用量。

4.2.2 辅助生产费用的分配方法

辅助生产车间主要向基本生产车间和行政管理等部门提供劳务，但大多数情况下，辅助生产车间之间也相互提供劳务，如供电车间向供汽车间提供电力，供汽车间向供电车间提供蒸汽。这样，要计算电的成本，首先应计算蒸汽的成本；而要计算蒸汽的成本，又要以计算出电的成本为先决条件。由于它们之间相互制约、互为条件，使辅助生产费用的分配产生了困难，因而辅助生产费用的分配采用了一些特殊的分配方法，主要有直接分配法、一次交互分配法、计划成本分配法、代数分配法和顺序分配法等。

1. 直接分配法

直接分配法是指对辅助生产费用只进行一次分配，即把生产车间所发生的实际费用，仅在基本生产车间和行政管理部门等辅助生产部门以外的各受益部门之间按其耗用数量进行分配，对于各辅助生产车间之间相互提供的产品或劳务数量则不进行分配的一种辅助生产费用的分配方法。其计算公式如下：

$$\text{某辅助生产费用分配率}=\frac{\text{该辅助生产车间直接发生的费用总额}}{\text{该辅助生产车间提供的劳务总量}-\text{为其他辅助生产提供的劳务量}}$$

某受益对象应负担的辅助生产费用＝该受益对象的劳务耗用量×辅助生产费用分配率

【例 4-1】某工业企业设有供电和供水两个辅助生产车间，由于该企业辅助生产车间只提供一种劳务，因而不设置制造费用明细账，辅助生产车间发生的费用全部登记在“辅助生产成本明细账”中。供电车间的“辅助生产成本明细账”见表 4-4。

表 4-4　辅助生产成本明细账

车间：供电车间　　2014 年 6 月　　单位：元

日期	凭证	摘要	费用明细项目				合计	转出	余额
			材料费用	工资费用	折旧费用	其他费用			
略	略	分配材料费	60 000						
		分配工资费		40 000					
		提取折旧费			20 000				
		分配其他费用				15 000			
		合计					135 000		
		本月转出						135 000	

供水车间本月发生费用为75 000元（其辅助生产成本明细账略），各辅助生产车间提供的劳务数量及各受益对象耗用量见表4-5。

表4-5 辅助生产劳务供应通知单

2014年6月

受益对象		供电量（度）	供水量（吨）
辅助生产车间	供电车间		90 000
	供水车间	75 000	
基本生产车间	产品耗用	400 000	20 000
行政管理部门		200 000	40 000
合计		675 000	150 000

根据上述资料，采用直接分配法进行分配时，应先计算费用分配率，然后再按受益量分配。计算结果如下：

$$电费分配率=\frac{135\ 000}{675\ 000-75\ 000}=0.225\ （元/度）$$

$$水费分配率=\frac{75\ 000}{150\ 000-90\ 000}=1.25\ （元/吨）$$

根据以上计算资料，可编制直接分配法下的“辅助生产费用分配表”，见表4-6。

表4-6 辅助生产费用分配表（直接分配法）

2014年6月 单位：元

项目	待分配费用	分配数量	分配率	分配金额			
				基本生产车间		行政管理部门	
				数量	金额	数量	金额
供电车间	135 000	600 000	0.225	400 000	90 000	200 000	45 000
供水车间	75 000	60 000	1.25	20 000	25 000	40 000	50 000
合计					115 000		95 000

根据表4-6，编制会计分录如下：

借：制造费用 115 000

　　管理费用 95 000

　贷：生产成本——辅助生产成本——供电车间 135 000

　　　　　　　　　　　　　　——供水车间 75 000

采用直接分配法分配辅助生产费用的优点在于：计算手续简单，分配结果比较直观。但这种方法具有一定的假定性，即假定各辅助生产车间的产品或劳务都为基本生产车间和行政管理部门所耗用，而辅助生产部门之间互相不提供劳务。而实际中，各辅助生产车间之间经常发生相互提供产品和劳务的业务，所以，这种假设是不符合实际的，由此计算出来的辅助生产成本也不完整。因此，这种方法一般只适用于辅助生产车间之间不提供或很少提供产品或劳务的情况。

2. 顺序分配法

所谓顺序分配法是指根据各辅助生产车间按其相互提供劳务的多少排成顺序，耗用其他辅助生产车间费用少的辅助生产车间排列在前，先将费用分配出去，并且不再参加以后的费用分配；耗用其他辅助生产车间费用多的辅助生产车间排列在后，后将费用分配出去，并且不再对排在前面的辅助生产车间进行分配的一种方法。其计算公式如下：

$$\text{先分配的辅助生产车间费用分配率}=\frac{\text{该辅助生产车间直接发生的费用}}{\text{该辅助生产车间提供的劳务总量}}$$

后分配的辅助生产车间费用分配率

$$=\frac{\text{该辅助生产车间直接发生的费用}+\text{由其他辅助车间分来的费用}}{\text{该辅助生产车间提供的劳务总量}-\text{先分配的辅助生产耗用的该辅助车间的劳务量}}$$

某受益对象应负担的辅助生产费用=该受益对象的劳务耗用量×辅助生产费用分配率

【例 4-2】仍以例 4-1 资料为例，由于供水车间耗用供电车间的费用少，而供电车间耗用供水车间的费用多，因而，供水车间排列在先，先将费用分配出去。分配时既要将水费分配给基本生产车间、行政管理部门，还要分配给排列在后的供电车间。因此，供电车间待分配的费用由两部分组成，即本车间发生的费用和供水车间转入的费用。所应分配的劳务数量不包括供水车间耗用的 75 000 度电。水费、电费的分配率计算如下：

$$\text{水费分配率（先分配）}=\frac{75\ 000}{150\ 000}=0.5\text{（元/吨）}$$

$$\text{电费分配率（后分配）}=\frac{135\ 000+45\ 000}{675\ 000-75\ 000}=0.3\text{（元/度）}$$

根据顺序分配法编制的“辅助生产费用分配表”如表 4-7 所示。

表 4-7 辅助生产费用分配表（顺序分配法）

2014 年 6 月 单位：元

项目	分配费用	劳务数量	分配率	分配金额					
				供电车间		基本生产车间		行政管理部门	
				数量	金额	数量	金额	数量	金额
供水车间	75 000	150 000	0. 5	90 000	45 000	20 000	10 000	40 000	20 000
供电车间	180 000	600 000	0. 3			400 000	120 000	200 000	60 000
合计					45 000		130 000		80 000

根据表 4-7，编制会计分录如下：

（1）分配水费的会计分录：

借：生产成本——辅助生产成本——供电车间　　45 000

　　制造费用　　10 000

　　管理费用　　20 000

贷：生产成本——辅助生产成本——供水车间　　75 000

（2）分配电费的会计分录：

借：制造费用　　120 000

　　管理费用　　60 000

　贷：生产成本——辅助生产成本——供电车间　　180 000

采用顺序分配法分配辅助生产费用的优点是计算方法简便，但是这种方法既将待分配的费用分配给辅助生产车间以外的受益单位，又分配给排列在后面的其他辅助生产车间，因此计算工作量有所增加。另外，由于排列在前面的辅助生产车间不负担排列在后面的辅助生产车间的费用，因此分配结果的准确性仍然受到一定的影响。这种方法适用于各辅助生产车间之间相互受益程度具有明显顺序的企业。

3. 一次交互分配法

一次交互分配法是指将辅助生产车间的费用分两次进行分配：第一次只是在各个辅助生产车间之间交互分配费用，对基本生产车间和行政管理等各部门不进行分配；第二次是将辅助生产直接发生的费用加上分配转入的费用，减去分配转出的费用，计算出各辅助生产车间的实际费用后，再采用直接分配法，分配给基本生产车间和行政管理部门等各个受益单位。其计算公式如下。

（1）第一阶段交互分配（对内分配）：

$$某辅助生产车间费用分配率=\frac{该辅助生产车间直接发生的费用}{该辅助生产车间提供的劳务总量}$$

某辅助生产车间应分配的其他辅助生产车间的费用＝该辅助生产车间耗用其他辅助生产车间劳务量×其他辅助生产车间费用分配率

（2）第二阶段直接分配（对外分配）：

某辅助生产车间费用分配率

$$=\frac{该辅助生产车间直接发生的费用+分配转入数-分配转出数}{该辅助车间提供的劳务总量-辅助生产车间内部劳务耗用量}$$

某受益对象应负担的辅助生产费用＝该受益对象的劳务耗用量×辅助生产费用分配率

【例 4-3】仍以例 4-1 资料为例，采用一次交互分配法，计算结果如下：

（1）内部交互分配率的计算：

$$电费分配率=\frac{135\ 000}{675\ 000}=0.2（元/度）$$

供水车间耗用的电费＝75 000×0.2＝15 000（元）

$$水费分配率=\frac{75\ 000}{150\ 000}=0.5（元/吨）$$

供电车间耗用的水费＝90 000×0.5＝45 000（元）

（2）对外分配率的计算：

$$电费分配率=\frac{135\ 000+45\ 000-15\ 000}{675\ 000-75\ 000}=0.275（元/度）$$

基本生产车间耗用的电费＝40 000×0.275＝110 000（元）

行政管理部门耗用的电费 = 20 000×0. 275 = 55 000（元）

$$水费分配率 = \frac{75\ 000+15\ 000-45\ 000}{150\ 000-90\ 000} = 0.75（元/吨）$$

基本生产车间耗用的水费 = 20 000×0. 75 = 15 000（元）

行政管理部门耗用的水费 = 40 000×0. 75 = 30 000（元）

根据一次交互分配法编制的“辅助生产费用分配表”如表 4-8 所示。

表 4-8　　辅助生产费用分配表（一次交互分配法）

2014 年 6 月　　单位：元

项目		交互分配			对外分配		
辅助生产车间名称		供电车间	供水车间	合计	供电车间	供水车间	合计
待分配费用		135 000	75 000	210 000	165 000	45 000	210 000
分配数量		675 000	150 000		600 000	60 000	
分配率		0. 2	0. 5		0. 275	0. 75	
供电车间	数量		90 000				
	金额		45 000	45 000			
供水车间	数量	75 000					
	金额	15 000		15 000			
基本生产车间	数量				400 000	20 000	
	金额				110 000	15 000	125 000
行政管理部门	数量				200 000	40 000	
	金额				55 000	30 000	85 000
合计					165 000	45 000	

根据表 4-8，编制会计分录如下：

（1）交互分配的会计分录：

借：生产成本——辅助生产成本——供电车间　　45 000

　　　　　　　　　　　　　——供水车间　　15 000

　贷：生产成本——辅助生产成本——供水车间　　45 000

　　　　　　　　　　　　　　——供电车间　　15 000

（2）对外分配的会计分录：

借：制造费用　　125 000

　　管理费用　　85 000

　贷：生产成本——辅助生产成本——供电车间　　165 000

　　　　　　　　　　　　　　——供水车间　　45 000

采用一次交互分配法分配辅助生产费用，克服了辅助生产车间之间不分配费用的缺点，使辅助生产车间的成本计算更加准确；同时，也能促使各辅助生产车间降低相互之间的消耗，加强经济核算。但是采用这种方法分配辅助生产费用，在实行厂部、车间两级成本核算的企业里，各辅助生产车间只能在接到财会部门转来其他辅助生产车间分入费用后，才能计算出实际费用，进而进行交互分配和对外分配，往往影响了成本计算的及时性。同时，第一阶段交互分配时计算的费用分配率并不完整，据此计算分配的结果只具有相对准确性。这种方法适用于辅助生产车间交互服务较多的企业。

4. 代数分配法

代数分配法是运用初等数学中的联立方程组计算确定辅助生产产品、劳务的单位成本，然后再根据各受益对象（包括辅助生产车间）的耗用量计算各受益对象应分配的辅助生产费用的一种方法。在建立方程组时，每一组方程都是按下列公式建立的：

某辅助生产车间提供产品或劳务的数量×该产品或劳务的单位成本
=该辅助生产车间直接发生的费用
+该辅助生产车间耗用其他辅助生产车间的产品或劳务的数量
×其他辅助生产车间产品或劳务的单位成本

只要将上式中产品或劳务的单位成本分别用未知数代替，即建立一个方程，将建立的每一个方程联立成一个方程组，并解出未知数，即可计算出每一种产品或劳务的单位成本，然后按下式即可将辅助生产费用分配出去：

各车间、部门应分配的辅助生产费用=该车间、部门劳务耗用量×单位成本

【例 4-4】仍以例 4-1 资料为例，采用代数分配法分配辅助生产费用。

设每度电的成本为 X，每吨水的成本为 Y。

建立如下联立方程组：

$$\begin{cases} 675\ 000X = 135\ 000+90\ 000Y & ① \\ 150\ 000Y = 75\ 000+75\ 000X & ② \end{cases}$$

将①整理得：

$$X = \frac{135\ 000+90\ 000Y}{675\ 000} \quad ③$$

将③式代入②式中，得：

$$150\ 000Y = 75\ 000+75\ 000\times\frac{135\ 000+90\ 000Y}{675\ 000}$$

化简得：$Y=0.642\ 86$

将 $Y=0.642\ 86$ 代入③式：

$$X = \frac{135\ 000+90\ 000\times0.642\ 857}{675\ 000}$$

化简得：$X=0.285\ 714$

根据以上计算结果，按代数分配法编制的“辅助生产费用分配表”如表 4-9 所示。

表 4-9 辅助生产费用分配表（代数分配法）

2014 年 6 月 单位：元

项目		供电车间	供水车间	合计
待分配费用		135 000	75 000	210 000
分配数量		675 000	150 000	
分配率（X、Y 值）		0. 285 714	0. 642 857	
供电车间	数量		90 000	
	金额		57 857. 13	57 857. 13
供水车间	数量	75 000		
	金额	21 428. 55		21 428. 55
基本生产车间	数量	400 000	20 000	
	金额	114 285. 6	12 857. 14	127 142. 74
行政管理部门	数量	200 000	40 000	
	金额	57 142. 8	25 714. 28	82 857. 08
合计		192 856. 95	96 428. 55	289 285. 5

根据表 4-9，编制会计分录如下：

借：生产成本——辅助生产成本——供电车间 57 857. 13

——供水车间 21 428. 55

制造费用 127 142. 74

管理费用 82 857. 08

贷：生产成本——辅助生产成本——供电车间 192 856. 95

——供水车间 96 428. 55

代数分配法通过求解联立方程组直接计算各辅助生产车间的单位实际成本，使得分配结果更为精确，但在辅助生产车间较多的情况下，需设的未知数就多，建立的方程组中的方程式就多，求解方程的工作量较大，因此该方法只适用于辅助生产车间较少或会计工作实现电算化的企业。

5. 计划成本分配法

计划成本分配法是指按事先确定的辅助生产车间提供的产品或劳务的计划单位成本和各受益单位的耗用量，计算各受益单位应分配的辅助生产费用的一种方法。各辅助生产车间的实际成本与按计划单位成本分配转出的费用之间的差额（即辅助生产成本差异），应在辅助生产车间以外的各受益单位进行分配，为了简化核算，可以列入“管理费用”科目中。如果是超支差，应增加各受益对象的成本费用；如果是节约差，则应冲减各受益对象的成本费用。采用计划成本分配法分配辅助生产费用时，其计算公式如下：

某受益对象应负担的辅助生产费用

=该受益对象的劳务耗用量

×辅助生产车间提供产品或劳务的计划单位成本

某辅助生产费用分配的差异额

=（该辅助生产车间直接发生的实际费用+分配转入额）

-按计划成本的分配数额

在采用计划成本法分配辅助生产成本时，确定的各辅助生产车间劳务或产品的计划单位成本应比较准确。如果实际成本与计划分配额之间的差额过大，不利于企业内部的经济核算。因此，在制定计划成本时，应考虑该产品、劳务的历史成本资料，对今后产品或劳务成本的变动情况做出正确的预测，并考虑其他一些因素后，合理加以确定。当按计划成本分配额与实际成本差异额较大时，可及时对计划成本进行修改，以便使其更加接近实际。

【例 4-5】仍以例 4-1 资料为例，另假定供电车间的计划单位成本为 0.25 元，供水车间的计划单位成本为 0.6 元，各辅助生产车间的实际成本与按计划单位成本分配转出的费用之间的差额列入“管理费用”中。计算结果如下：

（1）各辅助生产车间实际成本的计算：

供电车间的实际成本＝该辅助生产车间直接发生的实际费用+分配转入额

＝135 000+0.6×90 000＝189 000（元）

供水车间的实际成本＝该辅助生产车间直接发生的实际费用+分配转入额

＝75 000+0.25×75 000＝93 750（元）

（2）各辅助生产车间成本差异的计算：

供电车间成本差异＝该辅助生产车间实际成本-按计划成本的分配数

＝189 000-168 750＝20 250（元）

供水车间成本差异＝该辅助生产车间实际成本-按计划成本的分配数

＝93 750-90 000＝3 750（元）

按计划成本分配法编制的“辅助生产费用分配表”如表 4-10 所示。

表 4-10　　辅助生产费用分配表（计划成本分配法）

单位：元

项目			供电车间		供水车间		合计
			数量（度）	金额	数量（吨）	金额	
待分配费用				135 000		75 000	210 000
劳务供应量			675 000		150 000		
按计划成本分配	计划单位成本			0.25		0.6	
	辅助生产车间	供电车间			90 000	54 000	54 000
		供水车间	75 000	18 750			18 750
	基本生产车间		400 000	100 000	20 000	12 000	112 000
	行政管理部门		200 000	50 000	40 000	24 000	74 000
	计划成本合计			168 750		90 000	258 750
辅助生产成本实际额				189 000		93 750	282 750
辅助生产成本差异额				20 250		3 750	24 000

根据表 4-10，编制会计分录如下：

（1）按计划成本分配的会计分录：

借：生产成本——辅助生产成本——供电车间　　54 000
　　　　　　　　　　　　　　——供水车间　　18 750
　　制造费用　　112 000
　　管理费用　　74 000
　贷：生产成本——辅助生产成本——供电车间　　168 750
　　　　　　　　　　　　　　　——供水车间　　90 000

（2）辅助生产成本差异的会计分录：

借：管理费用　　24 000
　贷：生产成本——辅助生产成本——供电车间　　20 250
　　　　　　　　　　　　　　　——供水车间　　3 750

采用计划成本分配法，由于各辅助生产车间只需掌握耗用的其他辅助生产车间劳务数量就能够计算出分配转入金额，从而确定其实际成本，核算及时且简便。另外，通过计划成本与实际成本的分析，可及时了解各辅助生产车间费用超支或节约情况，并分析产生差异的原因，有利于考核辅助生产车间的经济效益，也有利于各部门之间经济责任的界定。但是该种方法使用的前提是各种单位计划成本应比较切合实际，否则会造成不合理的成本差异，影响辅助生产费用分配的准确性。因此，这种方法一般适用于辅助生产计划单位成本制定得比较准确的企业。

本章小结

本章主要介绍了辅助生产费用的归集与分配。企业的辅助生产部门是为基本生产车间提供辅助产品或提供劳务而专门设立的，辅助生产费用的归集和分配是通过“生产成本——辅助生产成本”科目进行的。该科目应按车间以及产品或劳务设立明细账，账内可以按成本项目或费用项目进行明细核算。

辅助生产费用的分配方法主要有五种：直接分配法、顺序分配法、一次交互分配法、代数分配法、计划成本分配法。

（1）直接分配法使用不考虑辅助生产车间相互耗用劳务，而将辅助生产车间所发生的费用直接分配给辅助生产车间以外的各个受益部门，适用于辅助生产车间相互提供劳务较少的企业。

（2）顺序分配法是根据各辅助生产车间按其相互提供劳务的多少排成顺序，排列在前的辅助生产车间不负担在后的辅助生产车间的费用，适用于辅助生产车间相互提供的产品或劳务有明显顺序的企业。

（3）一次交互分配法是按各个辅助生产车间相互耗用劳务进行一次交互分配，再向辅助生产车间以外的受益部门分配费用的方法，适用于辅助生产车间相互提供劳务量较大的企业。

（4）代数分配法是运用多元一次联立方程组求解的原理，计算出各辅助生产车间劳务的单位成本，再根据受益单位实际耗用量分配辅助生产费用的方法，适用于辅助生产车间不多或采用计算机进行成本核算的企业。

（5）计划成本分配法是按辅助生产车间提供劳务的计划单位成本和受益单位的实际耗用量分配辅助生产费用，然后将计划分配额与“实际费用”进行调整的方法，适用于企业的计划成本资料比较健全、成本核算基础工作较好的企业。

习题

一、单项选择题

1. 辅助生产车间完工入库的修理备用件，应借记（　　）科目，贷记“辅助生产成本”科目。

A.“周转材料”　　B.“原材料”

C.“基本生产成本”　　D.“制造费用”

2. 辅助生产费用一次交互分配法中的交互分配是在（　　）之间进行分配的。

A. 各受益单位　　B. 辅助生产车间以外的受益单位

C. 各受益的基本生产车间　　D. 各受益的辅助生产车间

3. 辅助生产费用的分配方法中，能分清内部经济责任，便于成本控制的方法是（　　）。

A. 直接分配法　　B. 交互分配法

C. 计划成本分配法　　D. 代数分配法

4. 辅助生产费用直接分配法的特点是将归集的辅助生产费用直接（　　）。

A. 记入“辅助生产成本”

B. 分配给所有受益对象

C. 分配给其他辅助车间

D. 分配给辅助车间以外的其他受益对象

5. 辅助生产车间为本企业材料采购提供运输服务的劳务成本，应借计（　　）。

A.“销售费用”　　B.“材料采购”

C.“辅助生产成本”　　D.“制造费用”

6. 下列中不属于辅助生产费用分配方法的是（　　）。

A. 直接分配法　　B. 交互分配法

C. 累计分配法　　D. 代数分配法

7. 下列辅助分配方法中，分配结果最准确的是（　　）。

A. 直接分配法　　B. 交互分配法

C. 代数分配法　　D. 计划分配法

8. 采用按计划成本分配法分配辅助生产成本，辅助生产的实际成本是（　　）。

A. 按计划成本分配前的实际费用

B. 按计划成本分配前的实际费用加上按计划成本分配转入的费用

C. 按计划成本分配前的实际费用减去按计划成本分配转出的费用

D. 按计划成本分配前的实际费用加上按计划成本分配转入的费用，减去按计划成本分配转出的费用

9. 在各辅助生产车间相互提供劳务较少的情况下，适宜采用的辅助生产费用分配方法是（　　）。

A. 计划成本分配法　　B. 直接分配法

C. 计划分配率分配法　　D. 一次交互分配法

10. 辅助生产费用在交互分配后的实际费用要在（　　）分配。

A. 辅助车间以外的各受益部门　　B. 在各受益单位之间

C. 各辅助生产车间　　D. 各基本生产车间之间

二、多项选择题

1. 辅助生产车间管理人员的工资，在不同的核算方法下，可能记入（　　）项目。

A. “管理费用”　　B. “制造费用”

C. “辅助生产成本”　　D. “销售费用”

2. 分配结转辅助生产费用时，可能借记的科目有（　　）。

A. “基本生产成本”　　B. “销售费用”

C. “管理费用”　　D. “在建工程”

3. 辅助生产费用的分配方法中，能反映各项劳务的实际成本的方法是（　　）。

A. 交互分配法　　B. 实际分配法

C. 计划成本分配法　　D. 代数分配法

4. 辅助生产车间的间接费用应记入（　　）。

A. “制造费用”账户　　B. “基本生产成本”账户

C. “辅助生产成本”账户　　D. “管理费用”账户

5. 辅助生产费用按照计划分配法分配的优点是（　　）。

A. 有利于分清企业内部各单位的经济责任

B. 分配结果准确

C. 便于考核辅助生产成本计划的完成情况

D. 便于考核各受益单位的成本

6. 辅助生产费用的交互分配法，在两次分配中的费用分配率分别是（　　）。

A. 费用分配率=待分配辅助生产费用÷该车间提供劳务量

B. 费用分配率=待分配辅助生产费用÷对辅助该生产车间以外提供劳务量

C. 费用分配率=（待分配辅助生产费用+交互分配转入费用-交互分配转出费用）÷该车间提供劳务量

D. 费用分配率=（待分配辅助生产费用+交互分配转入费用-交互分配转出费用）÷对辅助生产车间以外提供劳务量

三、计算业务题

1. 某企业某辅助车间本月共发生生产费用 73 326 元。其中：原材料费用 51 200 元，机物料消耗 3 420 元，分配生产工人工资 4 800 元、福利费 672 元，车间管理人员

工资 2 100 元、福利费 294 元，折旧费 3 340 元，以银行存款支付办公费等其他费用共计 7 500 元。

要求：

（1）编制分配各项要素费用的会计分录；

（2）编制结转辅助车间制造费用的会计分录。

（该企业辅助生产的制造费用通过“制造费用”科目核算；该企业基本生产车间设有“直接材料”“直接人工”“制造费用”“燃料及动力”四个成本项目；辅助生产车间只设前三个成本项目）

2. 某企业辅助生产车间生产低值易耗品一批，不单独核算辅助生产制造费用。本月发生费用如下：

（1）生产工人薪酬 8 208 元，其他人员薪酬 1 710 元；

（2）生产专用工具领用原材料 6 800 元，车间一般性耗料 700 元；

（3）燃料和动力费用 3 000 元，通过银行转账支付；

（4）计提固定资产折旧费 2 700 元；

（5）以银行存款支付修理费、水电费、办公费、劳动保护费等，共计 2 400 元；

（6）专用工具完工，结转实际成本。

要求：编制会计分录。

3. 某企业设有修理、运输两个辅助车间、部门，本月发生辅助生产费用、提供劳务量如表 4-11：

表 4-11　　辅助生产费用、提供劳务量汇总表

辅助车间名称		修理车间	运输部门
待分配辅助生产费用		19 000 元	20 000 元
劳务供应量		20 000 小时	40 000 千米
耗用劳务数量	修理车间		1 500 千米
	运输车间	1 000 小时	
	基本车间	16 000 小时	30 000 千米
	管理部门	3 000 小时	8 500 千米

要求：

（1）根据资料用直接分配法、顺序分配法分配辅助生产费用，并编制相关的会计分录。

（2）根据资料用代数分配法分配辅助生产费用并编制相关的会计分录。（分配率的小数保留四位，第五位四舍五入）

4. 某企业 2×14 年 8 月份各辅助生产车间发生辅助生产费用和生产的产品与提供劳务数量的有关资料如下：发电和修理两个辅助生产车间发生的辅助生产费用分别为 21 000 元和 20 700 元，发电车间和修理车间的计划单位成本分别为 0.42 元和 4.25 元。辅助生产车间生产的产品与劳务耗用汇总表如表 4-12 所示。

表 4-12 辅助车间劳务汇总表

受益对象	供电度数	修理工时数
发电车间		600
修理车间	5 000	
基本生产车间	21 000	3 500
行政管理部门	4 000	500
合计	30 000	4 600

要求：

(1) 根据资料用一次交互分配法分配辅助生产费用并编制相关的会计分录。

(2) 根据资料用计划成本分配法分配辅助生产费用并编制相关的会计分录。

5 制造费用的归集和分配

教学目标：

通过本章的学习，了解掌握制造费用的概念、账户设置、分配方法和会计处理。掌握制造费用的归集、分配与核算。熟悉制造费用核算的内容，理解制造费用归集的意义，掌握制造费用各种分配方法的适用范围及优缺点，掌握制造费用归集的核算，掌握制造费用分配的各种方法。

教学要求：

知识要点	能力要求	相关知识
制造费用的归集	(1) 理解制造费用概念； (2) 掌握制造费用的核算； (3) 了解“制造费用”账户设置； (4) 掌握制造费用归集的核算	(1) 制造费用含义； (2) 制造费用内容； (3) 制造费用分类； (4) 制造费用的核算意义； (5) 制造费用核算的任务； (6) 制造费用核算的内容
制造费用的分配	(1) 理解制造费用的分配的含义； (2) 理解制造费用分配的分配标准； (3) 熟悉制造费用分配的分配程序； (4) 掌握制造费用分配的分配方法	(1) 制造费用的分配的含义； (2) 分配标准选择原则； (3) 制造费用分配的账务处理； (4) 制造费用分配表的编制

基本概念：

制造费用　间接材料费用　间接人工费用　制造费用归集　制造费用的分配

导入案例：

中国第一重型集团公司是国家大型工业企业，公司每年的制造费用支出都超过亿元。由于制造费用数额较大，所以，它对产品成本水平有着举足轻重的影响。如何有效地控制制造费用，以期降低产品成本，提高企业经济效益，一直是公司多年来苦心探讨的课题。经过多年的探索试验，公司推广使用了“制造费用监控卡”，刚性控制制造费用。每年年初由计划处向各分厂下达制造费用年计划指标，然后由各分厂再分解为月计划指标并加以实施，由财会处作为控制制造费用的职能部门。如果某分厂制造费用的实际发生数超过计划指标数的比例不足5%的，则对其提出警告，超过5%以上的，即刻冻结该分厂除工资、折旧、水电、取暖、利息等必要费用以外的所有其他制造费用来源，直到该分厂制造费用的实际发生额降低到计划指标以内才予以解冻。通过此方法，迫使所有分厂动脑筋、想办法、精打细算，鼓励先进，鞭策后进，从而保证全公司的制造费用控制在计划之内。通过刚性控制制造费用，收效显著，为彻底改变公司的制造费用严重失控的局面奠定了基础。

5.1 制造费用的归集

5.1.1 制造费用概述

1. 制造费用概念

（1）制造费用含义

制造费用指工业企业为生产产品或提供劳务而发生的，应计入产品成本，但没有专设成本项目的各项生产费用。

（2）制造费用内容

其内容包括三部分：大部分是间接用于产品生产的费用；也有一部分是直接用于产品生产，但管理上不要求或不便于单独进行核算，因而未专设成本项目的费用；还包括车间用于组织和管理生产的费用。

（3）制造费用分类

制造费用的内容比较复杂，应按照管理要求分别设立若干费用项目进行计划和核算，归类反映各项费用的计划执行情况。制造费用的项目有的可以按照费用的经济用途设立，如用于车间办公方面的各项支出，设立“办公费”项目；也可以按照费用的经济内容设立，如全车间的机器设备和房屋建筑物等固定资产的折旧，设立“折旧费”项目。

制造费用总的来说可简单分为三类：

①间接材料费用：各生产单位（分厂、车间）耗用的一般性消耗材料。

②间接人工费用：各生产单位（分厂、车间）除生产工人以外的管理人员及其他人员的工资及福利费。

③其他制造费用。

2. 制造费用的核算

（1）制造费用核算的意义

制造费用是产品成本的重要组成部分，所以，正确合理地组织制造费用的核算，对于正确计算产品成本，控制各车间部门费用的开支，考核费用预算的执行情况，不断降低产品成本具有重要作用。在此过程中，需明确核算任务，必须采用适当的方法，分配计入产品成本。

（2）制造费用核算的任务

①按生产单位（车间）归集与考核。

②合理分配制造费用。

（3）制造费用核算的内容

①车间管理人员工资。车间管理人员工资是指生产车间管理人员、辅助后勤人员等非一线直接从事生产的人员工资。一线直接生产人员非生产期间的工资也记入本项目，非一线生产员工提供直接生产时，其相应的工资应从本项目转入生产成本中的直接工资项目。

②职工福利费。按第一项所定义的生产管理人员工资的14%提取。

③交通费。指企业为车间职工上下班而发生的交通车辆费用，主要指汽油费、养路费等。

④劳动保护费。指按照规定标准和范围支付给车间职工的劳动保护用品，防暑降温、保健饮食品（含外购矿泉水）的费用和劳动保护宣传费用。

⑤折旧费。指车间所使用固定资产按规定计提的折旧费。

⑥修理费。指生产车间所用固定资产的修理费用，包括大修理费用支出。

⑦租赁费。指车间使用的从外部租入的各种固定资产和用具等按规定列支的租金。

⑧物料消耗。指车间管理部门耗用的一般消耗材料，不包括固定资产修理和劳动保护用材料。

⑨低值易耗品摊销。指车间所使用的低值易耗品的摊销。

⑩生产用工具费。指车间生产耗用的生产用工具费用。

⑪试验检验费。指车间发生的对材料、半成品、成品、仪器仪表等试验、检验费。

⑫季节性修理期间的停工损失。指因生产的季节性需要而必须停工，生产车间停工期间所发生的各项费用。

⑬取暖费。指车间管理部门所支付的取暖费，包括取暖用燃料、蒸汽、热水、炉具等支出。

⑭水电费。指车间管理部门由于消耗水、电和照明用材料等而支付的非直接生产费用。

⑮办公费。指车间生产管理部门的通信费用以及文具、印刷、办公用品等办公费用；政府部门的宣传经费，包括学习资料、照相洗印费以及按规定开支的报刊订阅费等。

⑯差旅费。指按照规定报销生产车间职工因公外出的各种差旅费、住宿费、助勤费；市内交通费和误餐补贴；按规定支付职工及其家属的调转、搬家费；按规定支付患职业病的职工去外地就医的交通费、住宿费、伙食补贴等。

⑰运输费。指生产应负担的厂内运输部门和厂外运输机构所提供的运输费用，包括其办公用车辆的养路费、管理费、耗用燃料及其他材料等费用。

⑱保险费。指应由车间负担的财产保险费用。

⑲技术组织措施费。指生产工艺布局调整等原因发生的费用。

⑳其他制造费用。除前述所列外，零星发生的其他应由车间负担的费用。

3.“制造费用”账户设置

为了核算与监督制造费用的发生，并把它汇集起来，应设置“制造费用”科目。该科目的借方登记发生的制造费用，贷方登记分配计入有关的成本核算对象的制造费用。制造费用的内容比较复杂，类别众多，因此，为了加强成本管理，控制开支，在核算制造费用时，要设置必要的明细项目。

“制造费用”账户一般按生产车间、部门设置明细账，账内按费用项目设专栏进行明细核算。

（1）性质：属于成本类账户。

（2）用途：归集和分配制造费用。

（3）结构：是典型的集合分配账户。

制造费用的归集，是将企业平时发生的制造费用先集中在“制造费用”账户的借方，月末应将归集的制造费用按车间进行结转，结转后一般无余额。

若辅助生产车间的制造费用不通过“制造费用”账户核算，则“制造费用”账户仅核算基本生产车间的间接费用。“制造费用”账户的设置如图 5-1 所示：

图 5-1 制造费用

（4）明细账户：按照生产车间类别设置。

制造费用一般包括以下明细科目：

①制造费用——工资；

②制造费用——职工福利费；

③制造费用——职工教育经费；

④制造费用——修理费；

⑤制造费用——机物料消耗；

⑥制造费用——办公费；

⑦制造费用——低值易耗品摊销；

⑧制造费用——租赁费；

⑨制造费用——运输费；

⑩制造费用——差旅费；

⑪制造费用——水电费；

⑫制造费用——车辆费；

⑬制造费用——职工福利费；

⑭制造费用——折旧费；

⑮制造费用——通讯费；

⑯制造费用——设计制图费；

⑰制造费用——实验检验费；

⑱制造费用——其他。

（5）制造费用多栏式明细账中多栏项目的设置。

制造费用包括企业各个生产单位（分厂、车间）为组织和管理生产所发生的生产单位管理人员工资、职工工资和福利费、机物料消耗、生产单位房屋建筑物折旧费、机器设备等的折旧费、原油储量有偿使用费、油田维护费、矿山维简费、修理费、租赁费（不包括融资租赁费）、保险费、低值易耗品摊销、水电费、取暖费、运输费、劳动保护费、设计制图费、试验检验费、差旅费、办公费、在产品亏损报废、季节性及修理期间停工损失以及其他制造费用等。

4.“制造费用”明细科目详细分类及其各科目核算内容细述

（1）固定费用

①制造费用——工资。基本工资+加班费，是指公司生产部门管理人员及服务人员应得工资和加班费。

②制造费用——职工福利费。指公司生产部门职工节日礼金、慰问金、工伤医疗费等、劳保用品费、节日发放的福利用品，另包括每月按生产部门工资计提的福利费。

③制造费用——折旧费。本二级科目指生产部门及车间管理部门、动力及机修车间使用的机器设备等固定资产每月底计提的折旧费用。

④制造费用——机物料消耗。本二级科目指生产部车间加工产品所需共用的零配件、印刷胶带、不干胶标签等各车间、各产品共用辅料。

⑤制造费用——办公费。车间日常办公用品费+书报费+印刷费（如产品标签）。

⑥制造费用——低值易耗品摊销。本二级科目对生产资材部门使用的低值易耗品依据公司财务制度规定摊销结转费用。

⑦制造费用——租赁费。本二级科目指公司生产资材部租用厂房、仓库、机器设备等发生的费用。

⑧制造费用——运输费。本二级科目指公司购买原辅材料所发生的海运费、空运费、陆运费等，它分为“国内”“国外”发生的运费。

⑨制造费用——保险费。本二级科目指生产资材部门的正常职工保险和购买货物的保险费，生产部使用机器设备的保险费以及车辆保险等。

⑩制造费用——差旅费。本二级科目包含生产资材部职工出差发生的长途交通费、住宿费和出差补助，另指生产资材部职工市内办公发生的交通费等。

（2）变动费用

①制造费用——水电费。本二级科目指生产车间水电消耗费用。

②制造费用——职工教育经费。本二级科目指公司按照一定标准计提的公司生产部职工教育基金。

③制造费用——工会经费。本二级科目指的是公司和个人按一定工资比例交纳的

工会费。

④制造费用——外部加工费。本二级科目主要指支付厂外的零件、在产品发生的各种加工费、劳务费等。

⑤制造费用——设计制图费。新品加工制图、试验费等。

⑥制造费用——劳动保护费。本二级科目指公司为生产部门职工购买劳保用品所发生的费用。

⑦制造费用——其他。如停工损失费、机物料合理损耗等。

5. 制造费用归集的核算

（1）一般费用发生时，根据付款凭证或据以编制的其他费用分配表，借记“制造费用”账户，贷记“银行存款”账户等。

（2）机物料消耗、外购动力费用、工资及福利费、折旧费、修理费等费用发生时，在月末应根据转账凭证及汇总编制的各种费用分配表，借记“制造费用”账户，贷记“原材料”“应付职工薪酬”“累计折旧”等账户。

6. 制造费用归集的账务处理

（1）发生间接费用时

借：制造费用

　贷：原材料

　　　应付职工薪酬

　　　累计折旧

　　　银行存款等

（2）期末结转“制造费用”

借：生产成本——基本生产成本

　贷：制造费用

5.1.2　核算程序

制造费用的核算程序如图 5-2 所示：

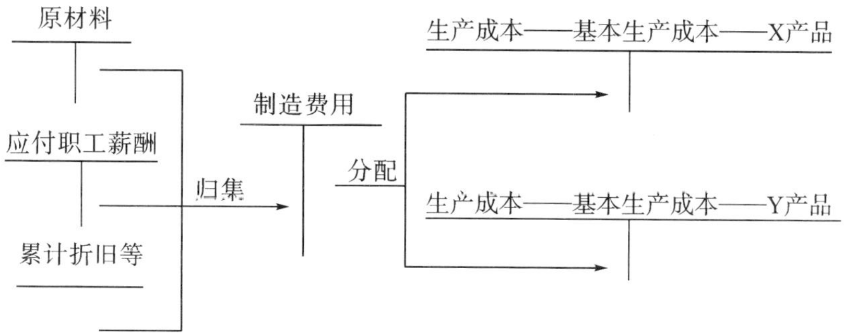

图 5-2　制造费用的核算程序

制造费用按车间部门设置明细账，账内按照费用项目设专栏或专行，分别反映各车间、部门各项制造费用的支出情况。制造费用发生时，根据有关的付款凭证、转账凭证和前述各种费用分配表，借记“制造费用”科目，并视具体情况，分别贷记“原材料”“应付职工薪酬”“累计折旧”“银行存款”等科目。期末按照一定的标准进行分配时，借记“生产成本——基本生产成本”等科目，贷记“制造费用”科目。除季节性生产的车间外，“制造费用”科目期末应无余额。应该指出的是，如果辅助生产车间的制造费用是通过“制造费用”科目单独核算的，则应比照基本生产车间发生的费用核算；如果辅助生产车间的制造费用不通过“制造费用”科目单独核算，则应全部记入“生产成本——辅助生产成本”科目及其明细账的有关成本或费用项目。

【例 5-1】根据各自费用分配表及付款凭证登记长江公司基本生产车间制造费用明细账，详见表 5-1。

表 5-1　　制造费用明细账

车间：基本生产车间　　2013 年 9 月　　单位：元

摘要	机物料消耗	动力费用	职工薪酬	折旧费	水费	运费	保险费	低值易耗品	其他	合计	转出
付款凭证									13 969	13 969	
材料费用分配表	5 000									5 000	
低值易耗品摊销								570		570	
动力费用分配表		2 250								2 250	
工资费用分配表			20 000							2 000	
其他职工薪酬费用分配表			8 000							8 000	
跨期费用分摊表							4 000			4 000	
折旧费用分配表				20 000						20 000	
辅助生产费用分配表					101 594	46 164				147 758	
制造费用分配表											221 547
合计	5 000	2 250	28 000	20 000	101 594	46 164	4 000	570	13 969	221 547	221 547

5.2 制造费用的分配

5.2.1 制造费用的分配

1. 制造费用的分配的含义

制造费用的分配，是指将一个生产车间集中起来的间接费用分配给本车间生产的各种产品，从而将制造费用计入产品成本。由于制造费用分配的标准不同，其分配方法也不同。

2. 制造费用分配的分配标准

为了正确地计算产品的生产成本，必须合理地分配制造费用。在合理分配时，必须采用一定的分配标准。一般常用的分配标准有实际生产工时比例、机器工时比例、定额工时、生产工人工资比例、耗用原材料的数量或成本比例、直接成本比例、产品产量比例和按年度计划分配率分配法等。

3. 分配标准选择原则

（1）相关性原则（合理性），即分配标准应与待分配生产费用间具有密切的依存关系。

（2）易操作原则，即选做分配标准的选择要有利于成本控制、成本分析，有利于加强成本管理。

（3）相对稳定原则，即分配标准一经选定，要保持一定时期的相对稳定。

当生产多种产品时，制造费用为间接计入费用，应采用适当的分配方法分配计入各产品成本。

4. 制造费用分配的分配程序

（1）基本生产车间的制造费用分配

①在生产一种产品的车间中，制造费用是直接计入费用，制造费用应直接计入该种产品的生产成本。

②在生产多种产品的车间中，制造费用都是间接计入费用，应采用适当的分配方法，分配计入该车间各种产品的生产成本。

（2）辅助生产车间的制造费用分配（基本上同基本生产车间）

①辅助生产车间发生的费用，如果辅助生产的制造费用是通过“制造费用”账户单独核算，则应比照基本生产车间制造费用的核算；如果辅助生产的制造费用不通过“制造费用”账户单独核算，应将其全部记入“生产成本——辅助生产成本”账户。

②归集在“制造费用”账户借方的各生产单位当月发生的制造费用，月末应将各项费用发生额的合计数，分别与其预算数进行比较，以查明制造费用预算的执行情况。

5. 制造费用分配表的编制

（1）制造费用分配明细表。

（2）制造费用分配汇总表。

6. 制造费用分配的账务处理

（1）根据付款凭证或据以编制的其他费用分配表

一般费用发生时，借记“制造费用”账户，贷记“银行存款”或其他有关账户。

（2）根据转账凭证及汇总编制的各种费用分配表

借记“制造费用”账户，贷记“原材料”“应付职工薪酬”“累计折旧”等账户，如机物料消耗、外购动力费用、工资及福利费等。

7. 制造费用分配的分配方法

制造费用分配方法分为：当月分配法（当月分配法包括实际分配率法和计划分配率法）和累计分配法。

（1）第一类——实际分配率法，按照分配标准不同可以分为：

①生产工时比例分配法；

②生产工资比例分配法；

③机器工时比例分配法；

④按耗用原材料的数量或成本比例分配法；

⑤按直接成本（原材料、燃料、动力、工人工资及应提取的福利费之和）比例分配法；

⑥按产品产量比例分配法。

（2）第二类——计划分配率法：

制造费用年度计划分配率=某车间年度计划制造费用总额/某车间全部产品计划产量的定额工时之和

某月某种产品应负担的制造费用=该月该种产品实际产量的定额工时×制造费用年度计划分配率

（3）第三类——累计分配率法：

全部产品制造费用累计分配率=全部产品累计制造费用/全部产品累计分配标准之和

分配标准可以选择上述分配标准中的任何一种，通常用生产工时，则：

全部产品制造费用累计分配率=全部产品累计制造费用/全部产品累计生产工时之和

某批完工产品应负担的制造费用=该批完工产品的累计生产工时×全部产品制造费用累计分配率

制造费用分配方法主要有四种方法：生产工时比例法、生产工人工资比例法、机器工时比例法、按年度计划分配率分配法。分配方法一经确定，不应随意变更。除采用年度计划分配率分配法外，制造费用科目应无余额。

（1）实际分配率法

实际分配率法，是指按照各种产品所耗用生产工时（生产工人工资、机器工时）的比例分配制造费用。包括生产工人工时、生产工人工资或机器工时比例分配法。

其分配标准是：生产工人工时、生产工人工资、机器工时。

制造费用分配率=制造费用总额/各种产品生产工时（生产工人工资、机器工时）总数

某种产品应负担的制造费用=该种产品的生产工时（生产工人工资、机器工时）数×分配率

①实际生产工时比例法

实际生产工时比例法是以实际工时为标准分配制造费用的方法。其依据是制造费用与工时存在内在的联系，人工工时与制造费用存在着有正相关关系。

制造费用分配的核算：

第一步：

制造费用分配率=制造费用总额 / 各种产品实际总工时

第二步：

某种产品应负担的制造费用=该种产品实际工时×制造费用分配率

实际生产工时比例法是制造费用分配的常用方法之一，该方法简便易行。它适用

于制造费用的发生与产品实际生产工时有密切联系的车间。

按生产工时比率分配：

制造费用分配率=制造费用总额/受益各产品生产工时总数

或：制造费用分配率=某产品生产工时总数/受益各产品生产工时总数

某产品制造费用分配额=某产品生产工人工时数×制造费用分配率

优点是工时资料容易取得，可以将劳动生产率的高低与产品负担费用的多少联系起来，分配结果比较合理，是较为常见的一种分配方法。缺点是机械化程度相差大，则机械化程度低的负担较多制造费用。适用于机械代程度较低或生产单位内生产的各产品工艺过程机械化程度大致相同的单位。

【例 5-2】某企业基本生产车间生产甲、乙、丙三种产品。本月已归集在“制造费用——基本生产”账户借方的制造费用合计为 21 670 元。甲产品生产工时为 3 260 小时，乙产品生产工时为 2 750 小时，丙产品生产工时为 2 658 小时。要求按生产工人工时比例分配制造费用。

制造费用分配率=21 670÷(3 260+2 750+2 658)= 2.5

甲产品应负担的制造费用=3 260×2.5=8 150（元）

乙产品应负担的制造费用=2 750×2.5=6 785（元）

丙产品应负担的制造费用=2 658×2.5=6 645（元）

按生产工时比例法编制制造费用分配表，详见表 5-2。

表 5-2 制造费用分配表

车间：基本生产车间　　　　单位：元

应借科目		生产工时（小时）	分配金额（分配率 2.5）
生产成本——基本生产成本	甲产品	3 260	8 150
	乙产品	2 750	6 785
	丙产品	2 658	6 645
合计		8 668	21 670

根据制造费用分配表，编制会计分录如下：

借：生产成本——基本生产成本——甲产品　　8 150

　　　　　　　　　　　　　　——乙产品　　6 875

　　　　　　　　　　　　　　——丙产品　　6 645

　贷：制造费用　　21 670

②生产工人工资比例分配法

生产工人工资比例分配法是指按照各种产品生产工人工资的比例分配制造费用的一种方法。

制造费用的核算：

第一步：

制造费用分配率=制造费用总额/车间产品生产工人工资总额

第二步：

某种产品应负担的制造费用=该种产品的生产工人工资×制造费用分配率

优点是工资资料容易取得，计算比较简单。缺点是机械化程度相差大，则机械化程度低的负担较多制造费用。它适用于制造费用的发生与产品生产工人工资有密切联系的企业或者各种产品加工机械化程度及工人技术熟练程度大致相同的企业。

【例5-3】大宇公司基本生产车间生产甲、乙、丙三种产品，当月该车间实际发生的制造费用合计为160 000元。甲产品生产工人工资为30 000元，生产乙产品的工人工资为32 000元，生产丙产品的工人工资为54 000元。要求按生产工人工资比例分配制造费用。

制造费用分配率=1 600 000÷（30 000+32 000+54 000）=1.38

甲产品应负担的制造费用=30 000×1.38=41 400（元）

乙产品应负担的制造费用=32 000×1.38=44 160（元）

丙产品应负担的制造费用=54 000×1.38=74 440（元）

会计分录如下：

借：生产成本——基本生产成本——甲产品　　41 400
　　　　　　　　　　　　　　——乙产品　　44 160
　　　　　　　　　　　　　　——丙产品　　74 440
　贷：制造费用　　160 000

③机器工时比例分配法

机器工时比例分配法是指按照各种产品机器工时比例分配制造费用的一种方法。

制造费用的核算：

第一步：

制造费用分配率=制造费用总额/各种产品机器工时总和

第二步：

某种产品应负担的制造费用=该种产品机器工时×制造费用分配率

借：生产成本——基本生产成本——甲产品
　　　　　　　　　　　　　　——乙产品
　贷：制造费用

该方法适用于生产机械化程度较高的产品生产，其依据是这些产品的机器使用与机器运转时间有密切的正相关关系。前提是，必须有完整的机器使用工时的原始记录。

（2）按年度计划分配率分配法

按年度计划分配率分配法是指将当月完工批次的产品负担的全部制造费用，在其完工时一次性进行分配，而对未完工批次的在产品应负担的制造费用保留在“制造费用”账户中，暂不分配，待其完工后，连同继续耗费的制造费用一起分配的一种方法。无论各月实际发生的制造费用多少，各月各种产品成本中的制造费用均按年度计划确定的计划分配率分配的一种方法。年度内全年制造费用的实际数和产品的实际产量与计划分配率计算的分配数之间发生的差额，到年终时按已分配比例分配计入12月份产品成本中。

可见，采用此方法，不论各月实际发生多少制造费用，每月各种产品中的制造费用都按年度计划分配率分配。采用计划分配率分配制造费用，“制造费用”账户月末可能有借方余额，也可能有贷方余额。借方余额表示超过计划的预付费用，属于待摊费用，应列作企业的资产项目；贷方余额表示按照计划应付而未付的费用，属于预提费用，应列作企业的负债项目。

$$年度计划分配率=\frac{年度制造费用计划总额}{年度各种产品计划产量的定额工时总数}$$

某月某种产品应负担的制造费用=该月该产品实际产量的定额工时数×分配率

优点是不必等月末再计算各产品应负担的制造费用，而是可以随时结算已完工产品应负担的制造费用。简化分配手续，能够加快成本的结转工作，使核算工作量大大减少。缺点是采用此法，由于计划数与实际数的差额保留在生产成本账户，如果计划不准，会影响成本的准确，使12月成本数偏离过大。要求各个月份制造费用的耗费水平相差不大，否则各个月份产品成本计算的正确性和合理性都会受到影响。

适用于季节性生产的企业车间（有较高的计划管理水平），特别适用于季节性生产的车间。该方法实际是将完工产品在各品种制造费用总额中比重转出。

【例5-4】某基本生产车间全年制造费用计划发生额为400 000元，全年各种产品的计划产量为：甲产品2 500件，乙产品1 000件。单件产品工时定额为：甲产品6小时，乙产品5小时。本月实际产量为：甲产品200件，乙产品80件。本月实际发生制造费用为35 000元，按年度计划分配率计算本月制造费用分配如下：

甲产品年度计划产量的定额工时=2 500×6=15 000

乙产品年度计划产量的定额工时=1 000×5=5 000

年度计划分配率=400 000÷（15 000+5 000）=20

本月甲产品实际产量的定额工时=200×6=1 200

本月乙产品实际产量的定额工时=80×5 =400

本月甲产品应分配的制造费用=1 200×20=24 000（元）

本月乙产品应分配的制造费用=400×20= 8 000（元）

根据分配结果，编制会计分录如下：

借：生产成本——基本生产成本——甲产品　　24 000
　　　　　　　　　　　　　——乙产品　　8 000
　贷：制造费用　　32 000

该车间木月的实际制作费用为35 000元（即制作费用明细账借方发生额），大于本月按实际产量和年度计划分配率分配转出的制造费用32 000元（即制造费用明细账的贷方发生额），则本月末“制造费用”账户有借方余额3 000元。

因此，采用此种方法，制造费用明细账以及与之联系的“制造费用”总账科目，月末可能有借方余额，也可能有贷方余额。本题中的借方余额表示超过计划的预付费用，属于待摊费用，应列作企业的资产项目；如若为贷方余额，则表示按照计划应付而未付的费用，属于预提费用，应列作企业的负债项目。

【例 5-5】承上例，假定本年度实际发生制造费用 408 360 元，至年末累计已分配制造费用 415 000（其中甲产品已分配 311 250 元，乙产品已分配 103 750 元），试将“制造费用”账户的差额进行调整。

年末，“制造费用”账户有贷方余额 6 640 元，应按已分配比例调整冲回。

甲产品应调减制造费用 = 6 640× 311 250/415 000 = 4 980（元）

乙产品应调减制造费用 = 6 640× 103 750 /415 000 = 1 660（元）

调整分录：

借：生产成本——基本生产成本——甲产品　　4 980

　　　　　　　　　　　　　　——乙产品　　1 660

　贷：制造费用　　6 640

如果是超支差异（实际发生额大于计划分配的差额），年终进行追加调整分配时，应编制蓝字分录（对应关系如上）。

年度调整分配后，“制造费用”账户应无余额。

采用年度计划分配率分配制造费用，可随时结算已完工产品应负担的制造费用，简化分配手续，最适用于季节性生产的企业。

【例 5-6】甲企业生产分厂生产空调和洗衣机两种产品，空调的直接人工工时定额为 20 小时，洗衣机的直接人工工时定额为 8 小时。2008 年全年制造费用预算为 400 000 元，计划生产空调 8 000 部、洗衣机 5 000 部。该分厂 2008 年 1 月份实际归集制造费用 28 800 元，共生产空调 600 部、洗衣机 800 部。

该生产分厂的处理如表 5-3 所示。

计划分配率为：400 000÷（20×8 000+8×5 000）= 2

表 5-3　　制造费用分配表

生产分厂　　2008 年 1 月　　单位：元

项目	空调	洗衣机	合计
实际产量（件）	600	800	/
直接人工工时定额（小时）	20	8	/
直接人工工时总定额（小时）	12 000	6 400	18 400
计划分配率（元/工时）	2	2	2
制造费用分配额	24 000	12 800	36 800

借：生产成本——基本生产成本（空调）　　24 000

　　　　　　——基本生产成本（洗衣机）　　12 800

　贷：制造费用——生产分厂　　36 800

1 月份分配结转制造费用共计 36 800 元，比实际归集的制造费用多分配 8 000 元，平时不做调整，留待年末再调。

如果年末生产分厂实际共归集制造费用412 000元，已采用年度计划分配率法分配400 000元，其中空调分配250 000元，洗衣机分配150 000元，属于少分配了12 000元，应进行追加调整。

追加调整分配率=12 000÷400 000=0.03

空调应调增生产成本=0.03×250 000=7 500元

洗衣机应调增生产成本=0.03×150 000=4 500元

借：生产成本——基本生产成本（空调）　　7 500

　　　　　　——基本生产成本（洗衣机）　　4 500

　贷：制造费用——生产分厂　　12 000

若年末生产分厂实际共归集制造费用392 000元，已采用年度计划分配率法分配400 000元，其中空调分配250 000元，洗衣机分配150 000元，则多分配了8 000元，应进行追加调整。

追加调整分配率=-8 000÷400 000=-0.02

空调应调减制造费用=-0.02×250 000=5 000（元）

洗衣机应调减制造费用=-0.02×150 000=3 000（元）

以红字作冲减会计分录如下：

借：生产成本——基本生产成本（空调）　　5 000

　　　　　　——基本生产成本（洗衣机）　　3 000

　贷：制造费用——生产分厂　　8 000

几种常用分配方法的特点及适用范围如表5-4所示。

表5-4　几种分配方法的特点及适用范围

分配方法	特点	适用范围
直接人工工时分配法	产品负担的制造费用与劳动生产率的高低联系（反方向）。 优点： （1）以直接人工工时为分配标准能将劳动生产率和产品分配的制造费用紧密联系起来，正确地体现劳动生产率和产品成本的关系。因为劳动生产率提高，产品分配的制造费用就会降低，从而降低产品成本。 （2）从制造费用的构成内容上看，制造费用的相当部分内容与直接人工工时相关，所以以直接人工工时作为分配标准可使分配结果显得更合理。 （3）各单位都有直接人工工时的统计结果，分配资料的获取较容易	直接人工工时分配法适用于机械化程度较低，在各产品机械化程度接近、加工工艺区别不大的情况下使用，也可以用于不能准确统计机器工时的情况
直接工资分配法	直接工资的资料很容易地从成本明细账中获得，而且分配计算工作简便	和直接人工工时分配法一样，这种方法适用于各种产品生产工艺过程中机械化程度和产品加工技术等大致相当的情况

表5-4(续)

分配方法	特点	适用范围
机器工时分配法	优点：在自动化程度较高的生产车间里，制造费用中的折旧费、动力费等与机器设备的使用密切相关，而且在制造费用中所占的比重也很高，以机器工时作为分配标准是恰当的选择，制造费用中的设备折旧费、修理费等得到较合理的分配。 缺点： （1）准确统计各种产品所耗用的机器工时或为准确起见将机器工时换算成标准机器工时，都将大大增加核算工作量。 （2）不同加工工艺的产品在不同的机器设备上加工所应承担的折旧费等应有明显区别，但这种分配标准却无法体现出这种区别	由于机器工时分配法的先天缺陷，机器工时分配法只能用于加工工艺接近、机械化、自动化程度较高的生产车间制造费用的分配，不能用于分厂制造费用的分配
按年度计划分配率分配法	（1）实际上可不必等月末再计算各产品应负担的制造费用，而是可以随时结算已完工产品应负担的制造费用。 （2）简化分配手续	季节性生产的企业车间（有较高的计划管理水平）

本章小结

本章论述了制造费用归集的核算和归集。通过学习应该了解制造费用的性质和内容，理解制造费用核算的特点，掌握制造费用归集和分配的方法。熟悉制造费用核算的内容，理解制造费用归集的意义，掌握制造费用各种分配方法的适用范围及优缺点，掌握制造费用归集的核算，掌握制造费用分配的各种方法。

习题

一、判断题

1. 企业出售原材料取得的款项扣除其成本及相关费用后的净额，应当计入营业外收入或营业外支出。 （　　）

2. 企业为客户提供的现金折扣应在实际发生时冲减当期收入。 （　　）

3. 工业企业为拓展销售市场所发生的业务招待费，应计入管理费用。 （　　）

4. 制造费用与管理费用不同，本期发生的管理费用直接影响本期损益，而本期发生的制造费用不一定影响本期的损益。 （　　）

5. 管理费用、制造费用、销售费用都属于企业的期间费用。 （　　）

6. 企业出售固定资产发生的处置净损失也属于企业的费用。 （　　）

7. 企业向银行或其他金融机构借入的各种款项所发生的利息均应记入“财务费用”。 （　　）

二、计算题

1. 某企业辅助生产的制造费用通过“制造费用”科目核算。基本生产车间的制造费用按产品机器工时比例分配，其机器工时为：甲产品910小时，乙产品818.25小时。辅助生产车间提供的劳务采用直接分配法，其中应由基本生产车间负担5 890元，应由行政管理部门负担2 328元。

要求：

（1）编制各项费用发生的会计分录，归集和分配辅助生产和基本生产的制造费用。

（2）计算基本生产车间甲、乙产品的应分配的制造费用。

2. 某基本生产车间全年制造费用计划发生额为400 000元，全年各种产品的计划产量为：甲产品2 500件，乙产品1 000件。单件产品工时定额为：甲产品6小时，乙产品5小时。本月实际产量为：甲产品200件，乙产品80件。本月实际发生制造费用为33 000元，“制造费用”账户本月初余额为借方1 000元。

要求：按年度计划分配率分配制造费用。

3. 某厂某季节性生产车间，年度制造费用计划数为168 000元，全年计划生产甲、乙两种产品的定额总工时为60 000小时。本月甲产品实耗工时6 000小时，乙产品实耗工时3 750小时，则本月制造费用如何分配？若年终该车间制造费用账户贷方余额为4 500元，按计划分配率甲产品已分配104 160元，乙产品已分配63 840元，按已分配比例进行调整。

4. 某基本生产车间全年制造费用计划发生额为400 000元。全年各种产品的计划产量为：甲产品2 500件，乙产品1 000件。单件产品工时定额为：甲产品6小时，乙产品5小时。本月实际产量为：甲产品200件，乙产品80件。

要求：按年度计划分配率分配制造费用。

5. 某公司生产A、B、C三种产品，生产车间本月共发生折旧费4 000元，水电费2 000元，办公费3 000元，车间管理人员工资20 000元，其他耗用1 000元，生产总工时600小时，其中A、B、C三种产品分别消耗300小时、200小时、100小时。

要求：

（1）按生产工时比例计算分配间接费用。

（2）写出分配间接费用的会计分录。

6. 某公司生产甲、乙两种产品，本月共发生生产工人工资112 300元，其中甲产品生产工人工资67 500元，乙产品生产工人工资44 800元。本月共发生制造费用336 900元。

要求：按生产工人工资比例分配制造费用，编制分配制造费用会计分录。

7. 新大工厂一车间2002年全年制造费用预算为8 600元，全年各种产品计划产量为：A产品320件，B产品120件，C产品140件。单位产品工时定额为：A产品3小时，B产品4小时，C产品2小时。

要求：按机器工时分配法分配制造费用。

8. 某基本生产车间生产甲、乙两种产品，本期共发生制造费用6 000元，甲产品生产工人工时数为600小时，乙产品生产工人工时数为400小时。要求：按生产工时比例法分配制造费用，并编制有关分录。

9. 某工业企业设有一个基本生产车间，生产甲、乙两种产品。2008年4月份发生有关的经济业务如下：

（1）领用原材料 11 000 元。其中直接用于产品生产 8 000 元，用作基本生产车间机物料消耗 3 000 元。

（2）应付职工薪酬 9 120 元。其中基本生产车间生产工人薪酬 6 840 元，车间管理人员工资 2 280 元。

（3）计提固定资产折旧费 2 000 元。

（4）用银行存款支付其他费用 4 000 元。

该企业基本生产车间的制造费用按产品工时比例分配，其生产工时为：甲产品 900 小时，乙产品 1 100 小时。

要求：编制各项费用发生的会计分录，计算并结转基本生产车间甲、乙产品应分配的制造费用。

三、业务计算题

1. 某企业 2010 年 3 月份发生的业务有：

（1）发生无形资产研究费用 10 万元；

（2）发生专设销售部门人员工资 25 万元；

（3）支付业务招待费 15 万元；

（4）支付销售产品保险费 5 万元；

（5）计算本月应交的城市维护建设税 0.5 万元；

（6）支付本月未计提短期借款利息 0.1 万元。

假设不考虑其他事项，要求：

说明各项经济业务应该计入的科目并计算该企业 3 月份发生的期间费用总额。

2. 天岳公司 2009 年 12 月与固定资产、无形资产有关的业务如下：

（1）2009 年 12 月 1 日经营租出一项无形资产，无形资产的账面价值是 120 万元，预计使用年限是 10 年，预计净残值为 0。

（2）2009 年 12 月 20 日购入一台设备供销售部门使用，采用年数总和法计提折旧。该设备原价 160 万元，预计使用年限 5 年，预计净残值为 10 万元。

要求：

（1）计算天岳公司 2010 年 1 月应计提的折旧额和摊销额。

（2）编制天岳公司 2010 年 1 月计提折旧和摊销的会计分录。

（答案中的金额单位用万元表示，计算结果有小数的保留两位小数）

3. 甲股份有限公司（以下简称甲公司）为增值税一般纳税人，适用的增值税税率为 17%，销售单价均为不含增值税价格。甲公司 2009 年 10 月发生如下业务：

（1）10 月 3 日，向乙企业赊销 A 产品 100 件，单价为 40 000 元，单位销售成本为 20 000 元。

（2）10 月 15 日，向丙企业销售材料一批，价款为 700 000 元，该材料发出成本为 500 000 元。上月已经预收账款 600 000 元，当日丙企业支付剩余货款。

（3）10 月 18 日，丁企业要求退回本年 9 月 25 日购买的 40 件 B 产品。该产品销售单价为 40 000 元，单位销售成本为 20 000 元，其销售收入 1 600 000 元已确认入账，价款已于销售当日收取。经查明退货原因系发货错误，同意丁企业退货，并办理退货手续和开具红字增值税专用发票，并于当日退回了相关货款。

（4）10月20日，收到外单位租用本公司办公用房下一年度租金300 000元，款项已收存银行。

（5）10月31日，计算本月应交纳的城市维护建设税36 890元，其中销售产品应交纳28 560元，销售材料应交纳8 330元；教育费附加15 810元，其中销售产品应交纳12 240元，销售材料应交纳3 570元。

要求：

根据上述（1）~（5）业务编制相关的会计分录。计算甲公司2009年10月份发生的费用金额。（答案中的金额以元为单位；“应交税费”科目须写出二级和三级明细科目，其他科目可不写出明细科目）

4. 某工业企业设有一个基本生产车间和一个辅助生产车间，前者生产甲、乙两种产品，后者提供一种劳务。4月份发生有关的经济业务如下：

（1）领用原材料11 570元。其中直接用于产品生产5 600元，用作基本生产车间机物料1 510元；直接用于辅助生产2 620元，用作辅助生产车间机物料810元；用于行政管理部门1 030元。

（2）应付工资8 400元。其中基本生产车间生产工人工资3 200元，管理人员工资1 400元；辅助生产车间生产工人工资1 500元，管理人员工资700元；行政管理部门人员工资1 600元。

（3）按工资的14%提取职工福利费。

（4）计提固定资产折旧费6 140元。其中基本生产车间2 850元，辅助生产车间1 320元，行政管理部门1 970元。

（5）用银行存款支付开创费用4 020元。其中基本生产车间1 980元，辅助生产车间960元，行政管理部门1 080元。该企业辅助生产的制造费用通过“制造费用”科目核算。基本生产车间的制造费用按产品机器工时比例分配，其机器工时为：甲产品910小时，乙产品818.25小时。辅助生产车间提供的劳务采用直接分配法，其中应由基本生产车间负担5 890元，应由行政管理部门负担2 328元。

要求：编制各项费用发生的会计分录，归集和分配辅助生产和基本生产的制造费用。

四、案例应用分析

BBC公司全部成本计算法与变动成本计算法案例

BBC公司生产女式钱包和男式钱包，本年的有关数据如表5-5所示：

表5-5　BBC公司女式钱包和男士钱包生产成本

	女式钱包	男式钱包
生产量（个）	100 000	200 000
销售量（个）	90 000	210 000
单价（元/个）	5.50	4.50
直接人工小时	50 000	80 000
制造成本		

表5-5(续)

	女式钱包	男式钱包
直接材料	75 000	100 000
直接人工	250 000	400 000
变动性制造费用	20 000	24 000
固定性制造费用		
直接成本	50 000	40 000
共同成本	20 000	20 000
非制造成本		
变动性销售费用	30 000	60 000
直接固定性销售费用	35 000	60 000
共同固定性销售费用＊	25 000	25 000

说明:

①共同成本即为共同制造费用总共40 000美元，在两种产品之间平均分配。

②共同固定性销售费用总共50 000美元，在两种产品之间平均分配。

本年的预计固定性制造费用与实际固定性制造费用相等，为130 000美元。固定性制造费用按照以预计直接人工130 000小时为基础计算的全厂分配率进行分配。该年男式钱包的期初存货为10 000个，这些钱包的单位成本与该年生产的男式钱包相同。

要求:

(1) 用变动成本法和全部成本法计算女式钱包和男式钱包的单位成本;

(2) 用变动成本法和全部成本法编制损益表，并分析两种损益表的差异。

6 废品损失和停工损失的核算

教学目标：

本章主要介绍废品损失和停工损失的含义及其内容。通过本章的学习，要求学生掌握废品损失的概念与核算、停工损失的概念及核算等。其中，重点掌握可修复、不可修复废品损失的计算和账务处理，单独和不单独核算废品损失的计算和账务处理等。

教学要求：

知识要点	能力要求	相关知识
废品损失的归集和分配	（1）理解废品损失的概念； （2）掌握废品损失的核算和账务处理	（1）废品与废品损失的概念； （2）废品损失的核算； （3）可修复废品的核算； （4）不可修复废品的核算
停工损失的归集和分配	（1）理解停工损失的概念； （2）掌握停工损失的核算和账务处理	（1）停工与停工损失的概念； （2）停工损失的核算

基本概念：

生产损失　废品损失　停工损失　废品　可修复废品　不可修复废品
不单独核算废品损失　单独核算废品损失　合格品　废品报废损失　废品残料
废品净损失　停工　停工净损失

导入案例：

1. 某化肥厂因仓库潮湿，致使一批上个月中旬入库的复合肥受潮板结，无法使用，价值21 000元。该公司总经理授意成本会计员将其损失列作废品损失，试问该处理是否合理？

2. 某家具工业企业从某林场购置一批木材，采用水运方式运输，在运输过程中突遇洪水，导致对方在岸边的木材被冲走，造成该企业因原材料供应不足而停产，试问，该企业停产期间的损失能否作为停工损失计入正常生产期间的家具成本？

6.1 废品损失的归集和分配

损失是指在企业非日常活动中发生的、会导致所有者权益减少的、与向所有者分配利润无关的经济利益的流出。

生产损失是指在生产过程中由于生产工艺、生产外部条件、原材料的质量、工人的技术水平、生产管理水平等诸多因素的影响，常常会发生各种各样的损失，这些损失即为生产损失。生产损失主要包括废品损失和停工损失。

6.1.1 废品与废品损失的概念

1. 废品的含义

废品是指在生产过程中发生的、质量不符合规定的技术标准、不能按其原定用途使用，或者需要加工修理后才能使用的在产品、半成品和产成品，不论是生产中发现、还是入库后发现，都应包括在内。

2. 废品的种类

废品按其生产的原因，可分为工废品和料废品两种。工废品是指在产品生产过程中因工人操作过失而产生的废品，因此由该操作工人负责赔偿。料废品是指因用来加工生产产品的原材料、辅助材料、外购半成品或零部件等不符合质量要求而造成的废品，该损失一般由同种产品的合格产成品成本负担。

废品按其是否具有可修复性，分为可修复废品和不可修复废品两种。可修复废品是指经过修理可以使用，而且所花费的修复费用在经济上合算的废品。不可修复废品，则指不能修复或者所花费的修理费用在经济上不合算的废品。

3. 废品损失的含义

废品损失包括在生产过程中发现和入库后发现的不可修复废品的生产成本，以及可修复废品的修复费用，扣除回收的废品残料价值和应由过失单位或个人赔款以后的损失。修复费用是指可修复废品在返修过程中所发生的修理用材料、动力、生产工人工资、应负担的制造费用等扣除过失人赔偿后的净支出。

值得注意的是，经检验部门鉴定不需要返修但可以降价出售的不合格品，其成本与合格品相同，其售价低于合格品售价所发生的损失，应在计算销售损益中体现，不作废品损失处理。产品入库后由于保管不善等原因而损坏变质的损失，应作为管理费用处理，不列作废品损失。实行包退、包修、包换的“三包”企业，在产品出售后而发生的三包损失，也列作管理费用，不作废品损失。

6.1.2 废品损失的核算

废品损失的核算是指对废品损失的发生进行归集、结转和分配。质量检验部门发现废品时，应该填制“废品通知”，列明废品的种类、数量、产生废品的原因和过失人等。成本会计人员应该会同检验人员对废品通知单所列废品生产的原因和过失人等项目进行审核。只有经过审核的“废品通知单”，才能作为废品损失核算的根据。

废品损失的核算形式有两种：单独核算废品损失和不单独核算废品损失。

在单独核算废品损失的企业中，为了单独核算废品损失，在会计科目中应增设“废品损失”科目，在成本项目中应增设“废品损失”项目。可以单独设置“废品损失”总账，也可在“生产成本——基本生产成本”账目下设“废品损失”二级账，再在此二级账下按车间分产品，即“基本生产成本——废品损失——××产品”，分设明细账，明细账内按成本项目设专栏进行核算。“废品损失”账户借方反映可修复废品的修复费用和不可修复废品的已耗实际生产成本及搬运废品的运杂费等其他费用，贷方登记废品残料回收的价值和应收过失人赔偿款。借方发生额大于贷方发生额的差额为废品净损失，废品净损失由本月同种产品成本负担，月末将从“废品损失”账户的贷方转到“生产成本——基本生产成本——××产品”账户借方，“废品损失”账户一般无余额。废品净损失=不可修复废品生产成本+可修复废品修复费用-残料价值-应收赔款。

在不单独核算废品损失的企业中，不设立“废品损失”账户和成本项目，只在回收废品残料时，借记“原材料”账户，贷记“生产成本——基本生产成本”账户，并从所属有关产品成本明细账的“直接材料”成本项目中扣除残值。“基本生产成本”账户和所属有关产品成本明细账归集的完工产品总成本，除以扣除废品数量以后的合格品数量，就是合格品的单位成本。该方法虽然核算简便，但没有对废品损失进行单独的反映，因而会对废品损失的分析和控制产生不利的影响。

1. 可修复废品的核算

可修复废品的损失是指可修复废品在修复过程中发生的材料费、生产工人的工资及福利、燃料及动力费等，在扣除残料的回收价值或责任人的赔偿后的净损失。

因为可修复废品经过进一步的修理或加工可以转为合格品，所以其在返修以前发生的生产费用，不计入废品损失，因此不需要单独计算其生产成本，而应留在“基本生产成本”科目和所属有关产品成本明细账中，不需要转出。返修发生的各项费用作为废品损失，根据企业自身特点选择不同的核算方式。

（1）单独核算废品损失

单独核算废品损失的企业，将可修复废品返修发生的各种费用，根据各种费用分配表，记入“废品损失”账户的借方；回收的残料价值和应收的赔款，记入“废品损失”账户的贷方。废品修复费用减去残料和赔款后的废品净损失，应从“废品损失”账户的贷方转入“基本生产成本”科目的借方中，在所属有关的产品成本明细账中，记入“废品损失”成本科目。具体会计处理如下：

①可修复废品发生修复费用，应根据各种费用分配表，进行会计处理：

借：废品损失——××产品

　贷：原材料

　　　应付账款

　　　应付职工薪酬等

②废品残料的回收价值或应收的赔款，应从“废品损失”科目的贷方转出，进行

如下会计处理：

借：原材料

其他应收款——××

贷：废品损失——××产品

③修复完成，结转修复费用，进行如下会计处理：

借：生产成本——基本生产成本——××产品（废品损失）

贷：废品损失——××产品

（2）不单独核算废品损失

在不单独核算废品损失的企业中，不设立“废品损失”科目和成本项目，只在回收废品残料时，借记“原材料”科目，贷记“生产成本——基本生产成本”科目，并从所属有关产品成本明细账的“原材料”成本项目中扣除残值价值。“生产成本——基本生产成本”科目和所属有关产品成本明细账归集的完工产品总成本，除以扣除废品数量以后的合格品数量，就是合格品的单位成本。不单独核算的废品损失企业，为了核算废品损失，进行如下会计处理：

①发生修复费用时：

借：生产成本——基本生产成本——废品损失——××产品

贷：原材料

应付账款

应付职工薪酬等

②回收残料价值或应收的赔款：

借：原材料

其他应收款

贷：生产成本——基本生产成本——废品损失——××产品

③不用编制结转会计分录。

【例 6-1】某企业第一基本生产车间本月生产乙产品，发现 5 件可修复废品，修复过程中发生材料费用 120 元，支付生产工人工资及福利费 150 元，间接制造费用 250 元。返修完工时收回残料 100 元，修复后经检验产品合格，验收入库。如表 6-1 所示。

表 6-1　　废品损失核算表（可修复废品）

车间名称：第一基本生产车间　　20×4 年×月×日　　产品：乙产品

项目	直接材料	直接人工	制造费用	合计
废品修复成本	120	150	250	520
残料价值	100			100
废品损失	20	150	250	420

（1）单独核算废品损失

①返修发生修理费用：

借：废品损失——乙产品　　520

贷：原材料 120

应付职工薪酬 100

制造费用 250

②收到残料时：

借：原材料 100

贷：废品损失 100

③期末转废品净损失时：

借：生产成本——基本生产成本——乙产品——废品损失 420

贷：废品损失 420

（2）不单独核算废品损失

①返修发生修理费用：

借：生产成本——基本生产成本——乙产品 520

贷：原材料 120

应付职工薪酬 100

制造费用 250

②收到残料时：

借：原材料 100

贷：废品损失 100

③无需编制结转分录。

2. 不可修复废品的核算

不可修复废品的损失是指制造企业生产的不可修复的废品从生产到报废所发生的全部生产成本，扣除其残料的入库价值和应由责任人赔偿款项后的净损失。由于不可修复废品的生产成本是和合格品的生产成本一并核算的，因此，为了较为准确地计算不可修复废品的损失，必须采用一定的方法计算废品的生产成本。通常采用下列两种方法计算废品的损失。

（1）按废品所耗的实际生产成本费用计算

按废品的实际生产成本计算就是指在不可修复废品报废时，根据废品和合格品所发生的全部生产成本费用，采用适当的分配方法，在合格品和废品之间进行成本的分配。通常原材料费用的分配采用数量比例法，工资及福利费、制造费用等采用生产工时比例法。计算公式如下：

废品负担的直接材料=某产品的直接材料费用总额/（合格品约当产量+废品约当产量）×废品约当产量

废品负担的直接人工=某产品的直接人工费用总额/（合格品生产工时+废品生产工时）×废品生产工时

废品负担的制造费用=某产品的制造费用总额/（合格品生产工时+废品生产工时）×废品生产工时

【例6-2】2010年1月某工厂生产轴承400件，完工验收入库时发现废品6件。合格品生产工时788小时，废品工时1 2小时。该产品成本明细账所记合格品和废品的全部费用为：原材料 12 000 元，工资和福利费 12 600 元，制造费用 7 200 元。原材料是生产开始时一次性投入。废品残料入库作价 80 元，应由责任人赔偿 100 元。根据以上资料，计算废品的净损失，并分别按单独核算废品损失和不单独核算废品损失进行会计核算。

（1）材料费用的分配。因原材料为生产开始时一次性投入，所以分配材料费用采用数量比例法。

直接材料费用的分配率＝12 000/400＝30（元/件）

不可修复废品应负担的直接材料费用＝30×6＝180（元）

（2）直接人工和制造费用的分配，采用生产工时比例法。

直接人工的分配率＝12 600/800＝15. 75（元/件）

不可修复废品应负担的直接人工＝15. 75×12＝189（元）

制造费用的分配率＝7 200/800＝9（元/件）

不可修复废品应负担的制造费用＝9×12＝108（元）

根据以上计算，编制废品损失计算表，见表 6-2。

表 6-2　　废品损失计算表

（按实际费用计算）

车间名称：基本生产车间　　2010 年 1 月　　产品名称：轴承

项目	数量件	直接材料	生产工时	直接人工	制造费用	成本合计
合格品和废品生产费用	400	12 000	800	12 600	7 200	31 800
费用分配率		30		15. 75	9	
废品生产成本	6	180	12	189	108	477
减：废品残料		80				80
应收赔偿款				100		100
废品报废损失		100		89	108	297

根据表 6-2 及有关凭证，编制会计分录：

（1）单独核算废品损失

①结转废品成本：

借：废品损失——轴承　　639

　贷：生产成本——基本生产成本——轴承（直接材料）　　180

　　　　　　　　　　　　　　——轴承（直接人工）　　189

　　　　　　　　　　　　　　——轴承（制造费用）　　108

②收回废品残料价值：

借：原材料　　80

　贷：废品损失　　80

③收过失人赔偿：

借：其他应收款　　100

　贷：废品损失——轴承　　100

④结转废品净损失：

借：生产成本——基本生产成本——轴承　　297

　贷：废品损失——轴承　　297

（2）不单独核算废品损失

残料入库和获得过失人赔偿，则：

借：原材料　　80

　　其他应收款　　100

　贷：生产成本——基本生产成本——轴承　　180

（2）按废品所耗定额费用计算的方法

这种方法也称为按定额成本计算方法。在按废品所耗定额费用计算不可修复废品的成本时，废品的生产成本不是按废品实际发生的费用计算，而是按废品的数量和各项费用定额计算，通过废品的定额成本扣除废品残料回收价值计算出废品损失。

【例 6-3】黄河工厂本月在齿轮生产过程中发现不可修复废品 8 件，按所耗定额费用计算不可修复废品的生产成本。单件原材料费用定额为 50 元，已完成的定额工时共计 120 小时，每小时的费用定额为：燃料和动力 1.5 元，工资和福利费 2 元，制造费用 1.2 元。不可修复废品的残料作价 90 元以辅助材料入库，应由过失人员赔偿 30 元。废品净损失由当月同种产品成本负担。根据以上资料编制废品损失计算表，见表 6-3。

表 6-3　　废品损失计算表

（按定额成本计算）

产品名称：齿轮　　2010 年 1 月　　废品数量：8 件

项目	原材料	定额工时	燃料和动力	工资及福利费	制造费用	合计
单位产品费用定额成本	50	120	1.5	2	1.2	
废品定额成本	400		180	240	144	964
减：收回残值	90					90
应收赔偿款				30		30
废品损失	310		180	210	144	844

根据表 6-3 及有关凭证，编制会计分录：

①转废品成本：

借：废品损失——齿轮　　964

　贷：生产成本——基本生产成本——齿轮（直接材料）　　400

　　　　　　　　　　　　——齿轮（燃料和动力）　　180

　　　　　　　　　　　　——齿轮（直接人工）　　240

　　　　　　　　　　　　——齿轮（制造费用）　　144

②收回废品残料价值：

借：原材料　　90

　贷：废品损失——齿轮　　90

③应收过失人赔偿：

借：其他应收款　　30

　贷：废品损失　　30

④结转废品净损失：

借：生产成本——基本生产成本——齿轮——废品损失　　844

　贷：废品损失——齿轮　　844

按废品的定额费用计算废品的定额成本，由于费用定额事先规定，不仅计算工作比较简便，而且还可以使计入产品成本的废品损失数额不受废品实际费用水平高低的影响。也就是说，废品损失大小只受废品数量差异（量差）的影响，不受废品成本差异（价差）的影响，从而有利于废品损失和产品成本的分析和考核。但是，采用这一方法计算废品生产成本，必须具备准确的消耗定额和费用定额资料。

6.2　停工损失的归集和分配

6.2.1　停工与停工损失

1. 停工的含义

所谓停工，即停止工作，是指制造业企业的生产车间（分厂或班组）因为各种原因而发生的生产中断。造成制造企业停工的原因有很多，如企业季节性的停产、水电的中断、原材料供应不足、机器设备发生故障或进行大规模的检修、计划减产或计划外减产、发生地震等自然灾害、发生骚乱或战争等其他不可抗力的因素等，都可能引起企业的停工。

按其原因，停工可分为计划内停工和计划外停工两种。计划内停工，是指计划规定的停工，如季节性停工、按计划进行的设备大修理停工、技术改造及革新停工、固定资产的改建和扩建停工等，属于正常停工。计划外停工，是指各种事故造成的停工，如自然灾害、原材料供应不足、人工短缺、机器设备发生故障、停水停电、地震等，属于非正常停工。

2. 停工损失的概念

所谓停工损失，是指制造企业生产车间或班组在停工期间发生的各项生产费用，包括停工期间发生的原材料费用、燃料及动力费用、生产工人的工资及福利费、制造费用等。

企业的停工时间有长有短，短则几分钟，长则超过一个月，范围也有大有小，从某台机器设备、某个生产班组、车间到全厂。一般情况下，为了简化核算工作，对于停工不满一个工作日的，不计算停工损失；超过一个工作日到一个月的停工必须计算停工损失；生产车间停工超过一个月或全厂停工 10 天以上，一般作为营业外支出。

停工时间的起点，应由企业决策层规定。发生停工时，生产车间或班组应填列停工报告单，并在考勤记录中进行登记。有关部门应对停工报告单所列示的停工范围、时间、原因和过失单位或过失人等事项进行审核。

企业发生停工的原因很多，由于自然灾害等引起的非正常停工损失，应计入营业外支出；固定资产修理期间的停工损失应计入产品成本；若停工损失能取得赔偿，则应该索赔，以冲减损失；季节性工业企业在停工期间的费用，一般应采用待摊或预提的方法，计入开工期间内的产品生产成本，不作为停工损失处理。辅助生产车间由于规模一般不大，为了简化核算，一般不单独核算停工损失。

6.2.2 停工损失的核算

1. 账户的设置

停工损失的核算方式有两种：一种是单独核算停工损失，另一种是不单独核算。

对于管理上不要求单独核算停工损失的企业，可以不设立“停工损失”账户和该成本项目。停工期间发生的属于停工损失的各项费用，直接记入“制造费用”和“营业外支出”等账户。该方法虽然核算简便，但没有对停工损失进行单独的反映，因而不利于对停工损失的分析和控制。

在停工比较频繁的企业，为了考核和控制企业停工期间发生的各项费用，管理上要求单独核算停工损失的企业，为了单独核算停工损失，在会计科目中应增设“停工损失”账户；在成本项目中应增设“停工损失”项目。也可以不设“停工损失”总分类账户，而是在“生产成本”总分类账户下设置“停工损失”明细账户来进行核算。“停工损失”账户是为了归集和分配停工损失而设立的。该科目应按车间设立明细账，账内按成本项目分设专栏或专行，进行明细核算。

停工期间发生的应该计入停工损失的各种费用，都应在该科目的借方归集。借记“停工损失”账户，贷记“原材料”“应付职工薪酬”和“制造费用”等账户。

归集在“停工损失”科目借方的停工损失，其中应取得赔偿的损失和应计入营业外支出的损失，应从该科目的贷方分别转入“其他应收款”和“营业外支出”科目的借方；属于过失单位、过失人或保险公司的赔款，应从该账户贷方转入“其他应收款”等账户的借方。将停工净损失从该科目贷方转出，属于自然灾害的部分转入“营业外支出”账户的借方；应计入产品成本的损失，即应由本月产品成本负担的部分，则转入“基本生产成本”账户的借方。如果停工的车间只生产一种产品，应直接记入该种产品成本明细账的“停工损失”成本项目；如果停工的车间生产多种产品，则应采用适当的分配方法（如采用类似于分配制造费用的方法），分配计入该车间各种产品成本明细账的“停工损失”成本项目。分配结转停工损失后，该账户应无余额。

2. 停工损失的账务处理

（1）不单独核算停工损失的企业

不设立“停工损失”科目，直接借记“制造费用”“其他应收款”和“营业外支出”等账户，贷记“原材料”“应付职工薪酬”等账户。辅助生产一般不单独核算停工损失。

①非自然灾害造成的

借：制造费用

　贷：原材料

应付职工薪酬

②自然灾害造成的

借：营业外支出

贷：原材料

应付职工薪酬

此种方法虽然简单，但是不利于企业分析和控制停工损失、加强对停工期间的考核和管理。

（2）单独核算停工损失的企业

需要单独设置“停工损失”总账账户，并按生产车间设立明细账，同时在“基本生产成本”总账账户下的产品成本明细账内单设“停工损失”成本项目，以反映产品成本中包含的停工损失。

①发生停工损失时

借：停工损失——××产品

贷：原材料

应付职工薪酬

制造费用

②应取得赔偿的损失

借：其他应收款

贷：停工损失——××产品

③应记入营业外支出的损失

借：营业外支出

贷：停工损失——××产品

④其他原因停工损失的处理

借：管理费用

贷：原材料

应付职工薪酬

制造费用

⑤结转停工净损失时

借：生产成本——基本生产成本——××产品

贷：停工损失——××产品

对记入产品成本的停工损失，如果停工的车间只生产一种产品，应直接记入该种产品成本明细账的“停工损失”成本项目；如果停工的车间生产多种产品，则应采用适当的分配方法（如采用类似于分配制造费用的方法），分配记入该车间各种产品成本明细账的“停工损失”成本项目。

通过上述归集和分配停工损失后，“停工损失”账户月末应无余额。

【例6-4】某工厂第一生产车间因机器故障停工10天，停工期间发生如下费用：生产工人工资3 000元，应提的福利费560元，制造费用2 000元。经调查，停工系工人张某违规操作造成，由其负责赔偿1 500元，其余计入产品成本。根据以上资料，编制会计分录如下：

① 发生停工损失时：

借：停工损失——第一车间 5 560

贷：应付职工薪酬 3 560

制造费用 2 000

② 结转应由过失人的赔偿款：

借：其他应收款——张某 1 500

贷：停工损失——第一车间 1 500

③ 应记入产品成本的停工损失：

借：生产成本——基本生产成本——第一车间 4 060

贷：停工损失——第一车间 4 060

【例 6-5】某企业生产乙产品，本月由于设备故障造成停工一天半，停工期间支付生产工人工资 2 000 元，计提的福利费 200 元，应负担的制造费用 1 500 元。单独核算停工损失。

根据以上资料编制停工损失归集和分配的会计分录。

停工损失 = 2 000+200+1 500 = 3 700（元）

① 发生停工损失时：

借：停工损失——乙 3 700

贷：应付职工薪酬 2 200

制造费用 1 500

②应记入产品成本的停工损失：

借：生产成本——基本生产成本——乙 3 700

贷：停工损失——乙 3 700

本章小结

一是废品损失的核算。首先，介绍了废品及废品损失的含义。其次，阐述了废品损失的两种核算方式：单独核算废品损失和不单独核算废品损失。最后，重点阐述可修复废品和不可修复废品的发生的废品损失，分别采用两种核算方式下的具体账务处理，同时着重介绍了不可修复废品发生的损失的成本计算的两种方法：实际成本计算法和定额成本计算法的实际应用。

二是停工损失的核算。首先，介绍了停工与停工损失的含义。其次，重点阐述了停工损失的两种核算方式：单独核算停工损失和不单独核算停工损失在企业中的具体应用。特别介绍了单独核算停工损失时，企业如何进行账户设置和会计核算。

习题

一、单项选择题

1. 废品损失不包括（　　）。

A. 修复废品人员工资　　B. 修复废品使用材料

C. 不可修复废品的报废损失　　D. 产品“三包”损失

2. 废品净损失分配转出时，应借记（　　）科目。

A.“废品损失”　　B.“生产成本”

C.“管理费用”　　D.“制造费用”

3. 由于自然灾害造成的非正常停工损失，应计入（　　）。

A. 营业外收入　　B. 营业外支出

C. 管理费用　　D. 制造费用

4. 计算出来的废品损失应（　　）。

A. 分配计入当月同种合格品的成本中

B. 分配计入当月各种合格品的成本中

C. 直接记入当月的“制造费用”科目中

D. 直接记入当月的“管理费用”科目中

5. 计算出来的废品损失，应分配转由（　　）。

A. 本月的制造费用负担　　B. 本月的管理费用负担

C. 本月的同种产品成本负担　　D. 下月的同种产品成本负担

6. 企业核算废品损失一般是指（　　）。

A. 辅助生产车间的废品损失

B. 基本生产车间的废品损失

C. 基本生产车间和辅助生产车间发生的废品损失

D. 产品销售后发生的废品损失

7. 产品的“三包”损失，应计入（　　）。

A. 废品损失　　B. 管理费用

C. 制造费用　　D. 营业费用

8. 对于季节性停工，企业在停工期间所发生的费用，应计入（　　）。

A. 停工损失　　B. 管理费用

C. 营业外支出　　D. 制造费用

9. 下列各项损失中，属于废品损失的项目是（　　）。

A. 入库后发现的生产中的废品损失

B. 可以降价出售的不合格品降价的损失

C. 产成品入库后由于保管不当发生的损失

D. 产品出售后发现的废品由于包退、包换和包修形成的损失

10. 不可修复废品损失的核算，应采用一定的方法将废品的成本计算出来，然后从

“生产成本”科目的贷方转入借方的会计科目是（　　）。

A.“制造费用”　　B.“管理费用”

C.“废品损失”　　D.“营业外支出”

二、多项选择题

1. 废品损失应包括（　　）。

A. 不可修复废品的报废损失

B. 可修复废品的修复费用

C. 不合格品的降价损失

D. 产品保管不善的损坏变质损失

E. 产品售出后退货的费用

2. 计算不可修复废品的净损失应包括下列因素（　　）。

A. 不可修复废品的生产成本　　B. 废品的残值

C. 废品的应收赔款　　D. 废品的价值大小

E. 合格品的成本

3.“废品损失”科目的借方登记（　　）。

A. 可修复废品成本　　B. 不可修复废品成本

C. 可修复废品的修复费用　　D. 不可修复废品的应收赔款

4. 废品按其产生的责任划分，可分为（　　）。

A. 工废　　B. 料废

C. 可修复废品　　D. 不可修复废品

E. 废品损失

5. 废品按其是否可以和值得修复可分为（　　）。

A. 工废　　B. 料废

C. 可修复废品　　D. 不可修复废品

E. 废品损失

三、计算题

1. 某企业某月份投产丁产品180件，生产过程中发现不可修复废品30件。该产品成本明细账所记合格品与废品的全部费用为：直接材料4 500元，直接工资2 224元，制造费用5 560元。废品回收残料110元。直接材料于生产开始时一次性投入，因此直接材料费按合格品数量（150件）、废品数量（30件）的数量比例分配。其他费用按生产工时比例分配，生产工时为：合格品2 360小时，废品420小时。根据上述资料，编制不可修复废品损失计算表（如表6-4），并作相应的账务处理。

表6-4　　不可修复废品损失计算表

单位：元

项目	数量（件）	直接材料	生产工时	直接工资	制造费用	合计
费用总额						
费用分配率						

表6-4(续)

项目	数量（件）	直接材料	生产工时	直接工资	制造费用	合计
废品成本						
减：残值						
废品报废损失						

2. 假设某企业生产的丙产品在生产过程中发现不可修复废品4件，按所耗定额费用计算废品的生产成本。其直接材料费用定额为50元，已完成的定额工时为100小时，每小时的费用定额为：直接工资1.2元，制造费用1.4元，回收残料15元。要求根据上述资料，编制不可修复废品报废损失计算表（如表6-5）。

表6-5　　不可修复废品损失计算表

单位：元

项目	直接材料	定额工时	直接工资	制造费用	合计
单件、小时费用定额					
废品定额成本					
减：残值					
废品损失					

7 生产费用在完工产品和在产品之间的分配和归集

教学目标：

通过本章的学习，了解完工产品和在产品之间的关系，了解在产品数量的确定，掌握在产品的核算，掌握生产费用在完工产品与在产品之间分配的方法，并能够计算完工产品的成本。

教学要求：

知识要点	能力要求	相关知识
在产品概述	了解完工产品与在产品之间的关系	(1) 在产品定义； (2) 完工产品定义
在产品数量的核算	(1) 掌握在产品的日常核算； (2) 掌握在产品的清查核算	(1) 建立在产品台账； (2) 在产品盘盈、盘亏的处理
生产费用在完工产品与在产品之间的分配	(1) 掌握在产品不计算成本法； (2) 掌握在产品按年初固定成本计算法； (3) 掌握在产品按完工产品成本计算法； (4) 掌握在产品按所耗原材料成本计算法； (5) 掌握 约当产量法； (6) 掌握 定额比例法； (7) 掌握定额成本计算法	(1) 定义； (2) 特点； (3) 适用范围

基本概念：

在产品　完工产品　生产费用　在产品台账　约当产量　投料程度　加工程度　约当产量法　定额比例法　定额成本计算法

导入案例：

小艾大学毕业到嘉华不锈钢制品厂应聘，财务部成本科王科长想考核一下小艾成本核算方面的技能，于是给出这样的题目：嘉华不锈钢制品厂生产多种产品，其中一车间生产不锈钢锅，生产过程属于连续不中断式生产，生产工艺非常先进，全部采用机械化作业，原材料在生产开始时投入，本月生产作业记录显示，月初在产品60件，本月投入180件，本月完工200件。根据生产费用明细账记录，本月月初在产品的原材料费用7 000元，人工费用2 000元，制造费用12 000元，本月材料费用19 000元，本月发生的人工费用4 000元，制造费用20 000元。计算月末在产品数量是多少，计算完工产品和月末在产品的成本。小艾能否顺利通过面试呢？

生产费用经过一系列的分配、汇总后，应计入产品成本的各种费用都已记入“基本生产成本”账户的借方，并按成本项目分别登记在各自的产品成本计算单（即生产成本明细账）中。如果当月产品全部完工，则生产成本明细账中的生产费用总和即为该产品的完工成本；如果当月产品全部没有完工，则产品生产成本明细账所归集的生产费用就是该产品的在产品成本。然而，本月投入生产的产品月末不一定完工，为了正确计算当期完工产品成本，就必须将生产费用的总和在完工产品和月末在产品之间进行合理分配。

生产费用在完工产品与在产品之间的分配，是成本会计的最后环节，也是产品成本计算的一个重要而复杂的问题。如果企业不能正确划分完工产品成本与期末在产品成本，会造成成本计算失真，歪曲在产品、完工产品等存货的实际价值，从而难以考核评价成本计划完成情况，同时也会影响产品销售成本和销售利润的正确性，从而不能正确确定企业盈亏和应纳所得税额，无法真实反映企业的财务状况和经营成果，影响信息使用者利用会计信息进行正确决策。

将一定会计期间的生产费用总额在本期完工产品与期末在产品之间分配的基础是两类受益对象概念的清晰界定和数量的准确计算。

7.1 在产品概述

7.1.1 在产品与完工产品的含义

在产品有狭义和广义之分。狭义在产品是就企业内部的某些加工步骤（阶段）而言尚未加工完毕的产品，包括正在生产车间加工的在制品，以及正在生产车间返修的废品等，车间或生产步骤完工的半成品不包括在内。广义在产品是指就整个企业而言尚未加工完毕不能作为商品出售的产品，包括正在生产车间加工（装配）的狭义在产品及已经完成一个或几个生产步骤但还需要进一步加工（装配）的零件、部件等半成品，对外销售的自制半成品属于商品产品，验收入库后不应列入在产品之内。

完工产品也有狭义和广义之分。狭义完工产品是指已经完成全部生产过程，随时可供销售的产品，即产成品。广义完工产品不仅包括产成品，而且还包括完成部分生产步骤（阶段），但尚未完成全部生产过程，有待在本企业进一步加工制造的自制半成品。

7.1.2 在产品与完工产品之间的关系

本月完工产品成本、在产品成本与本月生产费用之间的关系，可用公式表示为：

月初在产品成本+本月生产费用=本月完工产品成本+月末在产品成本

该公式前两项是已知数，即可以从产品成本计算单中汇总得到。不难看出，在掌握前两项资料的情况下，确定完工产品成本和在产品成本的模式有三种：

（1）先确定完工产品成本，再计算求得月末在产品的成本；

（2）先确定月末在产品成本，再计算求得完工产品的成本；

（3）将前两项费用之和按一定的比例在本月完工产品和月末在产品之间分配后，同时求得完工产品成本与月末在产品成本。

无论采用哪种模式，都必须首先取得在产品收、发、存的数量资料，它是产品成本核算的基础工作。

7.2 在产品数量的核算

在产品数量的确定是产品成本核算的一项基础工作，包括产品数量的日常核算和期末清查盘点。企业一方面要做好在产品收、发、结存等日常核算工作；另一方面还要做好在产品的清查盘点工作。做好这两项工作，既可以通过账簿记录随时掌握在产品的动态，也可以查清在产品的实存数量，以加强生产资金的核算和管理。

7.2.1 在产品的日常核算

在产品的日常核算工作一般是通过设置在产品统计台账核算在产品收、发、存的数量。

在产品台账可分车间，按产品品种和零部件的名称、类别、批次设置，由车间核算员登记，以反映和提供该车间各种在产品收入、转出和结存的动态业务核算资料。台账还可以结合企业生产工艺特点和内部管理的需要，进一步按照加工工序、工艺流程来组织在产品数量的核算。企业应根据在产品的领料凭证、内部转移凭证、废品返修单、产品检验凭证、产成品或自制半成品的交库凭证等及时进行登记。其格式如表7-1所示。

表 7-1　　在产品收发结存账（在产品台账）

产品名称：　　零件名称：　　车间：

日期	摘要	收入		发出		结存			备注
		凭证号	数量	凭证号	数量	完工	未完工	废品	

通过在产品台账的记录，不仅可以随时掌握在产品增减的动态，而且也为清查核对在产品数量提供原始依据。

7.2.2 在产品的清查核算

为了核实在产品的实际结存数量，保护在产品安全完整，保证企业财产账实相符，必须进行定期或不定期的清查。月末结账前一般应组织对在产品进行全面清查，同时，还可以结合实际需要进行不定期的清查。根据清查后的结果填制“在产品盘点表”，并与在产品台账相核对，如有不符，应填制“在产品盘盈盘亏报告表”，说明在产品盘盈盘亏的数量及发生盈亏的原因。对于毁损的在产品，如可以回收利用，还应登记残值。企业财务人员应对在产品的盈亏数量、原因及处理意见进行认真审核，并报经主管部门审批。在产品清查的账务处理如下：

1. 在产品盘盈

盘盈在产品意味着实际结存数量大于账面结存数量，而产品成本计算单上归集的生产费用额是与账面结存产品数量相对应的，这表明盘盈的在产品（多出来的数量）所对应的成本并未体现在产品成本计算单中，因此应该以一定的成本标准（如定额成本或计划成本等）对“基本生产成本”账户进行调增。在没有证据表明归集生产费用的转账凭证（包括原始凭证和记账凭证）存在错误的情况下，产品成本计算单中所归集的要素费用额是真实的，总的实际生产费用额不应凭空增加，因此应通过“制造费用”账户进行调减，即：

（1）查明原因或批准前

借：生产成本——基本生产成本

　贷：待处理财产损溢——待处理流动资产损溢

（2）按照规定报经批准核销时

借：待处理财产损溢——待处理流动资产损溢

　贷：制造费用

2. 在产品盘亏和毁损

盘亏和毁损在产品意味着实际结存数量小于账面结存数量，而产品成本计算单上归集的生产费用额是与账面结存产品数量相对应的，这表明盘亏的在产品（缺失的数量）所对应的成本并未体现在产品成本计算单中，因此应该以一定的成本标准（如定额成本或计划成本等）进行账项调整以体现出在产品实际数量的成本水平。在没有证据表明归集生产费用的转账凭证（包括原始凭证和记账凭证）存在错误的情况下，产品成本计算单中所归集的要素费用额是真实的，总的实际生产费用额不应凭空减少，因此应通过“制造费用”账户进行调增。而盘亏或毁损的在产品如果还存在可回收价值，如毁损在产品残值、过失人或保险公司的赔偿款等，这些就不构成生产费用额。如果是自然灾害等非常原因造成的净损失，也不属于生产费用的范畴，因此真正记入“制造费用”的金额仅是扣除上述金额后的净额。即：

（1）查明原因或批准前

借：待处理财产损溢——待处理流动资产损溢

　贷：生产成本——基本生产成本

（2）按照规定报经批准核销时

借：原材料等（毁损的在产残值）

其他应收款（过失人、过失单位或保险公司的赔偿）

营业外支出（因自然灾害等非常原因造成的净损失）

制造费用（无法回收的净损失）

贷：待处理财产损溢——待处理流动资产损溢

特别需要强调一点的是，如果在产品的盘亏和毁损是由于管理不善造成的，应将盘亏毁损在产品投入材料应负担的增值税进项税额一并转出。

7.3 生产费用在完工产品与在产品之间的归集及分配方法

如何既合理又简便地在完工产品和月末在产品之间分配费用，是产品成本计算工作中又一个重要而复杂的问题。企业应根据在产品数量的多少、各月在产品数量变化的大小、各项费用比重的大小以及定额管理基础的好坏等具体条件，采用适当的分配方法对生产费用在完工产品和月末在产品之间进行分配。常用的方法有：在产品不计算成本法、在产品按年初固定成本计算法、在产品按完工产品成本计算法、在产品按所耗原材料成本计算法、约当产量法、定额成本计价法和定额比例法。

7.3.1 在产品不计算成本法

采用这种分配方法时，虽然月末有在产品，但由于在产品数量很少，并且价值较低，通常忽略不计在产品费用，而将产品计算单上归集的全部生产费用由本月完工产品负担，即本月发生的全部生产费用就是本月完工产品的总成本，除以本月完工产品数量，就是完工产品单位制造成本。该方法适用于各月末在产品数量很少且价值较低的产品。

7.3.2 在产品按年初固定成本计算法

对于在产品按年初固定成本计算，要求企业各月末在产品结存数量较少，或者在产品结存数量较多但数量稳定的情况。由于各月初在产品成本与月末在产品成本之间的差额很小，以年初在产品成本对各月末在产品进行计价，对各月完工产品成本的影响不大，因此，各月末在产品成本不变，月初与月末在产品成本相等，每月各产品发生的生产费用就是本月该种完工产品的总成本。即：

完工产品成本=期初在产品固定成本+本期生产费用-期末在产品固定成本=本期生产费用

在实际工作中，为了避免在产品估算成本与实际成本水平相差过大而影响产品成本计算的正确性，企业应在每年末对在产品进行实地盘点，根据在产品盘点的数量计算年末在产品实际成本，据以计算 12 月份完工产品成本，并将计算出的年末在产品成本作为下一年度各月固定的在产品成本。也就是说，一年中前 11 个月的期初、期末在产品均按年初在产品成本计算，期初、期末在产品成本相等，当月生产费用就是完工产品成本。12 月份的期初在产品成本仍然按年初数确定，期末在产品成本需根据实际盘点的数量以及估算的在产品单位成本计算。12 月份的期初、期末在产品成本不等，其完工产品的计算公式如下：

12 月的完工产品成本=年初在产品成本+12 月的生产费用−年末在产品成本

【例 7-1】某产品的在产品数量较大，但各月在产品数量比较均衡，在产品成本按年初固定成本计算。该产品年初在产品成本为 800 000 元，年末在产品成本为 860 000 元。该产品各月的生产费用如表 7-2 所示。

表 7-2　　各月生产费用明细表

月份	生产费用（元）	月份	生产费用（元）
1	6 000 000	7	6 070 000
2	6 050 000	8	6 030 000
3	6 000 000	9	6 000 000
4	6 080 000	10	6 060 000
5	6 000 000	11	6 100 000
6	6 020 000	12	6 090 000

由于各月期初、期末在产品成本均按年初 800 000 元计算，各月期初、期末在产品成本相同，因此前 11 个月各月的生产费用就是完工产品成本。12 月份的完工产品成本应根据年初在产品成本 800 000 元加上当月的生产费用 6 090 000 元，减去年末在产品成本 860 000 元计算，下一年的前 11 个月各月在产品成本均按 860 000 元计算。根据以上资料计算的该产品各月产品成本如表 7-3 所示。

表 7-3　　各月产品成本计算汇总表

单位：元

月份	期初在产品成本	本期生产费用	完工产品成本	期末在产品成本
1	800 000	6 000 000	6 000 000	800 000
2	800 000	6 050 000	6 050 000	800 000
3	800 000	6 000 000	6 000 000	800 000
4	800 000	6 080 000	6 080 000	800 000
5	800 000	6 000 000	6 000 000	800 000
6	800 000	6 020 000	6 020 000	800 000
7	800 000	6 070 000	6 070 000	800 000
8	800 000	6 030 000	6 030 000	800 000
9	800 000	6 000 000	6 000 000	800 000
10	800 000	6 060 000	6 060 000	800 000
11	800 000	6 100 000	6 100 000	800 000
12	800 000	6 090 000	6 030 000	860 000

7.3.3　在产品按完工产品成本计算法

这种方法将月末在产品视同于完工产品计算并分配费用。该方法适用于月末在产品已经接近完工，或已经加工完毕但尚未包装或尚未验收入库的产品。因为这种情况下的在产品成本已经接近完工产品成本，为了简化产品成本计算工作，在产品可以视同完工产品，按两者的数量比例分配原材料费用和各项加工费用。

【例 7-2】某产品期初在产品成本、本期生产费用资料见表 7-4，完工产品 600 件。期末在产品 200 件都已完工但尚未验收。请将期末在产品视同完工产品并分配各项费用。

表 7-4　　生产费用统计表

完工产品数量：600 件　　单位：元

项目	直接材料	直接人工	制造费用	合计
期初在产品成本	6 000	4 000	10 000	20 000
本期生产费用	60 000	10 000	30 000	100 000

$$直接材料分配率=\frac{6\ 000+60\ 000}{600+200}=82.5（元/件）$$

$$直接人工分配率=\frac{4\ 000+10\ 000}{600+200}=17.5（元/件）$$

$$制造费用分配率=\frac{10\ 000+30\ 000}{600+200}=50（元/件）$$

根据上述计算结果编制的产品成本计算单如表 7-5 所示。

表 7-5　　产品成本计算单

单位：元

项目		直接材料	直接人工	制造费用	合计
期初在产品成本		6 000	4 000	10 000	20 000
本期生产费用		60 000	10 000	30 000	100 000
生产费用合计		66 000	14 000	40 000	120 000
分配率		82. 5	17. 5	50	
完工产品成本	数量	600			
	成本	49 500	10 500	30 000	90 000
期末在产品成本	数量	200			
	成本	16 500	3 500	10 000	30 000

7.3.4　在产品按所耗原材料成本计算法

采用这种分配方法时，月末在产品只计算其耗用的原材料费用，不计算人工费用和制造费用，即产品的加工费用全部由完工产品承担。全部生产费用减去按所耗原材料费用计算的在产品成本后的余额，就是完工产品成本。这种方法适用于各月末在产品数量多、变化大，且原材料费用在成本中所占比重较大的产品。由于产品在生产过程中存在不同的原材料投入方式，因此月末在产品的材料费用的计算也就不同，这涉及在产品投料程度的测算问题，具体分为四种情况：一是原材料在生产开始时一次投入，以后各生产环节不再投料；二是原材料在每一生产工序（步骤）开始时一次投入，以后各生产环节不再投料；三是原材料随生产加工进度陆续投入，且与加工程度完全一致或基本一致；四是原材料随生产加工进度陆续投入，但与加工程度不一致。这里以第一种情况进行解析，后三种情况在本节后面的约当产量法中具体阐述。计算公式如下：

$$直接材料分配率=\frac{期初在产品材料费用+本期材料费用}{完工产品数量+在产品实际数量}$$

月末在产品成本=月末在产品的实际数量×直接材料分配率

本月完工产品成本=月初在产品成本+本月生产费用−月末在产品成本

【例 7-3】某公司基本生产车间甲产品材料成本占产品成本比重较大，在产品成本按材料费用计算，甲产品的原材料是生产开始时一次投入的。甲产品完工 400 件，在产品 100 件。期初在产品成本、本期生产费用资料见表 7-6。

表 7-6　　　　**甲产品生产费用统计表**

完工产品数量：400 件　　　　单位：元

项目	直接材料	直接人工	制造费用	合计
期初在产品成本	20 000	——	——	20 000
本期生产费用	70 000	10 000	30 000	110 000

$$直接材料分配率=\frac{20\ 000+70\ 000}{400+100}=180（元/件）$$

月末在产品成本＝180×100＝18 000（元）

完工产品成本＝20 000+110 000−18 000＝112 000（元）

根据期初在产品成本、本期生产费用、期末在产品成本计算的完工产品成本见表 7-7。

表 7-7　　　　**甲产品成本计算单**

单位：元

项目		直接材料	直接人工	制造费用	合计
期初在产品成本		20 000	——	——	20 000
本期生产费用		70 000	10 000	30 000	110 000
生产费用合计		90 000	10 000	30 000	130 000
分配率		180	——	——	
完工产品成本	数量	400			
	成本	72 000	10 000	30 000	112 000
期末在产品成本	数量	100			
	成本	18 000	——	——	18 000

7.3.5 约当产量法

约当产量法是指先将实际结存的在产品数量，按其完工程度折算为相当于完工产品的产量，然后将本期发生的全部生产费用按照完工产品产量与月末在产品约当产量的比例进行分配的方法。其中，约当产量是指将在产品折算成相当于完工产品的产量。约当产量法的适用范围较广，特别适用于月末在产品结存数量较多、各月末在产品的数量变化较大、产品成本中直接材料和各项加工费用所占的比重相差不大的情况。约当产量法的计算公式如下：

$$期末在产品约当产量=期末在产品结存数量\times在产品完工程度$$

$$约当产量单位成本=\frac{期初在产品费用+本期生产费用}{完工产品数量+期末在产品约当产量}$$

$$完工产品总成本=约当产量单位成本\times完工产品产量$$

$$期末在产品成本=约当产量单位成本\times期末在产品的约当产量$$

从上述约当产量法的计算过程中可以看出，这种方法的关键是计算期末在产品的约当产量。但由于在产品的各项费用的投入程度不同，因而需要分不同的成本项目计算约当产量。其中，用以分配直接材料费用的在产品约当产量按投料程度计算；用以分配其他费用（如加工费用）的在产品约当产量按加工程度计算。

1. 在产品投料程度的计算

在产品投料程度又称为投料进度或投料率，是指在产品已投材料占完工产品应投材料的百分比。材料的投入一般存在四种情况。

（1）原材料在生产开始时一次性投入，则在产品和完工产品所耗材料数量相同，因而在产品的投料程度为100%。这样无论任何环节的在产品在分配材料费用时直接按照完工产品和在产品实际数量的比例分配。

（2）原材料按生产工序分次投入，且在每道工序开始时一次性投入，则应根据各工序的材料消耗定额来计算投料程度。在产品投料率的计算公式如下：

某工序在产品投料率

$$=\frac{本工序前各工序投入材料费用额(量)+本工序投入材料费用额(量)}{单位产品投入材料费用额(量)}\times100\%$$

公式中的材料费用额（量）可以是实际数，也可以是定额数。

【例7-4】某产品的生产要经过两道工序，原材料是每道工序开始时一次性投入的。该产品材料消耗量定额如表7-8所示，请计算材料投料率及在产品约当产量。

表7-8 材料消耗量定额及在产品统计表

工序	各工序材料消耗量定额（千克）	在产品实际数量（个）
1	200	400
2	300	500
合计	500	900

第一道工序在产品投料率 $=\frac{200}{500}\times100\%=40\%$

第一道工序在产品的约当产量 $=400\times40\%=160$（个）

第二道工序在产品投料率 $=\frac{200+300}{500}\times100\%=100\%$

第二道工序在产品的约当产量 $=500\times100\%=500$（个）

期末在产品约当产量总计 $=160+500=660$（个）

“在产品约当产量计算表”见表 7-9。

表 7-9　　在产品约当产量计算表

工序	各工序材料消耗量定额（千克）	投料率	在产品实际数量（个）	在产品约当产量（个）
1	200	40%	400	160
2	300	100%	500	500
合计	500	——	900	660

（3）原材料随生产加工进度陆续、均衡投入，且原材料的投料程度与加工程度完全一致或基本一致，则在产品的投料程度按其加工程度计算。

（4）原材料随生产加工进度陆续投入，但原材料的投料程度与加工程度不一致，则在产品的投料程度应按以下公式计算：

某工序在产品投料率

$$=\frac{\text{本工序前各工序投入材料费用额(量)}+\text{本工序投入材料费用额(量)}\times\text{本工序投料率}}{\text{单位产品投入材料费用额(量)}}\times100\%$$

公式中的材料费用额（量）可以是实际数，也可以是定额数。本工序投料率应事先确定，为简化投料率的计算，一般按照 50%计算。

【例 7-5】承接例 7-4，假定原材料随生产加工进度陆续投入，且原材料的投料程度与加工程度不一致。该产品材料消耗量定额如表 7-8 所示。请计算材料投料率及在产品约当产量。

第一道工序在产品投料率 $=\frac{200\times50\%}{500}\times100\%=20\%$

第一道工序在产品的约当产量 $=400\times20\%=80$（个）

第二道工序在产品投料率 $=\frac{200+300\times50\%}{500}\times100\%=70\%$

第二道工序在产品的约当产量 $=500\times70\%=350$（个）

期末在产品约当产量总计 $=80+350=430$（个）

“在产品约当产量计算表”见表 7-10。

表 7-10　　在产品约当产量计算表

工序	各工序材料消耗量定额（千克）	投料率	在产品实际数量（个）	在产品约当产量（个）
1	200	20%	400	80
2	300	70%	500	350
合计	500	——	900	430

2. 在产品加工程度的计算

在产品加工程度又称完工程度或完工率，是指在产品实际（定额）耗用工时占完工产品实际（定额）耗用工时的百分比。在产品加工程度的计算一般包括两种方法：

（1）不分工序确定在产品完工进度。是指企业将 50%作为在产品平均完工程度的一种方法。企业各工序在产品数量和单位产品在各工序的加工数量相差不多的情况下，前后工序加工程度可相互抵补，因此全部在产品完工程度可按照 50%确定。

（2）分工序确定在产品完工程度。是指将在产品按实际（定额）耗用工时占完工产品实际（定额）耗用工时的百分比作为在产品完工程度的一种方法。计算公式如下：

某工序在产品完工率

$$=\frac{\text{本工序前各工序耗用实际工时}+\text{本工序耗用实际工时}\times\text{本工序完工率}}{\text{单位产品耗用实际工时}}\times 100\%$$

公式中的工时也可以采用定额工时，本工序完工率是事先确定的，为简化计算，一般以平均完工 50%计算。

【例 7-6】某产品需要经过两道工序陆续加工而成，单位完工产品定额工时为 200 工时。该产品工时消耗定额如表 7-11 所示，在产品在各道工序的完工程度均为 50%。请计算各工序在产品完工率及在产品约当产量。

表 7-11　　工时消耗定额及在产品统计表

工序	各工序工时消耗定额（小时）	在产品实际数量（件）
1	90	200
2	110	320
合计	200	520

第一道工序在产品完工率 $=\frac{90\times 50\%}{200}\times 100\%=22.5\%$

第一道工序在产品的约当产量 $=200\times 22.50\%=45$（件）

第二道工序在产品完工率 $=\frac{90+110\times 50\%}{200}\times 100\%=72.5\%$

第二道工序在产品的约当产量 $=320\times 72.5\%=232$（件）

期末在产品约当产量总计 $=45+232=277$（件）

“在产品约当产量计算表”见表 7-12。

表 7-12　　在产品约当产量计算表

工序	各工序工时消耗定额（小时）	完工率	在产品实际数量（件）	在产品约当产量（件）
1	90	22.5%	200	45
2	110	72.5%	320	232
合计	200	——	520	277

3. 生产费用在完工产品和月末在产品间的分配综合举例

【例 7-7】甲产品经两道工序完工，采用约当产量法分配各项生产费用。2×14 年 4 月份，甲产品完工产品 500 件，月末在产品数量为：第一道工序 200 件，第二道工序 100 件。原材料分两道工序在每道工序开始时一次性投入，甲产品月初在产品和本月发生的原材料费用共计 136 000 元，每道工序在产品工时定额（本工序部分）按本工序工时定额的 50%计算。甲产品月初在产品和本月发生的直接人工共计 9 150 元，制造费用共计 12 200 元。其他有关资料如表 7-13 所示：

表 7-13　　在产品数量及定额资料

工序	各工序材料消耗定额（千克）	各工序工时消耗定额（小时）	在产品实际数量（件）
1	20	20	200
2	30	30	100
合计	50	50	300

根据表 7-13 中的资料，计算各道工序在产品投料率、完工率及约当产量见表 7-14 和表 7-15。

表 7-14　　甲产品投料率和约当产量计算表

工序	各工序材料消耗定额（千克）	投料率	在产品实际数量（件）	在产品约当产量（件）
1	20	20÷50×100%＝40%	200	80
2	30	（20+30）÷50×100%＝100%	100	100
合计	50	——	300	180

表 7-15　　甲产品完工率和约当产量计算表

工序	各工序工时消耗定额（千克）	完工率	在产品实际数量（件）	在产品约当产量（件）
1	20	20×50%÷50×100%＝20%	200	40
2	30	（20+30×50%）÷50×100%＝70%	100	70
合计	50	——	300	110

根据上述资料编制的“产品成本计算单”如表7-16所示。

表7-16 甲产品成本计算单

单位：元

项目		直接材料	直接人工	制造费用	合计
月初在产品与本期生产费用合计		136 000	9 150	12 200	157 350
产品产量（件）	完工产品产量	500	500	500	——
	在产品约当产量	180	110	110	——
	合计	680	610	610	——
单位成本		200	15	20	235
结转完工产品成本		100 000	7 500	10 000	117 500
月末在产品成本		36 000	1 650	2 200	39 850

7.3.6 定额比例法

定额比例法是指将产品全部生产费用按完工产品和月末在产品的定额消耗量或定额费用的比例，在完工产品和月末在产品成本间分配计算的一种方法。该方法要区分成本项目分别进行，其中，直接材料费用按原材料定额消耗量比例或原材料定额费用比例分配，具体的选择依据是：当产品只耗用一种直接材料时，可按直接材料的定额消耗量比例进行分配；当产品耗用两种或两种以上的直接材料，且各种直接材料计量单位不同时，则应按照直接材料定额费用比例进行分配。对于直接人工、制造费用等加工费用，由于计划工资率与计划制造费用分配率都只有一个，所以按定额消耗量比例或定额成本比例分配的结果是一样的，具体选择标准在于分配资料取得的难易程度，通常按定额工时比例进行分配。该种方法适用于定额管理基础比较好，各项消耗定额或费用定额比较准确、稳定，且各月末在产品数量变动较大的产品。具体计算公式如下：

直接材料费用分配率

$$=\frac{\text{期初在产品直接材料费用额}+\text{本期实际发生的直接材料费用额}}{\text{完工产品直接材料定额消费量(成本)}+\text{期末在产品直接材料定额消耗量(成本)}}$$

完工产品直接材料费用额=直接材料费用分配率×完工产品直接材料定额消耗量(成本)

月末在产品直接材料费用额=直接材料费用分配率×完工产品直接材料定额消耗量(成本)

直接人工费用(制造费用)分配率

$$=\frac{\text{期初在产品直接人工费用(制造费用)额}+\text{本期实际发生的直接人工费用(制造费用)额}}{\text{完工产品定额工时(成本)}+\text{期末在产品定额工时(成本)}}$$

完工产品直接人工费用(制造费用)额=直接人工费用(制造费用)分配率×完工产品定额工时(成本)

期末在产品直接人工费用(制造费用)额=直接人工费用(制造费用)分配率×期末在产品定额工时(成本)

【例 7-8】某企业大量生产的 E 产品是定型产品，有比较健全的定额资料和定额管理制度。本月完工 E 产品 1 000 件，产品直接材料费用定额为 800 元/件，工时消耗单位定额为 90 小时/件。月末盘点停留在各生产工序的在产品为 400 件，其中第一工序为 150 件，在产品直接材料费用定额为 600 元/件，工时消耗定额为 10 小时/件；第二工序为 140 件，在产品直接材料费用定额为 700 元/件，工时消耗定额为 45 小时/件；第三工序为 110 件，在产品直接材料费用定额为 800 元/件，工时消耗定额为 80 小时/件。E 产品月初在产品成本和本月发生的生产费用见表 7-17。采用定额比例法计算月末在产品和本月完工产品成本。

表 7-17　　E 产品生产费用统计表

单位：元

项目	直接材料	直接人工	制造费用	合计
期初在产品成本	103 296	25 584	15 350	144 230
本期生产费用	929 664	294 216	176 530	1 400 410

采用定额比例法计算过程如下：

（1）计算总定额

完工产品直接材料定额费用＝800×1 000＝800 000（元）

月末在产品直接材料定额费用＝600×150+700×140+800×110 ＝276 000（元）

完工产品定额工时＝90×1 000＝90 000（小时）

月末在产品定额工时＝10×150+45×140+80×110＝16 600（小时）

（2）算费用分配率

$$直接材料费用分配率=\frac{103\ 296+929\ 664}{800\ 000+276\ 000}=0.96$$

这一计算结果表明，实际成本为定额成本的 96%，本月直接材料项目定额完成较好，实际成本比定额成本降低了 4%。

$$直接人工费用分配率=\frac{25\ 584+294\ 216}{90\ 000+16\ 600}=3\text{（元/工时）}$$

$$制造费用分配率=\frac{15\ 350+176\ 530}{90\ 000+16\ 600}=1.8\text{（元/工时）}$$

（3）计算本月完工产品成本和月末在产品成本

完工产品直接材料费用额＝800 000×0. 96＝768 000（元）

完工产品直接人工费用额＝90 000×3＝270 000（元）

完工产品制造费用额＝90 000×1. 8＝162 000（元）

本月完工产品总成本＝768 000+270 000+162 000＝1 200 000（元）

月末在产品直接材料费用额＝276 000×0. 96＝264 960（元）

月末在产品直接人工费用额＝16 600×3＝49 800（元）

月末在产品制造费用额＝16 600×1. 8＝29 880（元）

月末在产品总成本＝264 960+49 800+29 880＝344 640（元）

根据以上计算结果，编制 E 产品成本计算单如表 7-18 所示。

表 7-18　　E 产品成本计算单

单位：元

项目		直接材料	直接人工	制造费用	合计
月初在产品成本		103 296	25 584	15 350	144 230
本月生产费用		929 664	294 216	176 530	1 400 410
生产费用合计		1 032 960	319 800	191 880	1 544 640
总定额	完工产品	800 000	90 000	90 000	——
	月末在产品	276 000	16 600	16 600	——
	合计	1 076 000	106 600	106 600	——
费用分配率		0. 96	3	1. 8	——
完工产品实际总成本		768 000	270 000	162 000	1 200 000
月末在产品实际总成本		264 960	49 800	29 880	344 640

7. 3. 7　定额成本计算法

定额成本计算法是指以产品的各项消耗定额为标准计算在产品成本的方法。该方法适用于企业具备完整的消耗定额资料，消耗定额比较准确、稳定且在产品数量变化不大的情况。采用定额成本计算法计算在产品成本时，月末在产品按定额成本计算，将生产费用合计减去按定额成本计算的在产品成本，其余额就是完工产品成本。计算公式如下：

在产品直接材料定额成本＝在产品数量×材料单位消耗定额×材料计划单价

在产品直接人工定额成本＝在产品数量×工时定额×计划小时工资率

在产品制造费用定额成本＝在产品数量×工时定额×计划小时制造费用率

在产品定额成本

＝在产品直接材料定额成本＋在产品直接人工定额成本＋在产品制造费用定额成本

完工产品直接材料成本＝直接材料费用合计－在产品直接材料成本

完工产品直接人工成本＝直接人工费用合计－在产品直接人工成本

完工产品制造费用成本＝制造费用合计－在产品制造费用

完工产品成本＝完工产品直接材料成本＋完工产品直接人工成本＋完工产品制造费用成本

【例 7-9】丙产品各项定额消耗比较准确、稳定，各月在产品数量变化不大，月末在产品按定额成本计价。该产品月初和本月发生的生产费用合计：原材料 48 740 元，工资和福利费 17 650 元，制造费用 12 000 元。原材料生产开始时一次性投入。单位产品原材料消耗定额为 20 千克，材料计划单价为 2 元。完工产品产量 450 件，月末在产品 100 件，在产品的完工程度为 50%，产品单位定额工时为 2. 8 小时。每小时费用定额：工资 2. 05 元，制造费用 2. 5 元。

计算过程如下：

（1）先确定 100 件月末在产品的成本

在产品直接材料定额成本＝100×20×4＝8 000（元）

在产品直接人工定额成本＝100×2. 8×50%×2. 05＝287（元）

在产品制造费用定额成本＝100×2. 8×50%×2. 5＝350（元）

在产品定额成本＝8 000+287+350＝8 637（元）

（2）计算完工成品成本

完工产品直接材料成本＝48 740−8 000＝40 740（元）

完工产品直接人工成本＝17 650−287＝17 363（元）

完工产品制造费用成本＝12 000−350＝11 650（元）

完工产品成本＝36 000+14 780+8 500＝69 753（元）

根据上述计算结果，编制产品成本计算单如表 7−19 所示。

表 7−19　　丙产品成本计算单

单位：元

项目	直接材料	直接人工	制造费用	合计
月初在产品成本与本月生产费用合计	48 740	17 650	12 000	144 230
月末在产品成本	8 000	287	350	8 637
完工产品成本	40 740	17 363	11 650	69 753
完工产品单位成本	90. 53	38. 58	25. 89	155

不管采用何种分配方法，借助按完工产品成本时，均应借记“产成品”账户，贷记“基本生产成本”账户，“基本生产成本”账户月末借方余额表示月末在产品成本。

生产费用在完工产品与在产品之间进行分配的方法有多种，企业应结合生产的特点和管理上的要求选择合适的分配方法，一旦选定，不应随意变更，使不同时期的产品成本具有可比性。

本章小结

本章论述了在产品的核算，在产品的日常核算包括产品数量的日常核算和期末清查盘点。在产品的日常核算工作一般通过设置在产品统计台账核算在产品收、发、存的数量。为了核实在产品的实际结存数量，保护在产品安全完整，保证企业财产账实相符，还必须进行定期或不定期的清查，出现盘盈盘亏，还应该做出相应的账务处理。本章着重论述了在产品与完工产品之间的关系以及如何将生产费用在完工产品与在产品之间进行分配，主要方法有：

（1）不计算成本法。这种方法通常忽略不计在产品费用，全部生产费用由本月完工产品负担。该方法适用于各月末在产品数量很少且价值较低的产品。

（2）在产品按年初固定成本计算法。这种方法以年初在产品成本对各月末在产品进行计价，因此，各月末在产品成本不变，月初与月末在产品成本相等，每月各产品发生的生产费用就是本月该种完工产品的总成本。但应注意，这种方法下 12 月份的期初在产品成本虽然按年初数确定，期末在产品成本需根据实际盘点的数量以及估算的在产品单位成本计算。这种方法适用于企业各月末在产品结存数量较少，或者在产品结存数量较多但数量稳定的情况。

（3）在产品按完工产品成本计算法。这种方法将月末在产品视同于完工产品计算并分配费用。该方法适用于月末在产品已经接近完工，或已经加工完毕但尚未包装或尚未验收入库的产品。

（4）在产品按所耗原材料成本计算法。这种分配方法下月末在产品只计算其耗用的原材料费用，不计算人工费用和制造费用，即产品的加工费用全部由完工产品承担。这种方法适用于各月末在产品数量多、变化大，且原材料费用在成本中所占比重较大的产品。

（5）约当产量法。约当产量法是指先将实际结存的在产品数量，按其完工程度折算为相当于完工产品的产量，然后将本期发生的全部生产费用按照完工产品产量与月末在产品约当产量的比例进行分配的方法。约当产量法的适用范围较广，特别适用于月末在产品结存数量较多、各月末在产品的数量变化较大、产品成本中直接材料和各项加工费用所占的比重相差不大的情况。

（6）定额比例法。定额比例法是指将产品全部生产费用按完工产品和月末在产品的定额消耗量或定额费用的比例，在完工产品和月末在产品成本间分配计算的一种方法。该种方法适用于定额管理基础比较好，各项消耗定额或费用定额比较准确、稳定，且各月末在产品数量变动较大的产品。

（7）定额成本计算法。定额成本计算法是指以产品的各项消耗定额为标准计算在产品成本的方法。该方法适用于企业具备完整的消耗定额资料，消耗定额比较准确、稳定且在产品数量变化不大的情况。

企业应结合生产的特点和管理上的要求选择合适的分配方法，一旦选定，不应随意变更，使不同时期的产品成本具有可比性。

习题

一、单项选择题

1. 在产品按所耗原材料费用计价法适用于（　　）。

A. 月末在产品数量很少　　B. 月末在产品接近完工

C. 材料费用在成本中所占比重较大　　D. 在产品数量虽多但比较均衡

2. 直接材料在生产开始时一次性投入，则投料程度为（　　）。

A. 100%　　B. 完工程度　　C. 50%　　D. 0

3. 直接材料随生产过程陆续投入，且投料程度与生产进度基本一致，则投料程度为（　　）。

A. 100%　　B. 完工程度　　C. 50%　　D. 0

4. 各工序在产品的数量及完工程度比较均衡的企业，计算在产品约当产量时，完工程度为（　　）。

A. 100%　　B. 0　　C. 50%　　D. 投料程度

5. 企业生产车间进行在产品盘点，发现一批因管理不善而造成损毁的在产品，经批准应计入（　　）。

A. 制造费用　　B. 基本生产成本

C. 管理费用　　D. 营业外支出

6. 采用在产品成本按年初固定成本计算法将生产费用在完工产品与期末在产品之间的分配适用于（　　）。

A. 各月在产品数量很大

B. 各月末在产品数量虽大，但各月之间变化不大

C. 各月末在产品数量变化较大

D. 各月成本水平相差不大

7. 企业某种产品的各项定额准确、稳定，且各月末在产品数量变化不大，为了简化成本计算工作，其生产费用在完工产品与在产品之间分配应采用（　　）。

A. 定额比例法　　B. 在产品按完工产品计算法

C. 约当产量法　　D. 定额成本计算法

8. 某种产品经两道工序加工而成。单位产品的工时定额为 40 小时，其中第一道工序为 10 小时，第二道工序为 30 小时，各道工序在产品在本工序的加工程度按工时定额的 50%计算。第一道工序在产品数量 80 件，第二道工序在产品数量 40 件，则期末在产品的约当产量为（　　）件。

A. 120　　B. 35　　C. 25　　D. 60

9. 在编有完整定额资料的、月末在产品数量变化较大的企业，在产品成本通常按（　　）计算。

A. 定额成本　　B. 定额比例

C. 生产工时比例　　D. 计划成本

10. 完工产品与在产品之间分配费用的不计算在产品成本法，适用于（　　）产品。

A. 各月在产品数量很小　　B. 各月在产品数量很大

C. 没有在产品　　D. 各月在产品数量变化很小

二、多项选择题

1. 本月发生的生产费用与月初、月末在产品及本月完工产品成本之间的关系是（　　）。

A. 月初在产品成本+本月发生的生产费用=本月完工产品成本+月末在产品成本

B. 月初在产品成本+本月完工产品成本=本月发生的生产费用+月末在产品成本

C. 本月完工产品成本=月初在产品成本+本月发生的生产费用−月末在产品成本

D. 本月完工产品成本=月末在产品成本+本月发生的生产费用−月初在产品成本

2. 广义的在产品包括（　　）。

A. 正在车间加工的在制品

B. 已完成某个或几个加工步骤需进一步加工的半成品

C. 返修中的废品

D. 未经检验入库的产品

3. 完工产品与月末在产品之间分配费用的方法有（　　）。

A. 交互分配法　　B. 不计算在产品成本法

C. 约当产量比例法　　D. 在产品按定额成本计价法

4. 确定完工产品与月末在产品之间费用分配的方法时，应考虑的条件是（　　）。

A. 各项费用比重的大小　　B. 在产品数量的多少

C. 定额管理基础的好坏　　D. 各月在产品数量变化的程度

5. 采用在产品按原材料费用计价法分配生产费用时，应具备（　　）条件。

A. 原材料费用在产品成本中占比大

B. 各月末在产品数量较大

C. 各月末在产品数量变化较大

D. 各月在产品数量比较稳定

6. 采用定额比例法在完工产品和月末在产品之间分配生产费用，应考虑的条件是（　　）。

A. 各月末在产品数量变化不大　　B. 消耗定额比较稳定

C. 各月末在产品数量变化较大　　D. 消耗定额比较准确

7. 约当产量比例法下，测定在产品完工程度应（　　）测定。

A. 分工序　　B. 分完工数量

C. 分成本项目　　D. 分生产周期

8. 采用约当产量比例法分配完工产品和月末在产品费用，适用于（　　）产品。

A. 月末在产品数量较大

B. 月末在产品数量不大

C. 产品成本中各项费用所占比重相差不多

D. 各月在产品数量变动较大

三、计算题

1. 某企业生产的甲产品的原材料随加工进度陆续投入，月末在产品投料率为40%。产品成本中的原材料费用所占比重很大，月末在产品按所耗原材料费用计价。该种产品月初原材料费用2 000元，本月原材料费用15 000元，人工费用1 500元，制造费用1 000元，本月完工产品150件，月末在产品50件。

要求：在产品按所耗原材料费用计价法分配计算甲产品完工产品成本和月末在产品成本。

2. 某企业大量生产A产品，月初A产品的在产品费用及本月费用见表7-20。本月完工产品300件，单件原材料费用定额为15元，单件工时定额为20小时，月末在产品定额原材料费用为1 500元，定额工时2 000小时。

表 7-20 A 产品费用资料

单位：元

项目	原材料	人工费用	制造费用	燃料及动力	合计
月初在产品费用	3 528	2 916	3 519	2 023	11 986
本月费用	4 872	4 284	6 081	3 577	18 814

要求：采用定额比例法分配计算完工产品和月末在产品成本（编制成本计算单）。

3. 某企业某月份生产乙产品，该月完工产品产量 1 000 件，期末在产品数量 100 件。期初在产品成本为 2 600 元，本期发生费用共计 45 000 元。原材料在生产开始时一次投入，在产品单件材料费用定额 20 元，单件产品工时定额为 40 小时，每小时直接人工 0.05 元，每小时制造费用 0.02 元。

要求：在产品采用定额成本法计算完工产品成本和期末在产品成本。

4. 某基本生产车间生产甲产品采用约当产量法分配费用。甲产品单件工时定额 20 小时，经三道工序制造。各工序工时定额为：第一工序 4 小时，第二工序 8 小时，第三工序 8 小时。各工序内均按 50%的完工程度计算。本月完工 200 件，在产品 120 件，其中：第一工序 20 件，第二工序 40 件，第三工序 60 件。月初加本月发生费用合计分别为：原材料 16 000 元，人工费 7 980 元，制造费用 8 512 元，原材料生产开始时一次性投料。

要求：

（1）计算各工序在产品完工率；

（2）计算月末在产品的约当产量；

（3）按约当产量比例分配计算完工产品和月末在产品成本。

5. 某企业某月份生产丙产品，本产品产量为 450 件，月末在产品盘存数量为 100 件，原材料随加工程度陆续投入，月末在产品完工率仍为 50%，在产品投料率为 60%。期初在产品成本和本期发生的费用如表 7-21 所示：

表 7-21 丙产品生产费用统计表

单位：元

项目	直接材料	直接人工	制造费用	合计
期初在产品成本	1 550	1 000	1 100	3 650
本期生产费用	10 000	3 500	4 000	17 500

要求：采用约当产量法分配计算完工产品成本和在产品成本。

8 产品成本计算方法概述

教学目标：

通过本章的学习，了解生产的工艺特点和组织特点以及管理要求对产品成本计算的影响，掌握各方法的成本计算对象、成本计算期和期末在产品费用分配情况。

教学要求：

知识要点	能力要求	相关知识
生产类型	(1) 了解生产工艺特点； (2) 了解生产组织特点	(1) 单步骤生产（简单生产）； (2) 多步骤生产（复杂生产）； (3) 连续式生产； (4) 装配式生产
生产类型和管理要求对成本计算方法的影响	(1) 理解生产工艺对成本计算方法的影响； (2) 理解生产组织对成本计算方法的影响； (3) 理解管理要求对成本计算方法的影响	(1) 成本计算对象； (2) 成本计算期； (3) 期末在产品的计算
成本方法标志	(1) 了解成本计算对象； (2) 了解成本计算期； (3) 掌握期末在产品的计算	(1) 品种、批别、步骤； (2) 生产周期、会计报告期、成本计算期； (3) 生产费用在完工产品和在产品之间分配
成本计算的基本方法	(1) 掌握品种法； (2) 掌握分批法； (3) 掌握分步法	(1) 成本计算对象； (2) 适用范围； (3) 典型企业
成本计算的辅助方法	(1) 掌握分类法； (2) 掌握定额法	(1) 成本计算对象； (2) 适用范围； (3) 典型企业
成本计算方法的实际应用	(1) 熟悉同时使用几种方法； (2) 熟悉结合使用； (3) 熟悉分步法	各种方法的具体运用

基本概念：

成本计算方法　生产工艺　成本计算对象　产成品　在产品　费用分配　品种法　分批法　分步法

导入案例：

某大中型粗梳毛纺织厂，在生产工艺过程特点上，属于可以分散于不同地点间断进行的连续加工式的复杂生产；在生产组织方式上，属于分类、轮番重复的大量生产，但批量大小并不固定；在产品品种繁简方面，产品的类别、品种、规格和色泽的种类繁多，使用原料的种类、规格和配比繁复；在成本管理要求方面，要求按品种及其经过的生产步骤，既计算各中间步骤半成品的成本，又计算最后步骤的产成品成本，特别在实行企业内部成本管理责任制的新形势下更要求如此。根据这些特点，这就决定了粗梳毛纺织企业的基本成本计算方法，应该采用分步法。

但是大中型的粗梳毛纺织企业，既有基本生产车间，又有为基本生产车间服务的辅助生产车间，而基本生产车间又有原料准备和毛纺织品制造步骤之分；在毛纺织产品生产方面，既有正常产品的生产，又有新产品的试制。要搞好企业的成本核算工作，就必须适应各种生产情况的特点，在以分步法为主的基础上，同时选择其他几种不同的成本计算方法，结合使用。

具体地说，对于正常的毛纺织品制造，应采用分步法计算成本。对于毛纺织品的新产品试制，应采用分批法计算产品成本。对于原料准备生产，可采用成本计算的品种法；对于拣选毛生产，还要结合联产品成本计算方法。至于辅助生产车间的成本计算，供水、供电、供汽属于单步骤的简单生产，应采用品种法计算产品成本；而修机、修缮车间的生产，则要使用分批法计算成本。这样，粗梳毛纺织企业便要同时使用分步法、分批法和品种法来计算产品成本，但以分步法为主体。

8.1　生产类型的分类

工业企业通过生产加工各种各样的产品满足社会需求进而获取盈利。工业企业由于生产的产品不同，生产工艺过程不同，产品市场需求不同，产品的产量不同，进而导致生产组织形式不同，企业生产类型不同。

8.1.1　按产品生产工艺过程特点分类

工艺是指将原材料或半成品加工成产品的方法、技术等。工业企业的生产，按生产工艺过程特点，可分为单步骤生产和多步骤生产两种类型。

1. 单步骤生产

单步骤生产，亦称简单生产，是指生产工艺过程不能间断的生产，不可能划分为几个生产步骤的生产，如发电、采掘、面粉企业，或者由于工作地点限制不便分散在几个不同地点进行的生产，如采掘、采煤企业的生产。

2. 多步骤生产

多步骤生产，亦称复杂生产，是指生产工艺过程可以间断，可以分散在不同时间、地点，由多个生产步骤组成的生产。如纺织、钢铁、造纸、服装等生产。多步骤生产按照加工方式，可以分为连续式多步骤生产和装配式多步骤生产。

（1）连续式多步骤生产

连续式多步骤生产，是指原材料投入生产后，要经过若干个连续的生产步骤加工，才能最终制成产品的生产，比如纺织企业从棉花到棉纱再到棉布的生产、钢铁企业从铁矿石到铁锭再到钢铁产品的生产。

（2）装配式多步骤生产

装配式生产，是指原材料分别在各个加工车间平行加工为零件、部件，然后再将各种零部件装配成产品的生产，如机械、轴承、汽车、家电、仪表制造等生产。

企业的生产工艺分为简单生产（单步骤生产）和复杂生产（多步骤生产），其图示如图 8-1：

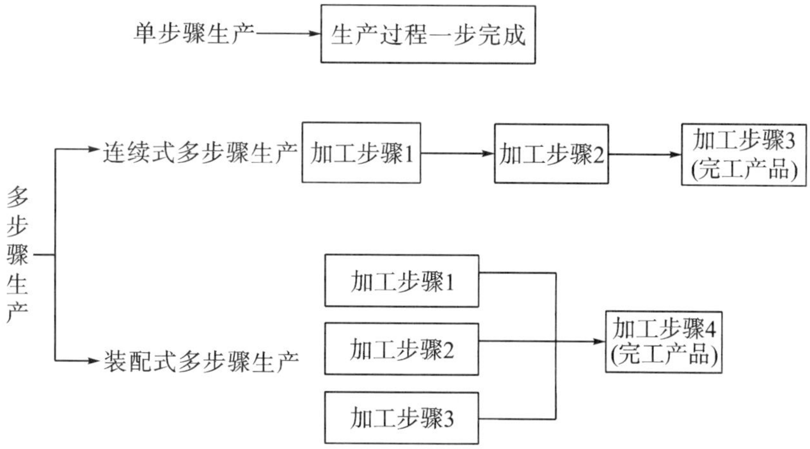

图 8-1　生产工艺特点

8.1.2　按产品生产组织特点分类

工业企业的生产，按产品生产组织特点，可分为大量生产、大批生产和单件生产三种类型。

1. 大量生产

大量生产是指连续不断地重复生产相同产品的生产。这种生产类型的企业一般生产的品种较少，但每一品种的产量较大，规格较单一，而且比较稳定。如供水、发电、采掘、纺织、钢铁、造纸、面粉、化肥等企业的生产就属于这种类型。

2. 大批生产

大批生产是指按事先规定的批别和数量进行的生产。这种生产类型的企业一般生产的品种较多，规格也较多，而且具有一定的重复性，如服装、制鞋、机械的生产。大批生产由于生产量大，会连续几个月不断重复生产一种或几种产品，因而其性质近似大量生产；小批生产，由于生产产品的批量小，一批产品一般可以同时完工，其性质近似于单件生产。

3. 单件生产

单件生产是指生产制造品种规格或质量要求比较特殊的产品，或根据客户订单个别设计，单独进行的生产。这种生产类型的企业一般生产的品种较多，但每一品种的产量较少，规格较特殊，而且生产完后，很少再重复生产该种规格的产品。如重型机械、精密仪器、船舶等属于这种类型。

企业产品生产的组织特点分为单件生产、成批生产、大量生产，如图 8-2 所示：

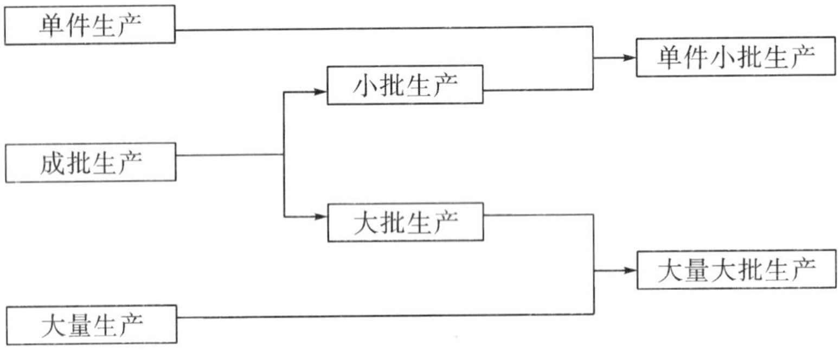

图 8-2　生产组织特点

8.2　生产类型和管理要求对成本计算方法的影响

生产特点不同，成本管理要求不同，决定了产品成本计算方法不同。不同的生产特点和成本管理要求对成本计算对象、成本计算期以及生产费用在本期完工产品和期末在产品之间的分配均产生影响。

8.2.1　管理要求和生产工艺对产品成本计算对象的影响

计算产品成本，必须首先确定成本计算对象。成本计算对象是成本耗费的承担者，是归集和分配生产费用的对象。一旦确定了成本计算对象，便可以设置产品成本明细账来归集生产费用进而计算产品成本，成本计算对象也是区分各种成本计算基本方法的主要标志。产品成本计算对象会受到生产工艺和管理要求的影响。

1. 生产工艺对成本计算对象的影响

（1）单步骤生产

从产品生产工艺过程看，单步骤生产不能间断，因而不可能也不需要按照生产步骤计算产品成本，只能按照产品的品种计算成本。

（2）多步骤生产

当多步骤生产在企业不同的车间进行且不同车间又在不同的地点时，企业需要按照步骤设置成本计算对象，进而设置以步骤命名的明细账来归集生产费用计算产品成本。

当多步骤生产在企业的一个车间内部进行时，企业仍需要按照步骤设置成本计算对象，进而设置以步骤命名的明细账来归集生产费用计算产品成本。

2. 管理要求对成本计算对象的影响

当各个步骤生产在企业不同的车间进行，不同车间又有不同的地点，企业管理上要求对每个步骤的产品详细核算，为成本管理提供依据时，在会计核算上，以步骤为成本计算对象。

当多步骤生产在企业的一个车间内部进行，企业管理上要求对每个步骤的产品详细核算，为成本管理提供依据时，在会计核算上，以步骤为成本计算对象。

当多步骤生产在企业的一个车间内部进行，企业管理上不要求对每个步骤的产品详细核算，此时可以依照最终的产品作为成本计算对象，不再将步骤作为成本计算对象。

8.2.2 管理要求和生产组织对产品成本计算对象的影响

1. 生产组织对成本计算对象的影响

(1) 大量生产

在大量生产情况下，企业连续不断地重复生产一种或者若干种产品，企业一般按照产品的品种来计算成本。

(2) 大批生产

在大批生产情况下，由于批量很大，往往在一个月内无法全部完工，因而会出现连续几个月加工一批产品的情况。此时的大批生产和大量的生产近似，可以按照批别产品的名称设置成本计算对象。

(3) 小批生产

单件和小批生产，因为投产的批量较小，同一批产品往往可以同时完工，因此可以按照产品的批别（单件是最小的批别）来计算成本。

2. 管理要求对成本计算对象的影响

(1) 管理要求下的大量生产

在大量生产情况下，企业连续不断地重复生产一种或者若干种产品，因而管理上只能要求按照产品的品种来计算成本。

(2) 管理要求下的大批生产

在大批生产情况下，由于批量很大，往往在一个月内无法全部完工，因而会出现连续几个月加工一批产品的情况。此时的大批生产和大量的生产近似，可以按照批别产品名称设置成本计算对象。管理要求下的大批生产的产品成本对象与大批生产组织方式下的成本计算对象一致。

有时候，企业接受的订单，并不是批量很大的订单，而是由众多的小批量订单组成。企业如果完全按照订单来组织生产，会出现由于多样化订单需求所导致的生产进行前的机器调试，加工所需材料的小批量分批次的领用，生产衔接不好的地方还会出现生产等待时间成本。管理上为了达到经济生产，降低成本的目的，会要求企业将多个订单涉及的同种产品进行数量上的同类项合并，组成一个大的批量。此时成本计算对象不是批次，而是由众多小批次同类项合并出来的大批量产品的名称。

（3）管理要求下的单件小批生产

单件和小批生产，投产的批量较小，同一批产品往往可以同时完工，单件小批生产可以按照产品的批别（单件是最小的批别）来计算成本。管理上为了分析和考核各批产品成本，也要求按照产品的批别来计算成本。

综上所述，成本计算对象主要是根据产品的生产特点和管理要求共同来确定的。企业成本核算有三种成本计算对象：产品的品种、产品的批别和产品的生产步骤。

8.2.3 生产类型和管理要求对产品成本计算期的影响

成本计算期是指对生产费用计入产品成本所规定的起讫日期，也就是每次计算产品成本的期间。企业生产类型不同，产品的成本计算期也不同，这主要取决于生产组织的特点。

大量大批生产时，生产像流水一样连续不断地进行，将大批量产品最终完工的时间作为成本计算的时点，与会计核算期不一致，会导致成本信息报送延迟，进而影响会计报表的及时报送。因而管理上要求，企业依据会计核算时间来进行成本核算。

企业有多批次产品同时间、同车间开工生产且每批次产品品种不同时，成本计算对象如果按照每个批次产品品种设置成本明细账，归集费用，在各个批次产品完工时计算成本，成本核算工作量会很大。管理上要求成本核算遵循成本效益原则的同时要满足及时性需要。通过权衡，对多批次产品共同加工的这种生产组织形式，企业成本会计核算遵循的原则为：有完工产品的月份，在会计核算期（月末）计算产品成本；如果各个批次都没有产品完工，在会计核算期（月末）就不用计算产品成本。

单件小批生产时，批量小，生产一般不重复进行，因此，只能等某一批产品完工后才能计算该批产品的成本，这样，成本计算期就与生产周期相一致，与会计报告期不一致，单件小批生产的成本核算是不定期的。

8.2.4 生产类型和管理要求对完工产品和期末在产品之间费用分配的影响

连续式单步骤生产，生产周期较短，期末一般没有在产品或者在产品数量极少，为了简化成本计算，就不计算在产品的成本，也就不必将生产费用在本期完工产品和期末在产品之间分配。

连续式多步骤生产，其生产周期一般较长，生产费用是否应在本期完工产品和期末在产品之间分配，在很大程度上取决于企业的生产组织特点。大量大批生产时，不断投入不断产出，在会计核算期（月末）进行成本核算时，存在有部分产品已经完工，部分产品还未完工的情况，这时就需要将生产费用在本期完工产品和期末在产品之间分配。

连续式多步骤生产，当管理上不要求分步骤核算时，成本计算对象是产品的品种。生产过程中不断有材料投入，还有完工产品转出。尽管是采用品种法，但是多步骤生产这个工艺特点决定了在会计核算期（月末）进行成本核算时，会有部分产品已经完工，部分产品还未完工，这时就需要将生产费用在本期完工产品和期末在产品之间分配。

单件小批生产，因为批量小、件数少，同一批产品常常同时完工或者同时没有完工。如果同时完工，所归集的生产费用就是完工产品的成本；如果同时没有完工，所归集的生产费用就是在产品的成本。这样，也就无需将生产费用在本期完工产品和期末在产品之间分配。

8.3 产品成本的计算方法

产品成本计算方法是指将生产费用在企业生产的各种产品之间、完工产品和期末在产品之间分配的方法。产品成本的计算方法一般包括如下内容：确定成本计算对象；设置成本明细账；设置成本项目；生产费用的归集及计入产品成本的程序；确定间接计入费用的分配标准；确定成本计算期；将生产费用在完工产品和期末在产品之间分配；计算出完工产品的总成本和单位成本。确定产品成本计算对象是产品成本核算的起点和核心，也是构成产品成本计算方法的主要标志。

8.3.1 产品成本计算的基本方法

为了适应各种生产特点和管理要求，在成本计算工作中存在着三种不同的成本计算对象，相应地，也就存在着以这三种成本计算对象为主要标志的三种成本计算的基本方法：

1. 品种法

品种法是以产品的品种为成本计算对象，来归集生产费用，计算产品成本的方法。一般适用于大量大批单步骤生产，如发电厂、供水厂、采掘企业等，也可用于管理上不要求分步骤计算产品成本的大量大批多步骤生产，如小型的造纸厂、水泥厂、织布厂等。

2. 分批法

分批法是以产品的批别为成本计算对象，来归集生产费用，计算产品成本的方法。一般适用于单件小批单步骤生产，也可用于管理上不要求分步骤计算产品成本的单件小批多步骤生产，如特殊或精密铸件的熔制，重型机械、船舶、精密仪器、专用工具器具模具和专用设备的制造等。

3. 分步法

分步法是以产品的生产步骤为成本计算对象，来归集生产费用，计算产品成本的方法。一般适用于管理上要求分步骤计算产品成本的大量大批多步骤生产，如纺织、冶金、造纸、机械制造等。

为了更好地理解成本计算方法及其特点，对比分析如表 8-1 所示：

表 8-1 成本计算方法对比

特点 / 成本计算方法	成本计算	成本计算期	在产品成本计算
品种法	品种	会计核算期	需要计算或不需要计算
分批法	批别	产品生产周期	不需要计算
分步法	步骤	会计核算期	需要计算

三种基本方法对比分析如表 8-2 所示：

表 8-2 基本方法的对比表

对比指标 / 成本计算方法	工艺特点	组织特点	管理要求	适用企业
品种法	单步骤生产、多步骤生产	大量大批单步骤、大量大批多步骤（管理不要求分步骤核算）	不分步核算	发电、采掘
分批法	单步骤生产、多步骤生产	单件小批	不分步计算	重型机械、服装定制
分步法	多步骤生产	大量多步骤、大批多步骤	需要分步计算	纺织业、冶金业

8.3.2 产品成本计算的辅助方法

除了产品成本计算的基本方法以外，还存在分类法、定额法等成本计算的辅助方法。

1. 分类法

分类法是为了简化产品成本计算工作，在产品的品种规格繁多的工业企业，如针织厂、灯泡厂、制帽厂等企业采用的一种简便的成本计算方法。分类法可以简化成本计算工作，而且在产品品种规格繁多的情况下还可以帮助企业分类掌握产品成本情况。

2. 定额法

定额法则是工业企业为了更有效地控制生产费用，加强成本管理而采用的一种将符合定额的费用和脱离定额的差异分别计算的产品成本计算方法。定额法与生产类型无直接联系，只要企业满足定额制度健全、定额管理工作基础好、产品的生产消耗定额比较准确和稳定这三个条件，就可以采用定额法计算产品成本。

3. 标准成本法

标准成本法是指以预先制定的标准成本为基础，通过标准成本与实际成本之间比较，核算和分析成本差异的一种产品成本计算方法。标准成本法是一个包括制定标准成本、计算和分析成本差异、处理成本差异三个环节组成的完整系统，该系统具备加强成本控制、评价经济业绩功能。

8.3.3 产品成本计算基本方法和辅助方法的关系

实际工作中，成本计算辅助方法都不是独立的成本方法，必须结合三种基本成本计算方法进行。成本计算辅助方法是为了满足成本计算或成本管理过程中的某一方面的需要而采用的。例如，产品成本计算的定额法是在定额管理比较好的企业采用的。定额法的使用可以在生产过程中找出企业生产脱离定额的差异，进行成本差异分析、成本差异考核，为企业降低产品成本提出有效举措。比如，分类法是为了简化成本计算的手续，在产品的型号、规格繁多或生产联产品的企业所采用的方法。标准成本法辅助于基本成本计算方法的整个过程，使得企业的成本核算过程变成了成本管理过程，实现了生产前、生产中和生产后全方位的成本管理。

由于成本计算辅助方法——定额法的辅助作用，在企业的实际成本计算中会出现定额法辅助品种法形成的采用定额的品种法、定额法辅助分批法形成的采用定额法的分批成本计算方法、定额法辅助分步法形成的采用定额的分步成本计算方法。

由于成本计算辅助方法——分类法的辅助作用，在企业的实际成本计算中，会出现分类法辅助品种法形成的分类核算的品种法、分类法辅助分批法形成的采用分类的分批法、分类法辅助分步法形成的分类的分步成本计算方法。

由于成本计算辅助方法——标准成本法的辅助作用，在企业的实际成本计算中，会出现标准成本法辅助品种法形成的采用标准成本法的品种法、标准成本法辅助分批法形成的采用标准成本法的分批法、标准成本法辅助分步法形成的采用标准成本法的分步成本计算方法。

8.4 各种产品成本计算方法的实际应用

8.4.1 多种成本计算方法同时应用于一个企业

1. 一个企业可以采用不同的成本计算方法

例如，一个企业的基本生产车间大批大量多步骤生产某种产品，则需要采用分步法来核算成本。企业的辅助生产车间提供水电，对于辅助车间的成本计算方法可以采用品种法来计算。

2. 一个企业的一个车间采用多种成本计算方法

例如，一个企业生产车间中包含三个生产线：第一个生产线生产一种产品；第二个生产线分步骤生产一种产品，每个步骤的半成品很重要，管理上要求分步核算；第三个生产线是单件小批的生产。根据生产工艺、生产组织和管理要求，企业同一个车间内部采用多种成本计算方法：第一个生产线，采用品种法；第二个生产线采用分步法；第三个生产线采用分批法。

8.4.2 多种成本计算方法应用于一种产品的成本计算

1. 一种产品的不同生产步骤，采用不同成本计算方法

比如，一个铸造加工机械厂，生产需要经过冶炼、铸造、机械加工、装配四个步骤，最终加工出产成品。如果该厂是接受订单加工的企业，那么最终的产品成本计算应该采用分批法。从产品生产的各个阶段来看，冶炼车间冶炼出高碳钢锭和低碳钢锭，全部用于铸造车间的生产所用，冶炼车间采用品种法。铸造车间需要对冶炼车间的钢锭进行加工，成本计算必然需要考虑到冶炼车间完工品的转入，因此采用逐步结转分步法。机械加工和装配环节要考虑外部的订单需求，因而采用分批法核算。总的来说，订单产品的需求所用的成本计算方法是以分批法为主线，其中还有涉及前面环节的品种法和分步法的应用。

2. 一种产品的不同零部件之间采用不同的成本计算方法

某种产品由若干零部件组装而成，一部分零部件进入产品装配环节，另一部分零部件需要对外销售。管理上要求企业的零部件进行明细核算。按照零部件生产类型和管理要求，成本计算方法有所不同：外售部分的零部件，采用品种法明细核算；自用的零部件，采用分步法成本核算。

本章小结

本章论述了生产工艺特点和生产组织特点、生产特点和管理要求对成本计算方法的影响。以产品计算对象为主要标志的产品计算方法有以下三种：

（1）以产品品种为成本计算对象的产品成本计算方法，称为品种法。主要适用于大量、大批的单步骤生产或管理上不要求分步骤计算成本的多步骤生产。

（2）以生产批别为成本计算对象的产品成本计算方法，称为分批法。主要适用于小批、单件的单步骤生产或管理上不要求分步骤计算成本的多步骤生产。

（3）以产品生产步骤为成本计算对象的产品成本计算方法，称为分步法。主要适用于大量、大批的多步骤生产。

为了解决成本计算或成本管理过程中的某一方面的需要而采用的辅助成本计算方法有以下三种：

（1）分类法。简化产品成本计算工作，在产品的品种规格繁多的工业企业采用的一种简便的成本计算方法，可以帮助企业分类掌握产品成本情况。

（2）定额法。定额法是指为了更有效地控制生产费用、加强成本管理而采用的一种将符合定额的费用和脱离定额的差异分别计算的产品成本计算方法。

（3）标准成本法。标准成本法是指以预先制定的标准成本为基础，通过标准成本与实际成本之间比较，核算和分析成本差异的一种产品成本计算方法。

习题

一、单项选择题

1. 区分各种成本计算基本方法的主要标志是（　　）。

A. 成本计算对象

B. 成本计算日期

C. 间接费用的分配方法

D. 完工产品与在产品之间分配费用的方法

2. 将品种法、分批法和分步法概括为产品成本计算的基本方法，主要是因为它们（　　）。

A. 应用得最广泛

B. 计算方法最简便

C. 对成本管理最重要

D. 是计算产品实际成本必不可少的方法

3. 在大量大批多步骤生产情况下，如果管理上不要求分步计算产品成本，其所采用的成本计算方法应是（　　）。

A. 品种法　　B. 分批法　　C. 分步法　　D. 分类法

4. 产品成本计算的品种法就是（　　）。

A. 按照产品品种和生产步骤计算产品成本的方法

B. 单一法

C. 按照产品品种计算产品成本的方法

D. 一种成本计算的辅助方法

5. 品种法适用的生产组织是（　　）。

A. 大批生产　　B. 大量大批生产

C. 小批单件生产　　D. 大量小批生产

6.（　　）是属于产品成本计算方法的辅助方法。

A. 品种法　　B. 分批法　　C. 分步法　　D. 定额法

7. 分类法是在产品品种、规格繁多，但可按一定标准对产品进行分类的情况下，为了（　　）而采用的。

A. 计算各类产品成本　　B. 简化成本计算工作

C. 加强各类产品成本管理　　D. 提高计算的准确性

8. 生产的特点和管理的要求对成本计算方法的影响主要表现在（　　）。

A. 生产组织的特点　　B. 工艺过程的特点

C. 生产管理的要求　　D. 产品成本计算对象的确定

9. 在大量生产的企业里，要求连续不断地重复生产一种或若干种产品，因而管理上只要求而且也只能按照（　　）计算成本。

A. 产品的批别　　B. 产品的品种

C. 产品的类别　　D. 产品的步骤

10. 成本计算方法中最基本的成本计算方法是（　　）。

A. 品种法　　B. 分批法

C. 分步法　　D. 分类法

二、多项选择题

1. 生产工艺分为（　　）。

A. 连续式　　B. 装配式　　C. 简单生产　　D. 复杂生产

2. 多步骤生产方式可以分为（　　）。

A. 连续式　　B. 装配式　　C. 简单生产　　D. 复杂生产

3. 企业在确定成本计算方法时，必须从企业的具体情况出发，同时考虑以下因素（　　）。

A. 企业生产规模的大小　　B. 企业的生产特点

C. 进行成本管理的要求　　D. 月末有没有在产品

4. 品种法适用于（　　）。

A. 大量大批生产

B. 单件小批生产

C. 简单生产

D. 复杂生产，且管理上不要求分步骤计算产品成本

5. 下列方法中，属于产品成本计算的辅助方法有（　　）。

A. 分步法　　B. 分类法　　C. 定额成本法　　D. 分批法

6. 定额法是为了（　　）而采用的。

A. 加强成本的定额管理　　B. 简化成本计算工作

C. 计算产品的定额成本　　D. 提高计算的准确性

7. 工业企业的生产，按其生产组织的特点划分，可分为（　　）。

A. 大量生产　　B. 成批生产

C. 单步骤生产　　D. 单件生产

8. 工业企业的生产，按其生产工艺过程的特点划分，可分为（　　）。

A. 大量生产　　B. 单步骤生产

C. 多步骤生产　　D. 单件生产

9. 生产类型的特点对成本计算方法的影响主要表现在（　　）。

A. 成本计算对象　　B. 成本计算日期

C. 成本项目　　D. 成本归集程序

10. 属于辅助成本计算方法的是（　　）。

A. 分类法　　B. 品种法　　C. 分步法　　D. 分批法

E. 定额法　　E. 在产品的计价方法

三、案例

1. 某火力发电厂除生产电力外，还生产部分热力，生产技术过程不能间断，没有在产品和半成品。火力发电是利用燃料燃烧所发生的高热，使锅炉里的水变成蒸汽，

推动汽轮机迅速旋转，借以带动发电机转动，产生电力，生产用燃料和生产用水在生产成本中所占比重很大。火力发电厂一般设有下列基本生产分厂（车间）：燃烧分厂、锅炉分厂、汽机分厂、电气分厂。由于产电兼供热，汽机分厂还划分为两个部分，即电气化部分和热力化部分。

要求：

（1）分析和说明该厂在成本核算中应采取的成本计算方法，并说出原因。

（2）对生产的电力和热力产品应如何设置成本核算对象和成本核算项目？

2. 某小型工业企业，由于考虑成本—效益原则，所以在成本核算工作中存在一些不足，比如材料消耗是根据实际领料数量进行核算，没有考核标准，因而各月之间成本波动较大，而且领用材料计量不够准确，对于不能点数的材料采用目测的方法估算。鉴于存在的问题，企业经理决定进行整改。如果请你为经理出谋划策，请问你有哪些建议？

9 产品成本计算的基本方法

教学目标：

通过本章的教学，理解品种法、分批法和分步法的特点和适用范围，掌握产品成本计算方法的基本程序，掌握品种法、分批法和分步法的计算方法，重点掌握综合逐步结转分步法的计算程序和成本还原以及平行结转分步法的计算程序。

教学要求：

知识要点	能力要求	相关知识
品种法	(1) 对品种法适用范围和特点的理解； (2) 掌握品种法计算的运用	(1) 生产类型和管理要求； (2) 品种法的特点和适用范围； (3) 品种法的计算程序
分批法	(1) 对分批法适用范围和特点的理解； (2) 掌握分批法计算的运用； (3) 了解简化分批法计算的运用	(1) 分批法的计算程序； (2) 简化分批法的计算程序； (3) 简化分批法的特点
分步法	(1) 对分步法适用范围和特点的理解； (2) 掌握分步法计算的运用	(1) 各步骤之间成本的结转； (2) 广义在产品数量核算； (3) 逐步结转分步法的计算及应用； (4) 综合结转法和分项结转法的计算及应用； (5) 平行结转分步法的计算及应用

基本概念：

产品计算对象　产品生产步骤　大量大批单步骤　产品成本计算基本方法
大量大批多步骤生产　单件小批生产　完工产品成本　在产品成本

导入案例：

食品厂的产品包括面包、饼干、糖果和罐头等，一般按照产品种类分设生产车间或生产小组进行生产。面包的生产包括配料（调和面粉）、成型、烘烤、包装四个工序。面粉、砂糖、植物油等原料，按配料工序分次按照配料比例投入生产：经过搅拌和制，置于容器中发酵三四个小时，送入成型工序；经过机器加工，切割揉团成为一定重量的面团，放入铁模内；经过高温再发酵，送入烘炉内烤成面包；冷却后即可包装入库。饼干的生产包括配料（调和面粉）、成型烘烤、冷却整理、包装四个工序。原料也是由配料工序分次按配料比例投入生产；经过搅拌和制，进入成型机用铜模轧制成各种形状的饼干，并用烘炉烘烤；再经过冷却整理，挑出不合格的返工品以后，即可包装入库。面包和饼干的生产，一般是在流水线上不断进行的，这种生产的工艺过程不能间断，不能由几个车间或企业分散进行，因而一般归为单步骤生产，其生产组织多是大量大批生产。根据上述生产特点，面包和饼干的成本，一般采用品种法计算。在所产面包和饼干的品种、规格繁多的食品厂中，为了简化计算工作，还可结合采用分类法计算产品成本：将产品按照面包和饼干归类，先计算面包类产品和饼干类产品的成本，然后采用一定的分配标准或系数，分配计算类内各种面包或饼干的成本。

9.1 产品成本计算的品种法

9.1.1 品种法概述

1. 品种法的定义

产品成本计算的品种法，是以产品的品种为成本计算对象，归集费用，计算产品成本的一种方法，品种法是产品成本计算的最基本的方法。

2. 品种法的适用范围

品种法适用于大量大批的单步骤生产或管理上不要求分步骤计算产品成本的大量大批的多步骤生产。

（1）大量大批单步骤生产

比如，发电、采掘等，此类型企业的生产是大批量的生产，不需要也无法分批计算产品成本；另外，又由于是单步骤生产，产品生产的工艺流程不能间断，没有必要也不可能按照生产步骤计算产品成本，只能以产品品种作为成本计算对象。

（2）管理上不要求分步骤核算的大量大批多步骤生产

对于生产规模较小的，或者从投料到产品完工过程都在一个车间进行的封闭式多步骤生产，或者经由一个生产线直接完工的多步骤生产，管理上不要求分步骤计算产品成本，因此，需要采用品种法计算产品成本。例如小型服装企业、化肥厂、小型造纸厂等。

3. 品种法的分类

（1）简单的品种法

企业产品品种单一，生产步骤单一，产品从生产开始到生产完工时间很短。比如面粉企业、发电企业、供水企业，这类产品生产周期很短，月末没有在产品，因而成本核算程序简单，只需按照品种设立成本明细账，归集发生的生产费用，该生产费用即完工产品的费用。由于其成本计算的简便特性，故称为简单的品种法。

（2）复杂的品种法

某些小型多步骤工业企业，管理上不要求分步骤核算，采用品种法核算成本。此类企业的产品生产从开始加工到加工完成时间较长。在大量大批多步骤生产过程中，由于产品生产周期和会计核算期不一致，因而月末就会出现完工产品和未完工产品。此类产品成本计算，需要按照产品品种设立成本明细账，归集生产费用，在会计期期末，需要将当月的生产费用在完工产品和月末在产品之间进行分配。由于成本计算较为复杂，故称为复杂的品种法。

4. 品种法的特点

（1）成本计算对象

品种法的成本计算对象就是企业生产的产品品种。在采用品种法计算产品成本的企业或者车间里，如果只生产一种产品，计算产品成本时，只需要为这种产品开设一本产品成本明细账，账内按照成本项目（直接材料、直接人工、制造费用等）设立专栏或专行。在这种情况下，企业所发生的全部生产费用都直接计入费用，可以直接计入该产品成本明细账有关成本项目（直接材料、直接人工、制造费用等），不存在成本计算对象之间分配费用的问题。如果企业生产的产品不止一种，就需要以每一种产品作为成本计算对象，分别设置产品成本明细账。对于发生的生产费用，能分清是某一种产品耗用的，则直接记入该种产品成本明细账的有关成本项目；若是几种产品共同耗用的，则需要采用适当的分配方法，在各个产品成本计算对象之间进行分配，将分配后的金额填入各个产品成本明细账的有关成本项目。

（2）成本计算期

大量大批单步骤工业企业，生产过程连续不间断，如若等到所有产品都完工再来进行成本计算，会导致财务报表由于缺乏成本信息无法及时对外报送。因此不管大量大批单步骤生产的所有产品是否全部完工，成本核算定期于每月月末进行。管理上不要求分步骤核算的多步骤工业企业，在采用品种法核算成本时，同样需要定期于月末进行。

（3）生产费用在完工产品和在产品之间的分配

单步骤生产中，产品的生产周期较短，一般没有在产品，有时候虽然有在产品，由于在产品数量少、价值小，所以在月末计算成本时，将在产品价值忽略不计。在这种情况下，产品成本明细账中按成本项目归集的生产费用就是该产品完工产品的总成本。

在一些规模较小，管理上又不要求按照生产步骤计算成本的大量、大批的多步骤生产中，产品陆续完工，月末一般都有在产品，而且数量较多。这样，月末在计算产品时，就需要将产品成本明细账中的生产费用在完工产品和在产品之间进行分配。

9.1.2 品种法的计算程序及应用实例

由于品种法是产品成本计算方法中的最基本方法，所以品种法的成本计算程序体现着产品成本计算的一般程序，主要包括下列步骤：

（1）按照产品品种设立基本生产成本明细账（即成本计算单）。根据产品品种设立基本生产成本明细账（即成本计算单），明细账采用多栏式，以直接材料、直接人工、制造费用等成本项目归集产品的生产费用，在明细账的横向各栏中，分别列示月初在产品成本、本月发生的生产费用、本月完工产品费用、本月在产品费用。

（2）归集和分配各种要素费用。首先审核原始凭证和其他有关资料，然后对生产过程中发生的各项要素费用，按照其发生的地点和用途归集到对应的会计科目中，最后编制费用分配表。

（3）归集和分配辅助生产费用。首先应根据第二步费用分配表，登记辅助生产成本明细账，汇集辅助生产的全部费用，即包括发生地点在辅助车间的制造费用。然后，选择直接分配法、交互分配法、顺序分配法、代数分配法、计划分配法中的一种方法来分配辅助生产费用，最后编制辅助生产费用分配表。

（4）归集和分配基本生产车间制造费用。首先将发生地点在基本车间的制造费用记入基本生产车间制造费用明细账；然后将辅助生产车间转入的制造费用记入基本车间制造费用明细账 ；最后采用一定的方法，将基本生产车间制造费用在不同产品之间进行分配，并编制制造费用分配表。

（5）月末，生产费用在完工产品与在产品之间分配。经过上述程序，本期生产应负担的各项费用都集中登记在“产品成本明细账”中。如果期末没有在产品，则本月“产品成本明细账”中归集的全部生产费用即为本月完工产品的成本；如果期末有在产品，则应将这些生产费用，选择合适的分配方法（计算在产品成本法、约当产量比例法、在产品按定额成本计价法、在产品按所耗原材料费用分配法、在产品按固定成本计价法、定额比例法或在产品按所耗原材料费用计价法）在完工产品与在产品之间进行分配。

（6）结转完工产品成本。根据产品成本明细账中完工产品的成本，编制完工产品成本汇总计算表，并据以编制转账凭证，结转当月完工入库产品的生产成本。

【例 9-1】某企业设有一个基本生产车间，大量生产甲、乙两种产品，都是单步骤大量生产。根据生产特点和管理要求，采用品种法计算甲、乙两种产品的成本。该企业设有两个辅助生产车间——供水车间和供电车间，为基本生产车间和管理部门提供水电。基本生产车间和辅助生产车间的制造费用均通过“制造费用”科目核算。该企业不单独核算废品损失。产品成本包括“直接材料”“直接燃料和动力”“直接人工”和“制造费用”四个成本项目。

下面以该企业 201×年 3 月份各项费用资料为例，说明采用品种法，计算甲、乙两种产品成本程序和相应的账务处理。

编制各种费用分配表，分配各种要素费用：

（1）货币支出资料

根据 3 月份付款凭证汇总的各项货币支出（假定均为银行存款支出）为：

基本生产车间发生办公费 1 870 元，劳保费 1 660 元，取暖费 4 880 元，其他费用 8 460 元。

供电车间燃料动力费 10 120 元，办公费 780 元，劳保费 210 元，其他费用 700 元。

供水车间办公费 184 元，劳保费 116 元，其他费用 60 元。

管理部门办公费 1 600 元，差旅费 1 000 元，其他 600 元。

根据 3 月份银行存款付款凭证汇总编制的各项货币支出费用（假定全部用银行存款支付）汇总表，详见表 9-1。

表 9-1　　银行存款付款凭证汇总表（分配表 1）

单位：元

<table>
<tr><th colspan="3">应借科目</th><th rowspan="2">金额</th></tr>
<tr><th>总账科目</th><th>明细科目</th><th>成本或费用项目</th></tr>
<tr><td>生产成本</td><td>辅助生产成本（供电车间）</td><td>直接燃料和动力</td><td>10 120</td></tr>
<tr><td rowspan="15">制造费用</td><td rowspan="4">基本生产车间</td><td>办公费</td><td>1 870</td></tr>
<tr><td>劳保费</td><td>1 660</td></tr>
<tr><td>取暖费</td><td>4 880</td></tr>
<tr><td>其他费用</td><td>8 460</td></tr>
<tr><td colspan="2">小 计</td><td>16 870</td></tr>
<tr><td rowspan="3">供电车间</td><td>办公费</td><td>780</td></tr>
<tr><td>劳动保护费</td><td>210</td></tr>
<tr><td>其他</td><td>700</td></tr>
<tr><td colspan="2">小 计</td><td>1 690</td></tr>
<tr><td rowspan="3">供水车间</td><td>办公费</td><td>184</td></tr>
<tr><td>劳动保护费</td><td>116</td></tr>
<tr><td>其他</td><td>60</td></tr>
<tr><td colspan="2">小 计</td><td>360</td></tr>
<tr><td colspan="2">合计</td><td>18 920</td></tr>
<tr><td rowspan="4">管理费用</td><td colspan="2">办公费</td><td>1 600</td></tr>
<tr><td colspan="2">差旅费</td><td>1 000</td></tr>
<tr><td colspan="2">其他</td><td>600</td></tr>
<tr><td colspan="2">小计</td><td>3 200</td></tr>
<tr><td colspan="3">总 计</td><td>32 240</td></tr>
</table>

编制会计分录：

借：生产成本——辅助生产成本——供电——直接燃料与动力　　10 120
　　制造费用——基本生产车间　　16 870
　　　　　　——供电车间　　1 690
　　　　　　——供水车间　　360
　　管理费用　　3 200
　贷：银行存款　　32 240

（2）职工薪酬费用（职工福利费略）

基本生产车间生产工人工资 56 950 元，管理人员工资 1 450 元。

供电车间生产工人工资 5 850 元，管理人员工资 1 550 元。

供水车间生产工人工资 8 090 元，管理人员工资 1 460 元。

管理部门管理人员工资 3 560 元。

基本生产车间生产工人工资为计时工资，在甲产品和乙产品之间按产品的实际工时比例分配。甲产品的实际工时为 6 000 小时，乙产品的实际工时为 4 000 小时。

根据上述资料，编制职工薪酬费用分配表，详见表 9-2。

表 9-2　　**职工薪酬费用分配表（分配表 2）**

单位：元

应借科目			金额
总账科目	明细科目	成本或费用项目	
生产成本	基本生产成本	生产工人工资	56 950
生产成本	辅助生产成本(供水车间)	生产工人工资	8 090
	辅助生产成本（供电车间）	生产工人工资	5 850
制造费用	基本生产车间	管理人员工资	1 450
制造费用	辅助生产车间	供电车间	1 550
制造费用	辅助生产车间	供水车间	1 460
管理费用	管理部门	管理部门人员工资	3 560
总 计			78 910

甲产品应分得的人工工资为：56 950×[6 000÷(6 000+4 000)]=34 170（元）

乙产品应分得的人工工资为：56 950×[4 000÷(6 000+4 000)]=22 780（元）

编制会计分录：

借：生产成本——基本生产成本——甲产品——直接人工　34 170
　　　　　　　　　　　　　——乙产品——直接人工　22 780
　　生产成本——辅助生产成本——供水——直接人工　8 090
　　　　　　　　　　　　　——供电——直接人工　5 850
　　制造费用——基本生产车间　1 450
　　　　　　——供电车间　1 550
　　　　　　——供水车间　1 460
　　管理费用　3 560
　贷：应付职工薪酬　78 910

（3）固定资产折旧费用

2 月份的折旧费用为：基本车间折旧费 9 980 元，供电车间折旧费 1 650 元，供水车间折旧 1 040 元，管理部门折旧 2 100 元。

2 月份增加的固定资产折旧为：基本生产车间折旧为 1 000 元，供电车间折旧为 350 元，供水车间折旧为 160 元，管理部门折旧为 300 元。

根据上述资料编制折旧费用分配表，详见表 9-3。

表 9-3　　**固定资产折旧费用分配表（分配表 3）**

单位：元

项　目	生产车间				行政管理部门	合计
	基本生产车间	供电车间	供水车间	小　计		
折旧费用	9 980	2 000	1 200	13 180	2 400	15 580

编制会计分录：

借：制造费用——基本生产车间　　9 980

　　　　　　——供电车间　　2 000

　　　　　　——供水车间　　1 200

　　管理费用　　2 400

　贷：累计折旧　　15 580

（4）材料费用的分配

产品生产领用材料 A 和 B，A 材料为生产所用原材料，B 材料为辅助材料或机物料。

甲产品：A 原材料费用 10 430 元，B 辅助材料为 1 400 元。

乙产品：A 原材料费用 38 500 元，B 辅助材料为 1 210 元。

基本生产车间：B 机物料消耗 4 962 元。

供电车间：A 原材料费用 1 600 元，B 机物料消耗 900 元。

供水车间：A 原材料费用 4 300 元，B 机物料消耗 700 元。

管理部门：B 机物料耗用 800 元。

根据按原材料用途归类的领、退料凭证，编制原材料费用分配表，详见表 9-4。

表 9-4　　原材料费用分配表（分配表 4）

单位：元

应借科目			原料及主要材料 A	辅助材料 B	合计
总账科目	明细科目	成本或费用项目			
生产成本	基本生产成本(甲产品)	直接材料	10 430	1 400	11 830
	基本生产成本(乙产品)	直接材料	38 500	1 210	39 710
	小计		48 930	2 610	51 540
生产成本	辅助生产成本(供电)	直接材料	1 600		1 600
	辅助生产成本(供水)	直接材料	4 300		4 300
	小计		5 900		5 900
制造费用	基本生产车间	机物料消耗		4 962	4 962
	供电车间	机物料消耗		900	900
	供水车间	机物料消耗		700	700
	小计			6 562	6 562
管理费用	物料消耗			800	800
合计			54 830	9 972	64 802

编制会计分录：

借：生产成本——基本生产成本——甲产品——直接材料　　11 830

　　　　　　　　　　　　　——乙产品——直接材料　　39 710

　　生产成本——辅助生产成本——供电——直接材料　　1 600

　　　　　　　　　　　　　——供水——直接材料　　4 300

制造费用——基本生产车间 4 962
——供电车间 900
——供水车间 700
管理费用 800
贷：原材料——A 材料 54 830
原材料——B 材料 9 972

归集和分配辅助生产费用：

（1）辅助生产车间制造费用的归集详见表 9-5、表 9-6。

表 9-5 制造费用明细账（分配表 5）

车间名称：供电车间 单位：元

月	日	摘要	职工薪酬	机物料消耗	折旧费	劳动保护费	办公费	其他	合计	转出
3	31	根据分配表 1				210	780	700	1 690	
	31	根据分配表 2	1 550						1 550	
	31	根据分配表 3			2 000				2 000	
	31	根据分配表 4		900					900	
	31	制造费用转出								6 140
	31	合　计	1 550	900	2 000	210	780	700	6 140	6 140

表 9-6 制造费用明细账（分配表 6）

车间名称：供水车间 单位：元

月	日	摘要	职工薪酬	机物料消耗	折旧费	劳动保护费	办公费	其他	合计	转出
3	31	根据分配表 1				116	184	60	360	
	31	根据分配表 2	1 460						1 460	
	31	根据分配表 3			1 200				1 200	
	31	根据分配表 4		700					700	
	31	制造费用转出								3 720
	31	合　计	1 460	700	1 200	116	184	60	3 720	3 720

（2）辅助生产车间制造费用的转出

编制会计分录：

借：生产成本——辅助生产成本——供电——制造费用 6 140
贷：制造费用——供电车间 6 140
借：生产成本——辅助生产成本——供水——制造费用 3 720
贷：制造费用——供水车间 3 720

（3）登记辅助生产成本明细账

详见表 9-7、表 9-8。

表 9-7 辅助生产成本明细账（分配表 7）

车间名称：供电车间 单位：元

月	日	摘 要	直接材料	燃料和动力	直接人工	制造费用	合计
3	31	根据分配表 1		10 120			10 120
	31	根据分配表 2			5 850		5 850
	31	根据分配表 4	1 600				1 600
	31	根据分配表 5				6 140	6 140
3	31	合 计	1 600	10 120	5 850	6 140	23 710

表 9-8 辅助生产成本明细账（分配表 8）

车间名称：供水车间 单位：元

月	日	摘 要	直接材料	直接人工	制造费用	合计	
3	31	根据分配表 2		8 090		8 090	
	31	根据分配表 4	4 300			4 300	
	31	根据分配表 6			3 720	3 720	
	31	合 计	4 300	4 090	3 720	16 110	

（4）分配辅助生产费用

该厂规定辅助生产费用按计划成本分配。辅助生产的计划单位成本为每度电 0.6 元，每立方水 2 元，辅助生产的成本差异全部计入管理费用。

供电车间供电 38 670 度，各单位耗电数量为：供水车间用电 2 500 度；基本车间动力用 32 840 度，照明用 2 200 度；行政管理部门用 1 130 度。

供水车间提供水 9 900 立方米，各单位耗用数量为：供电车间 300 立方米，基本生产车间 7 100 立方米，行政管理部门 800 立方米。

基本生产车间的动力费按照产品的实际工时比例分配。如表 9-9 所示。

表 9-9 辅助生产费用分配表（分配表 9）

单位：元

项目		供电车间（度）		供水车间（立方米）	
		数量	金额	数量	金额
待分配实际费用			23 710		16 110
提供的数量		38 670		8 200	
辅助生产计划单价		0.6 元/度		2 元/立方米	
供电车间				300	600
供水车间		2 500	1 500		
基本生产车间	其他使用	2 200	1 320	7 100	14 200
	动力用	32 840	19 704		
管理部门		1 130	678	800	1 600
合 计		38 670	23 202	8 200	16 400

编制会计分录：

基本生产车间的动力费用分配：

甲产品：32 840×0.6×（6 000/6 000+4 000）= 11 822.4（元）

乙产品：32 840×0.4×（4 000/6 000+4 000）= 7 881.6（元）

供电车间辅助生产费用分配会计分录：

借：生产成本——辅助生产成本——供水　　1 500
　　生产成本——基本生产成本——甲产品——燃料与动力　　11 822.4
　　生产成本——基本生产成本——乙产品——燃料与动力　　7 881.6
　　制造费用——基本生产车间　　1 320
　　管理费用　　678
　贷：生产成本——辅助生产成本——供电车间　　23 202

供水车间辅助生产费用分配会计分录：

借：生产成本——辅助生产成本——供电　　600
　　制造费用——基本生产车间　　14 200
　　管理费用　　1 600
　贷：生产成本——辅助生产成本——供水车间　　16 400

供电车间实际发生的费用 = 23 710 + 600 = 24 310（元）

供电车间按照计划分配率分配出去的费用 = 23 202（元）

供电车间实际费用 - 供电车间计划费用 = 24 310 - 23 202 = 1 108（元）

供电车间差额会计分录：

借：管理费用　　1 108
　贷：生产成本——辅助生产成本——供电车间　　1 108

供水车间实际费用 = 16 110 + 1 500 = 17 610（元）

供水车间计划费用 = 16 400（元）

供水车间实际费用 - 供水车间计划费用 = 17 610 - 16 400 = 1 210（元）

供水车间差额会计分录：

借：管理费用　　1 210
　贷：生产成本——辅助生产成本——供水车间　　1 210

辅助生产成本分配后辅助生产成本余额如表 9-10、表 9-11 所示。

表 9-10　　辅助生产成本余额一览表（1）

车间名称：供水车间　　单位：元

月	日	摘 要	待分配水费	供电分入水费	转入管理费用	按计划分配率转出金额	合计
3	31	根据分配表 8	16 110				16 110
3	31	根据分配表 9		1 500		-16 400	-14 900
3	31	差额挤入			-1 210		-1 210
3	31	合计	16 110	+1 500	-1 210	-16 400	0

表 9-11　　　　　　　　辅助生产成本余额一览表（2）

车间名称：供电车间　　　　　　　　　　　　　　　　　　单位：元

月	日	摘 要	待分配电费	供水分入电费	转入管理费用	按计划分配率转出金额	合计
3	31	根据分配表 8	23 710				23 710
3	31	根据分配表 9		600		-23 202	-22 602
3	31	差额挤入			-1 108		-1 108
3	31	合计	23 710	600	-1 108	-23 202	0

归集和分配基本生产车间制造费用：

（1）根据上述各种费用分配表登记基本生产车间制造费用明细账，详见表 9-12。

表 9-12　　　　　　　　制造费用明细账（分配表 10）

车间名称：基本生产车间　　　　　　　　　　　　　　　　单位：元

月	日	摘要	职工薪酬	机物料消耗	折旧费	取暖	水电费	办公费	劳保费	其他	合计
3	31	根据分配表 1				4 880		1 870	1 660	8 460	16 870
3	31	根据分配表 2	1 450								1 450
3	31	根据分配表 3			9 980						9 980
3	31	根据分配表 4		4 962							4 962
3	31	根据分配表 9					1 320				1 320
3	31	根据分配表 9					14 200				14 200
		小计	1 450	4 962	9 980	4 880	15 520	1 870	1 660	8 460	48 782
	31	根据分配表 11	-1 450	-4 962	-9 980	-4 880	-15 520	-1 870	-1 660	-8 460	-48 782
		合　计									0

（2）根据基本生产车间制造费用明细账归集的制造费用和甲、乙产品的时间生产工时，编制基本生产车间制造费用分配表分配制造费用，详见表 9-13。

表 9-13　　　　　　基本生产车间制造费用分配表（分配表 11）

单位：元

应借科目		生产工时（小时）	分配率	分配金额
总账科目	明细科目			
基本生产成本	甲产品	60 000	0.6	29 269.2
	乙产品	40 000	0.4	19 512.8
合计		100 000	1	48 782

编制会计分录：

借：生产成本——基本生产成本——甲产品——制造费用　　　29 269.2

　　　　　　　　　　　　　——乙产品——制造费用　　　19 512.8

贷：制造费用——基本生产车间　　　　　　　　　　　　48 782

归集和分配甲产品和乙产品成本：

（1）登记甲产品、乙产品成本明细账

根据上列各种费用分配表和其他有关资料，登记甲、乙产品成本明细账，归集应由甲、乙产品负担的生产费用，计算甲、乙产品的产成品成本，详见表9-14、表9-15。

表9-14　　产品成本明细账（分配表12）

产品名称：甲产品　　单位：元

月	日	摘要	直接材料	直接燃料和动力	直接人工	制造费用	合　计
3	31	根据分配表2			34 170		34 170
3	31	根据分配表4	11 830				11 830
3	31	根据分配表9		11 822.4			11 822.4
3	31	根据分配表11				29 269.2	29 269.2
3	31	本月生产费用合计	11 830	11 822.4	34 170	29 269.2	87 091.6

表9-15　　产品成本明细账（分配表13）

产品名称：乙产品　　单位：元

月	日	摘要	直接材料	直接燃料和动力	直接人工	制造费用	合　计
3	31	根据分配表2			22 780		22 780
3	31	根据分配表4	39 710				39 710
3	31	根据分配表9		7 881.6			7 881.6
3	31	根据分配表11				19 512.8	19 512.8
3	31	本月生产费用合计	39 710	7 881.6	22 780	19 512.8	89 884.4

（2）甲产品的完工产品与在产品的分配

甲产品资料如下：

甲产品的消耗定额比较准确、稳定，但各月份在产品数量变动大，因而采用定额比例法分配完工产品费用和月末在产品费用；直接材料费用按定额直接材料费用分配；其他各项费用均按照定额工时比例分配。

甲产品3月初在产品的定额资料为：定额直接材料费用为2 300元，定额工时为2 000小时。3月初甲产品实际费用为：直接材料为2 366元，直接燃料和动力为2 722元，直接人工为3 170元，制造费用为4 200元，合计12 458元。

甲产品3月份投入定额直接材料费用为9 530元，定额工时为8 000小时。甲产品3月份完工50件，每件材料定额190元，单件定额工时为150小时。本月实际发生的费用参见表9-14（分配表12）。

表 9-16　　　　　　产品成本明细账（分配表 13）

产品名称：甲产品　　　　　　　　　　　　　　　　　　　　单位：元

项目	直接材料	直接燃料和动力	直接人工	制造费用	合 计
月初在产品定额	2 300	2 000 小时	2 000 小时	2 000 小时	——
本月费用定额	9 530	8 000 小时	8 000 小时	8 000 小时	——
定额合计数	11 830	10 000 小时	10 000 小时	10 000 小时	——
月初在产品实际费用	2 366	2 722	3 170	4 200	12 458
本月发生的实际费用	11 830	11 822.4	34 170	29 269.2	87 091.6
实际费用合计数	14 196	14 544.4	37 340	33 469.2	99 549.6
分配率	1.2	1.45	3.73	3.35	——
完工品单件产品定额	190	150 小时	150 小时	150 小时	——
完工品（50 件）定额	9 500	7 500 小时	7 500 小时	7 500 小时	——
完工品实际费用	11 400	10 875	27 975	25 125	75 375
在产品定额	2 330 小时	2 500 小时	2 500 小时	2 500 小时	——
在产品实际费用	2 796	3 669.4	9 365	8 344.2	24 174.6

注：小数点后取 2 位，在产品实际费用倒挤得出。

（3）乙产品的完工产品与在产品的分配

乙产品资料如下：

乙产品月初在产品直接材料为 1 690 元，直接燃料和动力为 1 118.4 元，直接人工为 1 620 元，制造费用为 1 467.2 元。

乙产品生产开始时原材料一次投料，在产品加工环节的完工程度为 40%，月末乙产品在产品 500 件，完工品 1 800 件。

本月发生的实际费用参见表 9-17（分配表 13）。

表 9-17　　　　　　产品成本明细账（分配表 14）

产品名称：乙产品　　　　　　　　　　　　　　　　　　　　单位：元

项目	直接材料	直接燃料和动力	直接人工	制造费用	合计
月初在产品	1 690	1 118.4	1 620	1 467.2	5 895.6
本月发生的费用	39 710	7 881.6	22 780	19 512.8	89 884.4
合计	41 400	9 000	24 400	20 980	95 780
在产品 500 件	9 000	900	2 440	2 098	14 438
完工品 1 800 件	32 400	8 100	21 960	18 882	81 342
单位完工品成本	18	4.5	12.2	10.49	45.19

直接材料分配率 = 41 400 ÷（1 800+500）= 18

完工品直接材料费用为 18×1 800 = 32 400（元）

在产品直接材料费用为 18×500 = 9 000（元）

直接燃料与动力分配率 = 9 000 ÷（1 800+ 500×0.4）= 4.5

完工品直接燃料与动力费用为 4. 5×1 800 = 8 100（元）

在产品直接燃料与动力费用为 4. 5×500×0. 4 = 900（元）

直接人工分配率 = 24 400 ÷（1 800+500×0. 4）= 12. 2

完工品直接人工费用为 12. 2×1 800 = 21 960（元）

在产品直接人工费用为 12. 2×500×0. 4 = 2 440（元）

制造费用分配率 = 20 980 ÷（1 800+500×0. 4）= 10. 49

完工品制造费用为 10. 49×1 800 = 18 882（元）

在产品制造费用为 10. 49×500×0. 4 = 2 098（元）

归结转完工产品成本：

根据甲、乙产品成本明细账中的完工产品成本，汇编产成品成本汇总表，结转完工产品成本。完工产品成本汇总表详见表 9-18。

表 9-18　　完工产品成本汇总表

单位：元

产成品名称	单位	产品数量	直接材料	燃料和动力	直接人工	制造费用	成本合计
甲产品	件	50	8 550	10 905	28 005	25 102. 5	72 562. 5
乙产品	件	1 800	32 400	8 100	21 960	18 882	81 342
合计		—	40 950	19 005	49 965	43 984. 5	153 904. 5

编制会计分录：

结转甲完工产品成本：

借：库存商品——甲　　75 412. 5

　贷：生产成本——基本生产成本——甲——直接材料　　11 400

　　　　　　　　　　　　——甲——直接燃料和动力　　10 905

　　　　　　　　　　　　——甲——直接人工　　28 005

　　　　　　　　　　　　——甲——制造费用　　25 102. 5

结转乙完工产品成本：

借：库存商品——乙　　81 342

　贷：生产成本——基本生产成本——乙——直接材料　　32 400

　　　　　　　　　　　　——乙——直接燃料和动力　　8 100

　　　　　　　　　　　　——乙——直接人工　　21 960

　　　　　　　　　　　　——乙——制造费用　　18 882

归集和分配管理费用：

根据上列各种费用分配表，登记管理费用明细账、归集和结转管理费用（明细账和会计分录略），如表 9-19 所示。

表 9-19　　管理费用明细账（分配表 15）

单位：元

月	日	摘要	职工薪酬	机物料消耗	折旧费	电费	水费	办公费	差旅费	辅助车间差额	其他	合计
3	31	根据分配表 1						1 600	1 000		600	3 200
3	31	根据分配表 2	3 560									3 560
3	31	根据分配表 3			2 400							2 400
3	31	根据分配表 4		800								800
3	31	根据分配表 9				678	1 600					2 278
	31	根据表 9-10、表 9-11								2 318		2 318
		小计	3 560	800	2 400	678	1 600	1 600	1 000	2 318	600	14 556
	31	结转入本年利润	-3 560	-800	-2 400	-678	-1 600	-1 600	-1 000	-2 318	-600	-14 556
		合　计										0

管理费用结转入本年利润会计分录：

借：本年利润　　　　14 556

　贷：管理费用　　　　14 556

用图列示品种法进行成本核算的基本程序如图 9-1 所示。

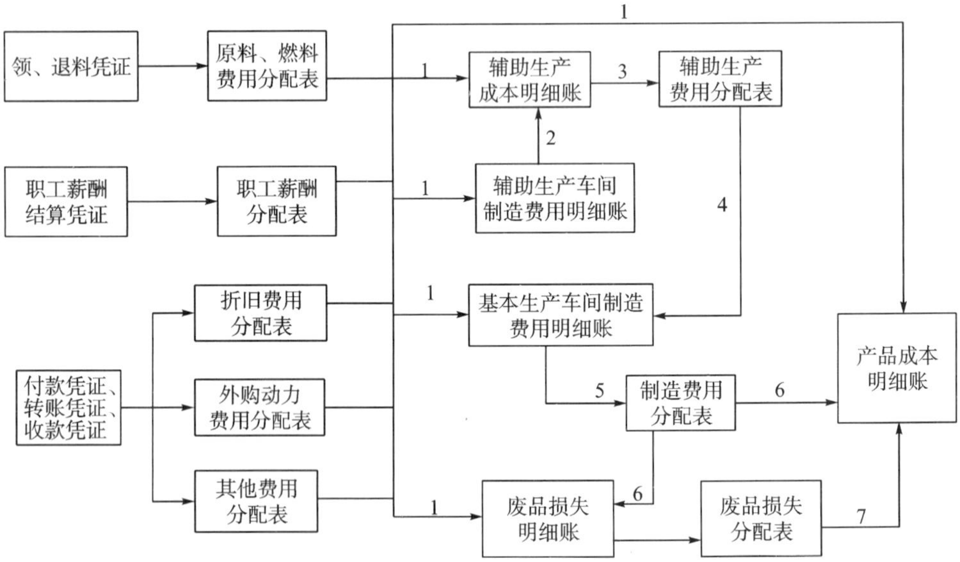

图 9-1　品种法成本核算基本程序图

9.2 产品成本计算的分批法

9.2.1 分批法的概述

1. 分批法的定义

成本计算的分批法也称订单法，是指按照产品的批别或订单归集生产费用，计算产品成本的一种方法。分批法共同的特点是一批产品通常不重复生产，即使是重复也是不定期的。企业生产计划的编制及日常检查、核算工作都以购货者订货为依据，或以企业事先规定的批量为依据。

2. 分批法的适用范围

分批法主要适用于单件、小批或管理上不要求分步骤计算产品成本的多步骤生产类型企业，主要包括：

（1）单件、小批生产的重型机械、船舶、精密工具、仪器等制造企业。

（2）不断更新产品款式和设计的服装制造企业、制鞋企业。

（3）试制新产品、机器设备的修理以及辅助生产的工具、器具、模具的制造企业。

3. 分批法的特点

（1）成本计算对象

分批法的成本计算对象是企业生产产品的批别。单件小批工业企业中，生产多是根据购货单位的订单组织的，成本计算对象为订单。当企业有大量订单，但是单个订单所需生产产品数量较少时，企业的批别确定就要根据订单和企业自身的生产负荷能力来确定。一般讲，确定批别的方式有：

①如果一个订单生产一种产品，且产品产量不大时，成本核算对象是订单。

②如果一张订单中只要求生产一种产品，但该产品属于价值高、生产周期长的大型机械制造（如飞机），企业可将该订单按产品的零部件分为众多个批别组织生产。

③如果一个订单量很大，购货单位要求分批交货，将订单按照不同的交货时间细分为不同的批别，成本核算对象就是不同交货期对应的批别。

④如果一张订单中要求生产众多产品品种，为了便于考核分析各种产品的成本计划执行情况，加强生产管理，就要将该订单按照产品的品种划分成几个批别组织生产。

⑤如果收到众多订单，订单中产品各式各样，为了更经济合理地组织生产，也可将订单进行同类产品项合并，然后根据交货的时间先后顺序依次安排批别进行生产。

（2）成本计算期

为了保证各批产品成本计算的准确性，各批产品成本明细账的设立和结算，应与生产通知的签发和结束密切配合，各批或各订单产品的成本需在完工以后计算确定。分批法下，单个批次产品从接到生产通知单开始发生成本费用到该批次产品全部完工后不再发生成本费用，这个过程横跨的时间区间就是该批次产品的生产周期，这个期间的成本费用合计就是生产单个批次产品的总生产费用。会计核算期是不考虑批次产品开工与否，完工与否，都要在会计月末核算当月发生的成本费用。在企业日常生产过程中，往往会出现批次产品的成本计算期和月末会计核算期不同。为了保证月末会计报表的顺利对外报送，需要按照会计核算期来计算批次产品成本。当批次产品成本计算期和会计核算期恰好相同时，当月总的生产费用都是批次完工产品成本费用。如果批次产品成本计算期和会计核算期不一致，就会出现会计核算时批内产品部分完工、部分未完工的现象，要取得最终完工产品的成本，需要将生产费用在完工产品和在产品之间进行分配。

（3）生产费用在完工产品和在产品之间的分配

①在单件或小批生产，订货单位要求一次交货的情况下，每批产品要求同时完工。这样该批产品完工前的成本明细账上所归集的生产费用，即为在产品成本；完工后的成本明细账上所归集的生产费用，即为完工产品成本。在此情况下，生产费用不需要在完工产品和在产品之间分配。

②如果跨月陆续完工情况不多，为了简化成本计算，可以按计划单位成本、定额单位成本或近期相同产品的实际单位成本计算完工产品成本。会计期末（月末）应将产品成本明细账中归集的生产费用减去完工产品成本求得在产品成本费用。需要补充的是，待该批次产品全部完工后，还应该计算该产品的实际总成本和实际单位成本，以正确分析和考核该批产品成本。对于通过简化计算，并已经进行账务处理的完工产品成本，不再根据实际成本进行账务处理。

③分批法下，常有一些订单批量较大，往往出现跨月陆续完工的情况。如果订货单位要求分批交货，且跨月陆续完工产品较多，月末完工产品的数量占批数量比重较大时，为了提高成本计算的准确性，可以采用适当的方法（比如约当产量比例法、定额成本法、定额比例法等），在完工产品和在产品之间进行生产费用的分配，计算出完工产品和在产品成本。

④如果企业有大量批次跨月陆续完工，生产费用在完工产品和在产品之间分配的工作量就会很大。企业为了避免跨月陆续完工情况，可以通过合理组织生产批次的规模，使同一批产品尽量同时完工。

（4）间接计入费用的分配方法

①当月分配法。当月分配法的特点是分配间接费用（制造费用）时，不论各批次或各订单产品是否完工，都要按当月分配率分配其应负担的间接费用。采用当月分配法，未完工批次或订单也要按月结转间接费用，各月份月末间接费用明细账没有余额，因而如果企业当月投产批次较多，大多数批次根本没有完工产品，按照月份结转所有批次产品的间接费用意义不大。

②累计分配法。企业当月投产批次较多且未完工的批次也较多时，如若按照当月分配法分配间接计入费用（制造费用），月末成本核算的工作量会比较大。累计分配法的使用可以减少月末成本核算工作量。累计分配法的特点是分配间接费用时，只对当月完工产品的批次或订单按累计分配率进行分配，将未完工批次或订单的费用总额保留间接费用明细账中不进行分配。但在各批产品成本计算单中要按月登记发生的工时，以便计算每个月累计间接费用分配率。月末，根据完工产品的工时乘以累计间接费用

分配率，求得各批次产品所分担的间接费用。采用累计分配法，间接费用明细账月末有余额。

分批法因其采用的间接计入费用的分配方法不同，分为一般的分批法和简化的分批法。采用“当月分配法”来分配间接计入费用的分批法称为一般的分批法（分批法），也就是分批计算在产品成本的分批法。采用“累计分配率”来分配间接计入费用的分批法称为简化的分批法，也称不分批计算在产品成本的分批法，是一般的分批法的简化形式，即简化分批法。

9.2.2 一般分批法的计算程序及应用举例

采用分批法计算某批别或订单的产品成本时，其计算程序除了产品生产成本明细账的设置和完工产品成本的计算外，其他的与品种法基本一致。其计算的一般程序如下：

（1）按产品批别或订单开设产品成本明细账。财会部门应根据生产计划部门下达的“生产任务通知单”中注明的工作令号，开设各个批次和订单的“产品成本明细账”，并按成本项目（直接材料、直接人工、制造费用等）设置专栏，以便按成本项目归集各批产品的生产费用。

（2）审核原始凭证，然后根据已经审核的原始凭证所列事项发生的地点和用途，分别计入相应的批次和该批次对应的成本项目中。

（3）编制制造费用分配表，分配各批次产品的制造费用。对于间接计入费用，比如制造费用，应按生产地点归集，根据投产的批别或订单的完成情况，采用“当月分配法”或“累计分配法”，分配记入各个批别的产品成本明细账。

（4）分配批内完工产品与在产品成本。经过上述程序，各批次产品应负担的各项费用都集中登记在“产品成本明细账”中。如果某批产品全部完工，则该批“产品成本明细账”中归集的全部生产费用即为该批完工产品的成本；如果批内产品跨月陆续完工，则需要在月末进行完工产品与在产品的分配；如果该批产品全部未完工，则该批“产品成本明细账”中归集的全部生产费用为该批次产品的在产品成本。

（5）结转完工产品成本。月末，将各批完工产品成本以及批内陆续完工的产品的成本加以汇总，编制完工产品成本汇总计算表，并据以编制将生产成本转入库存商品的记账凭证。

【例 9-2】某企业根据订单要求，小批量生产甲、乙、丙三批产品，采用分批法计算产品成本。假定 7 月份的产品生产情况和各项费用支出的情况资料如下：

（1）7 月份生产产品的批号

1011 号甲产品 10 台，5 月份投产，7 月全部完工。

1012 号乙产品 10 台，6 月份投产，7 月完工 8 台，未完工 2 台。

1013 号丙产品 8 台，7 月投产，计划 8 月份完工，本月提前完工 2 台。

（2）7 月份费用资料

①各批产品的 7 月初在产品费用详见表 9-20。

表 9-20　　月初在产品费用资料表

单位：元

项目	直接材料	直接燃料及动力	直接人工	制造费用	合计
1011	8 000	7 000	6 000	2 000	23 000
1012	14 000	11 000	9 000	4 000	38 000

②根据各种费用分配表，汇总本月各批产品发生的生产费用，详见表 9-21。

表 9-21　　本月费用资料表

单位：元

项目	直接材料	直接燃料及动力	直接人工	制造费用	合计
1011		7 000	6 000	2 000	15 000
1012		7 400	9 308	3 912	20 620
1013	11 000	9 000	7 000	4 000	31 000

（3）在完工产品和在产品之间分配费用的方法

1011 号甲产品，7 月 10 台全部完工。

1012 号乙产品，6 月投产 10 台，7 月完工 8 台，占全部批量的 80%。原材料是在生产开始时一次投入的，其费用应按完工产品和在产品实际数量的比例分配。其他费用采用约当产量比例法在完工产品和在产品之间进行分配，在产品完工程度为 60%。

1013 号丙产品，7 月投产 8 台，计划 8 月份完工，7 月提前完工 2 台。由于完工数量较少，为简化核算，完工产品按定额成本转出，每台定额成本为 3 000 元，其中，原材料 1 500 元，燃料及动力 600 元，工资及福利费 500 元，制造费用 400 元。

（4）根据上述各项资料，登记各批产品成本明细账，计算各批产品成本，详见表 9-22 至表 9-36。

表 9-22　　产品成本明细账（甲产品）

产品批号：1011　　购货单位：A 公司　　投产日期：5 月

产品名称：甲　　批量：10 台　　完工日期：7 月　　单位：元

摘　　要	直接材料	直接燃料及动力	直接人工	制造费用	合　计
月初在产品费用	8 000	7 000	6 000	2 000	23 000
本月生产费用		7 000	6 000	2 000	15 000
累计	8 000	14 000	12 000	4 000	38 000
完工产品总成本	8 000	14 000	12 000	4 000	38 000
完工产品单位成本	800	1 400	1 200	400	3 800

编制会计分录：

借：库存商品——甲产品　　38 000

　贷：生产成本——基本生产成本——1011 批次——直接材料　　8 000

　　　　　　　　　　　　　　　　　　　——直接燃料与动力　　14 000

——直接人工　　　12 000
——制造费用　　　4 000

表 9-23　　产品成本明细账（乙产品）

产品批号：1012　　购货单位：B 公司　　投产日期：6 月
产品名称：乙　　批量：10 台　　完工日期：7 月　　单位：元

摘　　要	直接材料	直接燃料及动力	直接人工	制造费用	合　计
月初在产品费用	14 000	11 000	9 000	4 000	38 000
本月生产费用		7 400	9 308	3 912	20 620
累计	14 000	18 400	18 308	7 912	58 620
完工(8 台)产品总成本	11 200	16 000	15 920	6 880	50 000
完工产品单位成本	1 400	2 000	1 990	860	6 250
月末在产品费用	2 800	2 400	2 388	1 032	8 620

表 9-23 中数字计算如下：

完工产品原材料费用＝14 000÷（8+2）× 8＝11 200（元）

月末在产品原材料费用＝14 000÷（8+2）×2＝2 800（元）

月末在产品约当产量＝2×70%＝1.4（台）

完工产品燃料及动力费＝18 400÷（8+2×60%）× 8＝16 000（元）

月末在产品燃料及动力费＝18 400÷（8+2×60%）×2 × 60% ＝2 400（元）

完工产品工资及福利费＝18 308÷（8+2×60%）× 8＝15 920（元）

月末在产品工资及福利费＝18 308÷（8+2×60%）× 2×60%＝2 388（元）

完工产品制造费用＝7 912÷（8+2×60%）×8＝6 880（元）

月末在产品制造费用＝7 912÷（8+2×60%）×2×60%＝1 032（元）

编制会计分录：

借：库存商品——乙产品　　　50 000
　贷：生产成本——基本生产成本——1012 批次——直接材料　　　11 200
——直接燃料与动力　　16 000
——直接人工　　　15 920
——制造费用　　　6 880

表 9-24　　产品成本明细账（丙产品）

产品批号：1013　　购货单位：C 公司　　投产日期：7 月
产品名称：丙　　批量：8 台　　完工日期：7 月　　单位：元

摘　　要	直接材料	直接燃料及动力	直接人工	制造费用	合　计
本月生产费用	11 000	9 000	7 000	4 000	31 000
单台定额成本	1 500	600	500	400	3 000
完工(2 台)产品总成本	3 000	1 200	1 000	800	6 000
月末在产品费用	8 000	7 800	6 000	3 200	25 000

编制会计分录：

借：库存商品——丙产品　　6 000

　贷：生产成本——基本生产成本——1013批次——直接材料　　6 000

——直接燃料与动力　　1 200

——直接人工　　1 000

——制造费用　　800

9.2.3 简化的分批法

1. 简化分批法的概述

在小批、单件生产的企业或车间中，有时同一月份投产的产品批数很多，而且月末未完工的批数也较多，如机械制造厂等，在这种情况下，如果把当月发生的间接计入费用全部分配给各批产品，而不考虑各批产品是否完工，费用分配的核算工作将非常繁重。因此，在这类企业或者车间中还可以采用简化分批法来减少月末成本计算工作量，提高核算效率。

简化分批法又称累计间接计入费用分批法，仍按照产品的批别设立产品成本明细账，在各批次产品没有完工产品之前，只按月登记直接计入费用（如直接材料）和生产工时。直接材料费用外的各项间接计入费用（比如人工和制造费用），不登记入各批次产品成本明细账，而是先将各项间接计入费用（比如人工和制造费用）登记在基本生产成本二级账中，按成本项目分别累计起来。等到有产品完工的月份，再将各项间接计入费用在各批完工产品之间进行分配，将完工产品间接计入费用从基本生产成本二级账转出，转入各批次产品成本明细账的间接费用成本项目下（人工和制造费用）。根据成本计算的特点简化分配法又称之为不分批计算在产品成本的分批法。

2. 简化分批法的成本计算程序

（1）按照产品批别设置产品生产成本明细账。按产品批别设置产品生产成本明细账，并分别按成本项目设置专栏或专行，平时账内仅登记直接计入费用（比如直接材料）和生产工时。

（2）设置基本生产成本二级账。按全部产品设立一个“基本生产成本二级账”，归集企业投产的所有批次产品在生产过程中所发生的各项费用和累计生产工时。

（3）登记各批次产品生产成本明细账。根据月初在产品成本及生产工时资料记入各批产品生产成本明细账。根据本月的直接材料费用分配表及生产工时记录，将各批产品耗用的直接材料费用和耗用的生产工时记入各批次产品生产成本明细账。

（4）登记基本生产成本二级账。汇总所有批次在产品的直接材料、直接人工、制造费用及生产工时，登记入基本生产成本二级账的期初数中。将本月各批次产品耗用的直接材料和生产工时记入基本生产成本二级账的本月发生额中。根据月初在产品成本、生产工时记录与本月生产费用、生产工时记录确定基本生产成本二级账本月末各项间接费用总额与生产工时累计数。

（5）计算产品成本。如果月末各批产品均未完工，则各项费用与生产工时累计数转至下月继续登记。如果本月某批产品全部完工或部分完工，或同时有几批完工，对完工产品应负担的直接材料费用，可根据产品生产成本明细账中的累计直接材料，采用适当的分配方法在完工产品和在产品之间进行分配。如果本月有完工产品或某批全部完工或部分完工，或有几批完工，对完工产品应负担的间接计入费用，则需要根据“基本生产成本二级账”的累计间接计入费用数与累计工时，计算全部产品的各项累计间接计入费用分配率，并根据分配率分配各项累计间接计入费用，计算完工产品成本。公式如下：

某项累计间接费用分配率=全部产品累计某项间接费用÷全部产品的累计工时

某批完工产品应负担的某项间接费用=完工产品累计生产工时×累计间接费用分配率

现用图表示简化分批法成本核算的基本程序，如图9-2所示。

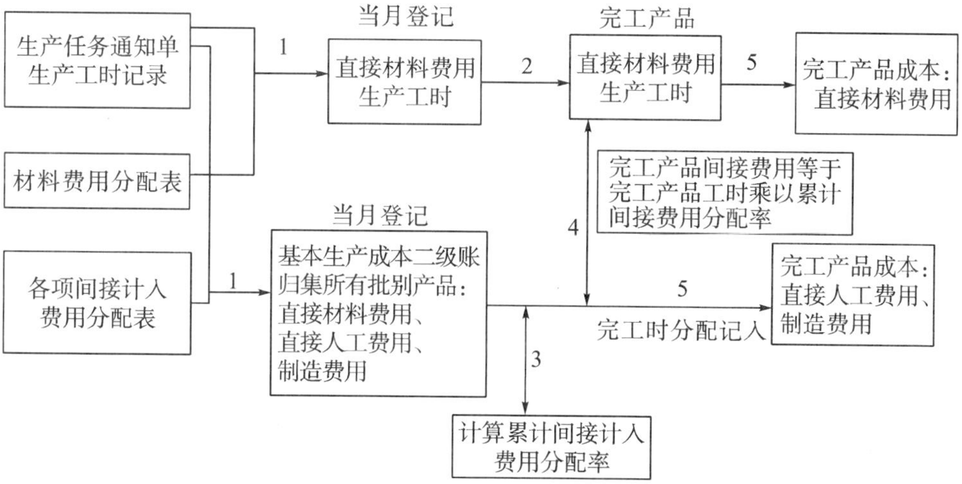

图9-2 简化分批法成本核算基本程序图

3. 简化分批法举例

【例9-3】（1）该企业20××年7月份的产品生产资料如下：

1201批号A产品10台，5月份投产，本月完工。

1202批号B产品8台，5月份投产，本月尚未完工。

1203批号C产品6台，6月份投产，本月尚未完工。

1204批号D产品8台，6月投产，本月完工5台。

（2）该企业7月份的月初在产品成本和本期生产费用以及生产工时等资料详见表9-25：

表 9-25　　　　　　　　月初在产品成本和本期生产资料

单位：元

批号	产品名称	期初在产品				本月发生生产费用及生产工时			
		累计工时（小时）	累计直接材料	累计直接人工	累计制造费用	生产工时（小时）	直接材料	直接人工	制造费用
1201	A	5 760	14 000			2 080	1 780		
1202	B	2 600	7 900			3 460	2 100		
1203	C	2 230	5 800			5 160	1 360		
1204	D	1 600	12 200			2 740	1 220		
合计		12 190	39 900	19 500	14 091	13 440	6 460	6 130	8 976

1204 批 D 产品原材料在投产时一次投入；1204 批 D 产品的月末在产品工时为 1 640 小时。

（3）该企业按订货单位要求小批量组织生产多种产品，由于各月投产的产品批别较多，且月末存在大量的未完工产品，为了简化成本计算，采用简化分批法（不分批计算在产品成本的分批法）计算产品成本。

（4）具体计算如下：

①设置该企业的基本生产成本二级账，如表 9-26 所示。

表 9-26　　　　　　　　基本生产成本二级账
（各批产品总成本）

单位：元

月	日	摘　要	直接材料	生产工时	直接人工	制造费用	合计
7	01	期初余额	39 900	12 190	19 500	14 091	73 491
7	31	本月发生	6 460	13 440	6 130	8 976	21 566
		累计发生额	46 360	25 630	25 630	23 067	95 057
		累计间接计入费用分配率			1	0.9	
		本月完工产品成本转出	24 167.5	10 540	15 040	9 486	48 693.5
		期末在产品成本	22 192.5	15 090	10 590	13 581	46 363.5

全部产品累计间接计入费用分配率计算如下：

直接人工费用累计分配率 = 全部产品累计直接人工费用 ÷ 全部产品的累计工时 = 25 630 ÷ 25 630 = 1

制造费用累计分配率 = 全部产品累计制造费用 ÷ 全部产品的累计工时 = 23 067 ÷ 25 630 = 0.9

②设置该企业各批产品生产成本明细账，详见表 9-27 至表 9-30。

表 9-27　　产品成本明细账（A 产品）

批号：1201　　订货单位：甲工厂　　投产日期：5 月

产品名称：A 产品　　批量：10 台　　完工日期：7 月　　单位：元

月	日	摘要	直接材料	生产工时	直接人工	制造费用	合计
7	01	期初余额	14 000	5 760			
7	31	本月发生	1 780	2 080			
		累计数及累计分配率	15 780	7 840	1	0.9	
		本月完工产品转出	15 780	7 840	7 840	7 056	30 676
		本批产品总成本	15 780		7 840	7 056	30 676
		本批产品单位成本	1 578		784	705.6	3 067.6

A 完工产品直接人工费用=完工产品累计生产工时×累计人工费用分配率

=7 840×1 = 7 840（元）

A 完工产品制造费用=完工产品累计生产工时×累计制造费用分配率

=7 840 × 0.9 = 7 056（元）

编制会计分录：

借：库存商品——A 产品　　30 676

　贷：生产成本——基本生产成本——1201 批次——直接材料　　15 780

——直接人工　　7 840

——制造费用　　7 056

表 9-28　　产品成本明细账（B 产品）

批号：1202　　订货单位：乙工厂　　投产日期：5 月

产品名称：B 产品　　批量：8 台　　完工日期：7 月　　单位：元

月	日	摘　要	直接材料	生产工时	直接人工	制造费用	合计
7	01	期初余额	7 900	2 600			
7	31	本月发生	2 100	3 460			
		累计发生数	10 000	6 060			

表 9-29　　产品成本明细账（C 产品）

批号：1203　　订货单位：丙公司　　投产日期：6 月

产品名称：C 产品　　批量：6 台　　完工日期：7 月　　单位：元

月	日	摘　要	直接材料	生产工时	直接人工	制造费用	合计
7	01	期初余额	5 800	2 230			
7	31	本月发生	1 360	5 160			
		累计发生数	7 160	7 390			

表 9-30　　产品成本明细账（D 产品）

批号：1204　　订货单位：丁工厂　　投产日期：6 月

产品名称：D 产品　　批量：8 台　　完工日期：8 月（本月完工 5 台）　　单位：元

月	日	摘　要	直接材料	生产工时	直接人工	制造费用	合 计
7	01	期初余额	12 200	1 600			
7	31	本月发生	1 220	2 740			
		累计数及累计费用分配率	13 420	4 340	1	0.9	
		本月完工（5 台）产品转出	8 387.5	2 700	2 700	2 430	13 517.5
		完工产品单位成本	1 677.5		540	486	2 703.5
		期末在产品成本	5 032.5	1 640			

D 产品 7 月末，完工产品 5 台，在产品 3 台。由于 1204 批 D 产品原材料在投产时一次投入，因而原材料费用分配如下：

材料费用÷（完工产品产量 + 在产品约当产量） = 13 420÷（5+3） = 1 677.5（元）

完工产品材料费用 = 1 677.5 × 5 = 8 387.5（元）

在产品材料费用 = 1 677.5 ×3 = 5 032.5（元）

1204 批 D 产品的月末在产品工时 1 640 小时，1204 批 D 产品的月末完工产品工时为：（4 340−1 640） = 2 700 小时。因而 D 产品制造费用和直接人工费用计算如下：

完工产品直接人工 = 2 700 × 1 = 2 700（元）

完工产品制造费用 = 2 700 × 0.9 = 2 430（元）

编制会计分录：

借：库存商品——D 产品　　13 517.5

　贷：生产成本——基本生产成本——1204 批次——直接材料　　8 387.5

　　　　　　　　　　　　　　　　　　　　　——直接人工　　2 700

　　　　　　　　　　　　　　　　　　　　　——制造费用　　2 430

③编制企业各批完工产品成本汇总表，如表 9-31 所示。

表 9-31　　各批完工产品成本汇总表

20××年 7 月　　单位：元

成本项目		直接材料	直接人工	制造费用	合　计
1201 A 产品（产量 10 台）	总成本	15 780	7 840	7 056	30 676
	单位成本	1 578	784	705.6	3 067.6
1204 D 产品（产量 5 台）	总成本	8 387.5	2 700	2 430	13 517.5
	单位成本	1 677.5	540	486	2 703.5

【例 9-4】续例【7-3】该企业 20××年 8 月份的产品生产资料如下：

1202 批 B 产品 8 台，5 月份投产，本月完工 8 台。

1203 批 C 产品 6 台，6 月份投产，本月尚未完工。

1204 批 D 产品 8 台，6 月投产，本月完工 3 台。

（1）该企业 8 月份的月初在产品成本、本期生产费用以及生产工时等资料详见表 9-32：

表 9-32　　月初在产品成本和本期生产资料

单位：元

批号	产品名称	期初在产品				本月发生生产费用及生产工时			
		累计工时（小时）	累计直接材料	累计直接人工	累计制造费用	生产工时（小时）	直接材料	直接人工	制造费用
1202	B	6 060	10 000			3 460	2 100. 5		
1203	C	7 390	7 160			2 160	2 360		
1204	D	1 640	5 032. 5			560	0		
合计		15 090	22 192. 5	10 590	13 581	6 180	4 460. 5	2 200	2 300

（2）计算如下：

①设置该企业的基本生产成本二级账，如表 9-33 所示。

表 9-33　　基本生产成本二级账

（各批产品总成本）

单位：元

月	日	摘　要	直接材料	生产工时	直接人工	制造费用	合计
8	01	期初余额	22 192. 5	15 090	10 590	13 581	46 363. 5
8	31	本月发生	4 460. 5	6 180	2 200	2 300	10 960. 5
		累计发生额	26 653	21 270	12 790	15 881	57 324
		累计间接计入费用分配率			0. 6	0. 7	
		本月完工产品成本转出	17 133	11 520	6 912	8 064	
		期末在产品成本	9 520	9 750	5 878	7 817	

注：取小数点 1 位数。

全部产品累计间接计入费用分配率计算如下：

直接人工费用累计分配率 = 全部产品累计直接人工费用 ÷ 全部产品的累计工时 = 12 790 ÷ 21 270 = 0. 6

制造费用累计分配率 = 全部产品累计制造费用 ÷ 全部产品的累计工时 = 15 881 ÷ 21 270 – 0. 7

②设置该企业各批产品生产成本明细账，详见表 9-34 至表 9-36。

表 9-34　　产品成本明细账（B 产品）

批号：1202　　订货单位：乙工厂　　投产日期：5 月

产品名称：B 产品　　批量：8 台　　完工日期：8 月（完工 8 台）　　单位：元

月	日	摘　要	直接材料	生产工时	直接人工	制造费用	合计
8	01	期初余额	10 000	6 060			
8	31	本月发生	2 100. 5	3 460			
		累计数及累计费用分配率	12 100. 5	9 520	0. 6	0. 7	
		本月完工（8 台）产品转出	12 100. 5	9 520	5 712	6 664	24 476. 5
		完工产品单位成本	1 512. 6		714	833	3 059. 6

注：取小数点 1 位数。

编制会计分录：

借：库存商品——B 产品　　24 476. 5

　贷：生产成本——基本生产成本——1202 批次——直接材料　　12 100. 5

　　　　——直接人工　　5 712

　　　　——制造费用　　6 664

表 9-35　　产品成本明细账（C 产品）

批号：1203　　订货单位：丙公司　　投产日期：6 月

产品名称：C 产品　　批量：6 台　　完工日期：8 月　　单位：元

月	日	摘　要	直接材料	生产工时	直接人工	制造费用	合计
8	01	期初余额	7 160	7 390			
8	31	本月发生	2 360	2 160			
		累计发生数	9 520	9 550			

表 9-36　　产品成本明细账（D 产品）

批号：1204　　订货单位：丁工厂　　投产日期：6 月

产品名称：D 产品　　批量：8 台　　完工日期：8 月（本月完工 3 台）　　单位：元

月	日	摘　要	直接材料	生产工时	直接人工	制造费用	合 计
7	01	期初余额	5 032. 5	1 640			
7	31	本月发生	0	560			
		累计数及累计费用分配率	5 032. 5	2 000	0. 6	0. 7	
		本月完工（3 台）产品转出	5 032. 5		1 320	1 540	7 892. 5
		完工产品单位成本	1 677. 5		440	466. 7	2 630. 8

编制会计分录：

借：库存商品——D 产品　　7 892. 5

　贷：生产成本——基本生产成本——1204 批次——直接材料　　5 032. 5

——直接人工 1 320

——制造费用 1 540

4. 简化分批法的特点和应用条件

简化的分批法与一般的分批法相比较，具有以下特点：

（1）必须设立“基本生产成本二级账”。采用其他成本计算方法，不需要设置基本生产成本二级账，采用简化分配法需要设置基本生产成本二级账，主要用来汇总登记各个批次发生的直接材料、直接人工、制造费用、生产工时，为简化分配法的累计间接费用分配率的计算提供依据。

（2）累计间接计入费用在基本生产成本二级账中累计起来，只以总数反映，即不分批次计算月末在产品成本，在有产品完工的月份，才将间接计入费用在各批完工产品之间进行分配。采用这种方法，月末未完工的批数越多，核算工作就越简化。

（3）简化了完工产品与在产品之间费用的分配。采用简化的分批法，间接计入费用在各批产品之间及完工产品与在产品之间的分配一次完成，即生产费用的横向分配和纵向分配，都是利用间接计入费用累计分配率在各批产品完工时合并在一起进行的，因而大大简化了费用的分配和登记工作量。

但是，要想充分发挥简化分批法成本核算工作的优点，保证成本计算结果的正确性，必须注意和满足两个条件：

（1）同一月份投产的产品批数较多，且月末未完工产品批数也较多。如果月末未完工产品的批数不多，大多数批号的产品仍然要分配登记各项间接计入费用，并没有减少多少核算工作，因此在这种情况下就不宜采用。

（2）各月份间接计入费用水平相差不大。由于间接计入费用不是每月分配，而是在产品完工的月份一次累计分配，在各月间接计入费用数额相差悬殊的情况下，会影响各批成本计算的准确性。

9.3 产品成本计算的分步法

9.3.1 分步法概述

1. 分步法的定义

成本计算的分步法是指按照产品的生产步骤归集生产费用，计算产品成本的一种方法。

2. 分步法的适用范围

分步法适用于大量大批的多步骤生产类型的企业，既适用于冶金、纺织、造纸等大量大批连续式复杂生产类型的企业，也适用于拖拉机、轴承、汽车等大量大批的装配式复杂生产类型的企业。在这些企业中，产品生产可以划分为若干步骤，如纺织企业的生产可以分为纺纱、织布等步骤，冶炼企业的生产可以分为炼铁、炼钢、轧钢等步骤，造纸企业可以分为制浆、制纸等步骤，机械制造企业可以分为铸造、加工、装配等步骤。

3. 分步法的特点

(1) 成本计算对象

成本计算对象是指企业为了计算产品成本而确定的归集和分配生产费用的对象，即成本费用的承担者。由于多步骤工业企业的组织形式和工艺不同，各个步骤的成本计算对象也有所不同。

①生产产品的各个步骤分布在不同的车间，并且每个步骤只生产一种产品时，各个步骤的成本计算对象可以是每个步骤产品名称也可以是每个步骤所在车间的名称。

②生产产品的各个步骤分布在不同的车间，并且每个步骤生产两种及以上产品时，各个步骤的成本计算对象是每个步骤生产的产品名称。

③生产产品的所有步骤在同一个车间中进行，并且每个步骤只生产一种产品时，各个步骤的成本计算对象就是各个步骤产品的名称。

④生产产品的所有步骤在同一个车间中进行，每个步骤生产两种或以上产品时，各个步骤的成本计算对象就是各个步骤的产品名称。

大多数企业往往会按生产步骤来设立车间，在此情况下，分步计算成本也就是分车间计算成本。但是分步计算成本与分车间计算成本有时也不是完全相同的概念。例如：有的企业管理上不要求分车间计算成本，为了简化核算，我们可将几个车间合并成一个步骤来计算成本，在此，成本计算的范围就超出了车间的范围；有的企业一个车间的生产是由几个生产步骤所组成的，管理上又要求分步计算成本，此时成本计算的步骤又小于车间的范围。另外，分步法并不是完全要求必须对所有的生产步骤单独设立明细账单独计算成本，出于重要性原则的要求，管理上不要求单独计算某些生产步骤的成本，则可将其与其他生产步骤合并来共同计算成本。

(2) 成本计算期

分步法适应于大量大批多步骤工业企业。大量大批多步骤生产的特点决定其生产过程较长，并且可以间断，到了月末，往往会出现大量已经完工和未完工的产品。如果等到产品全部完工再计算和结转其成本，就错过了月末会计核算期，月末会计报表工作也会由于缺少成本数据无法进行。为了会计核算的及时有效，分步法不按照产品生产周期，而是按会计核算期（按月定期）来计算产品成本。

(3) 生产费用在完工产品和月末在产品之间的分配

由于生产的连续性和成本计算期的定期按月进行，期末生产费用总额中既包含了完工产品的成本，又包含了在产品的成本。月末计算成本时，需要采用适当的分配方法，将汇集在各种产品、各生产步骤产品成本明细账中的生产费用，在完工产品和在产品之间分配，计算出各生产步骤的完工产品成本与在产品成本。

(4) 成本的结转

采用分步法进行成本核算的企业，其生产过程是由若干个在技术上可以间断的生产步骤所组成的，每个生产步骤除了生产出半成品（最后一步骤为产成品）外，还有一些在每个步骤里未完工的在产品。每个步骤的半成品又成为下一生产步骤待加工的“原材料”，在下一步骤继续加工，生产出下一步骤的半成品和未完工的在产品。为了计算各种产品成本，各个步骤成本的结转至关重要。

由于各个企业生产工艺过程的特点和成本管理对各步骤提供成本资料要求不同，各步骤生产成本的计算和步骤间成本的价值流转采用两种不同的方法：逐步结转和平行结转。对应的产品成本计算的分步法就相应的分为逐步结转分步法和平行结转分步法。逐步结转分步法又称为计算半成品成本的分步法，平行结转分步法又称为不计算半成品成本的分步法。

9.3.2 分步法的计算程序和分类

各个企业生产工艺过程的特点和成本管理要求不同，故分步法成本计算的具体程序也不完全一样，一般来说，企业分步法的成本计算程序为：

（1）按各个生产步骤的产品（包括半成品）设置产品成本明细账。

（2）对各步骤所耗生产费用进行归集和分配。如要素费用的归集和分配；辅助生产费用的归集和分配；制造费用的归集和分配；生产费用在完工产品和在产品之间的分配；上一步骤完工产品往下一个步骤的结转。

（3）最终产成品成本的计算。最终产成品成本的计算建立在前面各生产步骤成本计算的基础之上。其核算程序可分为两种：

逐步结转分步法下的最终产品成本计算如图 9-3 所示。

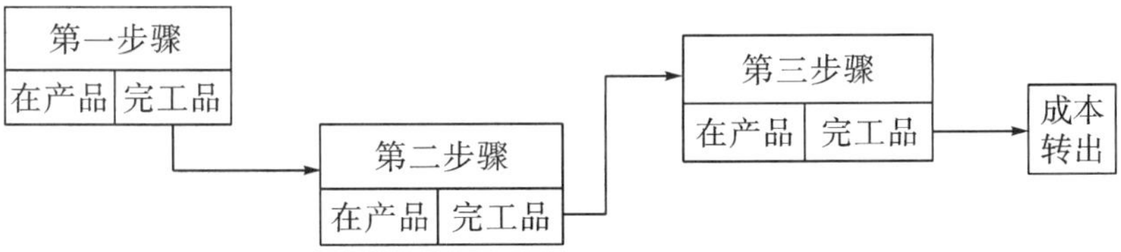

图 9-3　逐步结转分步法下的最终产品成本计算图

平行结转分步法下的最终产品成本计算如图 9-4 所示。

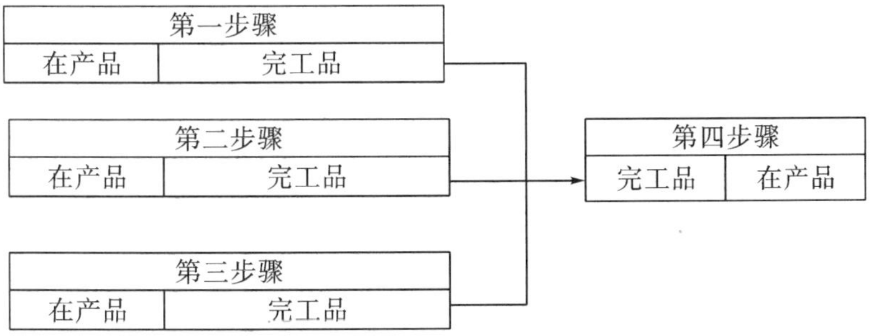

图 9-4　平行结转分步法下的最终产品成本计算图

9.3.3 逐步结转分步法

1. 逐步结转分步法概述

逐步结转分步法又称为顺序结转分步法，是指按照产品生产步骤的先后顺序归集生产费用，逐步计算并结转各步骤半成品成本，即上一步骤的半成品成本随着半成品实物的转移而结转到下一步骤的产品成本中，直到最后步骤累计计算出产成品成本的一种成本计算方法。

逐步结转分步法主要适用于成本管理中需要提供各个生产步骤半成品成本资料的企业。例如棉纺企业，生产工艺过程包括纺棉纱和织棉布两大步骤。原料棉花投入生产后，先纺成棉纱，然后再织成布，前一步骤的棉纱是半成品，后一步骤的棉布是产成品。在这类生产中，从原料投入到产品制成，中间要经过几个生产步骤的逐步加工，前面各步骤生产的都是半成品，只有最后步骤生产的才是产成品。如果棉纺企业的棉纱用于下一步骤纺织棉布外还有剩余，企业会将剩余的棉纱对外出售。棉纺企业管理上一方面要加强对各生产步骤成本的控制，另一方面要通过详细掌握棉纱的剩余数据为下一步生产组织做准备，同时还要为外售棉纱定价提供准确的成本数据。总的来说，棉纺企业会计核算不仅要提供棉布成本，还要提供棉纱半成品成本数据，同时还需半成品行业对比数据来考核绩效。

2. 逐步结转分步法的特点

（1）成本计算对象是各生产步骤的半成品和最后步骤的产成品。

（2）各个生产步骤结转通过半成品库收发结存。

（3）各加工步骤的半成品成本随实物转移而在各生产步骤之间顺序结转。

（4）各个生产步骤生产成本明细账中反映了狭义的该步骤在产品成本、狭义的该步骤完工产品成本。

3. 逐步结转分步法的计算程序

在逐步结转分步法下，各步骤所耗用的上一步骤半成品的成本，要随着半成品实物的转移，从上一步骤的产品成本明细账转入下一步骤产品成本明细账中，以便逐步计算各步骤的半成品成本和最后步骤的产成品成本。其成本计算的程序为：

（1）设置产品成本计算单。逐步结转分步法下产品成本计算对象是每种产品及其所经过生产步骤半成品成本。因此，应按照产品品种或者车间设置生产成本明细账，产品成本明细账内设置直接材料、直接人工、制造费用等成本项目。

（2）第一步骤产品生产成本明细账中归集直接材料、直接人工、制造费用等生产费用，然后将第一步骤当月生产费用在完工产品和在产品之间进行分配。将第一步骤半成品的成本转入到第二步骤的产品生产明细账中，也可以将第一步骤半成品放入第一步骤半成品库中，第二步骤领用时，从第一步骤半成品库中领取。

（3）第二步骤发生的直接材料、直接人工、制造费用等生产费用，加上领用的第一步骤半成品成本构成了第二步骤的生产费用。然后将第二步骤当月生产费用在完工产品和在产品之间进行分配。最后将第二步骤半成品的成本转入到第三步骤的产品生产明细账中。

（4）第三步骤发生的直接材料、直接人工、制造费用等生产费用，加上领用的第二步骤半成品成本构成了第三步骤的生产费用。然后将第三步骤当月生产费用在完工产品和在产品之间进行分配。

这样，按照加工顺序，逐步计算和结转半成品成本，直到最后一个步骤，就可以计算出产成品的成本。

逐步结转分步法的成本计算程序如图 9-5 所示。

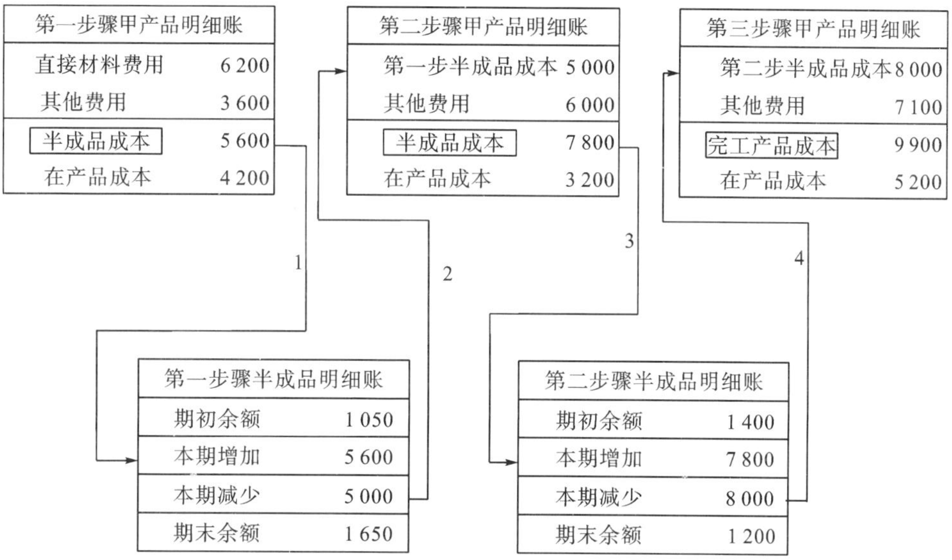

图 9-5　逐步结转分步法的成本计算程序图

从图 9-5 可以看出，采用逐步结转分步法，每一个步骤都包括各项生产费用在本步骤的归集和分配、生产费用在完工产品和在产品之间的分配。每一步骤都是一个品种法的应用，因此，逐步结转分步法实际上就是品种法在各个步骤多次的连续应用。

4. 半成品成本的结转方法

按照结转的半成品成本在下一步骤产品成本明细账中的反映方式，逐步结转分步法可分为综合结转法和分项结转法。

（1）综合结转法

综合结转法是指各步骤所耗上一步骤的半成品成本不分成本项目，而是以一个综合金额记入下一步骤产品成本明细账的“直接材料”或“半成品”成本项目的一种成本结转方法。综合结转，可以按照半成品的实际成本结转，也可以按照半成品的计划成本结转。

①半成品按实际成本综合结转。采用这种方法，各步骤所耗上一步骤的半成品费用，应根据所耗半成品的实际数量乘以半成品的实际单位成本计算。每个步骤都有自制半成品库，因而本步骤完工产品需要转入自制半成品库，然后通过自制半成品库被下一步骤生产领用。由于各月所产半成品的实际单位成本不同，进入自制半成品库的每个批次实际单位成本不同，下一步骤领用本步骤半成品实际成本也会因使用个别计价法、先进先出法、加权平均法而不同。

【例 9-5】假定某产品生产过程有两个步骤，分别由两个车间进行。第一车间生产半成品，完工后交半成品库验收；第二车间按所需数量从半成品库领用，所耗半成品费用按全月一次加权平均单位成本计算。两个车间的完工产品和月末在产品的计算采用约当产量比例法，两个车间所耗原材料或半成品均是生产开始时一次投入。各步骤之间成本结转采用综合结转分步法，产品的有关实物量和在产品完工程度资料见表 9-37。

表 9-37　　产品的有关实物量和在产品的完工程度资料

项 目	第一步骤	第二步骤
月初在产品数量	40	30
本月投产数量	180	170
本月完工产品数量	200	180
月末在产品数量	20	40
在产品完工程度	50%	50%

根据上月第一步骤产品成本明细账所记录的月末在产品成本和本月的各种生产费用分配表登记第一车间甲产品成本明细账中月初在产品成本和本月费用有关数据，详见表 9-38。

表 9-38　　产品成本明细账

第一车间：甲半成品　　单位：元

摘 要	产量（件）	直接材料	直接人工	制造费用	成本合计
月初在产品		5 000	3 000	2 000	10 000
本月费用		17 000	11 700	8 500	37 200
累计		22 000	14 700	10 500	47 200
完工转出半成品成本	200	20 000	14 000	10 000	44 000
月末在产品		2 000	700	500	3 200

第一车间成本明细账的有关计算如下：

直接材料费用分配率=材料费用÷（完工产品+在产品约当产量）

= 22 000÷（200+20）= 100

完工产品应分配的直接材料费用 = 100× 200 = 20 000（元）

在产品应分配的直接材料费用 = 100 ×20 = 2 000（元）

直接人工费用分配率=人工费用÷（完工产品+在产品约当产量）

= 14 700÷（200+20×20%）= 70

完工产品应分配的直接人工费用 = 70× 200 = 14 000（元）

在产品应分配的直接人工费用 = 70 × 20 ×50% = 700（元）

制造费用分配率=制造费用÷（完工产品+在产品约当产量）

= 10 500 ÷（200+20×20%）= 50

完工产品应分配的直接人工费用 =50× 200 = 10 000（元）

在产品应分配的直接人工费用 = 50× 20 ×50% = 500（元）

根据第一车间半成品交库单（单中按所列交库数量和上列甲产品成本明细账中完工转出半成品成本计价）编制会计分录。

借：自制半成品——甲半成品　　　　　　　　　　　44 000

　贷：生产成本——基本生产成本——甲半成品　　　　　　　44 000

根据计价的半成品交库单和第二车间领用半成品的领用单，登记自制半成品明细账，详见表 9-39。

表 9-39　　　　　　　　**自制半成品明细账**

甲半成品　　　　　　　　　　　　　　　　　　　　　单位：元

月份	月初余额		本月增加		合计			本月减少	
	数量（件）	实际成本	数量（件）	实际成本	数量（件）	实际成本	单位成本	数量（件）	实际成本
1	20	4 180	200	44 000	220	48 180	219	170	37 230
2	50	8 760							

加权平均单位成本 =（4 180+44 000）÷（20+200）= 219（元）

本月减少自制半成品实际成本 = 170×219 = 37 230（元）

根据第二车间半成品领用单（单中按所列领用数量和自制半成品明细账中加权平均单位成本计价）编制会计分录。

借：生产成本——基本生产成本——甲产品　　　　　　　37 230

　贷：自制半成品——甲半产品　　　　　　　　　　　　　37 230

最后，根据各种费用分配表、半成品领用单、产成品交库单以及第二车间在产品定额成本资料，登记第二车间甲产品成本明细账，详见表 9-40。

表 9-40　　　　　　　　**产品成本明细账**

第二车间：甲产成品　　　　　　　　　　　　　　　　单位：元

摘要	产量（件）	半成品	直接人工	制造费用	成本合计
月初在产品		13 810	4 500	3 300	21 610
本月费用		37 230	9 000	8 000	54 230
累计		51 040	13 500	11 300	75 840
完工转出产成品成本	180	41 760	12 150	10 170	64 080
完工产品单位成本		232	67. 5	56. 5	356
月末在产品	40	9 280	1 350	1 130	11 760

第二车间成本明细账的有关计算如下：

直接材料费用分配率= 材料费用÷（完工产品+在产品约当产量）

= 51 040÷（180+40）= 232

完工产品应分配的直接材料费用 = 232× 180 = 41 760（元）

在产品应分配的直接材料费用 = 232 ×40= 9 280（元）

直接人工费用分配率 = 人工费用÷（完工产品+在产品约当产量）

= 12 500÷（180+40×50%）= 67.5

完工产品应分配的直接人工费用 = 67.5 ×180 = 12 150（元）

在产品应分配的直接人工费用 =67.5× 40 × 50% = 1 350（元）

制造费用分配率=制造费用÷（完工产品+在产品约当产量）

= 11 300 ÷（180+40×50%）= 56.5

完工产品应分配的直接人工费用 =56.5×180 = 10 170（元）

在产品应分配的直接人工费用 = 56.5×40 × 50% = 1 130（元）

根据第二车间的产成品交库单所列成产品交库数量和上例第二车间产品成本明细账中完工转出成产品成本，编制会计分录。

借：库存商品——甲产品　　　　64 080

　贷：生产成本——基本生产成本——甲产品　　　　64 080

②半成品按计划成本综合结转。采用这种结转方法，半成品日常收发的明细核算均按计划成本计价；在半成品实际成本计算出来后，再通过实际成本与计划成本的对比，计算半成品成本差异额和差异率，调整领用半成品的计划成本。而半成品收发的总分类核算则按实际成本计价。

半成品按计划成本综合结转所用账表的特点：

第一，自制半成品明细账不仅要反映半成品收、发和结存的数量和实际成本，还要反映其计划成本、成本差异额和成本差异率。

第一车间甲半成品资料如表 9-41。

表 9-41　　产品成本明细账

第一车间：甲半成品　　　　单位：元

摘　要	产量（件）	直接材料	直接人工	制造费用	成本合计
月初在产品		5 000	3 000	2 000	10 000
本月费用		17 000	11 700	8 500	37 200
累计		22 000	14 700	10 500	47 200
完工转出半成品成本	200	20 000	14 000	10 000	44 000
月末在产品		2 000	700	500	3 200

按计划成本综合结转的第一步骤完工甲自制半成品明细账格式见表 9-42。

表 9-42 **自制半成品明细账**

甲半成品　　计划单位成本：210 元　　单位：元

月份			3 月	4 月
月初余额	数量		20	50
	计划成本		4 200	10 500
	实际成本		4 180	10 948. 47
本月增加	数量	④	200	
	计划成本	⑤	42 000	
	实际成本	⑥	44 000	
合计	数量	⑦=①+④	220	
	计划成本	⑧=②+⑤	46 200	
	实际成本	⑨=③+⑥	48 180	
	成本差异	⑩=⑨-⑧	1 980	
	成本差异率	⑪=⑩÷⑧×100%	4. 29%	
本月减少	数量	⑫	170	
	计划成本	⑬	35 700	
	实际成本	⑭=⑬+⑬×⑪	37 231. 53	

表 9-42 中指标计算如下：

半成品成本差异率=(月初结存半成品成本差异+本月收入半成品成本差异)÷(月初结存半成品计划成本+本月收入半成品计划成本)=(-20+2 000)÷(4 200+42 000)=4. 29%

发出半成品成本差异=发出半成品计划成本×半成品成本差异率

=35 700×4. 29%=1 531. 53（元）

发出半成品实际成本=发出半成品计划成本±发出半成品成本差异

=35 700+1 531. 53=37 231. 53（元）

③在第二车间的产品成本明细账中，对于所耗上一步骤半成品，可以直接按照调整成本差异后的实际成本登记，也可以按照计划成本、成本差异和实际成本分别登记，以便分析上一步骤半成品成本差异对本步骤产品成本的影响。

第二车间产品成本明细账的格式，详见表 9-43。

表 9-43 **产品成本明细账**

第二车间：甲产成品　　单位：元

摘要	产量（件）	半成品			直接人工	制造费用	成本合计
		计划成本	成本差异	实际成本			
月初在产品		13 258	552	13 810	4 500	3 300	21 610
本月费用		35 700	1 531. 53	37 231. 53	9 000	8 000	54 231. 53
累计		48 958	2 083. 53	51 041. 53	13 500	11 300	75 841. 53
完工转出产成品成本	180	40 053	1 706. 26	41 759. 26	12 150	10 170	64 079. 26
产成品单位成本		222. 52	9. 48	232	67. 5	56. 5	356
月末在产品	40	8 905	377. 27	9 282. 27	1 350	1 130	11 762. 27

表 9-43 中指标计算如下：

半成品成本差异率 =（月初结存半成品成本差异+本月收入半成品成本差异）÷（月初结存半成品计划成本+本月收入半成品计划成本）=（552+1 531.53）÷（13 258+35 700）= 4.26%

发出半成品成本差异 = 发出半成品计划成本×半成品成本差异率

= 40 053×4.26% = 1 706.26（元）

发出半成品实际成本 = 发出半成品计划成本±发出半成品成本差异

= 40 053+1 706.26 = 41 759.26（元）

与按实际成本综合结转半成品成本方法相比较，按计划成本综合结转半成品成本方法的优点是：

第一，可以简化和加速半成品核算和产品成本计算工作。按计划成本结转半成品成本，可以简化和加速半成品收发计价和记账工作。半成品成本差异率如果不是按半成品品种，而是按类计算，更可以省去大量的计算工作。如果月初半成品存量较大，本月耗用的半成品大部分甚至全部是以前月份生产的，则本月所耗半成品成本差异调整也可以根据上月半成品成本差异率计算。这样，不仅简化了计算工作，各步骤的成本计算也可以同时进行，从而加速产品成本的计算工作。

第二，便于各步骤进行成本的考核和分析。按计划成本结转半成品成本，在各步骤的产品成本明细账中，可以分别反映所耗半成品的计划成本、成本差异和实际成本，因而在分析对各步骤产品成本的影响时，可以剔除上一步骤半成品成本变动对本步骤所耗半成品的成本差异，不调整计入各步骤的产品成本，而是直接调整计入最后的产成品成本，这样不仅可以进一步简化和加速各步骤的成本计算工作，而且由于各步骤产品成本中不包括上一步骤半成品成本变动的影响，因而便于分清各步骤的经济责任，从而便于各步骤产品成本的考核和分析。

综合结转的成本还原。从前面举例的第二车间产品成本明细账中可以看出，采用综合结转法，在最后步骤计算出的产成品成本中的绝大部分费用是第二车间所耗的第一车间生产的半成品费用，而直接人工和制造费用是第二车间发生的费用，并且该费用在产品成本中所占比重很小。显然，这不是产品成本构成（即各项费用之间的比例关系）的实际情况，不能据以从整个企业角度考核和分析产品成本的构成和水平。当企业需要考核和分析生产产品所耗直接材料费用、直接人工费用和制造费用各是多少时，综合结转半成品法下成本数据不能满足企业管理所需，只有通过综合结转的半成品成本还原才可得到管理所需的详尽数据。

所谓成本还原，就是指从最后一个步骤起，把所耗上一步骤半成品的综合成本分解还原成直接材料、直接人工、制造费用等原始成本项目，从而求得按原始成本项目反映的产成品成本资料。成本还原的方法是：从最后一步起，把最终完工产品成本中的自制半成品项目根据上一步骤的本月完工半成品的成本构成予以还原（因为最后一步所用的自制半成品即为上一步骤的完工半成品）。还原后如还有自制半成品，则再根据上一步的本月完工自制半成品的成本构成予以还原，直到把最终完工产品成本还原成直接材料、直接人工、制造费用等原始的成本项目，从而求得按原始成本项目反映的最终完工产品成本。

具体来讲，成本还原的方法有两种：

第一种方法是按各步骤耗用半成品的总成本占上一步骤完工半成品总成本的比重还原。成本还原步骤为：

第一步：计算还原分配率。还原分配率是指完工产品中所耗上一步半成品费用同上一步完工半成品成本之比，计算公式为：

还原分配率=本月完工产品所耗上一步骤半成品综合成本÷本月上一步骤所产该种半成品成本合计

第二步：对半成品成本进行还原。以还原分配率分别乘以本月所产该种半成品的成本构成进行分解、还原，求得按原始成本项目反映的还原对象成本。

其计算公式如下：

半成品各成本项目还原=本月所产该种半成品各成本项目金额×还原分配率

第三步：计算还原后产品成本。

【例 9-6】沿用【9-5】例题数据。编制产成品成本还原计算表，如表 9-44 所示。

表 9-44　　产成品成本还原计算表

产品名称：甲　　产品产量：180 件　　单位：元

项　目		半成品	直接材料	直接人工	制造费用	合计
（本步骤成本数据）还原前产成品成本	①	41 760		12 150	10 170	64 080
（上一步骤成本数据）本月所产半成品成本	②		20 000	14 000	10 000	44 000
成本还原率（%）	③=①中还原对象÷②合计		0.95	0.95	0.95	
成本还原	④=③×②中各栏	-41 760	19 000	13 300	9 460	
还原后产成品成本	⑤=④+①	0	19 000	25 450	19 630	64 080
还原后产成品单位成本	⑥=⑤÷产量		105.6	141.4	109.1	356.1

表 9-44 中“还原前产成品成本”根据第二车间甲产品成本明细账中完工转出产成品填列，其中“半成品”成本项目 41 760 元是还原的对象。“本月所产半成品成本”根据第一车间甲产品成本明细账中完工转出半成品成本填列，其中各种成本项目之间的比例是还原的依据。进行成本还原的具体步骤为：

第一步是计算还原分配率。还原分配率=41 760÷44 000=0.95（小数点取两位）。

第二步是成本还原。通过计算，还原计算出第二车间产成品所耗半成品成本41 760中的直接材料费用为 19 000（即 20 000×0.95）元，直接人工费用为 13 300（14 000×0.95）元。因为分配率是个约数，因而制造费用采用倒挤的方法，即：41 760-19 000-13 300= 9 460 元。还原后三个项目费用（直接材料、直接人工和制造费用）之和等于还原对象成本，应与产成品所耗半成品费用 41 760 元相抵消。

第三步是计算还原后产品成本。将本步骤“直接材料”“直接人工”“制造费用”与半成品综合成本还原值中的“直接材料”“ 直接人工”和“制造费用”按项目分别相加，即为按原始成本项目还原后产成品总成本。其中，还原后的直接材料费用为 19 000 元，还原后的直接人工费用为 25 450（12 150+13 300）元，还原后的制造费用为 19 630（10 170+9 460）元。

第二种方法是按照半成品各成本项目占全部成本的比重还原。按照上述成本还原方法的原理，还可以按上一步骤所产半成品的成本项目占上一步骤所产半成品全部成本的比重，将本步骤完工产成品成本中所耗上一步骤半成品综合成本还原为上一步骤对应的原始成本项目。其成本还原的步骤同上，但成本还原率的计算公式为：

还原分配率=上一步骤完工半成品各成本项目金额÷上一步骤完工半成品成本合计

半成品成本还原=还原前产品成本×还原分配率

【例 9-7】沿用【9-5】例题数据，编制产成品成本还原计算表，如表 9-45 所示。

表 9-45　　产成品成本还原计算表

产品名称：甲　　产品产量：180 件　　单位：元

项　目		半成品	直接材料	直接人工	制造费用	合计
（本步骤成本数据）还原前产成品成本	①	41 760		12 150	10 170	64 080
（上一步骤成本数据）本月所产半成品成本	②		20 000	14 000	10 000	44 000
成本还原率（%）	③=①中还原对象÷②合计		0. 45	0. 32	0. 23	
成本还原	④=③×②中各栏	-41 760	18 792	13 363. 2	9 604. 8	0
还原后产成品成本	⑤=④+①	0	18 792	25 513. 2	19 774. 8	64 080
还原后产成品单位成本	⑥=⑤÷产量		104. 4	141. 74	109. 86	356

表 9-45 中“还原前产成品成本”根据第二车间甲产品成本明细账中完工转出产成品填列，其中“半成品”成本项目 41 760 元是还原的对象。“本月所产半成品成本”根据第一车间甲产品成本明细账中完工转出半成品成本填列，其中各种成本项目之间的比例是还原的依据。进行成本还原的具体步骤为：

第一步是计算还原分配率。

原材料还原率 = 20 000÷44 000=0. 45

直接人工还原率 = 14 000 ÷ 44 000 = 0. 32

制造费用还原率 = 1 - 0. 45 - 0. 32 = 0. 23（由于分配率是个约数，因而制造费用还原率计算采用倒挤的方法）

第二步是成本还原。通过计算，还原计算出第二车间产成品所耗半成品成本 41 760 中的直接材料费用为 18 792（41 760×0. 45）元，直接人工费用为 13 363. 2（41 760×0. 32）元，制造费用为 9 604. 8（41 760×0. 23）元。

还原后三个项目费用（直接材料、直接人工和制造费用）之和等于还原对象成本，应与产成品所耗半成品费用 41 760 元相抵消。

第三步是计算还原后产品成本。将本步骤“直接材料”“直接人工”“制造费用”

与半成品综合成本还原值中的“直接材料”“直接人工”和“制造费用”按项目分别相加，即为按原始成本项目还原后产成品总成本。其中，还原后的直接材料费用为18 792元，还原后的直接人工费用为25 513.2（12 150+13 363.2）元，还原后的制造费用为19 774.8（10 170+9 604.8）元。

（2）分项结转法

分项结转法是指各个步骤所耗上一步骤的半成品成本，按照“直接材料”“直接人工”“制造费用”等成本项目，分别记入该步骤各产品成本明细账中的相应成本项目的一种成本结转方法。采用该方法时，若各个步骤完工的半成品通过半成品库收发，在“自制半成品明细账”中登记其成本时，也要分成本项目分别登记。采用此法计算出的产成品成本能提供按原始成本项目反映的产品的成本结构，不需进行成本还原。

【例9-8】仍用【9-5】甲产品成本资料，说明采用分项结转法的成本计算程序。

第一车间甲产品成本明细账如表9-46所示。

表9-46 产品成本明细账

第一车间：甲半成品　　单位：元

摘　要	产量（件）	直接材料	直接人工	制造费用	成本合计
月初在产品		5 000	3 000	2 000	10 000
本月费用		17 000	11 700	8 500	37 200
累计		22 000	14 700	10 500	47 200
完工转出半成品成本	200	20 000	14 000	10 000	44 000
月末在产品(定额成本)		2 000	700	500	3 200

自制半成品明细账如表9-47所示。

表9-47 自制半成品明细账

甲半成品　　单位：元

月份	摘 要	数量（件）	实　际　成　本			
			直接材料	直接人工	单位成本	成本合计
1	月初余额	20	1 900	1 330	950	4 180
	本月增加	200	20 000	14 000	10 000	44 000
	合 计	220	21 900	15 330	10 950	48 180
	单位成本		99.55	69.68	49.77	219
	本月减少	170	16 923.5	11 845.6	8 460.9	37 230
2	月初余额	50	4 976.5	3 484.4	2 489.1	10 950

第二车间产品成本明细账，如表9-48所示。

表 9-48　　产品成本明细账

第二车间：甲产成品　　单位：元

摘要	产量（件）	直接材料	直接人工	制造费用	成本合计
月初在产品		5 931	8 919	6 760	21 610
本月费用		16 923. 5	20 845. 6	16 460. 9	54 230
累计		22 854. 5	29 764. 6	23 220. 9	75 840
完工转出产成品成本	180	18 698. 4	26 787. 6	20 898	64 080
完工产品单位成本		103. 88	148. 82	116. 1	356
月末在产品	40	4 156. 1	2 977	2 322. 9	9 456

第二车间成本明细账的有关计算如下：

直接材料费用分配率=材料费用÷（完工产品+在产品约当产量）= 22 854. 5 ÷（180+40）= 103. 88

完工产品应分配的直接材料费用 = 103. 88× 180 = 18 698. 4（元）

在产品应分配的直接材料费用 = 22 854. 5−18 698. 4= 4 156. 1（元）

直接人工费用分配率=人工费用÷（完工产品+在产品约当产量）= 29 764. 6÷(180+40×50%)= 148. 82

完工产品应分配的直接人工费用 = 148. 82×180 = 26 787. 6（元）

在产品应分配的直接人工费用 =29 764. 6−26 787. 6=2 977（元）

制造费用分配率 =制造费用÷（完工产品+在产品约当产量） = 23 220. 9 ÷（180+40×50%） = 116. 10

完工产品应分配的直接人工费用 =116. 10×180 = 20 898（元）

在产品应分配的直接人工费用 = 23 220. 9−20 898=2 322. 9（元）

（3）逐步结转分步法的优缺点

第一，逐步结转分步法的成本计算对象是企业产成品及各步骤的半成品，这就为分析和考核企业产品成本计划和各生产步骤半成品成本计划的执行情况，以及正确计算半成品成本提供了资料。

第二，不论是综合结转还是分项结转，半成品成本都是随着半成品实物的转移而结转，各生产步骤产品成本明细账中的生产费用余额，反映了留存在各个生产步骤的在产品成本，因而还能为在产品的实物管理和生产资金管理提供资料。

第三，采用综合结转法结转半成品成本时，由于各生产步骤产品成本中包括所耗上一生产步骤半成品成本，从而能全面反映各步骤完工产品所耗上一步骤半成品费用水平和本步骤加工费用水平，有利于各步骤的成本管理。采用分项结转法结转半成品成本时，可以直接提供按原始成本项目反映的产品成本，满足企业分析和考核产品构成和水平的需要。

第四，综合结转分步法核算工作比较复杂，核算工作的及时性也较差。采用综合结转分步法，半成品按实际成本结转，第二步骤产品成本计算，需要第一步骤半成品成本数据，第三步骤成本计算，需要第二步骤半成品成本数据，如果有一个步骤成本数据出现时滞，直接影响下面环节的成本计算，各步骤则不能同时计算成本。采用综合结转法，需要进行成本还原；采用分项结转法，结转的核算工作量大。半成品按计划成本结转，还要计算和调整半成品成本差异。企业在采用综合结转分步法时核算工作比较复杂，工作量大，需要从实际情况出发，根据管理要求，权衡利弊，做到既满足管理要求，提供所需的各种资料，又能简化核算工作。

9.3.4 平行结转分步法

1. 平行结转分步法概述

平行结转分步法，又称为“不计算半成品成本法”，是指先将各个步骤发生的生产费用中应计入产成品成本的“份额”计算出来，然后将其平行结转、汇总起来计算产成品成本的一种成本计算方法。

在采用分步法计算成本的大量、大批多步骤生产中，有的产品生产过程属于装配式生产，即先对各种原材料平行地进行加工，成为各种半成品——零件或部件，然后再装配成各种产成品，如机械制造企业。有的产品生产过程虽属于连续式多步骤生产，如纺织、造纸企业，但由于逐步结转分步法步骤间成本结转工作繁琐，步骤间成本结转需要等待上一步骤成本数据，导致成本计算时滞，采用平行结转分步法，可以简化和加速成本计算工作。

2. 平行结转分步法的特点

与逐步结转分步法相比，平行结转分步法的特点主要是：

（1）不计算半成品成本。第一步骤成本明细账中包括直接材料、直接人工和制造费用成本项目，第二步骤的成本明细账仅包括第二步骤新发生的直接人工和制造费用（此处假设材料在第一步骤投入，后期加工步骤没有材料费用的投入），各步骤只计算本步骤发生的费用。

（2）步骤间不结转半成品成本。不论半成品实物是在各生产步骤之间直接转移还是通过半成品库收发，都不在下一步骤成本明细账中显示。也就是说，平行结转分步法中半成品数据不随半成品实物转移而结转。

（3）为了计算各生产步骤发生的费用中应计入产成品成本的份额，必须将每一个生产步骤发生的费用划分为耗用于产成品部分和尚未最后制成的在产品部分。在产品是指尚在本步骤加工中的在产品（在本步骤没有加工完毕），本步骤已经完工转入半成品库的半成品（本步骤加工完毕，其他步骤还没有加工完毕），已从半成品库转到以后各步骤进一步加工、尚未最终制成的半成品（本步骤加工完毕，其他步骤还没有加工完毕）。这里的产成品部分指的是本步骤加工完毕，其他步骤也加工完毕的最终的完工品。

（4）以最后一个步骤的完工产品为核心，根据各步骤费用中应计入最后一个步骤的产成品成本的份额，采用平行结转、汇总计算的方法计算出最后一个步骤产成品的总成本和单位成本。

3. 平行结转分步法的计算程序

（1）按产品的生产步骤和产品品种设置生产成本明细账，按成本项目归集本步骤发生的生产费用（不包括所耗用的上一步骤半成品的成本）。

（2）月末，采用适当的方法将各个步骤归集的生产费用在产成品与广义在产品之间进行分配，计算各个步骤应计入产成品成本的份额。

（3）将各个步骤应计入产成品成本的份额平行结转、加总后，就得到产成品总成本，除以产成品产量，即为单位成本。

平行结转分步法成本的计算程序图如图 9-6 所示（假设材料在第一个生产步骤一次性投入）：

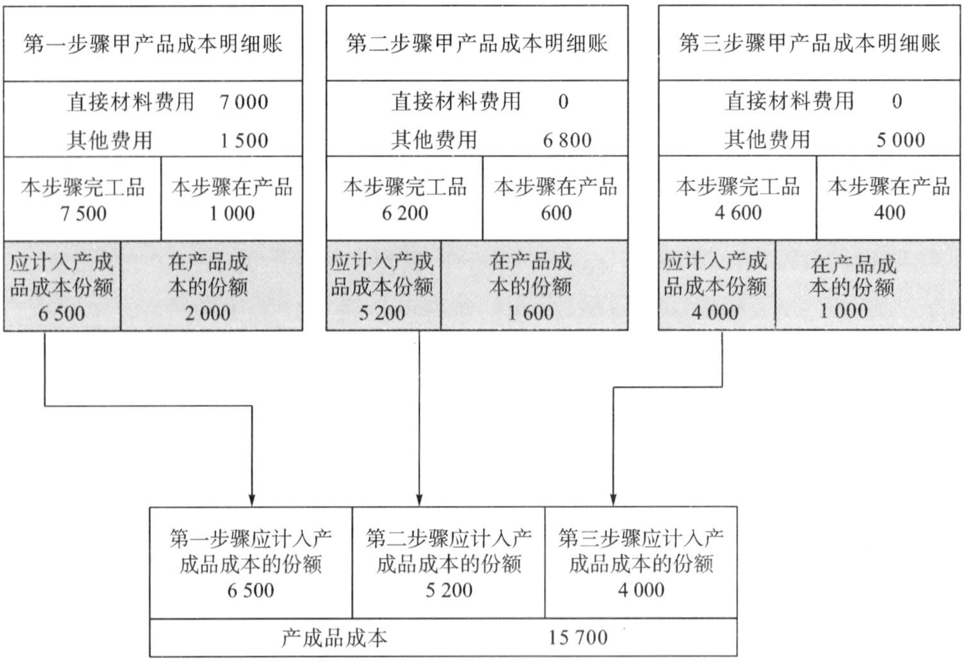

图 9-6　平行结转分步法成本计算程序图

阴影部分的完工产品和在产品的金额不同于各个步骤的完工品和在产品的金额。原因在于，阴影部分的完工产品是狭义的完工产品，是经过所有步骤后最终完工的产品。阴影部分的在产品是广义在产品，不仅包括本步骤未完工的产品，而且包括本步骤已经完工但是在最终环节未完工的产品。这是平行结转分步法与逐步结转分步法的本质区别。

每个步骤的完工品和在产品仅仅是就每个步骤而言，指完工的转入半成品库的产品和未完工的在生产线上等待继续加工的产品。

4. 平行结转分步法产品成本计算举例

【例 9-9】某企业生产丙产品，生产费用在完工产品（应计入产品份额）和在产品之间的分配采用定额比例法，其中，原材料费用按定额原材料费用比例分配，其他各项费用按定额工时比例分配。其成本核算程序如下：

第一，有关丙产品的定额资料详见表 9-49。

表 9-49　　丙产品的定额资料

单位：元

车间份额	月初在产品		本月投入		本月产成品				
	定额直接材料费用	定额工时（小时）	定额直接材料费用	定额工时（小时）	单位定额		产量（件）	定额直接材料费用	定额工时（小时）
					直接材料费用	工时（小时）			
第一车间份额	20 000	480	26 000	840	6 000	20	50	30 000	1 000
第二车间份额		420		620		16	50		800
合计	20 000	900	26 000	1 460	6 000	36	50	30 000	1 800

第二，根据丙产品的定额资料、各种生产费用分配表和产成品交库单，登记第一、二车间的产品成本明细账，详见表 9-50、表 9-51。

表 9-50　　产品成本明细账

第一车间：丙产品　　单位：元

摘 要	产量（件）	直接材料		定额工时	直接人工	制造费用	成本合计
		定额	实际				
月初在产品		20 000	17 760	480	9 840	12 240	39 840
本月生产费用		26 000	23 400	840	12 280	13 160	48 840
累计		46 000	41 160	1 320	22 120	25 400	88 680
费用分配率			0.89		16.76	19.24	
产成品成本中本步骤份额	50	30 000	26 700	1 000	16 760	19 240	62 700
月末在产品		16 000	14 460	320	5 360	6 160	25 980

直接材料定额费用和定额工时，根据表 9-49 丙产品的定额资料计算登记。月末在产品定额数字是根据月初在产品定额数、本月投入定额和产成品定额数，采用倒挤的方法计算求得。计算公式如下：

月末在产品直接材料定额费用 = 月初在产品直接材料定额费用 + 本月投入的直接材料定额费用 - 本月完工产品直接材料定额费用

月末在产品定额工时 = 月初在产品定额工时 + 本月投入产品的定额工时 - 本月完工产品的定额工时

以第一车间为例：

月末在产品直接材料定额费用=20 000+26 000-30 000=16 000（元）

月末在产品定额工时=480+840-1 000=320

本月生产费用，即本步骤本月为生产丙产品发生的各项生产费用，应根据各种费用分配表登记。由于原材料是在生产开始时一次投入，采用平行结转分步法在各生产步骤之间不结转半成品成本，因而，只有第一车间会有直接材料费用（定额和实际），第二车间则没有本月耗用的半成品费用。

采用定额比例法在完工产品（应计入产成品成本的份额）和在产品（广义在产品）之间分配费用，应首先计算费用分配率，其中直接材料费用按直接材料定额费用比例分配；其他费用按定额工时比例分配。以第一车间为例，各项费用分配率及产成品中本步骤份额的计算如下：

直接材料费用分配率＝41 160÷46 000＝0. 89

产成品成本中第一车间直接材料费用份额＝30 000×0. 89＝26 700（元）

月末在产品直接材料费用＝41 160－26 700＝14 460（元）

直接人工费用分配率＝22 120÷1 320＝16. 76 元/工时

产成品成本中第一车间直接人工费用份额＝1 000×16. 76＝16 760（元）

月末在产品直接人工费用＝22 120－16 760＝5 360（元）

制造费用的分配率＝25 400÷1 320＝19. 24（元/工时）

产成品成本中第一车间制造费用份额＝1 000×19. 24＝19 240（元）

月末在产品制造费用＝25 400－19 240＝6 160（元）

第二车间各成本项目费用的分配计算依此类推，其明细账详见表 9-51。

表 9-51　　产品成本明细账

第二车间：丙产品　　单位：元

摘 要	产成品产量(件)	直接材料		定额工时（小时）	直接人工	制造费用	成本合计
		定额	实际				
月初在产品				420	6 000	6 800	12 800
本月生产费用				620	14 620	12 480	27 100
累计				1 040	20 620	19 280	39 900
费用分配率					19. 83	18. 54	
产成品成本中本步骤份额	50			800	15 864	14 832	30 696
月末在产品				240	4 756	4 448	9 204

上述第二车间产品成本明细账中数字计算和登记方法如下所述：

直接人工费用分配率＝20 620÷1 040＝19. 83（元/工时）

产成品成本中第二车间直接人工费用份额＝800×19. 83＝15 864（元）

月末在产品直接人工费用＝20 620－15 864＝4 756（元）

制造费用的分配率＝19 280÷1 040＝18. 54（元/工时）

产成品成本中第一车间制造费用份额＝800×18. 54＝14 832（元）

月末在产品制造费用＝19 280－14 832＝4 448（元）

第三，将第一、二车间产品成本明细账中应计入产成品成本的份额平行结转，汇总计入丙产品成本汇总表，详见表 9-52。

表 9-52 丙产品成本汇总表

20××年×月

单位：元

车间份额	产量（件）	直接材料	直接人工	制造费用	成本合计
第一车间份额	50	26 700	16 760	19 240	62 700
第二车间份额	50		15 864	14 832	30 696
合计	50	26 700	32 624	34 072	93 396
单位成本		534	652.48	681.44	1 867.92

编制会计分录：

借：库存商品——丙产品 93 396

贷：生产成本——基本生产成本——丙产品——第一车间 62 700

——第二车间 30 696

【例 9-10】某企业甲产品生产分为三个步骤，分别由三个车间进行，原材料在第一车间开始生产时一次性投入，月末在产品按约当产量法计算，各步骤在产品完工程度均为 50%。有关产量记录和生产费用记录资料见表 9-53 和表 9-54。

表 9-53 甲产品产量记录

单位：件

项目	月初在产品数量	本月投产数量	本月完工数量	月末在产品数量
第一步骤	6	80	82	4
第二步骤	8	82	84	6
第三步骤	4	84	86	2

表 9-54 生产费用资料

单位：元

项　目		直接材料	直接人工	制造费用
月初在产品成本	第一步骤	8 600	3 200	3 600
	第二步骤		5 600	3 100
	第三步骤		1 300	1 200
本月发生费用	第一步骤	53 600	27 600	28 800
	第二步骤		48 400	34 600
	第三步骤		69 400	51 650

其具体计算如下：

首先将第一步骤的成本明细账月初余额和本月的费用记入第一车间的产品成本明细账，详见表 9-55。

表 9-55　　　　产品成本明细账

第一车间　　　　20××年×月　　　　单位：元

摘要	直接材料	直接人工	制造费用	合计
月初在产品成本	8 600	3 200	3 600	15 400
本月费用	53 600	27 600	28 800	110 000
合计	62 200	30 800	32 400	125 400
本月产成品的数量	86	86	86	—
月末在产品的约当产量	12	10	10	—
费用分配率	634. 69	320. 83	337. 5	—
应计入产成品成本份额	54 583. 34	27 591. 38	29 025	111 199. 72
在产品成本份额	7 616. 66	3 208. 62	3 375	14 200. 28

表 9-55 中有关计算如下：

采用约当产量法，将生产费用的合计数按成本项目在产成品和在产品中分配，根据资料产成品 86 件，第一车间有 4 件在产品，第二车间有 6 件在产品，第三车间有 2 件在产品，所有的在产品及产成品都经历过第一个步骤，完成第一步的生产后成本并没有结转出去，因此都应参与第一步骤成本的分配，计算过程如下：

“直接材料”项目，由于材料在开始生产时一次性投入，单位在产品的材料消耗和单位完工产品的材料消耗一样，所以月末在产品约当产量为 4+6+2=12 件。

材料费用分配率=(8 600+53 600)÷(86+12)=634. 69（元）

本月本步骤应计入产成品成本的份额=86×634. 69=54 583. 34（元）

月末本步骤在产品的成本份额计算，采用倒挤的方法，即 8 600+53 600−54 583. 34=7 616. 66（元）

“直接人工”项目，月末本步骤在产品的约当产量为 2 件，即 4×50%=2，第二、三步骤在产品完整地经历了第一步骤，所以约当产量分别为 6 件和 2 件，在产品约当总产量为 2+6+2=10 件。

直接人工费用的分配率=(3 200+27 600)÷(86+10)=320. 83（元）

本月本步骤应计入产成品成本份额=86×320. 83=27 591. 38（元）

月末本步骤在产品成本份额计算，采用倒挤的方法，即 3 200+27 600−27 591. 38=3 208. 62（元）

“制造费用”项目，在产品约当产量的计算同上。

制造费用分配率=(3 600+28 800)÷(86+10)=337. 5（元）

本月本步骤应计入产成品成本份额=86×337. 5=29 025（元）

月末本步骤在产品成本份额，采用倒挤的方法，即 3 600+28 800−29 025=3 375（元）

通过上述计算，第一车间本月产成品成本份额总计 111 199. 72 元，其中，直接材料 54 583. 34 元，直接人工 27 591. 38 元，制造费用 29 025 元。

第二车间的成本计算中，仅归集本步发生的费用，不包括领用上步骤的自制半成品成本。所以，在第二车间生产成本明细账中登记成本明细账月初余额和本月本步骤发生的费用，如表 9-56 所示。对本步骤发生的费用合计，按成本项目采用约当产量法在本月产成品和在产品中分配，方法和第一车间的相同，不再列示其计算过程。值得一提的是采用约当产量分配第二步骤成本时，在产品只包括第二步骤的在产品，因为第一步骤的在产品没从第二步骤中受益，不应承担第二步骤的成本分配。计算过程见表 9-56。

表 9-56　　**产品成本明细账**

第二车间　　20××年×月　　单位：元

摘　要	本步骤发生		合计
	直接人工	制造费用	
月初在产品成本	5 600	3 100	8 700
本月发生费用	48 400	34 600	83 000
本月合计	54 000	37 700	91 700
本月产成品的数量	86	86	——
月末在产品的约当产量	5	5	——
费用分配率	593. 41	414. 29	——
应计入产成品成本份额	51 033. 26	35 628. 94	86 662. 2
在产品成本份额	2 966. 74	2 071. 06	5 037. 8

月末第二步骤在产品的约当产量为 3 件，即 6×50% =3，第三步骤在产品完整地经历了本步骤，所以约当产量为 2 件，在产品约当总产量为 3+2=5 件。

“直接人工”项目，月末本步骤在产品的约当产量为 5 件，完工产品为 86 件。

直接人工费用的分配率=(5 600+48 400)÷（86+5)= 593. 41（元）

本月本步骤应计入产成品成本份额=86×593. 41=51 033. 26（元）

月末本步骤在产品成本份额的计算，采用倒挤的方法，即 5 600+48 400−51 033. 26 =2 966. 74（元）

“制造费用”项目，在产品约当产量的计算同上。

制造费用分配率=(3 100+34 600)÷（86+5)= 414. 29（元）

本月本步骤应计入产成品成本份额=86×414. 29=35 628. 94（元）

月末本步骤在产品成本份额的计算，采用倒挤的方法，即 3 600+28 800−35 628. 94 =2 071. 06（元）

通过上述计算，第一车间本月产成品成本份额总计 86 662. 2 元，其中，直接人工 51 033. 26 元，制造费用 35 628. 94 元。

月末第三步骤成本计算如表 9-57。

表 9-57 **产品成本明细账**

第三车间 20××年×月 单位：元

摘要	本步骤发生		合计
	直接人工	制造费用	
月初在产品成本	1 300	1 200	2 500
本月发生费用	69 400	51 650	121 050
本月合计	70 700	52 850	123 550
本月产成品的数量	86	86	—
月末在产品的约当产量	1	1	—
费用分配率	812. 64	607. 47	—
应计入产成品成本份额	69 887. 36	52 242. 53	122 129. 89
在产品成本份额	812. 64	607. 47	1 420. 11

月末第三步骤在产品的约当产量为 2 件，即 2×50% =1。

“直接人工”项目，月末本步骤在产品的约当产量为 1 件，完工产品为 86 件。

直接人工费用的分配率=(1 300+69 400)÷(86+1)= 812. 64（元）

本月本步骤应计入在产品成本份额=1×812. 64=812. 64（元）

月末本步骤在产品成本份额的计算，采用倒挤的方法，即 1 300+69 400−812. 64=69 887. 36（元）

“制造费用”项目，在产品约当产量的计算同上。

制造费用分配率=(1 200+51 650)÷（86+1）= 607. 47（元）

本月本步骤应计入在产品成本份额=1×607. 47=607. 47（元）

本月本步骤应计入产成品成本份额采用倒挤的方法，即 1 200+51 650−607. 47=52 242. 53（元）

通过上述计算，第一车间本月产成品成本份额总计 122 129. 89 元，其中，直接人工 69 887. 36 元，制造费用 52 242. 53 元。

综合以上三个步骤的分配结果，加总三个步骤的产成品成本份额可以得出产成品的总成本，进而可以计算出产成品的单位成本。计算过程见表 9-58。

表 9-58 **完工产品成本汇总表** 单位：元

产品名称：甲产品 20××年×月 产量：86 件

车间	直接材料	直接人工	制造费用	合计
第一车间	54 583. 34	27 591. 38	29 025	111 199. 72
第二车间	——	51 033. 26	35 628. 94	86 662. 2
第三车间	——	69 887. 36	52 242. 53	122 129. 89
产成品总成本	54 583. 34	148 512	116 896. 47	319 991. 81
产成品单位成本	634. 69	1 726. 88	1 359. 26	3 720. 84

根据表 9-58 的计算结果，编制结转完工产品入库的会计分录。

借：库存商品——甲产品　　319 991.81

　贷：生产成本——基本生产成本——甲产品——第一车间　　111 199.72

　　　　　　　　　　　　　　　　　　　　——第二车间　　86 662.2

　　　　　　　　　　　　　　　　　　　　——第三车间　　122 129.89

5. 平行结转分步法的优缺点

综上所述，平行结转分步法与逐步结转分步法相比较，具有以下优点：

第一，简化和加速成本计算工作。采用这一方法，各步骤可以同时计算产品成本，然后将应计入完工产品成本的份额平行结转，汇总计入产成品成本，不必逐步结转半成品成本，从而可以简化和加速成本计算工作。

第二，不必进行成本还原或大量分项结转工作。采用这一方法，一般是按成本项目平行结转，汇总各步骤成本中应计入产成品成本的份额，因而能够直接提供按原始成本项目反映的产成品成本资料，不必像采用逐步结转分步法那样要进行成本还原，省去了大量繁琐的计算工作和还原工作。

但是，由于采用这一方法，各步骤不计算也不结转半成品成本，因而存在以下缺点：

第一，不利于各步骤的成本管理。不能提供各步骤半成品成本资料及各步骤所耗上一步骤半成品费用资料，因而不能全面地反映各步骤生产耗费的水平，不利于各步骤的成本管理。

第二，不能为各步骤在产品的实物管理和资金管理提供资料。由于各步骤间不结转半成品成本，使半成品实物转移与费用结转脱节，因而不能为各步骤在产品的实物管理和资金管理提供资料。

从以上对比分析中可以看出，平行结转分步法的优缺点正好与逐步结转分步法的优缺点相反。因而，平行结转分步法只适宜在半成品种类较多，逐步结转半成品成本工作量较大，管理上又不要求提供各步骤半成品成本资料的情况下采用。在采用时应加强各步骤在产品收发结存的数量核算，以便为在产品的实物管理和资金管理提供资料，弥补这一方法的不足。

本章小结

本章主要介绍了产品成本计算的三种基本方法，即品种法、分批法和分步法。其中，品种法主要适用于大量、大批单步骤生产或管理上不要求分步骤计算成本的多步骤生产。分批法主要适用于小批、单件单步骤生产或管理上不要求分步骤计算成本的多步骤生产，具体包括一般分批法和简化分批法。分步法主要适用于大量、大批多步骤生产。根据结转各步骤成本的方法不同，分步法具体可以分为逐步结转分步法和平行结转分步法。逐步结转分步法按半成品成本的结转方式不同，又分为综合结转分步法和分项结转分步法。为了获得更加详尽的成本信息，需要对综合结转分步法进行成本还原。

习题

一、单项选择题

1. 简化的分批法是（　　）。

A. 分批计算在产品成本的分批法　　B. 不分批计算在产品成本的分批法

C. 不计算在产品成本的分批法　　D. 不分批计算完工产品成本的分批法

2. 在大量大批多步骤生产情况下，如果管理上不要求分步计算产品成本，其所采用的成本计算方法应是（　　）。

A. 品种法　　B. 分批法　　C. 分步法　　D. 分类法

3. 分批法适用于（　　）。

A. 大量大批多步骤生产　　B. 单件小批生产

C. 大量大批生产　　D. 大量大批单步骤生产

4. 在（　　）下，需要进行成本还原。

A. 逐步结转分步法　　B. 平行结转分步法

C. 综合结转的逐步结转分步法　　D. 分项结转的逐步结转分步法

5. 采用简化分批法，在产品完工之前，产品成本明细账（　　）。

A. 不登记任何费用　　B. 只登记直接费用和生产工时

C. 只登记原材料费用　　D. 登记间接费用，不登记直接费用

6. 产品成本计算的品种法就是（　　）。

A. 按照产品品种计算产品成本的方法

B. 按照产品批别计算产品成本的方法

C. 一种成本计算的辅助方法

D. 按照产品生产步骤计算产品成本的方法

7. 半成品成本流转与实物流转相一致，又不需要成本还原的方法是（　　）。

A. 逐步结转分步法　　B. 综合结转分步法

C. 分项结转分步法　　D. 平行结转分步法

8. 平行结转分步法（　　）。

A. 需要进行成本还原

B. 不需要进行成本还原

C. 能提供完整的半成品成本资料

D. 能加强物质和资金的有效管理

9. 成本还原的对象是（　　）。

A. 产成品成本

B. 本步骤生产费用

C. 上步骤转来的生产费用

D. 各步骤产成品所耗上一步骤半成品的综合成本

10. 不计算半成品成本的分步法是指（　　）。

A. 逐步分项结转分步法　　B. 平行结转分步法
C. 按实际成本综合结转分步法　　D. 按计划成本综合结转分步法

11. 采用简化的分批法，下列各项中，属于产品成本明细账登记的内容是（　　）。

A. 本月发生的直接材料　　B. 本月发生的直接人工
C. 本月发生的制造费用　　D. 本月发生的费用合计

12. 平行结转分步法下，在完工产品与在产品之间分配费用，是指（　　）之间的费用分配。

A. 产成品与月末在产品
B. 产成品与广义的在产品
C. 完工半成品与月末加工中的在产品
D. 前面步骤的完工半成品与加工中的在产品

13. 在逐步结转分步法下，产成品成本中的半成品费用可以按（　　）还原。

A. 本月所产耗半成品成本的结构　　B. 定额成本
C. 本月所产产成品成本的结构　　D. 本月所耗半成品成本的结构

14. 分项结转分步法的缺点是（　　）。

A. 需要进行成本还原
B. 不便于进行各步骤完工产品的成本分析
C. 成本结转工作比较复杂
D. 不便于加强各生产步骤的成本管理

15. 采用平行结转分步法计算产品成本时（　　）。

A. 不能提供所有步骤半成品的成本资料
B. 只能提供第二步骤半成品成本资料
C. 只能提供第一步骤半成品成本资料
D. 只能提供最后步骤半成品成本资料

16. 在大量大批多步骤生产的企业里，当半成品种类较多，管理上又不要求提供各个步骤半成品成本资料的情况下，成本计算可采用（　　）。

A. 综合逐步结转分步法
B. 分项逐步结转分步法
C. 综合逐步结转（按照实际成本结转）分步法
D. 平行结转分步法

17. 采用综合结转分步法计算产品成本时，若有三个生产步骤，需要进行成本还原的次数为（　　）。

A. 一次　　B. 二次　　C. 三次　　D. 四次

18. 采用累计分配法分配间接费用，月末未完工产品的间接费用（　　）。

A. 全部分配　　B. 部分分配　　C. 全部保留　　D. 部分保留

19. 采用分批法计算产品成本时，若是单件生产，月末计算产品成本时（　　）。

A. 需要将生产费用在完工产品和在产品之间进行分配

B. 不需要将生产费用在完工产品和在产品之间进行分配

C. 区别不同情况确定是否分配生产费用

D. 应采用同小批生产一样的核算方法

20. 采用分批法计算产品成本，若是小批生产，出现批内陆续完工的现象，并且批内完工数量较多时，完工产品和月末在产品成本计算应采用（　　）。

A. 计划成本法　　B. 定额成本法

C. 按年初固定数计算　　D. 约当产量法

21. 若企业只生产一种产品，则发生的费用（　　）。

A. 全部是直接计入费用　　B. 全部是间接计入费用

C. 部分是直接计入费用　　D. 部分是间接计入费用

二、多项选择题

1. 采用简化的分批法，基本生产成本二级账和产品成本明细账可以逐月核对的项目有（　　）。

A. 月末在产品原材料项目余额

B. 月末在产品工资及福利费项目余额

C. 月末在产品制造费用项目余额

D. 月末在产品生产工时项目余额

2. 品种法适用于（　　）。

A. 大量大批生产

B. 单件小批生产

C. 简单生产

D. 复杂生产，且管理上不要求分步骤计算产品成本

3. 品种法的特点是（　　）。

A. 要求按照产品的品种计算成本　　B. 按月定期计算产品成本

C. 品种法一般要计算在产品成本　　D. 适用于大量大批生产

4. 采用分批法计算产品成本时，成本计算对象可以按（　　）。

A. 一张订单中的不同品种产品分别确定

B. 一张订单中的同种产品分批确定

C. 一张订单中的单件产品的组成部分分别确定

D. 多张订单中的同种产品确定

5. 采用逐步结转分步法，按照结转的半成品成本在下一步骤产品成本明细账中的反映方法，分为（　　）。

A. 综合结转法　　B. 分项结转法

C. 实际成本结转法　　D. 计划成本法

6. 分批法的特点是（　　）。

A. 按照产品的批别计算成本　　B. 计算产品的生产步骤成本

C. 间接费用月末必须全部进行分配　　D. 成本计算期与会计报告期不同

7. 采用平行结转分步法不能提供（　　）。

A. 按原始成本项目反映的产成品成本资料
B. 所耗上一步骤半成品成本的资料
C. 各步骤完工半成品成本的资料
D. 本步骤应计入产成品成本份额的资料

8. 分批法中，间接费用的分配方法有（　　）。
A. 计划成本分配法　　B. 累计分配法
C. 定额比例分配法　　D. 当月分配法

9. 分步法的特点是（　　）。
A. 按照产品批别计算产品成本
B. 综合结转分步法需要进行成本还原
C. 按产品的生产步骤计算成本
D. 不按产品的批别和步骤计算成本

10. 采用逐步结转分步法需要提供各个步骤半成品成本资料的原因是（　　）。
A. 各步骤的半成品既可以自用，也可以对外销售
B. 半成品需要进行同行业的评比
C. 产成品不需要进行同行业的评比
D. 一些半成品为多种产品耗用
E. 适应实行场内经济核算或责任会计的需要

三、判断题

1. 在小批或单件生产的企业或车间中，如果各个月份的间接计入费用多，月末未完工产品的批数比较多，可采用简化的分批法。（　　）

2. 划分产品成本计算基本方法的标志是成本计算对象。（　　）

3. 采用分批法计算产品成本，在批内部分完工产品按计划单位成本计算结转后，待该批产品全部完工后，还应计算该批产品实际总成本，并调整前期完工产品实际成本与计划成本的差异。（　　）

4. 大量大批的多步骤生产也可能采用品种法计算产品成本。（　　）

5. 在平行结转分步法下，各步骤的生产费用都必须在产成品和广义的在产品之间进行分配。（　　）

6. 在月末未完工产品批数较多的情况下，不适宜采用简化的分批法。（　　）

7. 在平行结转分步法下，只能采用定额比例法进行产成品和在产品之间的费用分配。（　　）

8. 成本还原后的各项费用之和应该与成本还原对象相等。（　　）

9. 多批生产下，在月末未完工产品批数较多的情况下，不适宜采用简化的分批法。（　　）

10. 大量大批的多步骤生产也可能采用品种法计算产品成本。（　　）

11. 在平行结转分步法下，各步骤的生产费用都必须在步骤内完工产品和在产品之间进行分配。（　　）

12. 平行结转分步法的在产品是狭义的在产品，即只包括车间或生产步骤内未完工

在产品。（　　）

13. 采用平行结转分步法时，不论半成品是在各生产步骤之间转移还是通过半成品库收发，都应通过“自制半成品”科目进行总分类核算。（　　）

14. 成本还原是指采用逐步结转（综合结转）分步法计算成本时，将产成品成本中的综合成本，逐步分解成为原来成本项目的过程。（　　）

15. 采用分批法计算成本的程序比采用品种法计算成本的程序简单。（　　）

四、计算题

1. 甲企业201×年8月生产A、B两种产品，都是单步骤的大量生产，采用品种法计算产品成本。本月有关成本计算资料如下：

（1）月初在产品成本。A、B两种产品的月初在产品成本如下，见表9-59。

表9-59　　A、B产品月初在产品成本资料表

201×年8月　　单位：元

摘　要	直接材料	直接人工	制造费用	合计
A产品月初在产品成本	285 000	43 680	5 675	334 355
B产品月初在产品成本	225 740	27 500	4 560	257 800

（2）本月生产数量。A产品本月完工500件，月末在产品100件，实际生产工时80 000小时；B产品本月完工200件，月末在产品40件，实际生产工时20 000小时。A、B两种产品的原材料都在生产开始时一次投入，加工费用发生比较均衡，月末在产品完工程度均为50%。

（3）本月发生的生产费用如下：

①本月发出材料汇总表，如表9-60所示。

表9-60　　发出材料汇总表

201×年8月　　单位：元

领料部门和用途	材料类别		合　计
	原材料	包装物	
基本生产车间耗用			
A产品耗用	980 000	19 000	999 000
B产品耗用	790 000	5 600	795 600
A、B产品共同耗用	49 000		49 000
车间一般耗用	4 000	800	4 800
辅助生产车间耗用			
供电车间耗用	2 800		2 800
供汽车间耗用	3 200		3 200
厂部管理部门耗用	2 600	900	2 600
合　　计	1 831 600	26 300	1 857 000

备注：生产A、B两种产品共同耗用的材料，按A、B两种产品直接耗用原材料的比例进行分配。

②本月工资结算汇总表，见表9-61。

表9-61 职工薪酬汇总表

201×年8月 单位：元

人员类别	应付职工薪酬
基本生产车间	
产品生产工人	440 000
车间管理人员	40 000
辅助生产车间	
供电车间	9 000
供汽车间	8 000
厂部管理人员	52 000
合　计	549 000

③本月以现金支付的费用为5 000元，其中包括基本生产车间负担的办公费450元，市内交通费265元；供电车间负担的市内交通费345元；供汽车间负担的外部加工费980元；厂部管理部门负担的办公费2 460元，材料市内运输费500元。

④本月以银行存款支付的费用为25 700元，其中包括基本生产车间负担的办公费2 000元，水费3 000元，差旅费2 400元，设计制图费3 600元；供电车间负担的水费1 500元，外部修理费2 800元；供汽车间负担的办公费1 400元；厂部管理部门负担的办公费4 000元，水费2 200元，招待费1 200元，市话费1 600元。

⑤本月应计提固定资产折旧费32 000元，其中：基本生产车间折旧20 000元，供电车间折旧2 000元，供汽车间折旧4 000元，厂部管理部门折旧6 000元。

⑥辅助费用的分配采用计划成本法。电费的计划成本为0.21元/度，供汽车间的计划成本为3.5元/立方。

要求：

（1）根据上述资料，编制各种费用分配表。

（2）登记产品成本明细账，计算各种产品的成本。

（3）编制有关生产费用分配和产品成本结转的会计分录。

2. A企业小批生产甲、乙两种产品，采用分批法计算成本，产品跨月陆续完工。有关资料如下：

（1）6月投产的产品批号有：

701批号：甲产品10台，本月投产，本月完工6台，5月全部完工。

802批号：乙产品10台，本月投产，本月完工2台，5月全部完工。

（2）6月份和7月份各批号生产费用资料详见表9-62。

表 9-62　　生产费用分配表

单位：元

月　份	批　号	直接材料	直接人工	制造费用
6	701	59 800	8 800	6 900
	802	10 200	8 600	4 960
7	701		1 800	1 400
	802		8 100	4 050

701 批号甲产品 6 月份完工数量占全部批量比重较大。原材料在生产开始时一次投入，其他费用在完工产品与在产品之间采用约当产量比例法进行分配，在产品完工程度为 50%。

802 批号乙产品 6 月完工数量较少，在产品按定额成本结转。每台在产品定额成本为：直接材料费用 960 元，直接人工费用 710 元，制造费用 440 元。

要求：根据上述资料，登记产品成本明细账，计算各批产品成本。

3. 甲企业根据其自身的生产特点和管理要求，采用简化分批法计算产品成本，有关资料如下：

（1）8 月份生产批号有：

1301 批号：A 产品 6 件，7 月投产，8 月全部完工。

1302 批号：B 产品 12 件，7 月投产，8 月完工 6 件。

1303 批号：C 产品 7 件，5 月底投产，尚未完工。

1304 批号：D 产品 9 件，6 月初投产，尚未完工。

（2）各批号产品 8 月底累计直接材料费用（原材料在生产开始时一次投入）和生产工时为：

1301 批号：直接材料 15 000 元，工时为 9 060 小时。

1302 批号：直接材料 19 200 元，工时为 17 500 小时。

1303 批号：直接材料 9 600 元，工时为 8 500 小时。

1304 批号：直接材料 8 900 元，工时为 7 100 小时。

（3）8 月末该厂全部累计直接材料费用为 52 700 元，累计工时为 43 260 小时，职工薪酬为 18 169.2 元，制造费用为 21 630 元。

（4）8 月末，完工产品工时为 19 560 小时，其中 B 产品 10 500 小时。

要求：

（1）登记基本生产成本二级账和各批产品成本明细账。

（2）计算和登记累计间接费用分配率，计算各批完工产品成本。

4. 某企业 E 产品生产需顺序地经过两个加工步骤，第一步骤生产出半成品后交第二步骤加工制成 E 产品。该企业采用逐步结转分步法计算产品成本，设有“直接材料”“自制半成品”“直接人工”和“制造费用”四个成本项目。5 月份有关 E 产品成本计算的资料如下：

（1）产量资料详见表 9-63。

表 9-63　　E 产品产量表

单位：件

项　目	第一步骤	第二步骤
月初在产品结存数量	60	10
本月投产或上月转入数量	240	250
本月完工产品数量	250	200
月末在产品结存数量	50	60
月末在产品加工程度	40%	50%

E 产品所耗直接材料在第一步骤生产开始时一次投入。

（2）各步骤月初在产品成本资料详见表 9-64。

表 9-64　　月初在产品成本资料表

单位：元

项　目	直接材料	自制半成品	直接人工	制造费用	合计
第一步骤	6 520		440	600	7 560
第二步骤		1 226	88	108	1 656

（3）各步骤本月生产耗费资料详见表 9-65。

表 9-65　　本月生产费用表

单位：元

项 目	直接材料	直接人工	制造费用	合计
第一步骤	20 480	2 260	4 800	27 540
第二步骤		1 706	3 595	5 301

要求：

（1）根据上述资料，设立产品成本明细账，计算 E 产品成本。

（2）进行成本还原，编制成本还原计算表。

5. 某企业生产 D 产品需经过第一车间和第二车间连续加工完成。采用逐步结转分步法计算成本。第一步骤本月转入第二步骤的生产费用合计（半成品成本）99 000 元，其中原材料 35 000 元，职工薪酬 26 000 元，制造费用 38 000 元。第二车间本月发生工资费用为 8 000 元，制造费用为 12 500 元。第二车间期初在产品成本为 24 000 元，其中直接材料 15 000 元，职工薪酬 4 300 元，制造费用 4 700 元；第二车间期末在产品成本按定额成本核算为 18 000 元，其中半成品成本 15 000 元，职工薪酬 1 100 元，制造费用 1 900 元。分别采用分项结转半成品成本和综合结转半成品成本计算完工产品各成本项目的成本及总成本。

6. 某工厂生产B产品，分两个生产步骤连续加工，原材料在第一步骤开始时一次投入，成本计算采用平行结转分步法。两个步骤的完工产品份额和广义在产品之间的费用分配，均采用定额比例法。第一步骤直接材料成本按原材料定额费用比例分配，第一步骤和第二步骤的职工薪酬及制造费用，都按定额工时比例分配。2011年10月份有关资料如下：

（1）第一步骤和第二步骤的定额资料详见表9-66。

表9-66　　定额资料表

单位：元

项　目	第一步骤		第二步骤	
	完工产品	在产品	完工产品	在产品
原材料定额费用	20 000	5 000		
定额工时	10 000	6 000	6 800	3 200

（2）月初在产品成本资料详见表9-67。

表9-67　　月初在产品成本资料表

单位：元

生产步骤	直接材料	职工薪酬	制造费用	合计
第一步骤	8 400	4 800	4 200	17 400
第二步骤		1 604	1 480	3 084

（3）本月发生的生产费用详见表9-68。

表9-68　　本月生产费用表

单位：元

生产步骤	直接材料	职工薪酬	制造费用	合计
第一步骤	36 000	12 000	11 400	59 400
第二步骤		8 600	5 800	14 400

（4）本月完工产量为500吨。

要求：

（1）根据上述资料，编制各生产步骤应计入产品成本的份额。

（2）编制产品成本汇总表，计算完工产品总成本和单位成本。

（3）编制完工产品入库的会计分录。

7. 某工厂生产F产品，分两个生产步骤连续加工，原材料均在每个步骤生产开始时一次投入，直接人工和制造费用随加工进度发生。各项费用在完工产品和在产品之间分配采用约当产量比例法。2011年10月份有关资料如下：

（1）第一步骤和第二步骤的定额资料详见表9-69。

表 9-69 产品资料

单位：件

项　目	第一步骤	第二步骤
月初在产品结存	20	15
本月投入或转入	350	340
本月完工并转出	340	335
月末在产品结存	30	20
完工程度	40%	50%

（2）月初在产品成本资料详见表 9-70。

表 9-70 月初在产品成本资料表

单位：元

生产步骤	直接材料	职工薪酬	制造费用	合计
第一步骤	8 400	4 800	4 200	17 400
第二步骤		1 604	1 480	3 084

（3）本月发生的生产费用详见表 9-71。

表 9-71 本月生产费用表

单位：元

生产步骤	直接材料	职工薪酬	制造费用	合计
第一步骤	36 000	12 000	11 400	59 400
第二步骤		8 600	5 800	14 400

（4）本月完工产量为 500 吨。

要求：

（1）采用约当产量比例法在完工产品和在产品之间分配费用。

（2）登记各步骤产品成本明细账。

（3）编制完工产品入库的会计分录。

8. 某企业采用逐步结转分步法分三个步骤计算产品成本，三个步骤的成本资料见表 9-72。

表 9-72 各步骤生产费用表

单位：元

生产步骤	半成品（直接材料）	燃料及动力	直接人工	制造费用	成本合计
1	21 500	9 000	8 100	4 500	43 100
2	37 050	3 510	3 250	1 950	45 760
3	38 896	5 600	3 840	2 720	51 056

要求：根据上述资料进行成本还原。

9. 广义在产品练习：

（1）A 企业甲产品有四个加工步骤，各步骤之间没半成品库，其他资料如下：

表 9-73　　数量表

单位：件

项目	第一步骤	第二步骤	第三步骤	第四步骤
月初在产品数量	16	2	14	4
本月投入数量	44	50	40	50
本月完工产品数量	50	40	50	50
月末在产品数量	10	12	4	4

要求：计算各步的广义在产品数量。

（2）A 企业甲产品有三个加工步骤，各步骤之间没半成品库，第一步骤两个产品组装成第二步骤一个产品，其他资料见表 9-74。

表 9-74　　数量表

单位：件

项目	第一步骤	第二步骤	第三步骤
月初在产品数量	16	2	14
本月投入数量	44	25	20
本月完工产品数量	50	20	30
月末在产品数量	10	7	4

要求：计算各步的广义在产品数量。

（3）A 企业甲产品有三个加工步骤，各步骤之间没半成品库，第一步骤两个产品组装成第二步骤一个产品，第二步骤两个产品组装成第三步骤一个产品，其他资料见表 9-75。

表 9-75　　数量表

单位：件

项目	第一步骤	第二步骤	第三步骤
月初在产品数量	16	2	14
本月投入数量	44	25	10
本月完工产品数量	50	20	20
月末在产品数量	10	7	4

要求：计算各步的广义在产品数量。

10. C 企业总财务核算下设三个科室：一车间财务科，二车间财务科，三车间财务科。在集中核算时，总厂财务得到如表9-76所示资料。

表9-76 **数量表**

单位：件

项目	一车间	二车间	三车间
期初在产品	10	20	30
投入	100	90	80
转出	90	80	60
期末在产品	20	30	50

问题：

（1）从上述三个车间产品结转的情况看，该企业产品的生产工艺是多步骤连续式，还是装配式？

（2）连续式多步骤生产能否运用平行结转分步法核算成本？有何难度？

（3）多步骤装配式生产能否运用平行结转分步法核算成本？

11. 某A航空的发展模式是："两高两低两单两减"，即高客座率，高飞机利用率；低营销费用，低管理费用；单一机型，单一舱位；减少非必要成本，减少日常费用。据A航空董事长透露，他们飞机上每个与众不同的细节都瞄准了同一个目标——能省则省：航班为旅客免费提供的仅仅是一小瓶矿泉水，没有了一般航空公司的餐食；空乘人员自己打扫机舱；他们的服装一套大概不到千元（而在去年，南方航空就曾为6 000名空姐定做了每套价格近7 000元的服装）；航班上是清一色的经济型座位，没有头等舱（这使同样一架飞机能够多载10%的顾客）；公司采取空客A320单一机型；大量选择非主流的二类机场，减少机场设备的使用（每年能够节约5 000万元左右）；缩短机场停靠时间；航空公司租用办公楼；董事长的办公室面积只有12平方米；夏天只要乘客下了飞机，哪怕机舱里达到50℃，机长也会关掉给空调供电的发动机；采取各种节油措施（每年省下来的油钱就有3 000多万元）；提高飞机利用率；采用自己开发的系统，不进入中国民航信息网络有限公司的销售系统（光此一项就能省下票面价值的5%左右，通过网上和电话预订，则又能够在销售费用上节省5%）……低成本、低价格，使这个民营的航空公司单机赢利达到国内的最高水平。两年来，总营业收入15.2亿元，上缴国家税收4 782万元，实现企业利润6 700万元。虽然A航空公司想尽各种办法节省成本，但在保证安全上的成本却从不"吝啬"。比如最新租赁的3架新飞机，他们每个月都要多付出四五万美元的代价。

要求：

（1）根据A航空的案例资料，试列举其经营过程中的耗费。

（2）分析以上耗费，判断哪些耗费应该列作成本计算对象的成本，哪些耗费列入期间费用。

（3）分析成本计算对象成本的耗费，判断哪些属于直接成本，哪些属于间接成本。

10 产品成本计算的辅助方法

教学目标：

通过本章的学习，了解分类法和定额法的特点、适用范围、应用条件和优缺点，掌握分类法成本计算的程序、方法以及定额法下各类差异的计算，重点掌握定额法及分类法下产品实际成本的核算。

教学要求：

知识要点	能力要求	相关知识
分类法	（1）了解分类法的特点； （2）掌握分类法的计算程序； （3）了解分类法的适用范围； （4）熟悉分类法的优缺点	（1）特点； （2）计算程序； （3）适用范围； （4）优缺点
定额法	（1）了解定额法的特点； （2）掌握定额法的计算程序； （3）了解定额法的适用范围； （4）熟悉定额法的优缺点	（1）特点； （2）计算程序； （3）适用范围； （4）优缺点

基本概念：

分类法　副产品　定额法　定额成本　产品原材料消耗定额　产品生产工时定额
原材料计划单价　生产工资计划单价　制造费用计划单价　原材料定额消耗量
原材料实际消耗量　原材料脱离定额差异

导入案例：

曾经有一家企业，在做一个新项目时，项目组每天的运营成本为 8 万元，可是其在产品上市前夕，采购部门为了采购 10 万余元的包装，竟然耗费了一周时间，理由是要找价格低廉的供应商以节约采购成本。整个营销团队因此多等待一周时间。

这种现象其实在很多企业里均存在：一味地追求降低采购的直接成本而忽略了同时并存的“隐形成本”。当然，降低采购直接成本与本书并无冲突，在这里，我们要说的是，企业的采购部门要站在整体经营的角度综合权衡各项指标，才能真正控制采购的成本支出。

10.1 产品成本计算的分类法

在有些企业中，如无线电子原件、化工、针织、制帽制鞋、炼油等企业，产品品种、规格繁多，但每类产品的结构、所用原材料和工艺基本相同，若按每一种产品、每一种规格计算产品成本，工作量大而且繁琐，在这种情况下，一般采用分类法计算产品的成本。

10.1.1 分类法的特点

产品成本计算的分类法，是指按产品类别归集生产费用，计算产品成本的一种方法。在一些工业企业中，生产的产品品种、规格很多，若按产品品种、规格归集生产费用，计算产品成本，则计算工作极为繁重。在这种情况下，如果不同品种、规格的产品可以按照一定标准进行分类，为了简化成本计算工作，就可以采用分类法来计算产品成本。

分类法的特点是：按照产品的类别归集生产费用、计算成本；类内不同品种（或规格）产品的成本按照一定的分配方法分配确定。其特点主要表现在：

1. 成本计算对象的确定

在分类法下，成本计算对象是各类产品。按照产品的类别设置产品成本明细账归集生产费用，计算该类产品，类内不同品种（或规格）产品的成本按照一定的分配方法分配确定。

2. 成本计算期的确定

在分类法下，成本计算期与会计期间一致，即以日历月份为成本计算期，定期在月末进行产品成本的计算。

3. 完工产品与月末在产品成本的分配

在分类法下，月末应将归集在产品成本明细账中的生产费用，在该类完工产品与在产品之间分配，计算出各类完工产品成本及在产品成本。然后采用适当的方法，分配计算类内各种产品总成本和单位产品成本。

10.1.2 分类法的成本计算程序

运用分类法计算产品成本结果是否正确，主要取决于两个因素：首先，必须恰当地划分产品的类别；其次，在类别内部选择合理的标准分配费用。因此，分类法的成本计算程序可以划分为以下几个步骤：

1. 正确划分产品类别

产品类别的划分，应根据产品结构、所用原材料和工艺技术过程的不同，将产品划分为若干类，一般将使用原材料、生产工艺过程和结构基本相同或相近的产品归为一类。类别确定要恰当，类别划分不可过细，否则成本计算对象仍然很多，起不到简化成本计算的作用。但如果类别划分过粗，将不同性质、结构、所耗原材料及工艺过程不同的产品归为一类，将会影响产品成本计算的正确性。

2. 确定产品成本计算对象，正确归集生产费用

以产品类别作为成本计算对象，开设产品成本明细账，按产品成本项目归集各项生产费用，计算各类产品的总成本。可以把类别看成产品的品种，采用品种法的原理和方法计算某类产品成本。在按类别分配、归集生产费用时，能按类别划分的直接计入费用，应直接计入按类别开设的产品成本明细账；不同类别的产品共同耗用的间接计入费用，在采用适当的方法分配后，分别计入各类产品成本明细账。

3. 各类完工产品与月末在产品成本的计算与分配

月末，应将归集在产品成本明细账中的各项生产费用，按照一定的方法在完工产品与月末在产品之间分配。

4. 采用适当的分配标准和方法将各类完工产品总成本在类内各种产品之间进行分配，计算出各种完工产品的总成本和单位产品成本

选择合理的分配标准，分别将每类产品的成本，在类内的各种产品之间进行分配，计算每类产品内各种产品的成本。

同类产品内各种产品之间分配费用的标准，一般有定额消耗量、定额费用、售价以及产品的体积、长度和重量等。在选择费用的分配标准时，应主要考虑与产品生产耗费的关系，即应选择与产品各项耗费有密切联系的分配标准。

在类内各种产品之间分配费用时，各成本项目可以按同一个分配标准进行分配；为了使分配结果更为合理，也可以根据各成本项目的性质，分别按照不同分配标准进行分配。例如，原材料费用可以按照原材料定额消耗量或原材料定额费用比例进行分配，工资及福利费等其他费用可以按照定额工时比例进行分配。

此外，为了简化分配工作，可以将分配标准折算成相对固定的系数，按照固定的系数在类内各种产品之间分配费用。确定系数时，一般是在类内选择一种产量较大、生产比较稳定或规格折中的产品作为标准产品，将这种产品的系数定为“1”。再用其他各种产品的分配标准额分别与标准产品的分配标准额相比较，计算出其他各种产品的分配标准额与标准产品的分配标准额的比率，即系数。在分类法中，按照系数分配类内各种产品成本分方法，也叫系数法。系数一经确定，在一定时期内应相对稳定。在实际工作中，也采用按照标准产品产量比例分配类内各种产品成本的方法，即将各种产品的产量按照系数进行折算，折算成标准产品，然后，按照标准产品产量的比例分配类内各种产品成本，这也是一种系数分配法。假定某企业产品品种、规格繁多，但可以按一定标准将其分为甲、乙两类产品，其中甲类包括 A、B、C 三种产品，乙类包括 D、E、F 三种产品，那么产品成本明细账的设置，以及分类法成本计算的一般程序如图 10-1 所示。

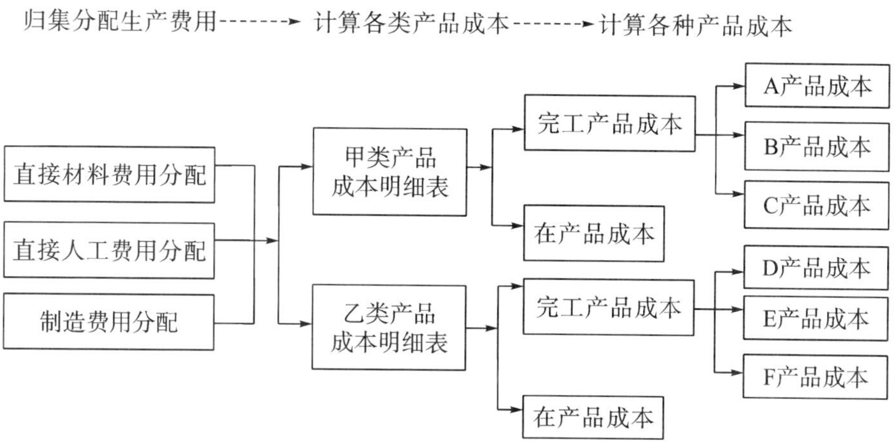

图 10-1 分类法核算程序图

下面举例介绍分类法下，类内各种产品成本的分配。

【例 10-1】某企业生产甲、乙、丙三种产品，其结构、特性、材料和生产工艺过程相近，采用分类法合并为一类进行成本计算。有关资料如下：

（1）类内各种产品的原材料费用按照原材料费用系数进行分配。原材料费用系数按原材料费用定额确定。

（2）类内各种产品的工资费用、制造费用均按各种产品的定额工时比例分配。其工时定额为：甲产品 10 小时，乙产品 12 小时，丙产品 15 小时。

（3）该企业该月份的产品产量分别为：甲产品 1 000 件，乙产品 1 200 件，丙产品 500 件。

该企业成本计算过程如下：

（1）根据原材料费用定额计算原材料费用系数，见表 10-1。

表 10-1 各种产品原材料费用系数计算表

产品名称	单位产品原材料费用				原材料费用系数
	原材料名称或编号	消耗定额（千克）	计划单价（元/千克）	费用定额（元）	
甲	150	8	10	80	270/300＝0.9
	287	4	25	100	
	301	5	18	90	
	合计	—	—	270	
乙（标准产品）	150	7.8	10	78	1
	287	6	25	150	
	301	4	18	72	
	合计	—	—	300	

表10-1(续)

产品名称	单位产品原材料费用				原材料费用系数
	原材料名称或编号	消耗定额（千克）	计划单价（元/千克）	费用定额（元）	
丙	150	8.8	10	88	450/300=1.5
	287	8	25	200	
	301	9	18	162	
	合计	—	—	450	

（2）根据产品类别开设成本明细账，并登记明细账，计算各类产品成本（假定该类产品月末在产品成本按年初数固定计算成本），见表10-2。

表10-2　　产品成本明细表

产品名称：×类　　201×年×月　　单位：元

项目	直接材料	直接人工	制造费用	成本合计
月初在产品成本	40 000	3 000	5 000	48 000
本月发生费用	900 600	111 650	175 450	1 187 700
生产费用合计	940 600	114 650	180 450	1 235 700
完工产品成本	900 600	111 650	175 450	1 187 700
月末在产品成本	40 000	3 000	5 000	48 000

（3）分别计算甲、乙、丙三种产品的成本，并编制产品成本计算表（表10-3）。

表10-3　　类内各种产品计算表

产品名称：×类　　201×年×月

项目	产量（件）	原材料费用系数	原材料费用总系数	工时消耗定额（小时/件）	定额工时（小时）	直接材料（元）	直接人工（元）	制造用费（元）	成本合计（元）
①	②	③	④=②×③	⑤	⑥=②×⑤	⑦=④×分配率	⑧=⑥×分配率	⑨=②×③	⑩
分配率	—	—	—	—	—	316	3.5	5.5	—
甲产品	1 000	0.9	900	10	10 000	284 400	35 000	55 000	374 400
乙产品	1 200	1	1 200	12	14 400	379 200	50 400	79 200	508 800
丙产品	500	1.5	750	15	7 500	237 000	26 250	41 250	304 500
合计	—	—	2 850	—	31 900	900 600	111 650	175 500	1 187 700

表10-3中各种费用分配率的计算过程如下：

$$直接材料费用分配率=\frac{900\ 600}{2\ 850}=316$$

$$直接人工费用分配率=\frac{111\ 650}{31\ 900}=3.5（元/小时）$$

$$\text{制造费用分配率} = \frac{175\ 450}{31\ 900} = 5.5\ (\text{元/小时})$$

实际工作中，企业还可以根据需要采用标准产品产量比例分配同一类产品中各种产品成本，也就是按照系数将各种产品的实际产量折算成标准产品的产量，然后据此分配各种产品的成本。这种方法也是系数法的一种具体应用。

10.1.4　分类法的适用范围及其优缺点

1. 分类法的适用范围

分类法与生产的类型无直接关系，可以在各种类型的生产中应用，即凡是产品品种、规格繁多，又可以按照一定标准划分为若干类别的企业或车间，均可以采用该分类法计算成本。例如，钢铁厂生产的各种型号和规格的生铁、钢锭和钢材，针织厂生产的各种不同种类和规格的针织品，灯泡厂生产的各种不同类别和瓦数的灯泡，食品厂生产的各种饼干和面包，等等。它们的生产类型有所不同，但都可以采用分类法计算产品成本。

一些化工企业，对同一原料进行加工，可以同时生产出几种主要产品。例如，原油经过提炼，可以同时生产出各种汽油、煤油和柴油等产品，它们所用的原料和工艺过程相同，因而最适宜于用分类法进行产品成本的计算。

另外，有些企业可能生产一些零星产品，例如为协作单位生产的少量零部件，或自制少量材料和工具等。这些零星产品，虽然所用原材料和工艺过程不一定完全相近，但其品种规格多，且数量少，费用比重小。为了简化核算工作，也可以把它们归为一类，采用分类法计算产品成本。

2. 分类法的优缺点

一方面，由于分类法是按产品的类别归集生产费用，先计算该类产品总成本，然后按一定方法分配计算类内各种产品成本，因此分类法的优点主要表现在三个方面：

（1）简化产品成本的计算工作。在一些生产制造企业中，生产的产品品种、规格繁多，如果按产品品种、规格归集生产费用，计算产品成本，其核算工作十分繁重。采用分类法进行成本计算，可以将品种、规格繁多的产品按一定的标准予以分类，以产品类别为成本计算对象，计算产品成本，从而可以大大减少产品成本计算的工作量。

（2）能够提供各类产品成本完成情况。前述的成本计算方法，如品种法、分批法、分步法，究其实质都是以产品品种为成本计算对象，提供各种产品成本完成情况，无法提供各类产品成本的完成情况。分类法与其相比，由于以产品类别为成本计算对象，归集各项生产费用，计算该类产品成本，然后计算类内各种产品成本，因此分类法不但能提供各种产品成本完成情况，更能提供各类产品成本的完成情况，这是其他成本计算方法无法比拟的。

（3）适用范围较广。由于分类法与企业的生产类型没有直接关系，因此任何生产类型的企业均可使用，无论是单步骤还是多步骤生产类型的企业，只要所生产的产品能够按一定的标准分类，都可以采用分类法进行产品成本的计算。

另一方面，由于类内各种产品成本计算中不论是直接计入费用还是间接计入费用，都是按一定的分配标准按比例分配的，其计算的结果具有一定的假定性。因此，在分类法下，产品的分类和分类标准的选定，是非常关键的。在产品的分类上，应以所耗原材料和工艺过程是否相近为标准。因为，所耗原材料和工艺过程相近的各种产品，成本往往接近。在对产品分类时，如果类距定得过小，则会使成本计算工作量加大；如果定得过大，则会影响成本计算的正确性。

10.2 产品成本计算的定额法

前面所述的成本计算的基本方法和辅助方法，都是以产品的实际成本为基础来计算产品成本的，因此生产费用和产品的实际成本与定额成本间的差异及其发生的原因，只有在月末通过实际成本与定额成本进行对比分析才能确定，而不能在月份内生产费用发生的当时反映出来，不能及时地对产品成本进行有效的控制和管理。而定额法强调的则是以产品的定额成本为基础来计算产品的实际成本，重视考核生产费用日常核算中实际成本和定额成本产生的差异以及差异产生的原因。因此，其计算依据和要求与前面各种方法有所不同。定额法既是一种成本计算方法，更是一种对产品成本进行直接控制和管理的方法。

10.2.1 定额法的特点

为了及时反映和监督生产费用和产品成本脱离定额的差异，产品成本计算的定额法，把产品成本的计划、控制、核算和分析结合在一起，以便加强成本管理。其主要特点为：将事前制定产品的消耗定额、费用定额和定额成本作为降低成本的目标。在生产费用发生的当时，就将符合定额的费用和发生的差异分别核算，以加强对成本差异的日常核算、分析和控制；月末，在定额成本的基础上，加减各种成本差异，计算产品的实际成本，为成本的定期考核分析提供数据。

产品定额成本与产品计划成本并不完全相同。二者相同点表现在都是以产品生产耗费的消耗定额与计划价格为依据确定的。二者的不同点表现在：①定额成本是以现行消耗定额为根据计算的，现行消耗定额应随着生产技术的进步和劳动生产率的提高不断修订。计划成本则是以计划期（一般为 1 年）内平均消耗定额为依据计算的，计划成本在计划期内通常是不变的。②计算计划成本所用的价格是全年平均计划价格，计算定额成本所用的价格是不同时期的计划价格。③定额成本反映了企业在各个时期现有生产条件下应该达到的成本水平，而计划成本则反映了企业在这个计划期内成本的奋斗目标。因此，定额法不仅是一种产品成本计算方法，更重要的还是一种对产品成本进行直接控制和管理的方法。

10.2.2 定额法的计算程序

1. 定额成本的计算

采用定额法计算产品成本，必须先制定产品的原材料、动力、工时等消耗定额，并根据各项消耗定额和原材料的计划单价，计划工作率或计件工资单价、制造费用率等资料，计算产品的各项费用定额和产品的单位定额成本。具体计算公式为：

原材料费用定额=产品原材料消耗定额×原材料的计划单价

生产工作费用定额=产品生产工时定额×生产工作计划单价

制造费用定额=产品生产工时定额×制造费用计划单价

定额成本的计算通常是通过编制定额成本计算表进行的。定额成本计算表的编制方法，与产品的结构、零部件的多少、企业规模的大小、是否实行车间成本核算以及车间之间的结转方式等有密切的关系。当产品的零部件数量不多时，可以先编制零部件定额成本计算表，然后编制部件定额成本计算表和产成品定额成本计算表。如果产品的零部件数量较大，为了简化定额成本计算表的编制工作，可以不计算零件的定额成本，直接根据零件定额卡所列的原材料消耗定额、工时消耗定额，以及原材料的计划单价、计划的薪酬率和计划的制造费用率计算部件定额成本，然后再计算产成品定额成本，之后再编制企业单位产品定额成本计算表。或者根据零件定额卡所列的原材料消耗定额、工时消耗定额，以及原材料的计划单价、计划的薪酬率和计划的制造费用率，直接编制产成品定额成本计算表。零件定额卡和部件定额成本计算表以及产成品定额成本计算表的格式如表10-4、表10-5、表10-6所示。

表10-4　　零件定额卡

零件编号名称：2101　　201×年

材料编号名称	计量单位	材料消耗定额
1301	千克	4
工序	工时定额	累计工时定额
1	3	3
2	5	8
3	6	14

表10-5　　部件定额成本计算表

部件编号名称：2100　　201×年

所需零件编号名称	零件数量	材料定额							工时定额
		1301			1302			金额合计	
		数量	计划单价	金额	数量	计划单价	金额		
2101	4	12	5	60				60	30
2102	2				16	6	96	96	50
装配									16
合计				60			96	156	96

表10-5(续)

定额成本					定额成本合计
原材料	薪酬费用		制造费用		
	计划薪酬率	金额	计划制造费用率	金额	
132	0.5	48	0.4	38.4	242.4

表 10-6 **产品定额成本计算表**

产品编号：2000　　　　产品名称：A

所用部件编号或名称	所用部件数量	材料费用定额		工时定额	
		部件	产品	部件	产品
2100	2	156	312	30	60
2200	2	100	200	25	50
装配					10
合计			512		120

产品定额成本项目					产品定额成本合计
直接材料	直接人工		制造费用		
	工资率	金额	费用率	金额	
512	8	960	5	600	2 072

2. 脱离定额差异的计算

脱离定额的差异，是指在生产过程中，各项生产费用的实际支出脱离现行定额或预算的数额。脱离定额差异的核算，就是指在发生生产费用时，为符合定额的费用和脱离定额的差异，分别编制定额凭证和差异凭证，并在有关的费用分配表和明细分类账中分别予以登记。这样，就能及时正确地核算和分析生产费用脱离定额的差异，控制生产费用支出。因此，对定额差异的核算是实行定额法的重要内容。为了防止生产费用的超支，避免浪费和损失，差异凭证填制以后，还必须按照规定办理审批手续。在有条件的企业，可以将脱离定额差异的日常核算同车间或班组经济责任制结合起来，依靠各生产环节的职工，控制生产费用。脱离定额的差异的计算包括以下三个方面：

（1）原材料脱离定额差异的计算

在各成本脱离定额的核算中，因原材料费用（包括自用半成品费用）属于直接费用，且一般在产品成本项目中占有较大的比重，因此材料脱离定额差异的核算是一个很重要方面。材料脱离定额的差异，是指实际产量的现行定额耗用量与实际耗用量之差。至于材料价格差异，一般可以不下车间、班组，属于成本开支的，可由财务部门一次记入当期产品成本，列入“直接材料”项下。原材料脱离定额差异的核算方法一般有以下三种方法：

①限额法。在定额成本法下，企业领用原材料一般都实行限额领料制度，对限额内的领料应填写限额领料单办理领料手续。由于产量增加，需要增加领料时，应办理追加限额领料手续。由于其他原因发生超额领料时，应填写专设的超额领料单等差异

凭证办理领料手续，也可以用普通的领料单代替，但应以不同的颜色或加盖专用的戳记加以区别。这个超过定额的数额就是材料脱离定额的差异。生产零用代用材料或以废料代替好料使用，应填写专用领料单，并在有关的限额领料单中注明，还应将领用的代用材料或废料折算成原来规定材料数量后计算材料脱离定额的差异。差异凭证的签发、代用材料或废料的利用，都要经过一定的审批手续。

每批产品生产任务完成以后，应根据车间余料数额填制退料单，办理退料手续，实际耗用量低于定额耗用量的节约数，应列作材料脱离定额差异。

由于当期投产的产品数量不一定正好等于规定的产品数量，当期所领原材料的数量也不一定正好等于原材料的实际消耗量，即期初、期末车间可能有余额，因此上述差异凭证反映的往往是领料差异，而不是用料差异。只有投产的产品数量正好等于规定的产品数量时，领料差异才是用料脱离定额的差异。

【例 10-2】某限额领料单规定的产品数量为 100 件，每件产品的原材料消耗定额为 5 千克，则领料限额为 500 千克，本月实际领料 480 千克，领料差异为少领 20 千克。在下面三种情况下，分别计算原材料脱离定额差异：

（1）本期投产产品数量等于限额领料单规定的产品数量，且期初、期末均无余料。

（2）本期投产产品数量为 100 件，但车间期初余料为 10 千克，期末余料为 12 千克。

（3）本期投产产品数量为 90 件，但车间期初余料为 10 千克，期末余料为 12 千克。

针对上述三种情况，原材料脱离定额差异计算如下：

（1）由于本期投产产品数量=限额领料单规定的产品数量，期初期末无余料，则少领 20 千克的领料差异就是用料脱离定额的节约差异。

（2）原材料定额消耗量=100×5=500（千克）

原材料实际消耗量=480+10-12=478（千克）

原材料脱离定额差异=478-500=-22（千克）（节约）

（3）原材料定额消耗量=90×5=450（千克）

原材料实际消耗量=480+10-12=478（千克）

原材料脱离定额差异=478-450=28（千克）（超支）

②切割核算法。对于某些贵重材料或经常大量使用的，且需要经过切割才能投入生产的材料，还应编制材料切割计算单，计算材料定额消耗量和材料脱离定额差异。对于材料切割和应切割的毛坯数量，在工人切割完毕后，应填写实际切割成的毛坯数量和材料实际消耗量。然后根据实际切割成的毛坯数量和消耗定额计算出材料定额消耗量，并将其与材料实际消耗量对比分析，确定材料脱离定额差异。对于材料消耗量和材料脱离定额的差异，也应填制材料切割计算单，并说明产生差异的原因。材料切割计算单如表 10-7 所示。

表 10-7　　　　　　　　　　　　**材料切割计算单**

材料编号名称：1021　　　材料计算单位：千克　　　材料计划单价：5 元
产品名称：甲产品　　　零件编号名称：1105　　　图纸号：304
切割工人工号和姓名：1823　李明
发交切割日期：201×年×月×日　　　完工日期：201×年×月×日

<table>
<tr><td colspan="3">发料数量</td><td colspan="4">材料实际消耗量</td><td>退回余料数量</td><td colspan="2">废料实际回收数量</td></tr>
<tr><td colspan="3">249</td><td colspan="4">243</td><td>6</td><td colspan="2">22</td></tr>
<tr><td colspan="2">单件消耗定额</td><td colspan="3">单件回收废料定额</td><td colspan="2">应切割成的毛坯数量</td><td>实际切割成毛坯数量</td><td>材料定额消耗量</td><td>废料定额回收量</td></tr>
<tr><td colspan="2">16</td><td colspan="3">0.8</td><td colspan="2">15</td><td>14</td><td>224</td><td>11.2</td></tr>
<tr><td colspan="2">材料脱离定额差异</td><td colspan="5">废料脱离定额差异</td><td>差异原因</td><td colspan="2">责任者</td></tr>
<tr><td>数量</td><td>金额</td><td colspan="2">数量</td><td colspan="2">单价</td><td>金额</td><td rowspan="2">未按规定要求操作多留边料</td><td colspan="2" rowspan="2">切割工人</td></tr>
<tr><td>18</td><td>90</td><td colspan="2">-10.8</td><td colspan="2">0.5</td><td>-5.4</td></tr>
</table>

在表 10-7 中，退回余料是指切割后退回材料厂库可以按照原来用途使用的材料，计算材料实际消耗量时应将其从发料数量中减去。回收废料是指切割过程中产生的不能按照原来用途使用的边角料，是材料实际消耗量的组成部分，但退回厂库的废料价值应从材料费用中减去，材料定额消耗量与废料定额回收量应按实际切割成的毛坯数量分别乘以材料消耗定额和废料回收定额计算。材料实际消耗量减去材料定额消耗量就是材料脱离定额的差异数量，再乘以材料计划单价就可计算出材料脱离定额的差异额。废料实际回收量减去废料定额回收量就是废料脱离定额的差异数量。若废料实际回收量高于定额的回收量则填负数；相反，若废料实际回收量低于定额回收量填正数。本例中，废料超额回收的数量是 10.8 千克，是在实际切割成的毛坯数量比应切割成毛坯数量少 1 的情况下产生的，是单价为 5 元的材料变成单价为 0.5 元的废料，从而导致每件毛坯的材料费用增加。这种超额回收废料的差异是不利差异。只有在实际切割成的毛坯数量等于或大于应切割成的毛坯数量的情况下，超额回收废料的差异才是利差异。

采用这种办法时，差异核算期越短越好，这样可以及时反映材料的消耗情况和发生差异的具体原因，以便加强对材料的控制。若与车间或班组经济核算结合起来，则会收到更好的效果。

③盘存法是指除在使用限额领料单等定额凭证和超额领料单等差异凭证控制日常材料的实际消耗外，还应定期（按工作班、工作日、周或旬等）通过盘存的方法核算用料差异。首先，根据完工产品数量和在产品盘存数量（通过实地盘存或账面盘存）计算出投产数量，再乘以原材料消耗定额，计算出原材料定额消耗量。其次，根据限额领料单、超额领料单和退料单等凭证以及车间余料的盘存数量，计算出原材料实际消耗量。最后，将原材料实际消耗量与定额消耗量进行对比，计算出原材料脱离定额的差异。

采用这种方法计算本期投产产品数量，原材料必须是在生产开始时一次投入，期初和期末在产品不再耗用原材料。若原材料是随着生产的进行陆续投入，在产品还要耗用原材料，则期初和期末在产品数量应改为按原材料消耗定额计算的期初和期末在产品的约当产量。

【例 10-3】生产甲产品耗用 A 材料。甲产品期初在产品为 50 件，本期完工产品为 1 000 件，期末在产品为 150 件。生产甲产品所耗用原材料在生产开始时一次投入，甲产品的原材料消耗定额为 2 千克，原材料的计划单价为 10 元/千克。限额领料单中载明的本期已实际领料数量为 2 100 千克。车间期初余料为 40 千克，期末余料为 10 千克。计算原材料脱离定额差异。

投产产品数量＝1 000+150－50＝1 100（件）

原材料定额消耗量＝1 100×2＝2 200（千克）

原材料实际消耗量＝2 100+40－10＝2 130（千克）

原材料脱离定额差异（数量）＝2 130－2 200＝－70（千克）（节约）

原材料脱离定额差异（金额）＝－70×10＝－700（元）（节约）

（2）生产工人薪酬脱离定额差异的计算

生产工人薪酬脱离定额差异的核算，因薪酬的形式不同而有所差别。在计件薪酬形式下，如果薪酬定额不变，则生产工人劳动生产率的提高，并不会影响单位产品成本中的薪酬额。单位产品成本中薪酬额的变动，可能由变更工作条件、支付补加薪酬、发给工人的奖励薪酬的变动或加班加点津贴造成的。在这些情况下，为了便于及时查明薪酬差异的原因，符合定额的生产工人薪酬，可以反映在产量记录中。对于脱离定额的差异，应该经过一定的手续，反映在专设的薪酬差异凭证中，并填明差异原因，以便根据薪酬差异凭证进行分析。

在计时薪酬形式下，生产工人薪酬总额平时无法确定，因此生产工人薪酬脱离定额的差异也不能随时按产品直接计算。为此，生产工人薪酬定额差异分为工时差异和薪酬率差异两部分。在日常核算中，主要核算工时差异，月末在实际生产工人薪酬总额确定以后，再核算薪酬率差异，其计算公式如下：

$$\text{计划每小时生产工人薪酬}=\frac{\text{某车间计划产量的定额生产工人薪酬}}{\text{该车间计划产量的定额生产工时}}$$

$$\text{实际每小时生产工人薪酬}=\frac{\text{该车间实际生产工人薪酬总额}}{\text{该车间实际生产工时总额}}$$

$$\begin{array}{c}\text{某产品的定额}\\\text{生产工人薪酬}\end{array}=\begin{array}{c}\text{该产品实际产量}\\\text{的定额生产工时}\end{array}\times\begin{array}{c}\text{计划每小时}\\\text{生产工人薪酬}\end{array}$$

$$\begin{array}{c}\text{该产品的实际}\\\text{生产工人薪酬}\end{array}=\begin{array}{c}\text{该产品实际}\\\text{生产工时}\end{array}\times\begin{array}{c}\text{实际每小时}\\\text{生产工人薪酬}\end{array}$$

$$\begin{array}{c}\text{该产品生产工人薪}\\\text{酬脱离定额的差异}\end{array}=\begin{array}{c}\text{该产品实际}\\\text{生产工人薪酬}\end{array}-\begin{array}{c}\text{该产品定额}\\\text{生产工人薪酬}\end{array}$$

工时差异，主要反映因劳动效率提高或下降而影响薪酬的节约或浪费，它是以实际产量的定额工时与实际工时相比之差乘上计划小时薪酬率而求得的。为了及时核算工时差异，产量记录应正确反映产品的定额工时与实际工时及其差异原因。班组应根据劳动记录，每天或定期按成本核算对象汇集实际产量的定额工时与实际工时以及工时差异，并按差异发生的原因分类反映，用以计算班组劳动效率和产品的薪酬费用，并据以考核和分析产品生产工人薪酬定额成本的执行情况。薪酬率差异，主要反映因实际小时工资率脱离计划小时工作率而形成的薪酬差异。因此，企业要降低单位产品的计时薪酬费用，除应严格控制薪酬总额的支出外，还应充分利用生产工时，控制单位产品的工时消耗。

【例 10-4】某厂生产甲产品，本月甲产品的实际生产总工时为 13 000 小时，实际生产产量的定额工时为 12 850 小时。本月甲产品生产工人工资和计提的福利费总和为 53 300 元，计划小时工资率为 4 元/小时。工资脱离定额差异的计算过程如下：

$$\text{实际小时工资率}=\frac{53\ 300}{13\ 000}=4.1\ \text{元/小时}$$

甲产品定额生产工资 = 12 850×4 = 51 400（元）

甲产品实际生产工资 = 13 000×4.1 = 53 300 元

甲产品生产工资脱离定额差异 = 53 300−51 400 = 1 900（元）（超支差异）

（3）制造费用及其他费用差异的计算

制造费用一般都属于间接费用，不能在费用发生的当时直接按产品确定定额差异。因此，在日常核算中，主要通过制定费用预算，并下达给有关部门和车间进行管理。其中能落实到班组的，还应分配到各班组。财会部门要定期反映各归口管理部门，各费用开支单位的费用指标执行情况，并分析费用开支增减的原因，及时反映给领导和公布于众，以便采取有效措施，促进费用不断降低。各种产品的制造费用脱离定额的差异，只有在月终实际费用分配到各产品以后才能确定。其计算方法可比照上述计时薪酬的计算公式进行。即：

$$\begin{matrix}\text{某产品制造费用}\\\text{脱离定额的差异}\end{matrix}=\begin{matrix}\text{该种产品实}\\\text{际制造费用}\end{matrix}-\begin{matrix}\text{该种产品实际产}\\\text{量的定额工时}\end{matrix}\times\begin{matrix}\text{计划小时}\\\text{制造费用}\end{matrix}$$

制造费用按生产工时进行分配时，定额差异产生的原因同生产工人薪酬类似，也是由工时差异和每小时分配率差异两方面因素构成的。对于废品数量及其原因，应该通过废品通知单反映，其中不可修复废品的成本可以根据定额成本或各项消耗定额计算。由于废品损失一般不包括在产品的定额成本中，因而实际发生的废品损失，通常作脱离定额差异处理。

为了计算完工产品的实际成本，在产品数量较少时，上述各成本项目脱离定额差异可全部计入产成品成本，即在产品按定额成本计算。这样，不仅简化了计算手续，而且产成品水平能够正确地反映当期工作的成果。但是，如果各月间在产品数量波动较大，则脱离定额差异应按完工产品和在产品定额成本的比例进行分配。

3. 定额变动差异的计算

定额变动差异是指因技术革新、劳动生产率的提高、生产条件的变化，企业对定额进行修改而产生新旧定额之间的差异。它是定额本身变动的结果，与生产费用的节约或超支无关，而脱离定额差异则是反映生产费用的节约或超支的程度。由于定额变动与某一种产品直接相关，因此通常都是直接计入产品成本的。

消耗定额的修改，一般是定期在年初进行。但如果定额与实际差距很大时，在年度内也可进行调整。在实际工作中，变动后的定额通常是在月初实施，当月初有在产品时，则要按新的定额调整，以便将月初在产品定额成本与按新定额计算的本期投产的定额成本在同一基础上相加起来。由于消耗定额的变动一般表现为不断下降的趋势，因而对于月初在产品定额变动差异，一方面应将其从月初在产品定额成本中扣除，另一方面，由于该项差异是月初在产品生产费用的实际支出，所以应将这项差异计入当月生产费用。相反，如果消耗定额提高，则月初在产品定额成本应加上这项差异，但实际上并未发生这部分支出，所以应从本月生产费用中扣除这项差异。定额变动差异的计算公式如下：

$$定额变动系数=\frac{按新定额计算的单位产品定额成本}{按旧定额计算的单位产品定额成本}$$

$$\begin{matrix}月初在产品\\定额变动差异\end{matrix}=\begin{matrix}按旧定额计算的月\\初在产品定额成本\end{matrix}\times（1-定额变动系数）$$

【例 10-5】某企业对生产的乙产品的定额进行修订，从本月 1 日起实行新的材料消耗定额，其他定额不变。单位乙产品的新的材料费用定额为 1 200 元，旧的材料费用定额为 1 250 元。乙产品月初在产品按旧定额计算的原材料定额费用为 50 000 元，则月初在产品的定额变动差异计算过程如下：

$$定额变动系数=\frac{1\ 200}{1\ 250}=0.96$$

$$月初在产品定额变动差异=50\ 000\times（1-0.96）=2\ 000（元）$$

4. 材料价格差异的计算

在定额法下，为了便于产品成本的分析和考核，原材料的日常核算必须按计划成本计价进行。因此，原材料的定额费用和脱离定额差异都是按原材料的计划成本计算。原材料的定额费用是原材料的定额消耗量与其计划单位成本的乘积，即按原材料计划单位成本反映的原材料消耗数量差异。两者之和就是原材料的实际消耗量与其计划单位成本的乘积，即原材料的计划费用。因此，月末在计算产品的实际原材料费用时，还必须乘以由材料核算提供的原材料成本差异率，计算应分配负担的原材料成本差异，即所耗原材料的价格差异。其计算公式为：

$$\begin{matrix}某产品应分配的\\材料定额差异\end{matrix}=\left(\begin{matrix}该产品的材\\料定额费用\end{matrix}\pm\begin{matrix}材料脱离\\定额的差异\end{matrix}\right)\times\begin{matrix}材料成本\\差异分配率\end{matrix}$$

【例 10 6】某企业生产乙产品，本月所耗原材料定额费用总额为 10 000 元，脱离定额差异为节约差异 500 元，材料成本差异率为-1%，则甲产品应分配的材料成本差异为：

$$\begin{matrix}甲产品应分配\\的材料成本差异\end{matrix}=（10\ 000-500）\times（-1\%）=-95（元）（节约）$$

10.2.3 定额法下产品实际成本的核算

1. 定额法下产品实际成本的计算程序

在定额法下，产品实际成本的计算公式如下：

$$\text{产品实际成本}=\text{按现行定额计算的产品定额成本}\pm\text{脱离现行定额差异}\pm\text{原材料或半成品成本差异}\pm\text{月初在产品定额变动差异}$$

在实行定额成本计算时，产品实际成本的计算程序因产品成本核算对象、成本结转的方法、在产品成本的计价等不同而异，若采用分步法计算，各车间按产品品种设置成本计算单，并按成本项目分别反映，同时单内还应按定额成本、脱离定额差异、原材料成本差异和定额变动差异分设专栏反映。

产品实际成本的计算公式中的产品，包括完工产品和月末在产品。因此，某种产品如果既有完工产品又有在产品，也应与一般成本计算方法一样，在完工产品与月末在产品之间分配费用。但是，在定额法下，成本的日常核算是将定额成本与各种成本差异分别核算的。因而完工产品与月末在产品的费用分配，应先按定额成本和各种成本差异分别进行，先计算完工产品和月末在产品的费用分配，然后分配计算完工产品和月末在产品的各种成本差异。此外，定额法由于有着现成的定额成本资料，各种成本差异应采用定额比例法或在产品按定额成本计价法分配。前者将成本差异在完工产品和月末在产品之间按定额成本比例分配，后者将成本差异归由完工产品成本负担。分配应按每种成本差异分别进行，差异金额不大时，或者差异金额虽大但各月在产品数量变化不大时，可以归由完工产品成本负担；差异金额较大的，应在完工产品与月末在产品之间按定额成本比例分配。对于月初在产品定额变动差异，如果产品生产周期小于一个月的，定额变动的月初在产品在月内全部由完工产品成本负担。根据完工产品的定额成本，加减应负担的各种成本差异即可计算完工产品的实际成本。根据月末在产品的定额成本，加减应负担的各种成本差异，即为月末在产品的实际成本。

2. 定额法下实际成本计算举例

【例 10-7】某企业大量生产乙产品，该产品各项消耗定额比较准确、稳定，管理工作比较健全，采用定额成本法计算产品成本。产品成本定额成本如表 10-8 所示，产品成本计算单格式见表 10-9。

表 10-8　乙产品成本定额成本表

项目	单位材料、工时消耗定额	计划材料单价、工资率、费用率	金额（元）
直接材料	780 千克	0.50 元/千克	390
直接人工	330 小时	0.32 元/小时	105.6
制造费用	330 小时	0.60 元/小时	198
合计			693.60

表 10-9 **产品成本计算单**

产品品种：乙产品　　201×年×月×日　　产量：件　　金额：元

成本项目	月初在产品成本		月初在产品定额变动		本月生产费用		
	定额成本	脱离定额差异	定额成本调整	定额变动差异	定额成本	脱离定额差异	材料成本差异
直接材料	8 000	160	-600	600	40 000	800	450
直接人工	2 000	120			10 000	480	
制造费用	2 000	-66			20 000	-594	
合计	12 000	214	-600	600	70 000	686	450

成本项目	生产费用合计				脱离定额差异分配率
	定额成本	脱离定额差异	材料成本差异	定额变动差异	
直接材料	47 400	960	450	600	2%
直接人工	12 000	600			5%
制造费用	22 000	-600			-3%
合计	81 400	900	450	600	-

成本项目	产成品成本					月末在产品成本	
	定额成本	脱离定额差异	材料成本差异	定额变动差异	实际成本	定额成本	脱离定额差异
直接材料	39 000	780	450	600	40 830	8 400	168
直接人工	10 500	528			11 088	1 440	72
制造费用	19 800	-594			19 206	2 200	-66
合计	69 360	714	450	600	71 124	12 040	174

编表说明：

(1)“月初在产品成本”各栏，根据上月成本计算单“月末在产品成本”各栏分别转入。

(2)“本月生产费用”中的定额成本与脱离定额差异，根据原材料定额费用、脱离定额差异汇总表和其他有关汇总表、分配表进行登记。

(3) 材料成本差异根据原材料成本差异分配计算资料登记。

(4) 脱离定额差异要在完工产品和月末在产品之间按定额比例进行分配，因此先要计算定额差异分配率，并据以计算完工产品和月末在产品应负担的差异额。

(5) 完工产品的定额成本根据产成品入库数量乘以单位定额成本计算填列。月末在产品的定额成本可以根据定额成本累计数减去本月完工产品的定额成本的方法计算登记，也可以根据该产品各工序各种在产品的盘存数量或账面结存数量乘以新的费用定额计算登记，两种方法计算的结果相等。

(6) 由于原材料成本差异和定额变动差异全部由产成品成本负担，因此本月产成品成本中的这两种成本差异，应根据生产费用累计数中的这两种成本差异直接登记。本月产成品的实际成本按照前列产品实际成本的计算工时，由产成品的定额成本加上或减去各种成本差异计算登记。

10.2.4 定额法的优缺点及适用范围

1. 定额法的优点

定额法是用产品的定额成本来控制实际生产费用支出，随后进一步查明实际生产费用脱离定额的差异及其原因，以实现降低成本目的的一种成本计算方法。定额法与传统成本计算方法相比，其主要优点是：

（1）定额成本法在生产费用的日常核算中，同时计算生产费用定额数和脱离定额的差异数，能及时发现各项费用的节约和超支情况，从而采取措施有效地控制费用的发生，从而有利于加强成本的日常控制，达到降低成本的目的。

（2）按定额成本法计算的产品实际成本，能分别反映出产品定额成本、脱离定额成本差异、材料成本差异和定额变动差异，这样有利于准确确定产品实际成本脱离计划或脱离定额的原因及其程度，使成本分析有比较客观的依据，有利于进一步挖掘降低成本的潜力。

（3）定额成本法一方面反映了企业各项费用的变动情况，另一方面也反映了企业的定额管理和计划管理工作水平。通过计算和分析，发现问题，及时修订各项定额和计划，有利于提高成本的定额管理和计划管理工作的水平。

（4）定额成本法下，各项差异在完工产品和在产品之间分配所采用脱离定额差异分配率可直接从核算资料中取得，计算比较方便、合理。定额成本法有利于解决各项费用在完工产品和在产品之间的合理分配问题。

上述定额成本法的优点说明，它对于有效推行成本控制和成本管理有着重要作用。但是，多年来我国未能广泛推行这种方法，在实践中这种方法也未能充分发挥其作用。

2. 定额法的缺点

（1）定额法由于要分别计算各产品的定额成本、脱离定额差异和定额变动差异，而且脱离定额差异要在完工产品和在产品之间进行分配，实行起来工作量较大。

（2）定额成本法主要是按产品确定定额成本差异，不便于分清各部分的经济责任。而且按定额成本法计算出的产成品实际成本灵敏度较差，同当期生产经营工作绩效脱节，因而未能引起领导和职工的关注。

（3）定额成本法要求企业必须具备比较健全的定额管理制度，比较定型的产品和比较准确、稳定的消耗定额，否则定额成本法就不能发挥其对产品成本的日常控制的作用。

3. 定额法的适用范围

定额法不是为了解决产品成本计算的对象问题而产生的，它与产品的生产类型没有直接的联系，因而适用于各种类型的生产。所以，定额法不能单独应用，必须与确定产品成本计算对象的基本方法——品种法、分批法或分步法结合起来应用。

此外，为了充分发挥定额法的应用，并且简化成本核算工作，采用定额法必须具备一定的条件：一是定额管理制度比较健全，定额管理工作的基础较好；二是产品的生产已经定型，消耗定额比较准确、稳定。由于大批或大量生产比较容易具备这些条件，因而定额法最早应用在大批、大量生产的机械制造企业中。

10.2.5 产品成本计算基本方法和辅助方法的关系

实际工作中，成本计算辅助方法都不是独立的成本方法，必须结合三种基本成本计算方法。成本计算辅助方法是为了解决成本计算或成本管理过程中的某一方面的需要而采用的。例如，产品成本计算的定额法是在定额管理比较好的企业中采用的。定额法的使用可以在生产过程中找出企业生产脱离定额的差异，进行成本差异分析、成本差异考核，为企业降低产品成本提出有效举措。比如，分类法是为了简化成本计算的手续，在产品的型号、规格繁多或生产联产品的企业中所采用的方法。标准成本法辅助于基本成本计算方法的整个过程，使得企业的成本核算过程变成了成本管理过程，实现了生产前、生产中和生产后全方位的成本管理。

由于成本计算辅助方法——定额法的辅助作用，在企业的实际成本计算中会出现定额法辅助品种法形成的采用定额的品种法、定额法辅助分批法形成的采用定额法的分批成本计算方法、定额法辅助分步法形成的采用定额的分步成本计算方法。

由于成本计算辅助方法——分类法的辅助作用，在企业的实际成本计算中，会出现分类法辅助品种法形成的分类核算的品种法、分类法辅助分批法形成的采用分类的分批法、分类法辅助分步法形成的分类的分步成本计算方法。

本章小结

成本计算分类法是指按产品类别归集生产费用，先计算各类产品的总成本，然后再计算出该类产品中各种产品成本的计算方法。即分类法就是把类别作为品种，按品种法计算出类别成本后，再按照一定的方法，在每类产品的各种产品之间分配费用，计算出类内各种产品的成本，分类法不是一种独立的成本计算方法，它与企业的生产类型无关。

分类法的成本计算程序可划分为以下几个步骤：①划分产品类别；②确定产品成本计算对象，正确归集生产费用；③计算与分配各类完工产品与月末在产品成本，将各种完工产品的总成本在类内各种产品之间进行分配，计算出各种完工产品的总成本和单位产品成本。

分类法的优点主要表现在简化产品成本的计算工作，能够提供各类产品成本完成情况，适用范围较广等。然而分类法下，产品的分类和分类标准的选定是否适当，类内各种产品成本计算的分配标准的选定是否合理也在一定程度上影响产品成本计算的正确性。

定额法在品种法、分批法、分步法的基础上，为了对产品生产过程中的成本实施反馈控制，达到及时控制产品成本的目的，用产品的定额成本来控制实际生产费用的支出，随时查明实际生产费用脱离定额的差异及其原因，加强成本管理，以实现降低产品成本目的。它即是一种成本计算方法，更是一种对产品成本进行直接控制和管理的方法。

定额法必须与确定产品成本计算方法的基本方法结合起来应用。此外，为了充分发挥定额法的作用，并且简化成本核算工作，采用定额法必须具备一定的条件：一是定额管理的制度比较健全，定额管理工作的基础较好；二是产品的生产已经定型，消耗定额比较准确、稳定。定额法通常适用于平行结转的大批、大量生产的机械制造企业。

习题

一、单项选择题

1. 在大量大批多步骤生产情况下，如果管理上不要求分步计算产品成本，其所采用的成本计算方法应是（　　）。

A. 品种法　　B. 分批法　　C. 分步法　　D. 分类法

2. 划分产品成本计算基本方法和辅助方法的标准是（　　）。

A. 成本计算工作的简繁

B. 对成本管理作用的大小

C. 应用是否广泛

D. 对于计算产品实际成本是否必不可少

3.（　　）属于产品成本计算方法的辅助方法。

A. 品种法　　B. 分批法　　C. 分步法　　D. 定额法

4. 分类法是在产品品种、规格繁多，但可按一定标准对产品进行分类的情况下，为了（　　）而采用的。

A. 计算各类产品成本　　B. 简化成本计算工作

C. 加强各类产品成本管理　　D. 提高计算的准确性

5. 定额法是为了（　　）而采用的。

A. 加强成本的定额管理　　B. 简化成本计算工作

C. 计算产品的定额成本　　D. 提高计算的准确性

6. 在产品品种、规格繁多，又可按一定要求和标准划分为若干类别的企业或车间，产品成本计算一般可以采用（　　）。

A. 分批法　　B. 分步法　　C. 分类法　　D. 定额法

7. 采用分类法的目的在于（　　）。

A. 分类计算产品成本　　B. 简化各种产品成本的计算工作

C. 简化各类产品成本的计算工作　　D. 准确计算各种产品成本

8. 产品生产过程中各项实际生产费用脱离定额的差异为（　　）。

A. 定额成本　　B. 脱离定额差异

C. 材料成本差异　　D. 定额变动差异

9. 定额变动差异是指修复定额以后的原定额成本与新的定额成本之间的差异，只有（　　）存在定额变动差异。

A. 月初在产品　　B. 月末在产品

C. 本月投入产品　　D. 本月完工产品

10. 在定额法下，为了有利于分析和考核材料消耗定额的执行情况，日常材料的核算都是按（　　）进行的。

A. 计划成本　　B. 实际成本　　C. 定额成本　　D. 标准成本

二、多项选择题

1. 采用定额比例法分配完工产品和月末在产品费用，应具备的条件有（　　）。

A. 各月末在产品数量变化较大　　B. 各月末在产品数量变化不大

C. 消耗定额或成本定额比较稳定　　D. 消耗定额或成本定额波动较大

2. 采用分类法计算产品成本一般应具备的条件是（　　）。

A. 产品品种规格繁多　　B. 多产品可按照一定标准来分配

C. 使用同样的原材料　　D. 可以按一定的标准予以分类的企业

3. 企业在确定成本计算方法时，必须从企业的具体情况出发，同时考虑（　　）因素。

A. 企业生产规模的大小　　B. 企业的生产特点

C. 进行成本管理的要求　　D. 月末有没有在产品

4. 品种法适用于（　　）。

A. 大量大批生产

B. 单件小批生产

C. 简单生产

D. 复杂生产，且管理上不要求分步骤计算产品成本

5. 下列方法中，属于产品成本计算的辅助方法的有（　　）。

A. 分步法　　B. 分类法　　C. 定额成本法　　D. 分批法

6. 类内各种（规格）产品成本的分配采用系数分配法时，各种（规格）产品系数确定的依据有（　　）等。

A. 产品定额耗用　　B. 产品定额成本

C. 产品售价　　D. 产品生产地点

7. 采用分类法计算产品成本，一般可以将（　　）相同或相似的产品归为一类。

A. 产品的结构、性质　　B. 产品耗用的原材料

C. 产品的生产工艺过程　　D. 产品的销售和使用对象

8. 类内不同品种、规格之间费用分配的标准有（　　）。

A. 定额耗用量　　B. 定额成本

C. 产品售价　　D. 产品排列顺序

9. 采用分类法计算成本的优点有（　　）。

A. 可以简化成本计算工作

B. 可以分类掌握产品成本情况

C. 可以使类内的各种产品成本的计算结果更准确

D. 便于成本日常控制

10. 采用定额法计算产品成本时，产品的实际成本由（　　）等组成。

A. 定额成本　　B. 脱离定额差异

C. 材料成本差异　　D. 定额变动差异

三、计算题

1. 某企业9月份生产甲、乙两种产品，其耗用原材料8 000千克，每千克5.4元，本月产量为甲产品500件、乙产品400件。单件产品原材料消耗定额为：甲产品6千克、乙产品5千克。

要求：按原材料定额消耗量比例分配计算甲、乙产品实际耗用的原材料费用。

2. 某企业生产某类产品A、B、C三种，月末在产品按定额成本计价。本月份月末、月初在产品的定额成本如下：月初在产品定额成本中，原材料7 300元，直接人工1 500元，制造费用4 500元。月末在产品定额成本中，原材料5 200元，直接人工1 000元，制造费用3 000元。本月该类产品的费用为，原材料65 100元，直接人工12 250元，制造费用36 750元。材料消耗定额为，A产品9.6千克，B产品8千克，C产品6.4千克，以B产品为标准产品。工时消耗定额为，A产品6小时，B产品7小时，C产品5小时。各产品产量为，A产品1 500件，B产品2 000件，C产品500件。请采用分类法计算A、B、C三种产品的成本。

3. 乙产品采用定额法计算成本。本月有关乙产品原材料费用的资料如下：

（1）月初在产品定额费用为2 000元，月初在产品脱离定额的差异为节约100元，月初在产品定额费用调整为降低40元。定额变动差异全部由完工产品负担。

（2）本月定额费用为48 000元，本月脱离定额的差异为节约1 000元。

（3）本月原材料成本节约率为节约2%，材料成差异全部由完工产品成本负担。

（4）本月完工产品的定额费用为44 000元。

要求：计算月末在产品的原材料定额费用，并计算完工产品和月末在产品的原材料实际费用（脱离定额差异，按定额费用比例在完工产品和月末在产品之间进行分配）。

4. 某企业一车间实行计时工资制，对所生产的甲产品采用定额法进行核算。有关资料如下：

（1）甲产品的工时消耗定额为10小时，计划单位小时工资10元。

（2）本月计划产量为2 100件，实际产量为2 200件。

（3）本月实际发生的生产工人工资为240 000元，实际耗用生产工时23 000小时。

（4）本月甲产品期初、期末均无在产品。

要求：（1）计算甲产品本月生产工资脱离定额差异。

（2）根据以上计算结果和所给资料，进一步分析说明甲产品生产工资脱离定额差异产生的原因。

四、案例应用分析

案例一　　　　　　棉纺织业与工业革命的起源

17世纪后半叶，东印度公司开始从印度进口色彩鲜艳、质地轻薄、价格低廉的印花棉布，并迅速占领市场。1701年，毛纺织业说服议会通过第一部《印花布法案》，禁止进口印花棉布。然而一个新兴产业很快出现——进口白坯布的印花工业。毛纺织业再次被震惊。1720年政府对进口印度绸和印花布课以重税，以保护国内纺织工业的发展。1721年，议会强制性地通过第二部《印花布法案》，禁止陈列或消费印花棉布。这反过来又刺激了以进口原棉为基础的棉纺织业。① 这是贸易保护主义的立法过程，但是让人想不到的是，它最终成为工业革命的起源。正如托因比在1884年著名的演讲中说的一样："工业革命的本质是竞争代替中世纪的条例，这些条例以前一直控制着财富的生产和分配。"② 18世纪末，棉纺织业取代了毛纺织业，成为英国工业的支柱产业。

问题：

（1）棉纺织业的生产工艺特点是什么类的？按加工方式分又是什么类的？

（2）请分别说出五个与此同类和不同类的企业。

（3）请画出上述内容中的三个工艺过程图。

案例二

某加工企业在与同行业竞争时总是败下阵来，每次高层领导都问财务："同行业为什么售价总比我们低？是不是我们的各种费用太高了？"财务领导告诉他："请你关心一下原材料成本，因为原材料的成本占生产本的80%以上。"他不信，因为同行业都是使用同样的原料、同样的工艺、同样执行行业标准。所以高层领导认定必须降低各种费用，便多次召开各部门降成本会议，制定降费用成本目标，从节约一滴水、一张纸、一度电开始，最终使成本降低了百分之一，但与同行业差距仍然较大。后来与同行业进行交流，发现他们的原料成本比同行业高15%以上，这才恍然大悟。回来以后，高层领导召集技术、生产、供应、财务等部门，从原材料成本的采购成本、消耗成本、配方成本、工艺成本、标准成本入手研究降低成本的方法，最终使原材料成本下降了20%左右，从而赢得了市场。高层领导最后总结了一句话："先抓大头，再攒小钱，做精做细才能降成本！"

要求：

通过本例，说说成本管理的重点与成本核算的重要性。

案例三

泰勒化学药品厂购买盐并加工成纯度更高的产品，如苛性钠、氯和聚乙烯氯化物。201×年6月份，该厂购买了80 000元的盐，在分离点前发生的加工成本为100 000元。分离点处生产出两种可销售的产品：苛性钠和氯。氯可进一步加工成聚乙烯氯化物。6月份的生产和销售资料见表10-11。

① （美）龙多卡梅伦，拉里尼尔．世界经济简史——从旧石器时代到20世纪末［M］．4版．潘宁，译．上海：上海译文出版社，2009．

② （美）道格拉斯·C．诺思．经济史上的结构和变革［M］．厉以平，译．北京：商务印书馆，1992．

表 10-11　　生产和销售资料

项目	生产（吨）	销售（吨）	每吨售价（元）
苛性钠	1 200	1 200	50
氯	800		
聚乙烯氯化物	500	500	200

800 吨氯都被进一步加工成 500 吨聚乙烯氯化物，进一步加工成本为 20 000 元。在氯的进一步加工过程中没有产生副产品和废品。7 月份苛性钠、氯和聚乙烯氯化物没有期初及期末存货。氯产品市场活跃，泰勒化学药品厂可以按每吨 75 元的价格销售 6 月份生产的所有氯产品。

要求：

（1）分别采用分离点相对销售价值分配法、实物量分配法、预计可实现净值法分配联合成本。

（2）在要求（1）的三种方法下，苛性钠和聚乙烯氯化物的毛利率分别是多少？

（3）某游泳池 7 月份要求以 75 元/吨的价格购买 800 吨氯，这意味着 7 月份将不再生产聚乙烯氯化物。接受此项要求将如何影响 7 月份的经营收益？

11 产品成本计算的扩展方法

教学目标：

通过本章的学习，了解标准成本法和作业成本法的特点，掌握标准成本的制定、成本差异的计算和分析，熟悉标准成本法的账务处理，明确作业成本法的基本概念、基本原理和一般程序，熟悉作业成本法的优点、局限性和我国企业使用时应注意的问题。

教学要求：

知识要点	能力要求	相关知识
标准成本法	(1) 了解标准成本法的概念、特征分类和作用； (2) 熟悉标准成本法的账务处理； (3) 掌握标准成本的制定、成本差异的计算和分析； (4) 重点掌握运用因素分析法对各种成本的差异进行分析	(1) 直接材料标准成本； (2) 直接人工标准成本； (3) 固定制造费用标准成本； (4) 变动制造费用标准成本
作业成本法	(1) 了解作业成本法的概念； (2) 熟悉作业成本法的基本原理； (3) 掌握作业成本的一般程序、优点和局限性； (4) 重点掌握作业成本法的一般程序	(1) 作业； (2) 作业中心； (3) 作业动因； (4) 资源动因

基本概念：

直接材料标准成本　直接人工标准成本　制造费用标准成本　直接材料成本差异
作业标准成本　直接人工成本差异　制造费用差异 固定制造费用差异
变动制造费用差异　作业动因　作业管理　批别作业　作业链　作业层次
作业中心　产品作业　成本动因

导入案例：

美国西南航空公司成立于1971年，在载客量上，它是世界上第三大航空公司，在美国它的通航城市最多。它以“打折航线”闻名，是民航“廉价航空公司”的鼻祖。它的低费用短程航线连续二十几年盈利，尽管航空业中油料价格很高，但它仍然在维持原票价的基础上保持了优质的服务，不断降低成本的努力是其成功的主要原因之一。

即使在经济繁荣期间，西南航空也非常重视成本控制。1999 年，国际油价大幅下跌，员工因此一度大手大脚起来，对此，西南航空公司立即采取了针对性措施：一是要求员工削减非燃料支出，公司董事长亲自给员工写信要求每人每天节省 5 美分，使开支在当年削减了 5.6%；二是提倡节约燃油，大幅减少公司的用油量。正是这种持之以恒坚持成本控制的作风使西南航空在 1990—1994 年民航业低迷时期仍然独树一帜地保持盈利。

11.1 标准成本法

著名的美国管理学家泰罗在 1903 年出版了《工厂管理》一书，书中论述了标准操作程序和时间定额，“标准”由此而被提出。美国会计师查特·哈里森在 1930 年出版《标准成本》一书，这本书，可以说是世界上第一部关于标准成本的专著。从此，“标准成本法”作为一种成本核算及管理的专门方法，正式从理论中走入应用阶段，并在美国首先被应用和实践，然后逐步完善并被广泛推广至英、德、法、瑞典及亚洲的日本等各国。哈里森也被称之为“标准成本会计之父”。

11.1.1 标准成本法概述

1. 标准成本法的含义

标准成本法，也称标准成本制度或标准成本系统，是指以预先制定的标准成本为基础，将实际发生的成本与标准成本进行比较，核算和分析成本差异的一种成本计算方法，与成本计算的定额法相类似，标准成本法也是一种成本计算与成本管理、控制相结合的成本计算方法。标准成本法的主要特点在于其将成本的事前计划（制定标准）、事中控制（分析、消除差异）和最终产品成本的确定有机地结合起来，成为加强成本管理，全面提高生产经济效益的重要工具。

2. 标准成本的分类

标准成本作为目标成本的一种，它是根据各种有关成本资料，在充分分析和技术测定的基础上，根据企业现已达到的技术水平所确定的企业在一定生产条件下生产某种产品应当实现的成本。根据制定标准的不同，可以分为以下几种：

（1）理想标准成本，即以现有生产技术和经营管理、设备的运行和工人的技术水平都处于最佳状态为基础而制定的单位产品成本。采用这种标准成本，不允许任何失误、浪费和损失存在，这种标准要求过高，采用这种标准可能会挫伤职工的积极性，产生负效应，所以在工作中很少被采用。

（2）正常的标准成本，即以正常的工作效率、正常的耗用水平、正常的价格和正常的生产经营能力利用程度等条件为基础制定的标准成本。所谓正常，是指在经营活动中，排除了异常或偶然事件对成本水平的影响。确定正常标准成本时，应反映过去经营活动的平均结果，这种标准成本至少根据过去经验估计的，往往不能反映目前的实际，用它来控制成本也不够积极。

（3）现实标准成本，即根据企业最可能发生的生产要素耗用量、生产要素价格和生产经营能力利用程度而制定的标准成本。由于这种标准成本包含企业一时还不能避免的某些不应有的低效、失误和超量消耗，它是一种经过努力可以达到的即先进又合理、最切实可行的成本，因此，正常标准成本最接近实际成本，并且随着企业生产经营条件的不断完善，标准成本也应定期被修订。现实标准成本在实际中被广泛采用。

11.1.2 标准成本的制定

产品的标准成本，根据完全成本法的成本构成项目，主要包括直接材料、直接人工和制造费用三个项目。无论哪一个成本项目，在制定其标准成本时，都需要分别确定其价格标准和用量标准，两者相乘即为每一成本项目的标准成本，然后汇总各个成本项目的标准成本，最后得出单位产品的标准成本。即：

某一成本项目标准成本=该成本项目的价格标准×该成本项目的用量标准

单位产品标准成本=直接材料标准成本+直接人工标准成本+制造费用标准成本

制定标准成本有利于指导和控制企业的日常经营活动，通过每个成本项目的差异分析，可以分清各部门的责任，并寻找降低成本的途径，以进一步加强成本控制。

1. 直接材料标准成本的制定

直接材料标准成本的制定，包括直接材料用量标准的制定和直接材料价格标准的制定两个方面。如果一种产品耗用多种材料，应分别为各种材料制定用量标准和价格标准。

直接材料用量标准是指单位产品应该消耗的材料的数量，即产品的材料消耗定额。一般由工艺部门在生产人员的帮助下，通过分析测算，确定用于产品生产所耗用的直接材料的品种及其数量。直接材料数量标准的确定，也可以采用现场测试的方式，即在受控制的条件下，向生产过程投入一定数量的原材料来研究其结果。如果存在切割或下料消耗，一般采用如下公式来计算标准数量中所包含的损耗：

$$要增加的损耗百分比=\frac{某材料在生产过程中损耗的重量}{制成品中该材料的净重量}$$

以此为基础，确定在合理的范围内追加一定的损耗百分比，纳入直接材料的数量标准中。

由于材料价格受诸多因素的影响，直接材料价格标准的确定相对较难。制定价格标准时，应当充分研究市场环境及其变化趋势、供应商的报价和最佳采购批量等因素。当前流行的适时制（JIT）管理思想要求存货最低化，因而较为频繁的小批量订货对材料价格的影响也是一个必须考虑的因素，同时，企业应要求采购部门对采购物品的价格负责，同时对采购物品的质量负责，避免采购部门只注重寻找报价较低的供应厂商，而忽视采购物品的质量要求。

与实际成本计算中会计人员将材料处理成本分摊到库存材料账户上相类似，材料标准价格也应考虑这些费用。为有关的运输、采购、验收和其他材料处理费用设定分配率，加计到材料的标准价格上。

在分别确定直接材料的用量标准和价格标准后，用下列公式即可求得直接材料的标准成本：

直接材料标准成本=直接材料用量标准×直接材料价格标准

【例 11-1】假定 N 产品耗用 A、B 两种材料，其直接材料标准成本如表 11-1 所示。

表 11-1　N 产品直接材料标准成本

标准	A 材料	B 材料
用量标准	10 千克/件	15 千克/件
价格标准	10 元/千克	8 元/千克
成本标准	100 元/件	120 元/件
单位产品直接材料标准成本	220 元/件	

2. 直接人工标准成本的制定

产品耗用人工的成本是由单位产品耗用的人工工时数乘以每小时工资率所确定的。因此，直接人工标准成本的制定，包括工时标准的制定和标准工资率的制定。

工时标准是指生产单位产品应该耗用的生产工时。这里的工时可以是人工工时，也可以是机器工时。工时标准的制定可以依赖于过去的生产记录和工薪记录，剔除历史记录中可能包含的无效和低效因素。工时标准的制定也可通过动作与时间研究，将工人的操作分解为最基本的动作要素，并通过改进操作方法尽可能消除一切不必要的动作因素，所得到的时间就是完成操作所需的必要时间，再加上必不可少的追加时间，就得出生产产品所需的工时标准。

标准工资率的的确定首先取决于企业采用的工资制度是计件工资还是计时工资。在计件工资制度下，标准工资率就是标准计件工资单价；在计时工资制度下，标准工资率是指单位工时标准工资率。同时，直接人工操作所需技能的差别也会影响每小时人工标准工资率，即同一项操作如需要更高的技能才能完成，为该项操作制定的小时工资率也应提高。

在分别确定直接人工工时标准和标准工资率确定以后，可用下列公式计算直接人工标准成本：

直接人工标准成本=单位产品的工时标准×标准工资率

【例 11-2】【例 11-1】中 N 产品直接人工标准成本计算如表 11-2 所示。

表 11-2　N 产品直接人工标准成本

项目	标准
月标准总工时	15 000 小时
月标准总工资	300 000 元
标准工资率	20 元/小时
单位产品工时标准	4 小时
直接人工标准成本	80 元

3. 制造费用标准成本的制定

制造费用是指生产过程中发生的除直接材料和直接人工以外的所有费用。制造费用的标准成本可以分为变动制造费用标准成本和固定制造费用标准成本。在标准成本系统中，确定制造费用的标准成本，首先要按生产能力的利用程度编制生产费用预算，再除以用直接人工小时或机器小时等表现的生产能力利用程度的标准生产量来确定制造费用的标准分配率，这是确定制造费用标准成本的两个构成要素。

（1）变动制造费用标准成本

变动制造费用标准成本的制定，包括工时标准的制定和变动制造费用标准分配率的制定两个方面。工时标准的含义与直接人工工时标准相同，变动制造费用标准分配率可按下列公式求得：

$$变动制造费用标准分配率=\frac{变动制造费用预算总额}{标准总工时}$$

变动制造费用标准成本=工时标准×变动制造费用标准分配率

（2）固定制造费用标准成本

在变动成本法下，固定制造费用作为期间成本全部计入当期损益，因而不包括在产品成本中。在完全成本法下，固定制造费用要在在成品和产成品之间进行分配，因而需要制定单位产品的固定制造费用的标准成本。

固定制造费用标准成本的制定，包括工时标准的制定和固定制造费用标准分配率的制定两个方面。工时标准的含义与直接人工工时标准相同，固定制造费用标准分配率可按下列公式求得：

$$固定制造费用标准分配率=\frac{固定制造费用预算总额}{标准总工时}$$

固定制造费用标准成本=工时标准×固定制造费用标准分配率

【例 11-3】【例 11-2】中 N 产品制造费用标准成本计算如表 11-3 所示。

表 11-3　N 产品制造费用标准成本

项目	标准
月标准总工时	15 000 小时
标准变动制造费用总额	90 000 元
标准变动制造费用分配率	6 元/小时
单位产品工时标准	4 小时
变动制造费用标准成本	24 元
标准固定制造费用总额	75 000 元
标准固定制造费用分配率	5 元/小时
固定制造费用标准成本	20 元
单位产品制造费用标准成本	44 元

4. 单位产品标准成本的制定

单位产品的标准成本是在直接材料标准成本、直接人工标准成本、制造费用标准成本确定的基础上汇总而成的，其计算公式如下：

单位产品的标准成本=直接材料标准成本+直接人工标准成本+制造费用标准成本

【例 11-4】根据【例 11-1】至【例 11-3】有关资料，填列 N 产品标准成本如表 11-4：

表 11-4　　N 产品标准成本

成本项目		用量标准	标准价格	单位标准成本
直接材料	A	10 千克	10 元/千克	100 元
	B	15 千克	8 元/千克	120 元
	小计	—	—	220 元
直接人工		4 小时	20 元/小时	80 元
变动制造费用		4 小时	6 元/小时	24 元
固定制造费用		4 小时	5 元/小时	20 元
单位产品标准成本		—	—	344 元

11.1.3　成本差异的计算和分析

成本差异是指实际成本和标准成本之间的差额。实际成本超过标准成本所形成的差异，是不利差异；实际成本低于标准成本所形成的差异，是有利差异。计算成本差异的主要目的在于查明差异形成的原因，以便及时采取措施消除不利差异，并为成本控制、考核和奖惩提供依据。

成本差异包括直接材料成本差异、直接人工成本差异和制造费用差异三部分。其中，制造费用差异又可分为变动制造费用差异和固定制造费用差异。下面分别说明这些差异的计算和分析。

1. 直接材料成本差异的计算与分析

直接材料成本差异是指在生产过程中直接材料实际成本与直接材料标准成本之间的差额。由直接材料价格差异和用量差异两部分组成。直接材料用量差异是指生产过程中直接材料实际耗用量偏离标准用量所形成的直接材料成本差异的部分。直接材料价格差异是指因直接材料实际价格偏离其标准价格所形成的直接材料成本差异部分。计算公式如下：

直接材料价格差异=（实际价格×实际用量）-（标准价格×实际用量）

=（实际价格-标准价格）×实际用量

直接材料用量差异=（标准价格×实际用量）-（标准价格×标准用量）

=（实际用量-标准用量）×标准价格

【例 11-5】制造 N 产品需用 A、B 两种直接材料，标准价格分别是 10 元/千克、8 元/千克，单位产品的标准用量分别是 10 千克/件、15 千克/件。本期共生产 N 产品 2 000 件，实际耗用 A 材料 19 800 千克、B 材料 30 100 千克，A、B 两种材料的实际价格分别是 11 元/千克、7.5 元/千克。直接材料成本差异计算分析如下：

A 材料价格差异＝（11−10）×19 800＝19 800（元）（不利差异）

B 材料价格差异＝（7.5−8）×30 100＝−15 050（元）（有利差异）

N 产品直接材料价格差异＝19 800−15 050＝4 750（元）（不利差异）

A 材料用量差异＝（19 800−10×2 000）×10＝−2 000（元）（有利差异）

B 材料用量差异＝（30 100−15×2 000）×8＝800（元）（不利差异）

N 产品直接材料用量差异＝800−2 000＝−1 200（元）（有利差异）

N 产品直接材料成本差异＝4 750−1 200＝3 550（元）（不利差异）

在计算的基础上，可以进一步分析原因并落实责任。直接材料价格差异是在采购过程中产生的，因此通常由采购人员负责控制。由于材料价格在很大程度上不为采购人员所控制，如受供应厂家价格变动、未按经济批量进货、未能及时订货造成的紧急订货、供货方与本厂的距离等因素的影响。所以，在分析价格差异时，应注意区分主观因素和客观因素，对主观因素要进行重点分析研究。

直接材料用量差异是在材料耗用过程中形成的，它反映生产制造部门的成本控制业绩，因此通常由生产经理负责控制。例如，操作疏忽造成废品或废料增加、新员工上岗造成多用料而导致的材料浪费等。但是，材料用量差异形成的原因很多，除生产部门有关人员的原因外，其他部门的原因也可能对材料用量差异的形成产生影响，例如，因材料质量低而增加了废品、因材料不符合要求而大材小用等，应由采购部门负责。总之，原材料价格差异和用量差异是由多种原因造成的，在进行差异分析时，应从实际出发，认真找出差异产生的原因，以便有针对性地采取措施。

2. 直接人工成本差异的计算与分析

直接人工成本差异是指直接人工实际成本与直接人工标准成本之间的差额。其中包括直接人工工资率差异和直接人工效率差异。直接人工工资率差异是直接人工价格差异，直接人工效率差异是直接人工用量差异。直接人工工资率差异，指由于直接人工的实际工资率脱离标准工资率而形成的人工成本差异。直接人工效率差异，指由于直接人工实际工时数脱离标准工时数而形成的人工成本差异。它们的计算公式为：

直接人工工资率差异＝（实际工工资率×实际工时）−（标准工资率×实际工时）

＝（实际工资率−标准工资率）×实际工时

直接人工效率差异＝（标准工资率×实际工时）−（标准工资率×标准工时）

＝（实际工时−标准工时）×标准工资率

【例 11-6】本期生产 N 产品 2 000 件，只需一个工种加工，实际耗用 7 600 小时，实际工资总额 152 760 元。标准工资率为 20 元/小时，单位产品的工时耗用标准为 4 小时。直接人工成本差异的计算分析如下：

标准工时＝2 000×4＝8 000（小时）

$$实际工资率=\frac{152\ 760}{7\ 600}=20.1\ 元/小时$$

直接人工工资率差异＝（20.1−20）×7 600＝760（元）（不利差异）

直接人工效率差异＝（7 600−8 000）×20＝−8 000（元）（有利差异）

直接人工成本差异＝760−8 000＝−7 240（元）（有利差异）

直接人工工资率差异形成的原因很多而且复杂，但很大程度上是由外部因素如劳动力市场等决定的。其产生也可能是由于将平均工资率作为标准工资率，一旦实际人工组合改变，平均工资率也随着改变，这就产生了人工工资率差异。另外，由于较为熟练且报酬较高的工人来完成只需较低技能的工作，加班或使用临时工、出勤率变化等因素，也会产生直接人工工资率差异，所以直接人工工资率差异一般由负责安排工人工作的劳动人事部门或生产部门共同负责。直接人工效率差异形成的原因包括工人的熟练程度、设备的问题、管理的原因、材料的质量等。一般来说，直接人工效率差异基本上由生产部门负责，但也需要视具体情况而定。

3. 制造费用成本差异的计算与分析

（1）变动制造费用差异的计算与分析

变动制造费用差异是指变动制造费用实际发生额与变动制造费用标准发生额之间的差额，它由变动制造费用开支差异和变动制造费用效率差异组成。其中变动制造费用开支差异是变动制造费用价格差异，变动制造费用效率差异是变动制造费用用量差异。变动制造费用开支差异是指因变动制造费用实际分配率偏离其标准分配率而形成的变动制造费用差异的部分。变动制造费用效率差异是指因生产单位产品实际耗用的直接人工工时偏离预定的标准工时而形成的变动制造费用差异部分。二者的计算公式如下：

变动制造费用开支差异＝（实际分配率×实际工时）－（标准分配率×实际工时）
＝（实际分配率－标准分配率）×实际工时

变动制造费用效率差异＝（标准分配率×实际工时）－（标准分配率×标准工时）
＝（实际工时－标准工时）×标准分配率

【例 11-7】本期生产 N 产品 2 000 件，实际耗用工时 7 600 小时，实际发生了变动制造费用 46 360 元，单位产品的工时耗用标准为 4 小时，变动制造费用标准分配率为每一直接人工工时 6 元。对比变动制造费用差异分析如下：

标准工时＝2 000×4＝8 000（小时）

$$变动制造费用实际分配率=\frac{46\ 360}{7\ 600}=6.1（元）$$

变动制造费用开支差异＝（6.1－6）×7 600＝760（元）（不利差异）

变动制造费用效率差异＝（7 600－8 000）×6＝－2 400（元）（有利差异）

变动制造费用差异＝760－2 400＝－1 640（元）（有利差异）

引起变动制造费用不利差异的原因很多，如构成变动性制造费用的各要素价格的上涨，其中包括材料价格上涨、动力费用价格上涨等，另外材料的浪费和直接人工的使用浪费、大材小用等也是导致变动制造费用不利差异的原因。一般来说，价格变动的因素是不可控制的，而耗用量的因素则是可控的，所以对于变动制造费用的开支差异，必须区分不同费用项目及所属的责任部门，具体分析，才能正确归属责任。

变动制造费用效率差异与直接人工效率或用量差异直接相关，如果变动制造费用确实与直接人工耗用成正比，那么与人工用量差异一样，变动制造费用效率差异也是由直接人工高效（或低效）利用引起的。

（2）固定制造费用差异的计算与分析

固定制造费用成本差异是指一定期间内实际产量下的固定制造费用实际发生总额与其预算发生总额之间的差额。对于固定制造费用差异的计算，通常有两种方法，即两差异法和三差异法。

两差异法将制造费用差异分为开支差异和能量差异。开支差异是指固定制造费用的实际发生额与固定制造费用的预算发生额之间的差额。固定制造费用与变动制造费用不同，其总额不因业务量的变动而变动，故其差异有别于变动制造费用。能量差异是指固定制造费用预算数与固定制造费用标准成本之间的差额，它反映未能充分利用生产能力而形成的损失。二者的计算公式为：

固定制造费用开支差异=固定制造费用的实际发生数-固定制造费用预算数

固定制造费用能量差异=固定制造费用预算数-固定制造费用标准发生数

三差异法，是在二差异法的基础上，将能量差异进一步分为能力差异和效率差异，即在三差异法下，固定制造费用差异分为固定制造费用开支差异、固定制造费用能力差异和固定制造费用效率差异。它们的计算公式为：

固定制造费用开支差异=固定制造费用的实际发生数-固定制造费用预算数

固定制造费用能力差异=（预算工时-实际工时）×标准费用分配率

固定制造费用效率差异=（实际工时-标准工时）×标准费用分配率

【例 11-8】本月 N 产品计划产量为 2 000 件，实际产量为 1 900 件。预算固定制造费用为 90 000 元，实际发生固定制造费用为 91 800 元。预算总工时为 12 000 小时，实际耗用工时为 11 500 小时。工时标准为 6 小时，固定制造费用标准分配率为 7.5 元/小时。根据以上资料，在两分法和三分法下，固定制造费用成本差异计算如下：

两分法下成本差异计算：

固定制造费用开支差异=91 800-90 000=1 800（元）（不利差异）

固定制造费用能量差异=（12 000-1 900×6）×7.5

=（12 000-11 400）×7.5

= 4 500（元）（不利差异）

三分法下固定制造费用成本差异计算：

固定制造费用开支差异= 91 800-90 000=1 800（元）（不利差异）

固定制造费用能力差异=（12 000-11 500）×7.5 =3 750 元（不利差异）

固定制造费用效率差异=（11 500-1 900×6）×7.5

=（11 500-11 400）×7.5

由上例可以看出，三差异分析法的能力差异与效率差异之和，等于两差异分析法的能量差异。所以，采用三差异分析法，能够清楚地说明生产能力利用程度和生产效益高低所导致的成本差异情况，从而便于分清责任。

11.1.4 标准成本法的账务处理

在标准成本法下，为了能够提供标准成本、成本差异和实际成本的资料，需要将实际发生的成本分为标准成本和成本差异两部分。通过对实际成本和标准成本之间差异的分析和披露，计算产品实际成本，从而实施对产品成本的控制。为了真实、准确地反映企业在一定时期的经营耗费和经营成果，必须对每一类成本差异分别设置成本差异账户进行核算，做出相关的账务处理。

1. 标准成本法下成本差异的账户设置

在标准成本法下，企业针对各种成本差异，应分别设置成本差异账户进行核算。在材料成本差异方面，应设置“材料价格差异”和“材料用量差异”两个账户；在直接人工差异方面，应设置“直接人工工资率差异”和“直接人工效率差异”两个账户；在变动制造费用差异方面，应设置“变动制造费用开支差异”和“变动制造费用效率差异”两个账户；在固定制造费用差异方面，应设置“固定制造费用开支差异”“固定制造费用能力差异”和“固定制造费用效率差异”三个账户，分别核算不同的制造费用差异。各种成本差异类账户的借方均核算发生的不利差异，贷方核算发生的有利差异。

2. 标准成本法账务处理举例

（1）直接材料差异的账务处理

在标准成本法下，会计处理为：借记“生产成本”，贷记“原材料”，其中原材料的金额以标准成本反映。根据标准成本和实际成本差异的性质，借记或贷记材料数量差异或材料价格差异，如果差异为节约差异，则贷记相关差异账户；如果差异为超支差异，则借记相关差异账户。

（2）直接人工差异的账务处理

在核算直接人工费用差异时，应设置“生产成本”“直接人工效率差异”和“直接人工工资率差异”三个账户。“生产成本”账户登记直接人工的标准成本，同时将实际人工成本与标准人工成本之差记入“直接人工效率差异”和“直接人工工资率差异”。

（3）制造费用的账务处理

在核算制造费用时，应借记“生产成本”，贷记“制造费用”，根据差异方向借或贷记相关差异账户。在变动制造费用差异方面，设置“变动制造费用开支差异”和“变动制造费用效率差异”两个账户；在固定制造费用差异方面，设置“固定制造费用开支差异”“固定制造费用能力差异”和“固定制造费用效率差异”三个账户。

11.2 作业成本法

前面所介绍的各种成本计算方法，无论是产品成本计算的基本方法，还是与成本管理密切结合的成本核算的辅助方法，其制造费用一般都是以产品成本中的人工费用比例为依据在各种不同产品间进行分配的。在生产过程较为简单、制造费用数额相对不大的情况下，采用上述计算方法有其合理性，但对于现代企业而言，生产过程复杂、制造费用在产品成本中所占比重极大，且与人工费用并无直接关系，如仍然采用上述方法分配制造费用，就会导致成本信息扭曲、误导管理措施、致使决策失误等严重后果。在这种新的形势下，作业成本法就应运而生了。

11.2.1 作业成本法的产生与发展

第一个对作业成本法核算进行理论研究和探讨的是会计大师埃里克·科勒（Eric Kohler）教授。在20世纪30年代到50年代之间，埃里克·科勒教授开始论述作业成本核算思想。但对于它的全面研究则是20世纪七八十年代的事情，它在企业中的应用始于20世纪八十年代末期。

11.2.2 作业成本法的相关概念

作业成本法是指以作业为核心，以资源流动为线索，以成本动因为媒介，依据不同的成本动因，分别设置成本归集对象即以成本库来归集、汇总费用，再以各种产品耗费的作业量将费用分摊至产品中，从而汇总计算各种产品总成本和单位成本的一种成本计算制度。作业成本法大大提高了成本的客观性，它通过分别设置多样化的成本库，并按多样化的成本动因进行制造费用的分配，使成本计算特别是比重日趋增长的制造费用，按产品对象化的过程大大明细了，提高了成本的可归属性，即产品成本中计算的经济依据，能直接归属于有关产品的成本比重大大增加，而按照人为标准间接地分配与有关产品的成本比重缩减到最低限度。

1. 作业成本法的基本假定

作业成本法认为“作业消耗资源，成本消耗作业”。“作业”是成本计算的核心，而产品成本则是制造和传递产品所需全部作业的成本总和。成本计算的基本对象是作业。成本计算的程序是：先将企业耗用的各种资源向各作业中心分配，再将各作业中心所消耗资源汇总后向各类产品分配。这样，在传统成本计算程序下不可追溯的成本，在作业成本法下就转变为可追溯成本，从而使间接费用的分配更为合理，成本计算结果更为准确。

2. 作业

作业是指基于一定的目的，以人为主体，消耗了一定资源的特定范围的工作，是构成产品生产、服务程序的组成部分。作业就是为企业提供产品或流程中的各个工序和环节。实际工作中可能出现的作业类型一般有启动设备、购货订单、材料采购、物料处理、设备维修、质量控制、生产计划、动力消耗、存货移动、工程处理、装运发货、管理协调等。作业具备以下特征：

（1）作业是以人为主体的，并消耗一定的资源。由于现代制造业机械化、自动化程度很高，但人掌握和操纵各种机器设备仍然是现代制造业中各项具体生产工作的主体，也是作业的主体。由于作业以人为主体，至少要消耗一定的人力资源，同时，作业是人力作用于物的工作，因而也要消耗一定的物质资源。

（2）作业目的是区分作业的标准。在一个制造业企业中，随着现代化程度的提高，生产程序的设计和人员分工也越合理，企业经营过程的可区分性越强。企业制造或服务过程按照一部分工作的特定目的区分若干作业，每个作业负责该作业职权范围内的每一项工作，工作之间互补且互斥，构成了完整的经营过程。

（3）作业可以按不同的标志进行不同的分类。由于各企业间生产组织特点、生产工艺过程不同，以及管理要求也不同，因此，很难按统一的要求对作业进行分类。

3. 资源

资源是指生产资料或生活资料的天然来源。如果把整个制造中心看成是一个与外界进行物质交换的投入产出系统，则所有进入该系统的人力、物力、财力等都属于资源范畴。作业成本法把资源作为成本计算对象，是要在价值形成的最初形态上反映被最终产品吸纳的有意义的资源耗费价值。资源按其包括内容又可分为人力资源、物力资源、财力资源等。

4. 作业的层次与成本动因

作业成本计算中的作业（Activity）可以被看作企业生产经营中的一种业务活动。而成本动因，则为驱动一种业务活动成本的因素。作业成本计算中的作业在企业生产经营中可区分为“单位”“批”“产品”“综合能力维持”四个层次。

（1）单位层次的作业及其成本动因。这一类型的作业是生产每单位的产品都必须发生的。如用机器生产产品，机器必须运转，产品才能生产出来。因而对于操作机器这一作业来说，机器运转小时（以下简称机器小时）就是其成本动因，因而保证机器正常运转所发生的成本，包括机器的折旧、维修费用、能源消耗、润滑油等，都可归属于与机器相关的作业成本库，按机器小时计算其成本库分配率。

（2）批层次的作业及其成本动因。这一类型的作业是为每一批产品而不是为每一单位产品必须完成的。如每一批产品的投产必须进行机器的准备，它以产品生产中的变换批次为成本动因，其成本归属于准备成本库，按产品生产中变换的批次计算其成本库分配率。属于批层次的作业还有接收与测试、材料整理、质量保证和包装与发运作业，为它们分别设置成本库，以每一产品的生产线消耗各作业量的百分比计算各成本库的分配率。

（3）产品层次的作业及其成本动因。这一类型的作业是为维护一条生产线的整体运作的，并不总是直接服务于生产一个新单位或新批次产品的生产，其成本动因是工程师的工作量，其有关成本（如工程师的薪酬，工程设施的折旧、维修等）都归属于工程成本库，以各产品耗用工程师工作量的百分比作为其成本库分配率。

（4）综合能力维持层次的作业和成本动因。综合能力维持作业又称能量作业，是用于维持整个生产程序得以正常运行的作业，其作业成本包括工厂管理人员的薪金，厂房、设备的折旧、维修费、财产税和保险费等，其成本动因具有很大的综合性。其有关成本可归属于综合生产维持成本库，按各产品的直接人工小时计算成本库分配率。

11.2.3 作业成本计算法的基本步骤

作业成本计算按以下两个步骤进行：

1. 确认作业

按同质作业设置作业成本库，以资源动因为基础将间接费用分配到作业成本库。

一项作业，可能是一项非常具体的活动，是某一部门各项活动中的一项；也可能是泛指一类活动，甚至是整个部门或过程的代名词。作业引发资源的耗用，而资源动因是作业消耗资源的原因或方式，因此，间接费用应当根据资源动因被归集到代表不同作业的作业成本库中。

由于生产经营的范围扩大、复杂性提高，构成产品生产、服务程序的作业也大量增加，为每项作业单独设置成本库往往并不可行。于是，将有共同资源动因的作业确认为同质作业，将同质作业引发的成本归集到同一作业成本库中以合并分配。按同质作业成本库归集间接费用不但提高了作业成本计算的可操作性，而且减少了工作量，降低了信息成本。

2. 以作业动因为基础将作业成本库的成本分配到最终产品

产品消耗作业，产品的产量、生产批次及种类等决定作业的耗用量，作业动因是各项作业被最终产品消耗的方式和原因。例如，起动准备作业的作业动因是起动准备次数，质量检验作业的成本动因是检验小时。明确了作业动因，就可以将归集在各个作业成本库中的间接费用按各最终产品消耗的作业动因量的比例进行分配，计算出产品的各项作业成本，进而确定最终产品的成本。作业成本法核算程序如图 11-1 所示。

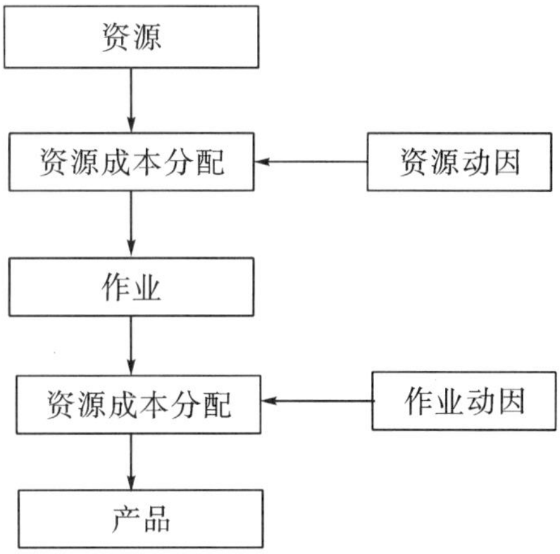

图 11-1　作业成本法核算程序

11.2.3　作业成本法的应用举例

【例 11-9】设某公司生产甲、乙、丙三种产品，有关资料如表 11-5 所示。

表 11-5　某公司生产有关资料

项目	甲产品	乙产品	丙产品
产量（单位）	40 000	20 000	8 000
班次	40 000 单位由 4 个班次完成	20 000 单位由 4 个班次完成	8 000 单位由 10 个班次完成
直接材料	90	50	20
直接人工（不包括准备工时）	每单位 8 小时	每单位 6 小时	每单位 4 小时
准备时间	每变换一次班次 20 小时	每变换一次班次 20 小时	每变换一次班次 20 小时

表11-5(续)

机器小时	每单位 2.5 小时	每单位 2 小时	每单位 4 小时
直接人工成本（元）	每小时 40	每小时 40	每小时 40
准备工时成本（元）	每小时 40	每小时 40	每小时 40

根据上述资料，计算甲、乙、丙三种产品的单位成本。

（1）按传统的以数量为基础的产品成本计算法

计算综合性的预计制造费用分配率（按直接人工小时分配）。假设预计总制造费用为 3 894 000 元。

产品甲　40 000×8＝320 000（小时）

产品乙　20 000×6＝120 000（小时）

产品丙　8 000×4＝32 000（小时）

合计　　320 000+120 000+32 000＝472 000（元）

综合性的预计制造费用分配率＝3 894 000÷472 000＝8.25（元/小时）

该公司的成本计算表如表 11-6 所示。

表 11-6　　成本计算表

单位：元

项目	甲产品	乙产品	丙产品
直接材料	90	50	20
直接人工	320	240	160
制造费用	66	49.5	33
合计	476	339.5	213

设该公司是按成本的 20%加成作为目标售价，各产品的实际售价分别为 571.20 元、407.40 元、255.60 元。

据此，可计算各产品的盈亏情况，如表 11-7 所示。

表 11-7　　该公司各产品盈亏情况

单位：元

项目	甲产品	乙产品	丙产品
单位成本	476.00	339.50	213.00
目标售价	571.20	404.70	255.60
实际售价	571.20	400.00	300.00

表 11-7 的计算表明，产品丙的实际售价与目标成本的差异最为有利，乙则出现不利差异，产品甲的差异为零。由此也可看到按这一成本计算法所显示的各产品的营利性。

（2）按作业成本法计算

①将制造费用按作业的成本动因归属于各层次的成本库。假设有单位层次的成本库，如机器运转成本库 1 212 600 元；批层次的成本库（准备成本库 14 400 元，接收与

测试成本库 200 000 元，材料整理成本库 600 000 元，质量保证成本库 421 000 元，包装与发运成本库 250 000 元）；产品层次的成本库（工程成本库 700 000 元）；综合能力维持层次的成本库 496 000 元。

②各成本库成本分配率的计算如表 11-8 至表 11-15 所示。

表 11-8　　机器运转成本分配表

单位：元

项目	本月发生额	动因（机器小时）	分配率	耗用作业动因	耗用作业成本	单位作业成本
甲产品				100 000	705 000	17.63
乙产品				40 000	282 000	14.1
丙产品				32 000	225 600	28.2
合计	1 212 600	172 000	7.05	172 000	1 212 600	

表 11-9　　准备成本分配表

单位：元

项目	本月发生额	动因（生产交换次数）	分配率	耗用作业动因	耗用作业成本	单位作业成本
甲产品				4	3 200	0.08
乙产品				4	3 200	0.16
丙产品				10	8 000	1
合计	14 400	18	800	18	14 400	

表 11-10　　接收与测试成本分配表

单位：元

项目	本月发生额	耗用作业动因占比(%)	耗用作业成本	单位作业成本
甲产品		6	12 000	0.3
乙产品		24	48 000	2.4
丙产品		70	140 000	17.5
合计	200 000	100	200 000	

表 11-11　　材料整理成本分配表

单位：元

项目	本月发生额	耗用作业动因占比(%)	耗用作业成本	单位作业成本
甲产品		7	42 000	1.05
乙产品		30	180 000	9
丙产品		63	378 000	47.25
合计	600 000	100	600 000	

表 11-12　　　　质量保证成本分配表

单位：元

项目	本月发生额	耗用作业动因占比(%)	耗用作业成本	单位作业成本
甲产品		20	84 200	2. 11
乙产品		40	168 400	8. 42
丙产品		40	168 400	21. 05
合计	421 000	100	421 000	

表 11-13　　　　包装与发运成本分配表

单位：元

项目	本月发生额	耗用作业动因占比(%)	耗用作业成本	单位作业成本
甲产品		4	10 000	0. 25
乙产品		30	75 000	3. 75
丙产品		66	165 000	20. 63
合计	250 000		250 000	

表 11-14　　　　工程成本分配表

单位：元

项目	本月发生额	耗用作业动因占比(%)	耗用作业成本	单位作业成本
甲产品		25	175 000	4. 375
乙产品		45	315 000	15. 75
丙产品		30	210 000	26. 25
合计	700 000	100	700 000	

表 11-15　　　　综合能力维持成本分配表

单位：元

项目	本月发生额	动因（直接人工小时）	分配率	耗用作业动因	耗用作业成本	单位作业成本
甲产品				320 000	336 271	8. 41
乙产品				120 000	126 101. 6	6. 31
丙产品				32 000	33 627. 4	4. 20
合计	496 000	472 000	1. 050 847	472 000	496 000	

表 11-16　　　　产品成本计算表

单位：元

项目	甲产品	乙产品	丙产品
直接材料	90	50	20
直接人工	320	240	160
制造费用			

表11-16(续)

项目		甲产品	乙产品	丙产品
单位层次：机器运转		17.63	14.1	28.2
批层次	准备成本	0.08	0.16	1
	接收与测试	0.3	2.4	17.5
	材料整理	1.05	9	47.25
	质量保证	2.11	8.42	21.05
	包装与发运	0.25	3.75	20.63
产品层次：工程成本		4.38	15.75	26.25
综合能力维持层次：综合能力维持		8.41	6.31	4.20
合计		444.21	349.89	346.08

（3）对比分析

对比两种成本法得到的单位成本，可以看到：在作业成本法下，甲产品的单位成本有所降低，乙产品的单位成本略有提高，丙产品的单位成本大大提高。传统成本法下，其发生的制造费用中由乙产品和丙产品负担的部分转嫁给了甲产品，造成了成本指标的严重扭曲，对企业以成本为基础所进行的各项经营决策，特别是产品定价决策产生严重的误导作用。

以下对采用不同的成本计算法所形成的成本扭曲进行具体的计算。

甲产品单位成本之差：476-444.21=31.79（元）

乙产品单位成本之差：339.5-349.89=-10.39（元）

丙产品单位成本之差：213-346.08=-133.08（元）

各种产品所负担的总成本差异为：

甲产品：31.79×40 000=1 271 600（元）

乙产品：-10.39×20 000=-207 800（元）

丙产品：-133.08×8 000=-1 064 640（元）

上述计算表明：丙产品产量虽少，却将其应负担的成本大量转嫁给了甲产品，造成成本指标严重失实。

（4）启示与结论

作业成本法的优越性，不仅表现在成本计算的明细化及其计算的结果更加符合实际，更为重要的是，它将重点放在成本发生的前因后果上。从原因来看，成本是由作业引起，因而经常分析企业生产经营过程中某一作业形成的必要性、作业组成的合理性和有效性、每一作业预期的资源消耗水平以及预期的作业最终可对顾客提供的价值的大小。从后果看，作业的执行以至完成实际耗费了多少资源，与同行的同类企业先进水平的差距如何，这些资源的耗费可对产品最终提供给顾客的价值贡献如何，对所有这些问题及时进行动态分析，可以为作业管理提供有效信息，促进企业改进作业组成，提高作业完成的效率和质量水平，在所有环节上减少浪费，并尽可能地降低资源消耗，以促进企业生产经营整个价值的提高。

11.2.4 作业成本法的评价

1. 作业成本法的优点

作业成本法是一种全新的成本核算系统，它对提供准确的成本信息发挥着不可估量的作用。通过与传统成本法的比较，可以证明作业成本法更适应知识经济、全球经济一体化和会计发展的需要。首先，间接费用的分配更科学，与传统成本计算方法相比，作业成本法的分配基础发生了质变，它不再采用单一的数量分配标准，而是采用多元化分配基准，并且集财务变量和非财务变量于一体，使得作业成本法所提供的成本信息要比传统成本计算法准确得多。其次，作业成本法通过价值链的分析，可以消除无效作业，达到对成本事前和事后控制，从而改善企业各项作业效率及质量，提高企业的效益。最后，作业成本法不仅是一种科学的成本计算方法，更是一种科学的管理方法。基于作业成本管理的过程，企业成本管理已不局限于企业内部，而是扩展到企业外部的供应链管理，不局限于生产领域，而是扩展到从产品设计到最终提供产品给用户的所有环节，真正实现全过程管理。

2. 作业成本法的缺点

作业成本法在运用时，也有其局限性，主要表现在：首先，作业计量和分类主观性强。运用作业成本法的前提就是将企业的各个经营环节划分为一个个作业，有时一个部门就是一个作业，有时几个部门是一个作业，有时在一个部门中就有若干个作业，特别是最后一种情况，这个部门的工作都是由该部门的员工共同完成的，没有明确分工，因此在分解时难以操作，这使得作业成本的操作复杂化，许多时候作业的分解全凭管理人员的意愿进行，使得作业的分类不客观。其次，对一些间接费用的分配仍然不能避免产量对产品成本的影响。在分配间接费用时，间接费用总额除以成本动因量之和得到成本动因分配率，再用此分配率乘以收益对象的成本动因量，这一计算方式并未将成本动因与产品成本之间的真正关系体现出来，因此结果并非完全准确。最后，作业成本计算繁琐。作业成本法的计算原理，决定了若某个企业分解的作业过多，则在期末进行间接费用计算分配时，大量的汇集与分配过程可能会延误成本计算工作，从而影响会计信息的及时性，并且会增加企业的成本。

3. 作业成本法的适用范围

作业成本法自出现以来，企业从原来的热烈追捧，到如今的冷静对待，反映出作业成本法的实施是需要一定的环境的，并不是所有的企业都能用作业成本法。运用作业成本法需要具备下列基本条件：

（1）作业成本法需要科学、高效的成本计算和生产管理系统。作业成本法采用多元化的制造费用分配标准，由此带来的庞大计算工作，如果没有现代电子计算的支持，是很难进行的。

（2）作业成本法需要拥有强大的管理会计师队伍。在运用作业成本法时需要一批既掌握专业知识，又懂相应的管理知识及计算机应用技术的复合型会计人才，而且这是开展作业成本法的必要条件之一。

（3）企业内部作业中心必须相对独立。作业成本法需要企业内部每一个作业中心彼此之间相对独立，并能主动地提供所需要的准确数据资料。这就要求企业改变传统的生产方式，即大规模少品种批量生产方式，以使企业内部各作业中心之间的依赖性尽可能地减弱，便于找出该作业中心的成本动因。

综上所述，作业成本法主要适用于生产自动化程度较高、制造费用占成本比重较高且较复杂、生产经营的作业环节较多、会计电算化程度较高、产品种类繁多、各次生产运营数量差别很大且制造费用较高、随时间推移作业变化很大但会计系统相应变化较小的企业。

此外，作业成本法除适用于制造业企业外，还适用于银行、商店、高校、医院等，这些行业也会发生与业务量非相关的较多间接费用，通过成本动因分析，使这些费用与服务相联系，可准确地提供所需的成本信息。

11.3　各种产品成本计算方法的实际应用

在前面的章节，我们根据企业各种类型生产的特点和管理的要求，分别讲述了三种基本的成本计算方法，即品种法、分批法、分步法，两种辅助的成本计算方法，即分类法和定额法，以及两种扩展的成本计算方法，即标准成本法和作业成本法。在实际的工作中，一个企业的不同车间以及一个企业的不同产品，因生产特点和管理要求并不一定相同，可能采用几种不同的成本计算方法。

11.3.1　几种产品成本计算方法同时应用于一个企业

1. 一个企业可以采用不同的成本计算方法

例如，一个企业的基本生产车间大批大量多步骤生产某种产品，则需要采用分步法来核算成本。企业的辅助生产车间提供水电，对于辅助车间的成本计算方法可以采用品种法来计算。

2. 一个企业的一个车间可以采用多种成本计算方法

例如，一个企业生产车间中包含三个生产线，第一个生产线生产一种产品；第二个生产线分步骤生产一种产品，每个步骤的半成品很重要，管理上要求分步核算；第三个生产线是单件小批的生产。根据生产工艺、生产组织和管理要求，企业同一个车间内部可以采用多种成本计算方法。第一个生产线采用品种法，第二个生产线采用分步法，第三个生产线采用分批法。

11.3.2　几种产品成本计算方法应用于一个产品的成本计算

1. 一种产品的不同生产步骤采用不同成本计算方法

比如，一个铸造加工机械厂，生产需要经过冶炼、铸造、机械加工、装配四个步骤，最终加工出产成品。如果该厂是接受订单加工的企业，那么最终的产品成本计算应该采用分批法。从产品生产的各个阶段来看，冶炼车间冶炼出高碳钢锭和低碳钢锭，全部用于铸造车间的生产所用，采用品种法。铸造车间需要对冶炼车间的钢锭进行加工，成本计算必然需要考虑到冶炼车间完工品的转入，因此采用逐步结转分步法。机械加工和装配环节要考虑外部的订单需求，因而采用分批法核算。总的来说，订单产品的需求所用的成本计算方法是以分批法为主线，其中还有涉及前面环节的品种法和分步法的应用。

2. 一种产品的不同零部件之间采用不同的成本计算方法

某种产品由若干零部件组装而成，一部分零部件进入产品装配环节，另一部分零部件需要对外销售，管理上要求企业的零部件需要明细核算。按照零部件生产类型和管理要求，成本计算方法有所不同。外售部分的零部件，采用品种法明细核算。自用的零部件，采用分步法成本核算。

本章小结

本章主要从加强成本管理与控制的角度讲述了成本核算的两种扩展方法：标准成本法和作业成本法。

标准成本法是一种将成本计算和成本控制结合，由包括制定标准成本、计算和分析差异、处理成本差异三个环节所组成的完整系统。所谓成本差异是指实际成本与标准成本之间的差额。标准成本的账务处理的主要特点是："在产品""产成品"等账户可以登记标准成本，设置各种成本、差异账户，分别核算各种差异，在会计期末对成本差异进行处理。一种处理方法是将本期的各种差异，按标准成本的比例分配给期末在产品、期末库存产成品和本期已售商品，另一种方法是将本期发生的各种差异全部计入当期损益。

作业成本法是基于作业成本管理要求而产生的一种成本计算方法，它是将间接成本更准确地分配到作业的一种成本计算方法。这种方法涉及几个在传统成本计算方法中从未出现的概念：作业、资源、成本动因等。作业成本法与传统成本法的区别在于：传统成本法是按照单一标准将间接成本分配给产品或劳务负担，而作业成本法则将生产经营过程分解为若干作业，并分别设置为作业库，然后找出每个作业的成本动因，接着按照成本动因将归集于各作业库的间接成本分配给产品或劳务负担。因此，作业成本法更精确一些。当然作业成本法有一定的局限性。

通过本章学习，应了解成本计算方法的多样性，理解在进行产品成本计算时可以根据产品的特性或企业管理的要求采用不同的方法，即掌握成本计算方法的实际应用问题。

习题

一、单项选择题

1. 在标准成本法下的成本差异是指（　　）。

A. 实际成本与标准成本的差异　　B. 实际成本与计划成本的差异

C. 预算成本与标准成本的差异　　D. 实际成本与预算成本的差异

2. 在实际工作中较为广泛的标准成本是（　　）。

A. 基本标准成本　　B. 理想标准成本

C. 正常标准成本　　D. 生产成本

3. 以现有生产经营条件处于最优状态为基础确定的最低水平的成本，称为（　　）。

A. 理想标准成本　　B. 正常标准成本

C. 现实标准成本　　D. 可达到标准成本

4. 某厂预算产量为 10 000 件，固定性制造费用预算额为 5 000 元，单位产品直接人工耗用标准为 1 小时。本年实际生产了 12 000 件产品，实际固定性制造费用分配率为 0.5 元/小时，单位产品人工耗用为 1 小时，则固定性制造费用开支差异为（　　）。

A. 0 元　　B. 100 元（有利）

C. 1 200 元（不利）　　D. 1 000 元（不利）

5. 由于工人劳动情绪不佳所造成的损失，应由（　　）负责。

A. 财务部门　　B. 劳动部门　　C. 生产部门　　D. 采购部门

6. 标准成本是一种（　　），它是根据历史资料，结合目前已拥有的技术、经营水平，应用一定的经济技术分析方法来确定的生产产品所必需的各项成本。

A. 生产成本　　B. 目标成本　　C. 销售成本　　D. 理想成本

7. 固定制造费用的实际金额与预算金额之间的差额称为（　　）。

A. 开支差异　　B. 能量差异　　C. 效率差异　　D. 闲置能量差异

8. 标准成本控制的重点是（　　）。

A. 标准成本的制定　　B. 成本差异的计算和分析

C. 成本差异的计算　　D. 成本差异账务处理

9. 在作业成本法下，分配作业成本的标准是（　　）。

A. 生产工时　　B. 生产工人工资　　C. 机器工时　　D. 成本动因

10. 一般来说，作业成本法适用于（　　）。

A. 会计电算化程度较低的企业

B. 作业类型较少的企业

C. 生产自动化程度较低的企业

D. 制造费用占成本比重较高的企业

二、多项选择题

1. 下列各项中，属于标准成本控制系统构成内容的有（　　）。

A. 标准成本的制定　　B. 成本差异的计算与分析

C. 成本差异的账务处理　　D. 成本差异的分配

2. 下列各项中，能够导致出现材料价格差异的原因是（　　）。

A. 材料质量差，用料过多

B. 材料调拨价格或市场价格的变动

C. 材料采购计划编制不准确

D. 机器设备效率增减，使材料耗用量发生变化

3. 在标准成本系统中，可将变动性制造费用成本差异分解为以下内容，包括（　　）。

A. 耗费差异　　B. 预算差异

C. 开支差异　　D. 用量差异

4. 作业成本法与传统的成本法相比，其优势在于（　　）。

A. 拓宽了产品成本的计算范畴

B. 提供更为客观、准确的成本信息

C. 成本计算对象是单一层次的对象

D. 间接费用分配标准的单一，计算简单

5. 下列方法中，属于产品成本计算的扩展方法的有（　　）。

A. 作业成本法　　B. 分类法　　C. 定额成本法　　D. 标准成本法

6. 成本动因按其在作业成本中体现的分配性质不同，可以分为（　　）。

A. 资源动因　　B. 作业动因　　C. 产品动因　　D. 价格动因

7. 下列各项中，可以揭示作业成本法与传统成本法控制区别的是（　　）。

A. 成本控制的对象不同　　B. 成本控制的性质不同

C. 研究范畴不同　　D. 成本改进的侧重点不同

8. 下列各项中，属于作业成本计算与传统成本计算的区别的是（　　）。

A. 以作业中心来归集资源费用　　B. 采用多元化的制造费用分配标准

C. 不计算产品成本　　D. 计算作业消耗

9. 作业按其层级不同可以分为（　　）。

A. 单位层作业　　B. 批量层作业

C. 产品层作业　　D. 综合能力维持层次的作业

10. 下列各项中，可以为作业成本计算理论依据的是（　　）。

A. 作业消耗资源　　B. 产品消耗作业

C. 成本性态分析　　D. 直接人工成本的增加

三、计算题

1. Y公司生产甲产品需要使用一种直接材料B，本期生产甲产品200件，耗用B材料900千克，B材料的实际价格为每千克100元。假设B材料的标准价格为每千克110元，单位甲产品的标准用量为5千克，要求对材料B进行成本差异分析。

2. Y公司本期生产甲产品200件，实际耗用人工8 000小时，实际工资总额为80 000元，平均每工时10元。假设标准工资率为9元/小时，单位产品的工时耗用标准为28小时，要求对直接人工进行差异分析。

3. Y公司本期生产甲产品200件，实际耗用人工8 000小时，实际发生变动制造费用20 000元，变动制造费用实际分配率为每直接人工工时2.5元。假设变动制造费用标准分配率为3元，标准耗用人工工时为6 000小时，要求对变动制造费用进行差异分析。

4. Y公司本期生产甲产品400件，发生固定制造费用1 424元，实际工时为890小

时，企业生产能力为500件，即1 000小时，每件产品固定制造费用标准成本为3元/件，即每件产品标准工时为2小时，标准分配率为1.5元/小时。要求用两差异法和三差异法对固定制造费用进行差异分析。

四、案例应用分析

作业成本法应用案例：三德兴公司

1. 企业背景及问题的提出

厦门三德兴公司为生产硅橡胶按键的企业，主要给遥控器、普通电话、移动电话、计算器和电脑等电器设备提供按键。1985年11月开始由新加坡厂商在厦门设厂生产，1999年为美国ITT工业集团控股。厦门三德兴公司年总生产品种约6 000种，月总生产型号300多个，每月总生产数量多达2千万件，月产值为人民币1 500万元，员工约1 700人。企业的生产特点为品种多、数量大、成本不易精确核算。

厦门三德兴公司在成本核算和成本管理方面大致经过两个阶段：

第一阶段（1980—1994年）：无控制阶段。1994年以前，国内外硅橡胶按键生产行业的竞争很少，基本上属于卖方市场，产品的质量和价格完全控制在生产商手里，厦门三德兴公司作为国内主要的硅橡胶按键的生产商之一，在生产管理上最主要的工作是尽可能地增加产量，基本上没有太多地考虑成本核算与成本管理的问题。

第二阶段（1994—2000年底）：传统成本核算阶段。从1994年开始，一方面，硅橡胶行业的竞争者增多，例如台湾大洋、旭利等企业的加入；另一方面，由于通讯电子设备的价格下降，硅橡胶产品的价格也不断下降，1994年硅橡胶价格跌了近20%。硅橡胶行业逐渐变为买方市场。成本核算问题突出表现出来，此时公司才开始意识到成本核算问题的重要性。在这个阶段，公司主要采用传统成本法进行核算，即首先将直接人工和直接原材料等打入产品的生产成本里，再将各项间接资源的耗费归集到制造费用账户，然后再以直接人工作为分配基础对整个制造过程进行成本分配。分配率的计算公式为：分配率=各种产品当月所消耗的直接人工/当月公司消耗的总直接人工。

由此分配率可得到各产品当月被分配到的制造成本，再除以当月生产的产品数量，从中可以得到产品的单位制造成本，将单位制造成本与直接原材料和直接人工相加即得到产品的单位生产总成本。企业简单地将产品的单位总成本与产品单价进行比较，从中计算出产品的盈亏水平。

1997年下半年的亚洲金融风暴造成整个硅橡胶市场需求量的大幅度下降，硅橡胶生产商之间的竞争变得异常激烈，产品价格一跌再跌，已经处在产品成本的边缘，稍不注意就会亏本，因此，对订单的选择也开始成为一项必要的决策。厦门三德兴公司的成本核算及管理变得非常的重要和敏感。此时，硅橡胶已经从单纯的生产过程转向生产和经营过程，一方面，生产过程复杂化了，厦门三德兴公司每月生产的产品型号多达数百个，且经常变化，每月不同，其中消耗物料达上千种，工时或机器台时在各生产车间很难精确界定，已经无法按照传统成本法对每个产品分别进行合理、准确的成本核算，也无法为企业生产决策提供准确的成本数据；另一方面，企业中的行政管理、技术研究、后勤保障、采购供应、营销推广和公关宣传等非生产性活动大大增加，为此类活动而发生的成本在总成本中所占的比重不断提高，而此类成本在传统成本法下又同样难以进行合理的分配。如此一来，以直接人工为基础来分配间接制造费用和非生产成本的传统成本法变得不适用，公司必须寻找其他更为合理的成本核算和成本管理方法。

2. 作业成本法在企业的实际运用

在作业成本法下，作业被认为是由生产引起的，生产导致作业的发生，产品消耗作业，作业消耗资源，并导致间接成本和间接费用的发生。产品成本就是制造和运送产品所需要的全部作业的成本之总和。因此，根据作业成本法的处理方法，间接费用或间接成本不在各产品之间进行间接分配，而是在各作业项间进行分配，体现了费用分配的因果关系，从而使作业成本乃至产品成本的计算都较为准确。作业成本法的实质就是在资源耗费与产品耗费之间借助“作业”这一“桥梁”来分离、归纳、组合，最后形成产品成本。具体来说，厦门三德兴公司实施的作业成本法包括以下三个步骤：

(1) 确认主要作业，明确作业中心

作业是与企业内与产品相关或对产品有影响的活动。企业的作业可能多达数百种，通常只能对企业的重点作业进行分析。根据厦门三德兴公司产品的生产特点，笔者从公司作业中划分出备料、油压、印刷、加硫和检查等五种主要作业。其中，备料作业的制造成本主要是包装物，油压作业的制造成本主要是电力的消耗和机器的占用，印刷作业的成本大多为与印刷相关的成本与费用，加硫作业的制造成本则主要为电力消耗，而检查作业的成本主要是人工费用。各项制造成本先后被归集到上述五项作业中。

(2) 选择成本动因，设立成本

成本库按作业中心设置，每个成本库代表它所在作业中心里由作业引发的成本。成本库按照某一成本动因解释其成本变动。这当中成本动因的选择非常重要，成本动因是一项作业产出的定量计算。通常成本动因的选择可以从两个方面来考虑：一是作业的层次，二是驱动的特点。所谓层次指作业概念中的单位作业、批作业和产品作业等构成。所谓驱动指产品消耗作业的性质。驱动一般包括经济业务驱动、期间驱动、密度或直接收费驱动等。其中经济作业驱动指依作业发生的频率来计量的驱动；期间驱动指用完成每一项作业所花费的时间来计量的驱动；密度或直接收费驱动则指根据每次完成一项作业所实际消耗的资源来计量的驱动。

在厦门三德兴公司备料、油压、印刷、加硫和检查等五项主要作业里，对成本动因的各自选择如下：

①备料作业。该作业很多工作标准或时间的设定都是以重量为依据。因此，该作业的制造成本与该作业产出半成品的重量直接相关，也就是说，产品消耗该作业的量与产品的重量直接相关。所以选择产品的重量作为该作业的成本动因。

②油压作业。该作业的制造成本主要表现为电力的消耗和机器的占用，这主要与产品在该作业的生产时间有关，即与产品消耗该作业的时间有关。因此，选择油压小时作为该作业的成本动因。

③印刷作业。从工艺特点来看，该作业主要与印刷的道数有关，因此，选择印刷道数作为该作业的成本动因。

④加硫作业。该作业有两个特点：一方面，该作业的制造成本主要为电力消耗，

而这与时间直接相关；另一方面，该作业产品的加工形式为成批加工，因此，选择批产品的加硫小时作为该作业的成本动因。

⑤检查作业。该作业以人工为主，而厦门三德兴公司的工资以绩效时间为基础，因此，选择检查小时作为该作业的成本动因。

此外，三德兴公司还有工程部、品管部以及电脑中心等基础作业，根据公司产品的特点，产品直接原材料的消耗往往与上述基础作业所发生的管理费用没有直接关系，所以，在基础作业的分配中没有选择直接原材料，而是以直接人工为基础予以分配。

（3）最终产品的成本分配

根据所选择的成本动因，对各作业的动因量进行统计，再根据该作业的制造成本求出各作业的动因分配率，将制造成本分配到相应的各产品中去。然后根据各产品消耗的动因量算出各产品的总作业消耗及单位作业消耗。最后将所算出的单位作业消耗与直接原材料和直接人工相加得出各个产品的实际成本状况。

由于厦门三德兴公司总生产品种约 6 000 种，月总生产型号达 378 种，这里主要说明三德兴公司有代表性的产品型号各自在传统成本法与作业成本法下分配制造成本上的差别。

3. 传统成本法与作业成本法实地研究结果的比较

根据上述步骤，以三德兴公司在 2000 年 9 月份的生产数据为基础，对 378 种型号的产品分别核算其产品成本。表 11-17 和表 11-18 分别列出了两组主要有代表性的计算结果。其中，表 11-17 为在传统成本法计算下显示亏本，而经作业成本法重新计算显示并没有亏本的产品型号。表 11-18 为在传统成本法下显示没有亏本，而按作业成本法计算却显示为亏本的产品型号。

表 11-17　　产品成本计算比较表

单位：元

产品型号	单价	生产数量（件）	传统成本法		作业成本法	
			单位成本	单位利润	单位成本	单位利润
3DS06070ACCA	0.12	385 233	0.120 7	-0.000 7	0.11	0.01
3DS06070AEAA	0.12	434	0.120 7	-0.000 7	0.11	0.01
7505832X01	0.34	424 376	0.36	-0.02	0.11	0.03

表 11-18　　产品成本计算比较表

单位：元

产品型号	单价	生产数量（件）	传统成本法		作业成本法	
			单位成本	单位利润	单位成本	单位利润
EUR51CT78511	0.05	25	0.03	0.02	0.07	-0.02
3DS07206ACCA	0.19	3 015	0.02	0.17	0.47	-0.38
UR51CT984E	0.06	103	0.04	0.02	0.24	-0.18
ST-3000	0.04	1 519	0.038	0.002	0.043	-0.003

表11-18(续)

产品型号	单价	生产数量（件）	传统成本法		作业成本法	
			单位成本	单位利润	单位成本	单位利润
3104-207-73731	0.11	456	0.07	0.04	0.20	-0.09
3104-207-68052	0.16	1 533	0.12	0.04	0.18	-0.02
3139-227-64762	0.09	210	0.06	0.03	0.22	-0.13
3135-013-0211	0.09	68	0.07	0.02	1.99	-1.90
20578940	0.41	12	0.14	0.27	0.64	-0.23
BHG420008A	0.11	401	0.06	0.05	0.112	-0.002

通过作业成本法的核算不难看出：

（1）传统成本法对成本的核算结果与作业成本法对成本的核算结果有相当大的差异。作业成本法是根据成本动因将作业成本分配到产品中去，而传统成本法则是根据数量动因将成本分配到产品里。按照传统成本法核算出来的结果，停止那些亏本产品型号的生产事实上可能将是一个错误的决策。

（2）在传统成本法下完全无法得到的各作业单位和各产品消耗作业的信息却可以在作业成本法中得到充分的反映，公司从而可以分析在那些亏本的产品型号中，究竟是哪些作业的使用偏多，进而探讨减少使用这些作业的可能。比如对于与传统成本法相比较成本较高的“20578940”型号产品，可以看出其主要的消耗在油压和加硫两项作业上，这样公司就可以考虑今后如何改善工艺，减少此类产品在这两项作业上的消耗，从而减少产品成本。

（3）对于在传统成本法中核算为亏本而在作业成本法下不亏本的产品型号，可以通过作业成本法来了解成本分配的信息。比如型号为“3DS06070ACAA”的产品在传统成本法中分配到的每单位制造成本为0.014 99美元，而在作业成本法中每单位制造成本却仅为0.000 54美元。此型号产品的各项作业消耗实际上都很小，主要是直接人工消耗相对较大，但按照传统成本法以直接人工作为分配基础，就导致该型号产品分摊到过多的并非其所消耗的制造成本，因而出现成本虚增，传递了错误的成本信号，容易导致判断和决策上的失误。

（4）通过作业成本法的计算，我们还可以了解到在公司总的生产过程中，哪一类作业的消耗最多，哪一类作业的成本最高，从而知道从哪个途径来降低成本，提高生产效率。油压作业的单位动因成本最高，其作业的总成本也最大。印刷作业的成本动因量及作业总成本次之。因此，今后应对这两个作业从不同的角度来考虑如何予以进行改善。比如通过增加保温，减少每小时电力消耗的方法来降低油压作业每小时作业的成本；通过合并工序来减少印刷作业的动因量。如此，通过加强成本核算与成本管理把企业的管理水平带动到作业管理层次上来。

4. 对厦门三德兴公司作业成本法实地研究的体会与思考

在历时半年多的对厦门三德兴公司应用作业成本法的实地研究中，我们有如下四个方面的体会和思考：

（1）动因的选择不必求全，但应该找到最重要的、与主要成本花费相关的关键因子

本文的实地研究伊始，曾试图找出与所有成本耗用均相关的成本动因，但经多方面尝试后证明该做法是不可能的，在一个独立的作业中不可能所有的耗费都与同一个成本动因成正比。以后，笔者转而试图将作业进行进一步的细分，但随即发现如此一来将会有非常之多的作业，在实际生产中要统计这些作业也是困难重重。经反复探讨并仔细研究作业成本法的原理后，最终采用如下方法：即先选择出相对独立的、对产品的形成影响较大的主要作业，然后再确定作业中与主要的成本消耗相关性较大的成本动因。这一做法虽然会在一定程度上降低成本核算的准确度，但正如卡普兰教授和阿特金森教授所指出的，一个合理的作业成本制度的目标不是拥有最准确的成本计量方法。如果把一个产品实际的成本消耗看作是靶的中心，一个相对简单的制度只要能始终如一地击中靶的中环和外环就可以算得上准确。而传统的成本制度实际上从来没有击到过靶，甚至连放靶的墙也没有击到。

（2）成本动因的选择可采取多元化的方式，注意与传统成本核算系统相结合

事实上，作业成本法与传统成本法并不是相互排斥的，它是在解决传统成本法存在问题的基础上对传统成本法的发展。例如在本文的实地研究中，选择备料成本动因时，就选取了“备料重量”这一通常在传统成本法里使用的分配因子，这有助于提高成本核算的准确性和合理性。

（3）企业实施作业成本法必须要以完善的计算机系统为基础

像厦门三德兴公司这类消耗原材料的种类和生产的产品品种都较多的企业，如果没有计算机系统的支持几乎是完全不可能的。本文对作业成本法的应用完全基于以下计算机系统条件：企业的计算机已实现网络连接，已建立配方库、标准库等基础数据系统，已按管理信息系统建立了独立的核算系统，具有数据处理中心及形成相应的信息。

（4）在当今日益激烈的竞争环境里，企业能否生存及获得发展的关键之一就在于能否以较低的投入获得较高的收益

在给定投资决策前提下，成本核算与成本管理成为企业能否获利的一项重要决定因素。谁成本控制得好，谁就能以相对较低的价格获得竞争优势，而成本控制的前提之一在于获得正确的成本信息，只有正确地掌握产品各类成本的构成及来源，才能有效地控制成本。但在传统成本法下，企业各项间接性的成本大都以直接人工或机器小时等为标准分配到各产品中去，对于像厦门三德兴公司这类原材料和产品品种数量繁多、差异又大的企业而言，传统的成本分配方法非常不准确。它提供了产品成本的错误信息，使企业的成本控制无的放矢，难以真正达到控制成本的目的。

与此相反，作业成本法把企业的生产活动看成是由一系列的作业所组成的，它通过一定的成本动因将产品与实际所使用的作业联系在一起，而作业又再与所消耗的资源相联系，每完成一项作业都要消耗掉一定的资源。这样核算出来的成本就比较能反映出企业真实的成本状况，从而为管理者提供较为真实的成本信息，有利于企业的成本核算和成本管理。

请根据以上资料，回答下列问题：

（1）你认为作业成本法实施以前三德兴公司在成本核算方面存在的主要的问题是什么？

（2）为什么说作业成本法较传统成本核算及成本控制先进？

（3）实施作业成本管理一定要先实现作业成本计算吗？

（4）如何设置作业中心？

12 成本报表和报表分析

教学目标：

通过本章的学习，了解成本报表的概念和种类，理解成本报表的作用与编制要求及成本分析的意义，掌握产品生产成本表、主要产品单位成本表和各种费用报表的结构及编制方法，掌握成本分析的方法及其应用。

教学要求：

知识要点	能力要求	相关知识
成本报表编制	(1) 了解成本报表的种类、作用及编制要求； (2) 掌握各种成本报表的编制方法	(1) 成本报表的种类、作用及编制要求； (2) 全部产品成本报表编制； (3) 主要产品成本报表编制； (4) 各种费用报表编制
成本报表分析	(1) 掌握成本分析的方法； (2) 掌握各种分析方法的应用	(1) 比较分析法及其应用； (2) 比例分析法及其应用； (3) 因素分析法及其应用

基本概念：

产品成本报表　全部产品　主要产品　可比产品　费用报表　报表分析　比较分析法　比率分析法　因素分析法

导入案例：

亚洲某公司曾经是一家典型的泡沫企业，它过去主要生产存储器芯片，1995 年，其业务约占公司销售额的 50%、利润额的 90%。1997 年，公司的长期债务数额高达 180 亿美元，是其总资产额的 3 倍。同年，席卷该国的经济衰退造成存储器芯片价格大幅度下滑，迫使该企业经营管理者不得不认真思考公司的未来和发展。经分析，他们逐渐认识到企业需要进行变革，因为浪费性的生产使企业存在的问题日趋恶化。截至 1997 年，该企业电视机的系列产品已经出现了相当于 3 个月产量的库存积压，究其原因主要是企业员工的绩效评估只取决于单位生产成本这一项经济指标。这促使他们仅关注生产尽可能多的产品，而对产品是否有销路毫不关心。该公司改革的第一举措就是裁减了半数的高级经理，裁员人数在 54 000~84 000 人之间，以此削减了公司大约三分之一的支出。此后，又出售了价值19亿美元的企业资产，包括一架专用飞机和一家半导体子公司。另外，还砍掉了许多不必要的费用开支，比如高尔夫俱乐部会员费、招待费以及专车的费用支出等。这些重大举措使得企业削减了约108亿美元的长期债务，企业的债务额降到了低于资产净值的水平，这种财务状况，使银行对该公司重新恢复了信心。企业还认识到，单纯削减开支还不会产生高额利润。企业的收入将来源于无形资产，比如营销能力、品牌形象以及新的产品线。以前，企业在市场份额、产品产量、出口额度等问题上苦苦挣扎。现在，企业的目标是通过创新，设计高端产品在市场中获利。今天，该企业已经成为通信设备、液晶显示和数字化产品的全球领先厂商。该案例给我们以下思考：企业要增加利润取决于哪些因素？降低成本一定会给企业带来利润吗？企业环境对成本分析有何影响？

12.1 成本报表概述

12.1.1 成本报表的概念

成本报表是指根据日常成本核算资料及其他有关资料编制的，用来反映企业一定时期产品成本和期间费用水平及其构成情况，反映企业一定时期内产品成本水平和费用支出情况，据以分析企业成本计划执行情况和结果的报告文件。是用表格形式反映企业在一定会计期间生产经营耗费和产品成本水平，以作为考核和分析企业成本计划执行情况的依据的书面报告。

正确、及时地编制成本报表是成本会计的一项重要内容。成本是综合反映企业生产技术和经营、管理工作水平的一项重要质量指标。成本指标的综合性特点，以及它与其他各项技术、经济指标的关系，决定了企业各车间、班组和各职能部门及生产经营全过程的成本管理。成本报表是向企业经营管理者提供各种成本信息的内部管理会计报表，通过编制和分析成本报表，可以考核企业成本计划和费用预算的执行情况，为正确进行成本决策提供信息资料。编制和分析成本报表，是企业成本会计工作的一个重要组成部分。

12.1.2 成本报表的特点

成本报表是为内部经营管理服务的内部管理会计报表，他一般不需要对外报送或公布。因此，与企业的财务会计报告中的资产负债表、利润表和现金流量表等对外会计报表相比较，成本报表具有如下特点：

1. 成本报表是为满足企业内部经营管理的需要而编制的报表

在市场经济条件下，为了竞争的需要，对企业的生产和经营情况、费用支出的发生情况、产品成本水平及其构成情况等，一般采取保密的态度，因此反映成本信息的成本报表是企业的内部报表，反映企业的商业秘密，不对外报送和公开，它服务于企业内部经营管理。虽然成本报表无需对外报送，但是企业管理者了解、分析业已完成的经营过程，并据此展望未来的发展趋势，离不开成本报表。成本报表所提供的信息能否满足企业经营管理的需要，是衡量成本会计工作质量的主要标准之一，为企业提供完整的生产业务信息是成本报表的主要功能。

2. 成本报表没有统一的格式，其报送存在个性差异

一个企业的成本信息总是与其特定的生产工艺和生产组织紧密相联的，不同企业对成本管理存在不同的要求，也必然反映到成本信息上来，因此，企业可以根据需要自行规定报表的种类、格式、编制时间、报送程序、报送范围，并可定期修改与调整。这是成本报表这一内部管理会计报表区别于外部会计报表的一个重要特征。值得注意的是，在一般情况未发生重大变化时，企业的成本报表应该保持稳定，便于企业不同期间进行比较。

3. 提供的信息具有综合性和全面性

成本报表是会计核算资料与其他技术经济资料密切结合的产物，成本指标是综合反映企业生产、技术、经营和管理工作水平的重要质量指标。企业产品产量的多少，产品质量的高低，原材料、燃料与动力的节约和浪费，工人劳动生产率的高低，职工平均工资的增减，机器设备等固定资产的利用程度，废品率的高低，以及企业生产经营管理工作的好坏等，都会或多或少、直接或间接地反映到费用成本上来，因此，成本报表提供的成本信息可以综合反映企业经营管理工作的质量。

12.1.3 成本报表的作用

1. 反映企业一定时期内产品成本水平及其构成情况

成本报表所提供的产品成本是一项综合性指标，它反映了企业产品产量的增减、产品质量的优劣、企业资源消耗的多少、劳动效率和技术水平的高低、资金周转的快慢以及管理质量的高低等各方面的信息。利用这些信息，企业能够及时发现企业在生产、技术、质量、管理等方面存在的问题，寻求降低产品成本的途径，并调整生产策略。

2. 提供一定时期内各责任部门的费用水平及其构成情况

成本费用发生于日常的零星支出中，执行者可以是各管理部门，也可以是企业的各个员工。成本报表所提供的各项费用，既可以考核和明确生产、技术、质量、管理等有关部门和人员执行成本计划的情况，了解成本结构的变化趋势，发现成本管理工作中存在的问题；又可以评价各部门、各岗位执行成本计划的成绩和责任，总结经验，实施合理的奖惩；同时还可以结合其他相关资料，进行综合分析，为企业经营决策提供及时有效的依据。并在此基础上奖励先进，鞭策后进，增强职工岗位责任感，为全面完成企业成本降低任务而努力，并为以后编制成本计划提供依据。

3. 为分析成本差异和编制成本计划提供依据

成本报表提供的成本资料，与预先制定的成本计划进行对比，可以发现产品成本的超支或节约情况。再将超支或节约的差异分解为若干个因素，分析各因素产生的原因及其影响程度，特别是重点分析那些属于不正常的、不符合常规的关键性差异对产

品成本升降的影响，这为查明成本升降的主要原因和责任，加强成本控制提供了依据。成本报表作为本期成本计划完成情况的系统总结，在本期产品成本实际水平的基础上，管理部门将考虑计划期内可能出现的有利因素和不利因素，重新制定计划期内的成本计划水平。同时，管理部门也根据成本报表资料对未来时期的成本进行预测，为企业制定正确的经营决策和加强成本控制与管理提供必要的依据。

4. 为确定产品定价方法提供参考

企业的最终目的是盈利，科学制定产品定价策略、合理进行产品定价，是企业实现盈利最大化经营目标的一个关键环节。在现实生活中，尽管有着众多的产品定价策略和产品定价方法可供企业选择，但产品成本是企业产品定价的底线，成本加利润也是企业产品定价的一种基本方法。因此，成本报表提供的相关资料，是确定产品定价策略和进行产品定价的基本参考资料之一。

12.1.4 成本报表编制的要求

为了使成本报表能够在企业生产经营和管理活动中发挥出应有的作用，在其编制中要注意以下问题：

1. 成本报表的设置和格式应具有针对性

成本报表作为内部报表，其设置要适应成本管理中某一方面的需要，突出成本管理中的重点问题，对成本形成影响大、费用发生集中的部门，要单独设置有关成本报表，以提供充分的成本信息，从而使成本报表的编制能取得理想效果。例如，全部产品成本报表是反映企业全部产品总成本和各种主要产品单位成本及总成本的报表，一般按产品种类反映。但企业也可根据成本管理的需要，按成本项目反映，或按成本与产品产量的依存关系（即成本性态）反映。而为了突出反映和考核主要生产部门（产品生产集中，且对产品成本影响大、费用集中发生于此的部门），可以设置生产部门的产品成本表。

此外，成本报表格式的设计，应能针对某一具体业务的特点及其存在的问题，重点突出，简明扼要，切忌表式复杂庞大，避免无用的繁琐计算。例如，责任成本报表是反映各责任单位报告期内责任成本实际发生情况及其与预算差异情况的，因此，报表中必须反映预算和实际的责任成本指标及其差异。一般来说，无须根据产量及责任成本情况计算填列单位产品应负担的责任成本，因为这种计算填列虽然看似指标更为详细，但对考核责任单位的预算完成情况没有重要意义，同时使报表的重点突出，增加了填列报表的工作量和成本。

2. 在计量和填报方法上，应保持一贯性

编制成本报表时，会计处理方法以及计算口径和填报方法应当前后各期保持一致，以保证成本报表所反映的成本信息具有可比性。否则，将对成本信息的产生带来不利影响。但是，当情况发生变化，计量和填报方法的变更成为合理和必须时，也应该采用新的填列方法，同时应在报表附注中加以说明，对成本费用的升降情况、原因及影响等做出分析，以避免前后各期成本信息的波动给企业经营管理者造成误导。

3. 报表编制要做到数字真实、计算准确、内容完整、说明清楚、编报及时

在编制报表时，要根据实际的成本计算资料和有关的实际与计划资料编制报表，不能任意调整成本数字和以估计数字代替实际数字，更不允许弄虚作假，篡改报表数字。要将报告期内所有的经济业务全部入账，不得将本期的经济业务留到下期入账，也不能将下期的经济业务提前到本期入账，并按有关规定做好对账、结账工作。在编制的报表中，主要报表种类要齐全，表内指标及表内补充资料要完整，并注意保持各成本报表计算口径一致。对定期报送的主要成本报表，还应分析说明产生成本、费用升降的原因，应采取的措施等文字资料。会计部门与有关部门及车间要加强协作，相互配合，特别是有关部门应为成本报表编制及时提供所需要的有关资料。要充分掌握相关成本核算资料。不仅要做好日常成本核算工作，还要注意整理搜集有关的历史成本、历史成本计划、费用预算资料等。

12.1.5　成本报表的分类

成本报表是服务于企业内部经营管理的企业内部报表，因此从报表的格式、编报项目到报送时间和报送对象，都是由企业根据自身生产经营过程的特点、企业经营管理，特别是成本管理的具体要求所确定的。同时，在瞬息万变的市场中，企业还要适应其连续不断的变化而断调整其成本策略。所以，不仅各企业之间成本报表的内容不尽相同，就是同一企业，不同时期也可能会要求编制不同的成本报表。一般情况下，企业编制的成本报表都具有较大的灵活性和多样性，可随着生产条件的变化、管理要求的提高而随时进行修改和调整，同时又紧密地联系着企业生产工艺和生产组织的特点及对成本管理的要求。为了充分而又正确地认识和理解各有关成本报表，有必要对其进行科学的分类。依据不同的标准，成本报表可分为不同的种类。

1. 成本报表按其反映的经济内容不同，分为反映成本情况的报表和反映费用情况的报表

反映成本情况的报表是指反映企业产品生产成本情况的报表，包括全部产品生产成本表、主要产品单位成本表、责任成本表、质量成本表等。这类报表侧重于揭示企业为生产一定种类和数量产品所花费的成本是否达到了预定的目标，通过分析比较，找出差距，明确薄弱环节，进一步采取有效措施，为挖掘降低成本的内部潜力提供有效的资料。

反映费用情况的报表是指反映企业各种费用预算执行情况的报表，包括制造费用明细表、销售费用明细表、管理费用明细表、财务费用明细表等。这类报表侧重于揭示在一定时期的费用支出总额及其构成，以了解费用支出的合理性以及支出变动的趋势，有利于管理部门正确制定费用预算，控制费用支出，考核费用支出指标的合理性，明确有关部门和人员的经济责任，防止随意扩大费用开支出范围。

2. 成本报表按其编制的时间，分为定期成本报表和不定期成本报表

成本报表在编制的时间上具有很大的灵活性，可以定期编制报送，也可以不定期地编制报送。定期成本报表一般按月、季、年编制。根据企业内部管理的要求，也可以按旬、周、日乃至工作班来编制。全部产品生产成本表、主要产品生产成本表、制

造费用明细表、销售费用明细表、管理费用明细表、财务费用明细表等属于定期成本报表。

不定期成本报表是为了将成本管理中急需解决的问题及时反馈给有关部门，随时编制的与该问题相关的成本报表。如在发生较为异常的成本差异时，需及时将信息反馈给有关部门而编制的有关成本费用表，再生产加工过程中因出现内部故障而造成较大损失时需及时将信息反馈给有关部门而编制的质量成本表等。

3. 成本报表按编制的范围不同，分为企业成本报表、车间成本报表、班组成本报表或个人成本报表等

一般情况下，全部产品生产成本表、主要产品生产成本表、制造费用明细表、销售费用明细表、管理费用明细表、财务费用明细表等属于企业成本报表。而责任成本表、质量成本表等既可以是企业成本报表，也可以是车间成本报表、班组成本报表或个人成本报表。此外，各企业还可以根据其生产特点和管理要求，对上述成本报表作必要的补充，也可以结合本企业经营决策的实际需要，编制其他必要的成本报表。

12.2 成本报表及其编制

12.2.1 成本报表的编制方法

成本报表中的指标，有的反映实际数，有的反映累计实际数，有的反映有关的计划或预算数，还有的反映其他相关资料及补充资料等，多种多样。其具体的填列方法大致有以下几种：

（1）表中成本、费用等指标的实际数，一般根据有关的产品成本或费用明细账的实际发生额填列。

（2）表中的实际成本、费用等指标的累计数，一般根据本期报表的本期成本、费用实际数加上上期报表的实际成本、费用累计数计算填列，如果有关的明细账中记有期末实际成本、费用累计数，可以直接根据该数据填列。

（3）表中的成本、费用等指标计划或预算数，一般根据有关的计划或预算数填列。

（4）表中的其他资料和补充资料，应根据报表相应的编制规定填列。

12.2.2 常见企业成本报表的编制

1. 全部产品生产成本表

全部产品生产成本表是指反映企业在年度内生产和销售的全部产品生产成本的报表。利用该表可以了解产品成本的构成，比较前后两期的成本变动情况，分析产品成本变动的原因，为挖掘降低产品成本的潜力提供参考资料。企业根据管理的需要可以编制按可比产品和不可比产品分类反映的全部产品生产成本表，也可以编制按成本项目反映的产品生产成本表，还可以编制按成本性态反映的产品生产成本表以及按主要产品和非主要产品反映的全部产品的生产成本报表等。下面举例说明从不同的角度编

制产品生产报表的方法。

（1）按产品品种反映的全部产品生产成本报表

按产品品种反映的全部产品生产成本表，是指按产品种类汇总反映工业企业在报告期内生产的全部产品的单位成本和总成本的报表。该表可以分为实际产量、单位成本、本月总成本和本年累计总成本四部分。表中按照产品种类分别反映本月产量、本年累计产量，以及上年实际成本、本年计划成本、本月实际成本和本年累计实际成本。

如某企 201×年 12 月份的全部产品生产成本表（按产品品种反映）格式见表 12-1。

表 12-1　　全部产品生产成本表（按产品品种反映）

201×年 12 月　　单位：元

产品名称	计量单位	实际产量		单位成本				本月总成本			本年累计总成本		
		本月	本年累计	上年实际平均	本年计划	本月实际	本年实际平均	按上年实际平均单位成本计算	按本年计划单位成本计算	本月实际	按上年实际平均单位成本计算	按本年计划单位成本计算	本年实际
可比产品合计													
A													
B													
不可比产品合计													
C													
产品生产成本合计													

补充资料：

①可比产品成本降低额。

②可比产品成本降低率。

③按现行价格计算的商品产值。

④产值成本率。

在表 12-1 中，对于主要产品，应按产品品种反映实际产量和单位成本，以及本月总成本和本年累计总成本。对于非主要产品，则可按照产品类别，汇总反映本月总成本和本年累计总成本。对于上一午没有正式生产过而没有上年成本资料的产品，即不可比产品，不反映上年成本资料。对于上一年度正式生产过且具有上年成本资料的产品，一般称为可比产品，还应反映上年成本资料。

在该表中，各种产品的本月实际产量，应根据相应的产品成本明细账填列。本年累计实际产量，应根据本月实际产量，加上上月本表的本年累计实际产量计算填列。本月实际平均单位成本，应根据上年度木表所列仝年累计实际平均单位成本填列。本年计划单位成本，应根据本年度成本计划填列。本月实际单位成本，应根据表中本月实际总成本除以本月实际产量计算填列。如果在产品成本明细账或产成品成本汇总表中有着现成的本月产品实际的产量、总成本和单位成本，表中这些项目都可以根据产品成本明细账或产成品成本汇总表填列。表中本年累计实际平均单位成本，应根据表中本年累计实际总成本除以本年累计实际产量计算填列。按上年实际平均单位成本计算的本月总成本和本年累计总成本，应根据本月实际产量和本年累计实际产量，乘以上年实际平均单位成本计算填列。按本年计划单位成本计算的本月总成本和本年累计总成本，应根据本月实际产量和本年累计实际产量，乘以本年计划单位成本计算填列。本月实际总成本，应根据产品成本明细账或产成品成本汇总表填列。本年累计实际总成本，应根据产品成本明细账或产成品成本汇总表本年各月产成品成本计算填列。如果有不合格品，应单列一行，并注明“不合格品”字样，不应与合格产品合并填列。对于可比产品，如果企业或上级机构规定有本年成本比上年成本的降低额或降低率的计划指标，还应根据该表资料计算成本的实际相比降低额或降低率，作为表的补充资料填列在表的下端。如果本年可比产品成本与上年相比不是降低，而是升高，成本的降低额和降低率应用负数填列。如果企业可比产品品种不多，其成本降低额和降低率，也可以按产品品种分别计划和计算。按产品种类反映的产品生产成本表中的本月实际总成本的合计数和本年累计实际总成本的合计数，应与按成本项目反映的产品生产成本表本月实际的产品生产成本合计数和本年累计实际的产品生产成本合计数分别核对相符。

（2）按成本项目反映的全部产品成本表

该表可以分为生产费用和产品生产成本两部分。其中生产费用部分按照成本项目反映报告期内发生的各项生产费用及其合计数。产品生产成本部分是在生产费用合计基础上，加上在产品和自制半成品的期初余额，减去在产品和自制半成品的期末余额，算出的产品生产成本合计数。各项费用和成本，还可以按上年实际数、本年计划数、本月实际数和本年累计实际数分栏反映。按成本项目反映的全部产品成本表的具体格式见表 12-2。

表 12-2　　全部产品生产成本表（按成本项目反映）

201×年 12 月　　单位：元

成本项目	上年实际	本年计划	本月实际	本年累计实际
直接材料				
直接人工				
制造费用				
生产费用合计				
加：在产品、自制半成品期初余额				
减：在产品、自制半成品期末余额				
产品成本合计				

表内各项目的填写方法如下：上年实际应根据上年度有关的成本明细账填列。本年计划数应根据成本计划有关资料填列。本月实际数应根据各种产品成本明细账所记本月生产费用合计数，按成本项目分别汇总填列。本年累计实际数应根据本月实际数，加上上月本表的本年累计实际数计算填列。期初、期末在产品和自制半成品余额，应根据各种产品成本分别汇总填列。以生产费用合计数加（减）在产品、自制半成品期初、期末余额，即可计算出产品成本合计数。

2. 主要产品单位成本表

主要产品是指企业经常生产，在企业全部产品中所占比重较大，能概括反映企业生产经营面貌的那些产品。主要产品单位成本表是指反映企业在报告期内生产的各种主要产品单位成本水平和构成情况的报表。该表应按主要产品分别编制，是对全部产品生产成本表所列主要产品成本的补充说明。利用此表，可以按照成本项目分析和考核主要产品单位成本计划的完成情况。可以按照成本项目将本月实际和本年累计实际平均单位成本与上年实际平均单位成本进行对比，了解单位成本与上年相比的升降情况；与历史先进水平进行比较，了解与历史先进水平是否还有差距，借以分析单位成本变化、发展的趋势。可以分析和考核各种主要产品的主要技术经济指标的执行情况，进而查明主要产品单位成本升降的具体原因。

主要产品单位成本报表包括按成本项目反映的单位成本和单位成本的主要技术经济指标两部分。该表的单位成本部分分别反映历史先进、上年实际平均、本年计划、本月实际和本年累计实际平均单位成本。该表的技术经济指标部分主要反映原材料、生产工时等消耗情况。其具体格式如表 12-3 所示。

表 12-3 **主要产品单位成本表**

201×年度 单位：元

产品名称			本月实际产量		
规格			本年累计实际产量		
计量单位			销售单价		
成本项目	历史先进水平	上年实际平均	本年计划	本月实际	本年实际平均
直接材料					
直接人工					
制造费用					
产品生产成本					
主要产品技术经济指标	耗用量	耗用量	耗用量	耗用量	耗用量
原材料					
主要材料					
生产工时					
动力					

本表的填列方法如下：

（1）销售单价。应根据产品定价单记录填列。

（2）产量。本月及本年累计计划产量应根据生产计划填列。本月实际产量应根据产品成本明细账或完工产品成本汇总表填列。本年累计实际产量应根据上月本表的本年累计实际产量，加上本月实际产量计算填列。

（3）单位成本。历史先进水平，应根据历史上该种产品成本最低年度本表的实际平均单位成本填列。上年实际平均单位成本，应根据上年度主要产品单位成本表累计实际平均单位成本填列。本年计划单位成本，应根据本年度成本计划填列。本月实际单位成本，应根据产品成本明细账或产成品成本汇总表填列。本年累计实际平均单位成本，应根据该种产品成本明细账所记录的自年初至报告期末完工入库产品实际总成本除以累计实际产量计算填列。

（4）主要技术经济指标，即该种产品主要原材料的耗用量和耗费的生产工时等，应根据业务技术核算资料填列。

3. 制造费用明细表

制造费用明细表是指反映企业及其生产单位在一定会计期间内发生的制造费用总额及其构成情况的报表。它可以考核制造费用计划的执行结果，可以分析各项费用的构成情况和增减变动原因，可以为编制下期制造费用预算提供可靠的参考资料。为了加强费用管理，及时了解制造费用的发生情况，制造费用明细表一般按月编制。在某些季节性工业企业，制造费用明细表也可以按年编制。

制造费用明细表是按制造费用项目设置的，并分栏反映各费用的本年计划数、上年同期实际数、本月实际数、本年累计实际数。制造费用明细表的内容与格式参见表12-4。

表 12-4　　制造费用明细表

201×年 12 月　　单位：元

项目	本年计划数	上年同期实际数	本月实际数	本年累计实际数
职工薪酬				
低值易耗品摊销				
劳动保护费				
水费				
电费				
运输费				
折旧费				
办公费				
机物料消耗				
其他				
合计				

制造费用明细表按制造费用项目分别反映该费用的上年计划数、本年同期实际数和本年累计实际数。其中："上年同期实际数"应根据上年该表的数字填列；"本年计划数"应根据本年度报审后的"制造费用计划（预算）"填列；"本年累计实际数"反映本年制造费用的累计发生数额，应根据"制造费用明细账"的记录资料计算填列。

通过编制"制造费用明细表"可以分析制造费用计划的执行情况，以及各个费用项目的增减变动情况，便于企业对增减变动幅度较大的项目进行深入分析，并采取相应措施，力求节约支出，降低产品成本。

4. 期间费用明细表

期间费用明细表是指反映企业一定会计期间内各项期间费用的发生额及其构成情况的报表，包括销售费用明细表、管理费用明细表和财务费用明细表。

（1）销售费用明细表

销售费用明细表一般按其费用项目，分别反映该费用项目的上年实际数、本年计划数、本月实际数和本年累计实际数。利用该表，可以分析各费用项目的构成及其增减变动情况，考核销售费用计划的执行情况。“销售费用明细表”的构成情况如表12-5 所示。

表 12-5 销售费用明细表

201×年 12 月 单位：元

项目	本年计划数	上年同期实际数	本月实际数	本年累计实际数
职工薪酬				
低值易耗品摊销				
业务费				
广告费				
展览费				
运输费				
包装费				
办公费				
折旧费				
其他				
合计				

销售费用明细表中，“上年实际数”根据上年 12 月份编制的销售费用明细表中“本年累计实际数”栏的数字填列；“本年计划数”根据本年销售费用预算资料填列；“本月实际数”根据销售费用明细账中各费用项目本月发生额填列；“本年累计实际数”根据销售费用明细账中各费用项目本年累计发生额填列，也可以将“本月实际数”加上上月本表中“本年累计实际数”后填列。

（2）管理费用明细表

管理费用明细表一般按其费用项目，分别反映该费用项目的上年实际数、本年计划数、本月实际数和本年累计实际数。利用该表，可以分析各费用项目的构成及其增减变动情况，考核管理费用计划的执行情况。“管理费用明细表”的构成情况如表12-6 所示。

表 12-6 管理费用明细表

201×年 12 月 单位：元

项目	本年计划数	上年同期实际数	本月实际数	本年累计实际数
职工薪酬				
物料消耗				
办公费				
差旅费				
会议费				
中介机构费				
业务招待费				
研究费				
修理费				
其他				
合计				

管理费用明细表中，“上年实际数”根据上年 12 月份编制的管理费用明细表“本年累计实际数”栏的数字填列；“本年计划数”根据本年管理费用预算资料填列；“本月实际数”根据管理费用明细账中各费用项目本月发生额填列；“本年累计实际数”根据管理费用明细账中各费用项目本年累计发生额填列，也可以根据“本月实际数”加上上月本表中“本年累计实际数”后填列。

（3）财务费用明细表

财务费用明细表一般按其费用项目，分别反映该费用项目的上年实际数、本年计划数、本月实际数和本年累计实际数。利用该表，可以分析各费用项目的构成及其增减变动情况，考核财务费用计划的执行情况。“财务费用明细表”的构成情况如表 12-7 所示。

表 12-7 财务费用明细表

201×年 12 月 单位：元

项目	本年计划数	上年同期实际数	本月实际数	本年累计实际数
利息支出（减利息收入）				
汇兑损失（减汇兑收益）				
金融机构手续费				
其他筹资费用				
合计				

财务费用明细表中，“上年实际数”根据上年 12 月份编制的财务费用明细表“本年累计实际数”栏的数字填列；“本年计划数”根据本年财务费用预算资料填列；“本月实际数”根据财务费用明细账中各费用项目本月发生额填列；“本年累计实际数”根

据财务费用明细账中各费用项目本年累计发生额填列，也可以根据“本月实际数”加上上月本表中“本年累计实际数”后填列。

12.3 成本分析

成本分析是指按照一定的原则，采取一定的方法，对一定时期内企业成本的计划、定额和有关资料与成本的实际发生情况进行综合分析评价，揭示成本各组成部分之间的关系以及成本各组成部分变动和其他有关因素变动对成本的影响，以寻找降低成本的途径，促进企业成本不断降低的一种成本管理工作。成本分析是成本管理的重要组成部分。由于成本是反映企业生产经营管理活动水平的综合性指标，因此，对成本的组成进行剖析，分析成本的本质特性及其变化的规律，对正确认识和评价企业生产经营管理水平，采取有效措施降低成本，具有十分重要的作用。

12.3.1 成本分析的程序

进行成本分析，一般应遵循下列程序：

1. 明确分析目标

成本分析一定要有目标，它是分析的标准和评价的依据。首先必须全面了解情况，分析所依据的资料，如计划和核算资料、实际情况的调查研究资料、企业历史资料以及同类企业的先进水平资料等。同时，应明确分析的要求、范围，结合所掌握的情况，拟定分析内容和步骤，逐步实施。

2. 研究比较，揭示差距

根据分析的目的，将有关指标的实际数与计划数或同类型企业的数据相比较。其中，实际数与计划数的比较是最重要的，可据以初步评价企业工作，指出进一步分析的重点和方向。

3. 分析原因，挖掘潜力，提出措施，改进工作

查明影响计划完成的原因，才能提出改进措施。影响计划完成的原因是多方面的、相互联系的，要采用一定的方法，了解有关因素的各自影响，并找出主要因素。在分析了影响计划完成的因素之后，应初步明确哪些环节还有潜力可挖。要根据实际情况，提出挖掘潜力的措施并落实到有关岗位，使企业的生产经营工作不断得到改进。

12.3.2 成本分析的内容

成本分析是对成本会计所提供的信息进行分析，由于成本报表是成本信息的主要载体，因此，从总体来讲，成本分析的内容主要就是对成本报表中提供的成本信息行分析。具体来说成本分析的内容又可以分为以下几种：

1. 成本计划执行情况的定期分析

成本计划执行情况的定期分析指对全部产品成本、可比产品成本、主要产品单位成本等指标的计划执行情况进行分析和评价。

2. 成本效益分析

成本效益分析指对每百元商品产值成本指标、百元销售收入成本费用、成本费用利润率等指标的分析。

3. 成本技术经济分析

成本技术经济分析指主要技术经济指标对产品单位成本影响的分析。

4. 产品单位成本的分析

产品单位成本的分析是为了确定产品设计结构、生产工艺过程、消耗定额等因素变动对成本的影响，计算分析各指标对单位成本的影响，以便全面、客观地评价企业成本完成情况。主要产品单位成本进行分析是指先从总的方面分析主要产品的单位变动情况，然后再进一步按成本项目分析其成本升降变化状况。

5. 其他成本分析

其他成本分析包括期间费用分析、责任成本分析、质量成本分析等。

12.3.3 成本分析的目的

成本分析的目的主要包括以下几个方面：

1. 为选择最优方案和正确编制成本计划提供依据

成本决策和成本计划离不开成本分析，成本决策分析包括分析和决策两部分内容，分析是决策的一个重要环节。通过成本分析，对各方案有关成本的各种因素及其变化趋势做出科学的估计，把技术的先进性、市场的可靠性和经济的合理性综合起来进行研究，为企业领导、决策人员做出决策提供客观依据，从中选择一个最佳方案。成本分析为编制成本计划提供依据。成本计划的编制既要分析上年成本计划执行的情况，查明成本变动原因，又要预测计划年度可能出现影响成本变动的各种因素，对已经发生和将要发生的问题采取措施，充分挖掘降低成本的潜力。所以，只有在成本分析基础上制订出的成本计划，才是高质量的，才能保证企业经济活动向既定的成本目标进行。

2. 揭示成本差异原因，实施成本控制

成本计划在执行过程中受到多方面因素的影响，有技术因素和经济因素、宏观因素和微观因素、人的因素和物的因素。这些因素对成本有不利影响，如果得不到及时的纠正，就会导致企业成本计划不能顺利完成，从而影响企业经营目标的实现。为此，企业必须对成本计划的实施进行有效的过程控制分析，随时确定计划的执行情况，及时掌握实际脱离计划的偏差，从而逐步认识和掌握成本变动的规律，同时，对差异形成原因和责任要进行全面的分析和评价，指出出现不合理的环节和相关责任人员，通知有关部门制定相应措施，促进成本计划实现。

3. 合理评价成本计划本身及其完成情况，正确考核成本责任单位的工作业绩

应通过系统地、全面地分析成本计划完成或没有完成的原因，对成本计划本身及其执行情况进行合理评价，总结本期实施成本计划的经验教训，以便今后更好地完成计划任务，并为下期成本计划的编制提供重要依据。同时，通过分析，还要评价成本责任单位的成绩或不足，查明哪里先进，何处落后，并分析先进的原因、落后的原因。

这样可以正确考核成本责任单位工作业绩，为落实奖惩制度提供可靠依据，从而调动各责任单位提高成本效益的积极性和主动性。

4. 挖掘降低成本的潜力，不断提高企业经济效益

成本分析的根本任务是为了挖掘降低成本的潜力，促使企业以较少的劳动消耗生产出更多更好的产品，实现更快的增长。因此，成本分析的核心就是围绕着提高经济效益不断挖掘降低成本的潜力，充分认识未被利用的劳动和物资资源，寻找利用不完善的部分和原因，发现进一步提高利用效率的可能性，以便从各方面揭露矛盾，找出差距，制定措施，使企业经济效益不断提高。

12.3.4 成本分析原则

企业在进行成本分析时，必须遵守一定的原则。成本分析的原则是组织成本分析工作的规范，是发挥成本分析职能作用、完成成本分析任务和使用分析方法的准绳。成本分析所遵循的原则主要有以下几点：

1. 把事前预测分析、事中控制分析和事后核查分析结合起来

在成本发生之前就开展预测分析。在成本发生过程中，实行控制分析。在成本形成之后，搞好考核分析。只有把事前分析、事中分析和事后分析结合起来，建立起完整的分析体系，才能将成本分析贯穿于企业再生产全过程，从而做到事前发现问题、事中及时揭示差异、事后正确评价业绩。这对于提前采取相应措施，把影响成本差异因素消灭在发生之前或萌芽状态之中，以及总结经验教训、指导下期成本工作，都具有明显的积极意义。

2. 把定量分析和定性分析结合起来

在进行成本分析时，没有定性分析就弄不清事物的本质、趋势和与其他事物之间的联系。没有定量分析就弄不清影响因素的数量界限及事物发展的阶段性和特殊性。两者的关系是：定性分析是基础，定量分析是深化，两者相辅相成，互为补充。所以，在成本分析中，要贯彻定性分析与定量分析相结合的原则。切忌以纯粹的数学计算代替经济分析，也不能毫无根据地凭主观想象下结论。只有在定量分析的基础上进行科学的定性分析，才能得出正确结论。

3. 经济分析与技术分析相结合的原则

成本的高低既受经济因素影响，又受技术因素影响，在一定程度上技术因素起决定性作用。所以，成本分析如果只停留在经济指标的分析，而不深入技术领域，结合技术指标进行分析，就不能达到其目的。为此，必须要求分析人员通晓一些技术知识并注意发动技术人员参加成本分析，把经济分析与技术分析结合起来。所谓经济分析与技术分析相结合，就是指通过经济分析为技术分析提供课题，增强技术分析的目的性。而技术分析又可反过来提高经济分析的深度，并从经济效果角度对所采取的技术措施加以评价，从而通过改进技术来提高经济效果，通过这两方面分析的结合，就能防止片面性，并能结合技术等因素查明成本指标变动的原因，以全面改进工作，提高效率。

4. 全面分析与重点分析相结合的原则

分析成本报表，既要有总的评价，又要有深入细致的具体分析。进行成本报表分析，应从全部产品生产成本计划和各项费用计划完成情况的总评价开始，然后按照影响成本计划完成情况的因素逐步深入，具体地分析。从总评价开始，可以防止分析的片面性，并可从复杂的多种影响因素中找出需要进一步分析的具体问题。但是，分析不能停留在对成本总体指标计划完成情况的总评价上。为了弄清成本升降的具体原因，挖掘降低成本的潜力，找出降低成本的途径，还必须在总评价的基础上，根据总括分析中发现的问题，对重点产品的单位成本及其成本项目或重点费用项目进行深入具体的分析。

12.3.5 成本分析的方法

成本分析方法是计算各项成本数据的重要手段，也被称为技术方法。企业进行成本分析，应根据企业本身的成本费用特点、成本分析的要求和掌握的资料情况确定采用的成本分析方法。企业在采用某些方法进行成本分析时，既要注意定量分析，又要注意定性分析，通过事物现象的分析来揭示问题的本质。企业进行成本分析时采用的方法主要有以下几种：

1. 比较分析法

比较分析法是指通过对不同时间或不同情况下相互关联的指标进行对比来确定数量差异的一种方法。主要是通过指标对比，从数量上确定指标间的差异，进而分析差异产生的原因，揭示客观上存在的差距，从而为进一步分析指出方向，以便采取措施，降低成本。在成本分析的实际工作中，比较分析法主要有以下几种指标间的对比形式：

（1）实际指标与计划或定额指标对比。通过对比，可以说明计划（定额）的完成情况，揭示完成计划（定额）和未完成计划（定额）指标的差异。但是在对比时，计划或定额指标必须合理、可行，才有实际意义。

（2）本期实际指标与前期（上期、上年同期或历史上最好水平）实际指标对比。通过对比，可以发现企业成本指标的变动情况和变动趋势，以便采取措施改进企业生产经营工作。

（3）本企业实际指标与国内外同行业先进指标对比。通过对比，可以了解企业成本水平在国内外同行业中所处的地位，在更大范围内揭示差异，有利于学习先进经验，促进企业改善经营管理，逐步缩短与先进企业之间距离。

采用比较分析法，要注意对比指标的同质性，即对比指标采用的计价标准、时间单位、计算方法、指标口径等是可比的。在比较同类企业成本指标时，还必须考虑到客观条件、技术经济条件等。如果相比的指标之间有不可比因素，应先将可比的口径进行调整，然后再进行对比。此外，比较分析法只能用于绝对指标的对比。在很多情况下需要进行相对数的比较分析时，要将比较分析法和其他分析方法结合起来使用。

2. 比率分析法

比率分析法是指通过计算和对比经济指标的比率进行数量分析的一种方法。它是利用两个经济指标的相关性，通过计算比率来考察和评价企业经营活动效益的一种技术方法。所谓比率，就是一个指标与另一个指标的比率。比率数字计算简便，并且由于它把两项指标的绝对数变成了相对数，从而使一些条件不同、不可比的指标成为可比的相对数，拓宽了比较的基础和比较分析法的应用范围。比率分析法是经济分析中被广泛采用的一种方法，这种方法实际上也是一种比较分析法，是相对数指标的实际数同基数的对比分析。由于分析的内容和要求不同，比率分析法也有不同的表现形式：

（1）相关指标比率分析法。相关指标比率分析法就是指计算两个性质不同但又相关的指标的比率（即相对数），进行数量分析的一种方法。在实际工作中，由于不同企业之间或同一企业的不同时期，生产规模不同等原因，某些指标如产值、销售收入或利润等绝对数缺乏可比性。

此时，将两个性质不同但又相关的指标进行对比求出比率，然后再以实际数与计划（或前期实际）数进行对比分析，便可以从经济活动的客观联系中，更深入地认识企业的生产经营状况。例如，利润总额与营业成本总额的比率，反映了企业一定时期内所得（利润总额）与所费（营业成本总额）之间的比例关系。这一比率是反映成本效益的重要指标，称作营业成本利润率。营业成本利润率越高，说明企业的经济效益越好。再如，生产成本总额与产值的比率称作产值成本率，产值成本率反映了企业一定时期内生产耗费与生产成果的关系，该指标越低说明每元钱所带来的产值越高。

（2）构成比率分析法。构成比率也叫做结构比率，是指某项经济指标的各个组成部分占总体的比重。构成比率分析法是通过计算部分与全部的比率，并通过比较构成比率，了解某项经济指标的构成情况，考察总体组成部分的变动情况的一种数量分析方法，也称比重分析法。其计算公式如下：

构成比率=某个组成部分的数额/该总体总额

例如，在单位产品成本或产品总成本中，各个成本项目所占的比重；期间费用总额中，销售费用、管理费用和财务费用各自所占的比重，在某一期间费用总额中，各个具体费用项目所占的比重等，都是构成比率。

通过计算产品成本中各个成本项目的比重、费用总额中各个费用项目的比重，可以反映产品成本、费用总额的构成是否合理。将不同时期的成本构成比率相比较，可以观察产品成本构成的变动，掌握经济活动情况，了解企业改进生产技术和经营管理对产品成本的影响。此外，将实际指标与计划或定额指标相比较，可以反映实际与计划或定额之间的差异。

（3）动态比率分析法。动态比率分析法是指通过连续若干期相同指标的数值对比，来揭示各期指标之间的增减变动的情况，据以预测发展趋势的一种分析方法，也称趋势分析法。其中分析时所采用的指标既可以是绝对指标，也可以是相对指标。对比时，可以以某个时期为基数，其他时期分别与该时期的基数进行对比，这种比率称为定基比率；也可以分别以前一时期为基数，后一时期与前一时期的基数进行对比，这种比率称作环比比率。

通过计算动态比率，可以分析客观事物的发展方向、增减速度及其发展趋势。例如，将不同期的产值成本率、销售成本率、成本利润率或构成产品成本的各个费用项目的比重等，同某一期进行比较，就可以发现这些指标的增减速度和变动趋势，并从中发现企业在生产经营管理方面的成绩或不足，有助于企业管理者做出合理的经营决策。

【例 12-1】某企业连续四年的销售费用分别为 100 万元、95 万元、93 万元、101 万元。以第一年度为基期，计算其各年产品销售费用的定基比率和环比比率。

定基比率：

第一年定为：100%

第二年：95÷100×100% = 95%

第三年：93÷100×100% = 93%

第四年：101÷100×100% = 101%

环比比率：

第一年定为 100%

第二年：95÷100×100% = 95%

第三年：93÷95×100% = 97.89%

第四年：101÷93×100% = 108.60%

比较各年度的定基比率和环比比率可以看出，该企业销售费用的总体趋势是下降的，但第四年有所上升，应进一步分析其原因。如果上升的原因是因为企业合理的支出（如为了扩大影响或增加产品销售量，在第四年度增加广告与展览费用，就属于合理的费用），企业就不用过多地加以关注；如果造成销售费用上升的原因是不合理的（如在没有扩大规模的前提下，销售部门的日常支出增加就不属于合理的费用），则应加以控制，以求降低企业的费用支出。

3. 因素分析法

因素分析法是指将某一综合经济指标分解成若干相互联系的原始因素，采用一定的计算方法，确定各因素变动对该项经济指标的影响方向和影响程度的方法。某些成本指标是综合性价值指标，它受到许多因素的影响，只有把成本指标分解为若干个构成因素，才能明确成本指标完成情况的原因和责任，因此必须运用因素分析法进行成本分析。运用因素分析法时，首先要确定综合指标由哪几个因素构成，并建立各因素与该指标之间的函数关系。然后根据分析目的，选用适当的方法进行分析，测定各因素变动对指标的影响程度。因素分析法按照计算程序和方法的不同可分为以下两种：

（1）连环替代法

连环替代法是指在影响综合指标的各因素中，顺序地把其中一个因素当作可变的，而暂时把其他因素看做不变的，进行替代，从而测定出各个因素对综合指标影响程度的一种分析方法。其基本程序是：

①确定综合经济指标及其影响因素的实际数与基数（计划数或前期实际数）。

②以综合指标实际数和基数的差额作为分析对象，并确定各因素影响指标的排列顺序。

③以基数为计算基础，按照各因素的排列顺序，逐次以各因素的实际数替代其基数，且每次替换后实际数就被保留下来，直到所有因素的基数都被实际数所替代为止。每次替换后都计算出新的结果。

④将每次替换所计算的结果减去替换前的结果，其差额就是替换因素变动对综合

指标变动的影响结果。

⑤计算各因素变动影响结果的代数和，这个代数和就是分析对象，即综合指标的实际数与基数的差额。这个代数和应等于该指标的实际指标值与标准指标值的差异总数，否则，计算过程中就有错误。

假定 M 为一综合指标，可以分解成 A、B、C 三项构成因素，其中 A 为最主要因素即第一因素，B 为次主要因素即第二因素，C 为次要因素即第三因素。如果用 M_0 代表基期数、用 M_1 代表对比期指标数，分别 M' 用 M'' 和代表第一次和第二次替换后的指标，用 P 代表差异，则连环替代法的计算原理如下：

基期指标：　$M_0 = A_0 \times B_0 \times C_0$

第一次替代后：　$M' = A_1 \times B_0 \times C_0$

第一因素 A 对 M 的影响：　$P_1 = M' - M_0$

第二次替代后：　$M'' = A_1 \times B_1 \times C_0$

第二因素 B 对 M 的影响：　$P_2 = M'' - M'$

第三次替代后：　$M_1 = A_1 \times B_1 \times C_1$

第三因素 C 对 M 的影响：　$P_3 = M_1 - M''$

我们可以验证一下，总的差异　$P = P_1 + P_2 + P_3$

$= M' - M_0 + M'' - M + M_1 - M''$

$= M_1 - M_0$

下面以影响产品原材料成本总额变动的三个因素为例，说明这一分析方法的计算程序。

【例 11-2】某企业材料费用的有关资料如表 12-8 所示。

表 11-8　材料费用相关资料汇总表

项目	综合指标	构成因素		
	材料费用（元）	产品产量（件）	单位产品消耗量（千克/件）	材料单价（千克/元）
计划数	15 000	100	5	30
实际数	11 000	110	4	25
差异数	-4 000	+10	-1	-5

从上述资料中可以看出，影响材料费用总额变动的因素有三个：产品产量、单位产品的材料用量和材料单价。它们之间的关系可以用下列公式表示：

材料费用总额=产品产量×单位产品的材料用量×材料单价

利用这个公式逐项替代和测定各因素的影响，就可以较为清楚地看到材料费用总额以及实际数低于计划数的 4 000 元是怎样形成的。其计算过程如下：

计划指标：　$M_0 = 100 \times 5 \times 30 = 15\ 000$（元）

第一次替代后：　$M' = 110 \times 5 \times 30 = 16\ 500$（元）

第一因素 A 对 M 的影响：　$P_1 = 16\ 500 - 15\ 000 = 1\ 500$（元）

第二次替代后：　$M''=110\times 4\times 30=13\ 200$（元）

第二因素 B 对 M 的影响：　$P_2=13\ 200-16\ 500=-3\ 300$（元）

第三次替代后：　$M_1=110\times 4\times 25=11\ 000$（元）

第三因素 C 对 M 的影响：　$P_3=11\ 000-13\ 200=-2\ 200$（元）

我们可以验证一下，总的差异：　$P=P_1+P_2+P_3$

$=1\ 500-3\ 300-2\ 200$

$=-4\ 000$（元）

从以上的分析可以看出，产品单耗对材料的影响是使材料总成本节约 3 300 元。由于材料单价的降低使得材料总成本降低 2 200 元。而由于产品产量的升高使得材料总成本上升 1 500 元。总体来说该企业的材料成本超额完成了计划目标，但是，还应该具体分析。材料单耗一般是生产部门所做出的贡献，应对生产部门进行奖励，但是材料单耗的降低必须是在保证质量的前提下所产生的，不能只求完成计划的单耗目标而偷工减料。产品产量的增加所引起的材料超计划领用应结合产品的销售状况进行分析，若是销售很好，材料的超计划领用是可以的，若是一味地追求产品产量，造成产品的积压就是浪费损失。此外，对材料单价的降低也需要进一步查明原因，看看材料单价的降低是材料采购部门努力地结果还是其他的原因，存不存在以次充好的现象。只有查明以上各个因素变动的具体原因，才能采取有效的措施，实现降低成本、节约费用的目的。

从上述计算程序中，可以看出这一分析方法具有以下特点：

①计算程序的连环性。这种连环性体现在两个方面：一方面，除第一次替换外，每个因素的替换都是在前一个因素替换的基础上进行的；另一方面，在计算各因素的影响额时，都是将每次替换后所得的结果与其相邻近的前一次计算的结果相比较，两者的差额就是所替换那个因素变动对综合经济指标变动的影响程度。

②因素替换的顺序性。采用连环替代法，改变因素的排列顺序，计算结果会有所不同。为了便于比较和分析，应当确定因素的排列顺序。在实际工作中，一般将反映数量的因素排列在前，反映质量的因素排列在后；反映实物量和劳动量的因素排列在前，反映价值量的因素排列在后。例如，影响产品原材料消耗总额的因素有产品产量、单位产品材料消耗量和材料单价三个因素，一般按产品产量、单位产品材料消耗量、材料单价的顺序排列。

③运用这一方法测定某一因素变动的影响时，是以假定其他因素不变为条件的。因此，计算结果只能说明是在某种假定条件下计算的结果。这种科学的抽象分析方法，是在确定事物内部各种因素影响程度时必不可少的。

（2）差额计算法。差额计算法是连环替代法的简化形式，它是根据各因素本期实际数值与计划（基期）数值的差额，直接计算各因素变动对经济指标影响程度的方法。运用这一方法时，先要确定各因素实际数与计划（基期）数之间的差异，然后按照各因素的排列顺序，依次求出各因素变动的影响程度。它的应用原理与连环替代法一样，只是计算程序不同。仍用上例数字资料，以差额计算法测定各因素影响程度。

分析对象：　　　　　　　　　　11 000−15 000＝−4 000（元）
产品产量变动对材料费用的影响：10×5×30＝1 500（元）
材料单耗变动对材料费用的影响：110×（−1）×30＝−3 300（元）
材料单价变动对材料费用的影响：110×4×（−5）＝−2 200（元）
总差异：　　　　　　　　　　　1 500−3 300−2 200＝ −4 000（元）

从计算分析结果可以看出，差额分析法与前述连环替代法计算的结果相同。但由于计算更简便，所以，差额计算法应用比较广泛，特别是在影响因素较少的时候更为适用。

以上介绍了成本分析的比较分析法、比率分析法和因素分析法，这些分析方法从其本质上来说都是比较分析法。比率分析法是通过分子指标与分母指标的比较，来考察经济业务的相对效益；因素分析法是通过各项因素替换结果的比较，来揭示实际数与基数之间产生差异的因素和各因素的影响程度。趋势分析法是通过连续若干指标之间的比较，来预测企业经济发展的趋势。成本分析除了以上方法外，还有许多具有专门用途的方法，如直接法、余额法、成本性态分析法等，所有这些方法共同构成了成本分析的方法体系。

12.4　成本报表分析

12.4.1　全部产品成本报表分析

全部产品成本报表分析，主要是指全部产品成本计划的完成情况分析和可比产品成本降低目标的完成情况分析，一般是在月份、季度或年度的终了，根据“全部产品成本表”，结合其他有关的成本资料，采用指标对比法进行分析。首先将全部产品的实际总成本与按实际产量调整计算的计划总成本相比较，确定本期产品实际总成本与计划总成本相比的节约或超支额。然后分别计算可比产品成本和不可比产品成本的节约或超支额。最后，根据以上计算结果，进行节约或超支额情况的因素分析等。

1. 全部产品总成本计划完成情况分析

全部产品总成本完成情况分析，就是对本期产品实际总成本比计划总成本的节约或超支额的分析，是一种总括性的分析。在实际工作中，根据需要可按产品种类、成本项目、成本性态等方面进行分析。下面主要以产品类别为例进行有关分析。

按产品种类编制的全部产品成本表上列明了本年累计实际数、本年计划数和上年实际数，都是整个年度的生产费用和产品成本。可以就产品生产成本合计数、生产费用合计数及其各项生产费用进行对比，分析全部产品成本计划完成的总括情况，揭示差异，以便进一步分析。

【例 12−3】假定某企业 201×年 12 月份的全部产品生产成本表（按产品品种反映）如表 12−9 所示。

表 12-9　　　　全部产品生产成本表（按产品品种反映）

201×年 12 月　　　　单位：元

产品名称	计量单位	实际产量		单位成本				本月总成本			本年累计总成本		
		本月	本年累计	上年实际平均	本年计划	本月实际	本年实际平均	按上年实际平均单位成本计算	按本年计划单位成本计算	本月实际	按上年实际平均单位成本计算	按本年计划单位成本计算	本年实际
可比产品合计								76 000	70 000	72 000	776 000	715 000	719 500
A	件	1 000	10 000	60	55	58	56	60 000	55 000	58 000	600 000	550 000	560 000
B	件	500	5 500	32	30	28	29	16 000	15 000	14 000	176 000	165 000	159 500
不可比产品 C	件	20	230	—	120	110	115	—	2 400	2 200	—	27 600	26 450
合计									72 400	74 200		742 600	745 950

补充资料：

（1）可比产品成本降低额为 56 500 元。

（2）可比产品成本降低率为 7.281%。

（3）按现行价格计算的商品产值为 1 268 000 元。

（4）产值成本率为 58.83%（计划值为 58.56%）。

表中，可比产品是企业过去曾经正式生产过，有完整的成本资料。而不可比产品是企业本年度初试生产的新产品，或虽非初次生产，但以前仅属试制而未正式投产的产品，因此缺乏可比的成本资料。根据上述产品成本表资料编制全部产品成本计划完成情况分析表，如表 12-10 所示。

表 12-10　　　　全部产品成本计划完成情况分析表

单位：元

产品名称	计划总成本	实际总成本	实际比计划降低额	实际比计划降低率
1. 可比产品	715 000	719 500	+4 500	+0.629%
其中：A	550 000	560 000	+10 000	+1.818%
B	165 000	159 500	−5 500	−3.33%
2. 不可比产品 C	27 600	26 450	−1 150	−4.167%
合计	742 600	745 950	+3 350	+0.451%

表中数字的计算如下：

本年累计全部产品成本实际比计划升降额＝实际总成本−计划总成本

＝745 950−742 600

＝3 350

$$\text{本年累计全部产品成本计划完成率}=\frac{\Sigma（各种产品实际单位成本\times实际产量）}{\Sigma（各种产品计划单位成本\times实际产量）}\times100\%$$

$$=\frac{745\ 950}{742\ 600}\times100\%=1.045\ 1\%$$

成本升降率＝104.51%−100%＝0.451%

计算表明，本月全部产品实际总成本高于计划成本 3 350 元，同比上升了 0.451%。

其中，可比产品累计实际总成本超过计划 4 500 元，主要是 A 产品成本超支，超支额为 10 000 元，而 B 产品成本是降低的，降低额为 5 500 元。不可比产品 C 实际成本比计划降低 1 150 元。显然，导致本年度全部产品实际成本没有完成计划任务的主要是因为 A 产品成本超支，应进一步查明 A 产品成本超支的具体原因。

为了把企业产品的生产耗费和生产成果联系起来，综合评价企业生产经营的经济效益，在全部产品成本计划完成情况的总评价中，还应包括产值成本率指标的分析。从上述产品成本表补充资料中可知，本年累计实际产值成本率为 58. 83 元/百元，比计划超 0. 27 元，说明该企业生产耗费的经济效益有所下降。

2. 分析可比产品成本降低计划的完成情况

所谓可比产品成本降低情况分析，就是指将可比产品实际成本与按实际产量和上年实际单位成本计算的上年实际总成本相比较，确定可比产品的实际降低额和降低率，并同计划降低指标相比，评价企业可比产品成本降低任务完成情况，确定各因素的影响程度。

要分析可比产品成本降低计划完成情况，就必须知道可比产品的有关计划指标，以及计划完成情况的资料。前者可以从相关管理部门所制定的计划任务中获悉，后者可以从全部产品生产成本表（按产品品种反映）中获得。假设，企业的成本计划中规定的可比产品产量如表 11-9 所示，可以编制可比产品成本降低计划表，如表 12-11 所示。

表 12-11　　可比产品成本降低计划表

单位：元

可比产品	全年计划产量（件）	单位成本		总成本		计划降低指标	
		上年实际平均	本年计划	按上年实际平均单位成本计算	按本年计划单位成本计算	降低额	降低率（%）
A	12 000	60	55	720 000	660 000	60 000	8. 33
B	5 000	32	30	160 000	150 000	10 000	6. 25
合计				880 000	810 000	70 000	7. 95

其中：

可比产品成本计划降低额 = 880 000 − 81 000 = 70 000（元）。

可比产品成本计划降低率 = $\frac{70\ 000}{880\ 000}\times 100\% = 7.95\%$。

根据表 11-9 可以编制可比产品成本计划降低完成情况分析表，如表 11-12 所示。

表 11-12　　可比产品成本降低计划完成情况分析表

单位：元

可比产品	总成本		计划完成情况	
	按上年实际平均单位成本计算	本期实际	降低额	降低率（%）
A	600 000	560 000	40 000	6. 67
B	176 000	159 500	16 500	9. 38
合计	776 000	719 500	56 500	7. 28

分析实际脱离计划的差异：

对比表 11-10 和表 11-11：

计划降低额 70 000 元，计划降低率 7.95%。

实际降低额 56 500 元，实际降低率 7.28%。

实际脱离计划差异：

降低额＝56 500－70 000＝－13 500（元）

降低率＝7.28%－7.95%＝－0.67%

从以上对比中可以看出，可比产品成本降低计划没有完成，实际比计划少降低 13 500 元，实际降低率比计划降低率低 0.67%。

值得注意的是，成本降低额和成本降低率被同时用来作为可比产品的成本降低任务是必要的。因为一般来说，成本降低率愈大，成本降低额也愈大，但成本降低率只表示产品成本水平的升降变化情况，不受产量多少影响，而成本降低额则还受产量多少的影响。在实际工作中，当规定了这两个指标的任务后，往往会出现以下情况：各种产品及全部产品的两个指标任务都得以完成；没有完成某种产品的成本降低率计划，但完成了该产品成本降低额计划；完成了某产品的成本降低率计划，但没有完成该产品成本降低额计划；各种产品的成本降低率计划都得以完成，但总的成本降低率计划没有完成；企业没有一种产品的成本计划降低额完成，但却完成了总的降低率计划；等等。因此，分析可比产品成本降低情况时必须从降低额和降低率两个方面进行，并进一步分析各因素的影响程度。

影响可比产品成本降低计划完成情况的因素，概括起来有以下三个：

一是产品产量。成本降低计划是根据计划产量制定的，实际降低额和降低率都是根据实际产量计算的。因此，产量的增减，必然会影响可比产品成本降低计划的完成情况。但是，产量变动影响有其特点：假定其他条件不变，即产品品种构成和产品单位成本不变，单纯产量变动，只影响成本降低额，而不影响成本降低率。

【例 12-4】假定在表 12-11 中可比产品的实际产量都比计划产量提高 10%，而产品的品种构成和单位成本都不变，其成本降低额和成本降低率的情况见表 12-13。

表 12-13　　　　产品成本降低额及降低率统计表

单位：元

可比产品	全年实际产量（件）	单位成本		总成本		计划完成情况	
		上年实际平均	本年计划	按上年实际平均单位成本计算	按本年计划单位成本计算	降低额	降低率（%）
A	13 200	60	55	792 000	726 000	66 000	8.33
B	5 500	32	30	176 000	165 000	11 000	6.25
合计				968 000	891 000	77 000	7.95

注：13 200＝12 000×110%；5 500＝5 000×110%。

由表 11-13 的计算中可以看出，当 A 产量从计划的 12 000 件增加为 13 200 件，而单位成本和产品的品种构成都不变时，成本降低额也由原来的 60 000 元上升到 66 000

元，即成本降低额也增加了10%，同产量的变化比率相同，但是计划降低率仍然是8.33%不变。同样分析B产品以及可比产品总成本也可以得出相同的结论，即单纯的产量变动只影响成本降低额而不影响成本降低率。

二是产品品种构成。产品的品种构成是指各种产品产量在全部产品产量中的比重，由于，实物量不能简单地相加，一般以上年实际平均单位成本或本年计划成本为基础计算求得。产品品种构成发生变动时，会影响可比产品成本降低额和降低率的升高或降低。在分析中之所以要单独计量产品品种构成变动影响，目的在于揭示企业取得降低产品真实成果的具体途径，从而对企业工作做出正确评价。某产品的品种构成计算公式如下：

$$\text{某产品品种构成}=\frac{\text{某产品实际产量}\times\text{该产品上年实际单位成本或本年计划单位成本}}{\sum(\text{可比产品本年实际产量}\times\text{可比产品上年实际单位成本或本年计划单位成本})}\times100\%$$

三是产品单位成本。可比产品成本计划降低额是本年度计划成本比上年度（或以前年度）实际成本的降低数，而实际降低额则是本年度实际成本比上年度（或以前年度）实际成本的降低数。因此，当本年度可比产品实际单位成本与计划单位成本相比降低或升高时，必然会引起成本降低额和降低率的变动。产品单位成本的降低意味着生产中活劳动和物化劳动消耗的节约。因此，分析时应特别注意这一因素的变动影响。

分析以上各个因素对成本计划完成情况的影响可以采用因素分析法中的连环替代法，也可以采用差额分析法。用连环替代法时，一般以计划产量、计划品种构成、计划单位成本下的成本降低额为基数，然后将其依次代替为实际数。其计算公式如下：

产品产量变动对成本降低额的影响

$$=\left[\sum\left(\begin{matrix}\text{本期实}\\\text{际产量}\end{matrix}\times\begin{matrix}\text{上年实际平}\\\text{均单位成本}\end{matrix}\right)\times\text{计划成本降低率}\right]-\text{计划成本降低额}$$

$$=\sum\left[\left(\begin{matrix}\text{本期实}\\\text{际产量}\end{matrix}-\begin{matrix}\text{本期计}\\\text{划产量}\end{matrix}\right)\right]\times\text{计划成本降低率}$$

$$=\frac{-4\ 500}{776\ 000}\times100\%=0.58\%$$

产品产量变动对成本降低率的影响为0，即在其他因素不变时，单纯产量变动不影响成本降低率。

产品品种结构变动对成本降低额的影响为：

$$\left[\sum\left(\begin{matrix}\text{本期实}\\\text{际产量}\end{matrix}\times\begin{matrix}\text{上年实际平}\\\text{均单位成本}\end{matrix}\right)-\sum\left(\begin{matrix}\text{本期实}\\\text{际产量}\end{matrix}\times\begin{matrix}\text{本年计划}\\\text{单位成本}\end{matrix}\right)\right]$$

$$-\left[\sum\left(\begin{matrix}\text{本期实}\\\text{际产量}\end{matrix}\times\begin{matrix}\text{上年实际平}\\\text{均单位成本}\end{matrix}\right)\times\text{计划成本降低率}\right]$$

产品品种结构变动对成本降低率的影响为：

$$\frac{\text{产品品种结构变动对成本降低额的影响}}{\sum(\text{本期实际产量}\times\text{上年实际平均单位成本})}\times100\%$$

产品单位成本变动对成本降低额的影响为：

$$\sum\left(\begin{matrix}\text{本期实}\\\text{际产量}\end{matrix}\times\begin{matrix}\text{本年计划}\\\text{单位成本}\end{matrix}\right)-\sum\left(\begin{matrix}\text{本期实}\\\text{际产量}\end{matrix}\times\begin{matrix}\text{本期实际平}\\\text{均单位成本}\end{matrix}\right)$$

$$=\sum\left[\text{本期实际产量}-\left(\begin{matrix}\text{本年计划}\\\text{单位成本}\end{matrix}-\begin{matrix}\text{本期实际平}\\\text{均单位成本}\end{matrix}\right)\right]$$

产品单位成本变动对成本降低率的影响为：

$$\frac{\text{产品单位成本变动对成本降低额的影响}}{\sum(\text{本期实际产量}\times\text{上年实际平均单位成本})}\times100\%$$

【例 12-5】根据例 12-3 的资料，分别分析产品产量、产品品种结构以及单位成本对产品成本计划降低额及计划降低率的影响。

产品产量变动对成本降低额的影响为：

77 600×7.95%-70 000=-8 308（元）

即单纯产量变动使得成本计划降低额尚有 8 308 元的任务没有完成。

产品产量变动对成本降低率的影响为 0。

在分析产品产量变动对成本计划完成情况的影响时，也可以采用简化的方法。由之前的分析可知，在其他因素不变的情况下，单纯的产量变动只影响产品成本计划降低额而不影响计划降低率，因此，产量变动对产品成本降低率的影响为 0。即，如果只有单纯的产量变动，则实际成本降低率等于计划成本降低率。

$$\text{实际降低率}=\frac{\text{实际降低额}}{\text{按上年实际平均单位成本计算的总成本}}\times100\%$$

实际降低额=按上年实际平均单位成本计算的总成本×计划降低率

=776 000×7.95%

=61 692（元）

则产量变动对计划降低额的影响为-8 308 元（61 692-70 000）。

产品品种结构变动对成本降低额的影响为：

（776 000-715 000）-77 600×7.95%=-692（元）

产品品种结构变动对成本降低额的影响为：

$$\frac{-692}{776\ 000}\times100\%=-0.089\%$$

产品单位成本变动对成本降低额的影响为：

715 000-719 000=-4 500（元）

产品单位成本变动对成本降低率的影响为：

$$\frac{-4\ 500}{776\ 000}\times100\%=-0.58\%$$

各因素对成本降低额的综合影响为：

-8 308+（-692）+（-4 500）=-13 500（元）

各因素对成本降低率的综合影响为：

0+（-0.09%）+（-0.58%）=-0.67%

各因素对成本计划完成情况的综合影响与之前的分析完全吻合。

12.4.2 主要产品单位成本表的分析

主要产品单位成本分析就是指对成本变动较大的主要产品单位成本进行各方面的深入分析。如：主要产品单位成本比计划、比上期的升降情况；按成本项目分析成本变动情况，查明造成单位成本升降的原因；各项消耗定额的执行情况；产品结构、工艺、操作方法的改变及有关技术经济指标变动对产品单位成本的影响；等等。

进行单位产品成本分析，有利于针对成本升降的具体原因采取措施，从而降低产品成本。单位产品成本分析主要依据主要产品单位成本表、成本计划和各项消耗定额资料，以及反映各项技术经济指标的业务技术资料。分析一般是先检查主要产品单位成本实际比计划、比上年实际、比历史最好水平的升降情况，然后按成本项目分析单位产品成本变动的具体原因。因此，单位产品成本分析主要包括两个方面：主要产品单位成本变动情况的分析和主要成本项目的分析。主要产品单位成本变动情况的分析是对主要产品单位成本所作的一般分析。分析时依据主要产品单位成本表及有关技术经济指标，查明单位实际成本与基准的差异，确定单位成本是升高还是降低及升降幅度，然后按成本项目进行对比分析，分别确定各成本项目的消耗定额差异和价格差异。必要时还要进一步分析产品产量变动、产品质量水平变动等对单位产品成本的影响。

【例 12-6】假设前述例子中所涉及的企业的主要产品 A 单位成本的相关资料如表 12-14 所示，对该企业 12 月份 A 产品单位成本进行分析。

表 12-14　　　　主要产品单位成本表

201×年 12 月　　　　单位：元

产品名称	A		本月实际产量		1 000
规格	略		本年累计实际产量		10 000
计量单位	件		销售单价		94
成本项目	历史先进水平	上年实际平均	本年计划	本月实际	本年实际平均
直接材料	30	32	31	32	33
直接人工	11	13	11	13	12
制造费用	14	15	13	11	13
产品生产成本	55	60	55	56	58
主要产品技术经济指标	耗用量	耗用量	耗用量	耗用量	耗用量
原材料（千克）	10	12	10	12	11

根据表 12-14 提供的资料，可以编制 A 产品 12 月份的成本分析表，如表 12-15 所示。

表 12-15 A 产品成本分析表

201×年 12 月 单位：元

成本项目	历史最好水平	上年实际平均	本年计划	本年累计实际平均	本月实际	本月差异			
						比历史最好水平	比上年实际平均	比计划	比本年实际平均
直接材料	30	32	31	33	32	+2	0	+1	-1
直接人工	11	13	11	12	13	+2	0	+2	+1
制造费用	14	15	13	13	11	-3	-4	-2	-2
单位成本合计	55	60	55	58	56	+1	-4	+1	-2

1. 主要产品单位成本变动情况分析

根据表 12-15 中计算的 A 产品单位成本各项差异可知，A 产品本月实际单位成本与上年实际单位成本相比下降了 4 元，但是与历史最好水平还相差 1 元，而且与本年计划水平相比，也有 1 元没有完成计划任务。但是当月的单位成本较全年平均水平还是下降了，说明当月对 A 产品单位成本的控制还是有效的。分析单位成本的具体构成项目，可以看出，A 产品制造费用控制得最好，应当总结推广有益的经验，并奖励降低成本的相关工作人员。而单位成本计划目标没有完成的主要原因应该是直接材料和直接人工的超支。为了查明具体的原因，还须进一步结合企业的生产技术、生产组织的状况、经营管理水平和采取的技术组织措施等因素，对各个成本项目（特别是直接材料和直接人工项目）做进一步的具体分析。

2. 主要成本项目分析

一定时期内单位产品成本的高低，是与企业该时期的生产技术、生产组织的状况和经营管理水平、采取的技术组织措施效果相联系的。应紧密地结合技术经济方面的资料，查明成本升降的具体原因。在一定生产技术条件下，某种类型的产品单位成本项目的构成，应保持在一定的相对水平上。通过成本项目的结构分析，可以大体了解单位成本水平变动的原因。例如上述 A 产品中，12 月的直接材料成本项目超支，可能是原材料单耗或单价上升的结果；直接人工项目超支，可能是工资水平上升或劳动生产率下降的结果；等等。因此，在进行具体成本项目分析前，首先要进行成本项目结构的一般分析，以确定成本项目分析的重点。

（1）直接材料费用的分析

直接材料费用的变动主要受单位产品原材料消耗数量和原材料价格两个因素的变动影响。其变动影响可用以下公式表示：

原材料消耗数量变动的影响＝（实际单位耗用量－计划单位耗用量）×原材料计划单价

原材料价格变动的影响＝（原材料实际单价－计划单价）×原材料单位实际耗用量

【例 12-7】接例 12-6，根据该公司其他资料，A 产品所用的原材料的计划单价为 3.1 元/千克，实际单价为 2.91 元/千克。结合表 11-14 中材料，分析 A 产品 12 月份直接材料费用。

材料消耗量变动的影响=（11-10）×3.1=3.1（元）

材料单价变动的影响=（2.91-3.1）×11=-2.1（元）

两因素变动共使A产品12月份原材料费用实际比计划增加了1元，即3.1元（即-2.1）元。经过分析可知：直接材料超支的主要原因为材料单位消耗量的增加，这是企业自身的因素，应从产品零部件结构、原材料加工方法、原材料利用率、材料质量、配料比例等技术指标入手分析单耗增加的原因，这是下一步分析的重点。

在上述两因素中，影响材料单价的因素有材料买价的变动、材料运费的变动、运输送中的合理损耗的变化、材料整理加工及检验货的变化等。这些因素多属外界因素，需结合市场供求和材料价格变动情况进行具体分析。

影响单位产品原材料消耗数量变动的因素有很多，归纳起来主要有：第一，产品或产品零部件结构的变化。在保证产品质量的前提下，改进产品设计，使产品结构合理，体积缩小，重量减轻，就能减少原材料消耗，降低原材料费用。第二，原材料加工方法的改变。改进工艺和加工方法或采取合理的套裁下料措施，减少毛坯的切削余量和工艺损耗，就能提高原材料利用率，节约原材料消耗，降低产品成本。第三，材料质量的变化。实际耗用的原材料质量如高于计划规定，可能会提高产品质量，或者节约材料消耗，但材料费用会升高；反之，如果质量低于计划要求，价格虽低，但会增大材料消耗量，从而增加生产操作时间，或者降低产品质量。第四，原材料代用或配料比例的变化。在保证产品质量的前提下，采用廉价的代用材料，选用经济合理的技术配方，就会节约原材料或降低原材料费用。第五，原材料综合利用。有些工业企业在利用原材料生产主产品的同时，还生产副产品，开展原材料的综合利用。这样就可以将同样多的原材料费用分配到更多品种和数量的产品中去，从而降低主产品的原材料费用。第六，生产中的废料数量和废料回收利用情况的变化。此外，生产工人的劳动态度、技术操作水平、机械设备性能以及材料节约奖励制度的实施等，都会影响原材料消耗数量的增减。

（2）直接人工费用的分析

单位成本中的直接人工费用分析，应按不同的工资制度和不同的工资费用计入成本的方法来进行。企业如果实行的是计件工资制度，这些工资费用的变动主要是由计件单价变动引起的，应该查明该种产品计件单价变动的原因。如果是计时工资制度，单位成本中的直接工资费用是根据单位产品所耗工时数和每小时的工资费用分配计入的，可以比照直接材料费用采用差额计算分析法进行分析（单位产品所耗工时数相当于单位产品的材料消耗数量，每小时的工资费用相当于材料单价），计算产品所耗工时数变动（量差）和小时工资率变动（价差）对直接人工费用变动的影响。

单位产品所耗工时变动的影响=（实际工时单耗-计划工时单耗）×计划小时工资率

小时工资率变动的影响=（实际小时工资率-计划小时工资率）×实际工时单耗

【例11-8】假定A产品单位工时消耗和小时工资率的计划数和实际数如表12-16所示。

表 12-16　　A 产品直接人工费用分析表

项目	工时单耗（小时）	小时工资率（元/小时）	单位直接人工费用（元）
本年计划	2	5.5	11
本月实际	2.6	5	13
直接人工费用差异	+0.6	-0.5	+2

根据计算公式及表 12-16 中有关单位产品工资费用的资料，分析工时单耗及小时工资率的影响程度。

单位产品所耗工时变动的影响=（2.6-2）×5.5=3.3（元）

小时工资率变动的影响=（5-5.5）×2.6=-1.3（元）

两个因素综合影响=3.3+（-1.3）=2（元）

以上分析表明：该种产品直接人工费用实际比计划超支 2 元，完全是由于实际单位工时消耗大于计划工时单位消耗，而小时工资率则是节约的，它抵消了一部分由于工时消耗超支所产生的直接人工费用的超支额。应结合机器设备性能、材料质量、生产工艺及产品设计的改变、工人劳动技术熟练程度、工作态度等主客观原因进行分析，并进一步查明单位产品工时消耗超支和每小时工资费用节约的原因。采取一定措施抑制不利影响，进一步提高劳动生产率。

单位产品所耗工时一般和生产工人劳动生产率相关。工人操作的熟练程度越高，劳动生产率就越高，单位产品所耗工时就越低。企业不能一味地追求产品工时单耗的降低，应该查明节约工时以后是否影响了产品的质量。通过降低产品质量来节约工时，是绝对不允许的。每小时工资费用是以生产工资总额除以生产工时总额计算求出的。工资总额控制得好，生产工资总额减少，会使每小时工资费用节约；否则会使每小时工资费用超支。在工时总额固定的情况下，非生产工时控制得好，减少非生产工时，增加生产，会使每小时工资费用节约；否则会使每小时工资费用超支。因此，要查明每小时工资费用变动的具体原因，还应对生产工时的利用情况进行调查研究。

（3）制造费用的分析

制造费用一般是间接计入费用，产品成本中的制造费用一般是根据生产工时等分配标准分配计入的。因此，产品单位成本中制造费用的分析，通常与计时工资制度下直接人工费用的分析相类似，先要分析单位产品所耗工时变动和每小时制造费用变动两个因素对制造费用变动的影响，然后查明这两个因素变动的具体原因。

【例 11-9】假定 A 产品单位工时消耗和小时制造费用率的计划数和实际数如表 12-17 所示。

表 12-17　　A 产品制造费用分析表

项目	工时单耗（小时）	小时制造费用率（元/小时）	单位直接人工费用（元）
本年计划	2	6.5	13
本月实际	2.6	4.23	11
制造费用差异	+0.6	-2.27	-2

根据计算公式及表 12-16 中有关单位产品工资费用的资料，分析工时单耗及小时工资率的影响程度。

单位产品所耗工时变动的影响=（2.6-2）×6.5=3.9（元）

小时制造费用率率变动的影响=（4.23-6.5）×2.6=-5.9（元）

两个因素综合影响=3.9+（-5.9）=2（元）

以上计算结果表明：由于实际单位生产工时比计划单位生产工时延长，A 产品的制造费用增加 3.9 元；由于本月实际小时制造费用率比计划小时工资率降低，单位产品的制造费用减少 2.27 元；两者共同作用的结果使 A 产品实际单位制造费用比计划降低 2 元。为了进一步了解制造费用变动的具体原因，提出改进措施，降低单位产品成本，应按制造费用的详细项目逐项分析。

12.4.2 各种费用的分析

本节中提到的各种费用是指企业在生产经营过程中，各个车间、部门为进行产品生产、组织和管理生产经营活动所发生的制造费用、产品销售费用、管理费用和财务费用。前者属于产品成本的组成部分，后三种属于期间费用。制造费用、产品销售费用、管理费用和财务费用，都是由许多具有不同经济性质和不同经济用途的费用组成的。这些费用支出的节约或浪费，往往与公司（总厂）行政管理部门和生产车间工作的质量和有关责任制度、节约制度的贯彻执行情况密切相关。因此，向各有关部门、车间编报上述报表，分析这些费用的支出情况，不仅是节约各项费用支出、杜绝一切铺张浪费、不断降低成本和增加盈利的重要途径，同时也是推动企业改进生产经营管理工作、提高工作效率的重要措施。

对上述各种费用进行分析，首先应按各组成项目分别进行，而不能只检查各种费用总额计划的完成情况，不能用其中一些费用项目的节约来抵补其他费用项目的超支。同时，要注意不同费用项目支出的特点，不能简单地把任何超过计划的费用支出都看做是不合理的。同样，对某些费用项目支出的减少也要做具体分析：有的可能是企业工作成绩，有的则可能是企业工作中的问题。不能孤立地看费用是超支了还是节约了，而应结合其他有关情况，结合各项技术组织措施效果来分析，结合各项费用支出的经济效益进行评价。

在按费用组成项目进行分析时，由于费用项目多，因此每次分析只能抓住重点，对其中费用支出占总支出比重较大的，或与计划相比发生较大偏差的项目进行分析。特别应注意那些非生产性的损失项目，如材料、在产品和产成品等存货的盘亏和毁损。因为这些费用的发生与企业管理不善直接相关。分析时，除将本年实际与本年计划相比，检查计划完成情况外，为了从动态上观察、比较各项费用的变动情况和变动趋势，还应将本月实际与上年同期实际进行对比，以了解企业工作的改进情况，并将这一分析与推行经济责任制结合，与检查各项管理制度的执行情况结合，以推动企业改进经营管理，提高工作效率，降低各项费用支出。

为了深入地研究制造费用、经营费用、管理费用和财务费用变动的原因，评价费用支出的合理性，寻求降低各种费用支出的途径和方法。也可按费用的用途和影响费用变动的因素，将上述费用包括的各种费用项目按以下类别归类，然后进行研究。

（1）生产性费用。如制造费用中的折旧费、修理费、机物料消耗等，这些费用的变动与企业生产规模、生产组织、设备利用程度等有直接联系。这些费用的特点，既不同于与产量增减成正比例变动的变动费用，又不同于固定费用，即在业务量一定的范围内，相对固定，超过这个范围就可能上升。分析时就应根据这些费用的特点，联系有关因素的变动，评价其变动的合理性。不能简单地将一切超支都看成是不合理的、不利的，也不能简单地将一切节约都看成是合理的、有利的。例如，修理费和劳动保护费的节约，可能使机器带病运转，影响机器寿命，可能缺少必要的劳动保护措施，影响生产安全，只有在保证机器设备的维修质量和正常运转，保证生产安全的条件下节约修理费和劳动保护费才是合理的、有利的。又如，机、物、料消耗的超支也可能是由于追加了生产计划或增加了开工班次，相应增加了机、物、料消耗的结果，这样的超支也是合理的，不是成本管理的责任。

（2）管理性费用。如行政管理部门人员的工资、办公费、业务招待费等。管理性费用的多少主要取决于企业行政管理系统的设置和运行情况以及各项开支标准的执行情况。分析时，除按明细项目与限额指标，分析其变动的原因外，还应从紧缩开支、提高工作效率的要求出发，检查企业对有关精简机构、减少层次、合并职能、压缩人员等措施的执行情况。

（3）发展性费用。如职工教育经费、设计制图费、试验检验费、研究开发费等。这些费用与企业的发展相关，实际上是对企业未来的投资。但是这些费用应当建立在规划的合理、经济、可行的基础上，而不是盲目地进行研究开发或职工培训，应将费用的支出与取得的效果联系起来进行分析评价。

（4）防护性费用。如劳动保护费、保险费等。这类费用的变动直接与劳动条件的改善、安全生产等相关。同样，对这类费用的分析就不能认为是支出越少越好，而应结合劳动保护工作的开展情况，分析费用支出的效果。

（5）非生产性费用。主要指材料、在产品、产成品的盘亏和毁损。分析这类费用发生的原因，必须从检查企业生产工作质量、各项管理制度是否健全以及库存材料、在产品和产成品的保管情况入手，并把分析与推广和加强经济责任制结合起来。

总之，通过上述分析，应促使企业不断总结经验，改进企业的生产经营管理，有效控制各种费用支出，最终提高企业的经济效益。

本章小结

本章首先阐述了成本报表的含义、作用、分类及其编制要求。成本报表是企业为满足自身管理需要而设置的内部会计报表，它可以向企业领导、内部各管理职能部门和员工提供成本信息，用以加强成本管理，提高经济效益。成本报表可以依据不同的标准进行分类。反映成本计划执行情况的报表主要有产品成本表和主要产品单位成本表等，反映费用支出情况的报表主要有制造费用明细表、管理费用明细表、营业费用明细表、财务费用明细表等。为了提高成本信息的质量，成本报表的编制应符合真实性、完整性和及时性等基本要求。同时，本章还阐述了成本分析的意义和方法，包括按产品类别对全部产品成本计划完成情况进行分析，可比产品成本降低任务和实际完成情况的计算，产品产量、品种结构和单位成本变动对可比产品成本降低任务完成情况的影响以及产品单位成本的一般分析和产品单位成本分成本项目的分桥。然后，介绍技术经济指标变动对成本影响。此外还介绍了各种费用报表的分析方法。

习题

一、单项选择题

1. 全部商品产品包括（　　）。

A. 合格品和不合格品　　B. 可比产品和不可比产品

C. 标准产品和非标准产品　　D. 联产品和副产品

2. 成本报表综合反映了企业一定时期内的（　　）。

A. 实际单位成本　　B. 实际总成本

C. 成本计划完成情况　　D. 产品成本水平

3 成本报表为分析和考核一定时期内的成本计划或预算执行情况提供了（　　）。

A. 参考资料　　B. 实际资料

C. 决策资料　　D. 预算资料

4. 成本报表的编制要注意指标内容的（　　）。

A. 及时性　　B. 灵活性

C. 实用性　　D. 重要性

5. 全部商品产品成本分析只能用实际总成本与（　　）对比。

A. 上年实际总成本　　B. 本年计划总成本

C. 上年计划总成本　　D. 同行业平均成本

二、判断题

1. 成本报表综合地反映了一定时期内的管理水平。（　　）

2. 按报表编制的时间分类可以分为定期和不定期成本报表。（　　）

3. 成本报表只能按固定的格式编制。（　　）

5. 产量变动只影响成本降低额，不影响成本降低率。（　　）

4. 不可比产品不能进行成本分析。（　　）

6. 期间费用明细表就是指管理明细表。（　　）

7. 产品品种结构是指各种可比产品在全部可比产品中所占的比重。（　　）

三、计算分析题

1. 建新公司 2010 年度及该年 12 月份有关产品、产量、单位成本等资料如表 12-18 所示。

表 12-18　　建新公司相关资料

单位：元

产品名称		全年计划产量	全年实际产量	12月份实际产量	上年实际平均单位成本	本年计划单位成本	12月份实际单位成本	本年累计实际平均单位成本
可比产品	甲	820	800	68	408	396	385	386
	乙	640	700	60	818	802	810	808
不可比产品	丙	180	200	20	-	320	326	330
	丁	310	300	25	-	960	901	900

要求：

(1) 编制按产品品种反映的商品产品成本表。

(2) 以表格及文字说明形式，按产品品种分析全部商品成本计划完成情况。

2. 建新公司甲产品有关原材料资料如表 12-19 所示。

表 12-19　　建新公司有关原材料资料

单位：元

甲产品	计划	实际
产品单位成本	280	270
单位成本中材料成本	140	-
原材料利用率	80%	83%

要求：假定其他条件不变，试分析原材料利用率的提高对甲产品单位成本的影响。

习题参考答案

第一、二章略

第三章

1.

（1）A 产品甲材料定额消耗量＝1 800×4. 5＝8 100（千克）

B 产品甲材料定额消耗量＝1 200×2. 25＝2 700（千克）

材料消耗量分配率＝13 500 ÷（8 100+2 700）＝1. 25（元/千克）

A 产品应分配甲材料数量＝8 100×1. 25＝10 125（千克）

B 产品应分配甲材料数量＝2 700×1. 25＝3 375（千克）

A 产品应分配甲材料费用＝10 125×2. 16＝21 870（元）

B 产品应分配甲材料费用＝3 375×2. 16＝7 290（元）

（2）借：生产成本——基本生产成本——A 产品（直接材料）　21 870

——B 产品（直接材料）　7 290

贷：原材料——甲材料　29 160

2.

（1）电力分配率＝24 950÷（35 000+8 900+6 000）＝0. 5

基本生产车间产品用电费＝30 000×0. 5＝15 000（元）

基本生产车间照明用电费＝5 000×0. 5＝2 500（元）

辅助生产车间产品用电费＝7 000×0. 5＝3 500（元）

辅助生产车间照明用电费＝1 900×0. 5＝950（元）

企业行政管理部门照明用电费＝6 000×0. 5＝3 000（元）

分配 A、B 两种产品动力费：

分配率＝15 000÷（36 000+24 000）＝0. 25

A 产品应负担动力费＝36 000×0. 25＝9 000（元）

B 产品应负担动力费＝24 000×0. 25＝6 000（元）

（2）借：应付账款　24 000

贷：银行存款　24 000

（3）借：生产成本——基本生产成本——A 产品（燃料及动力）　9 000

——B 产品　6 000

——辅助生产成本（燃料及动力）

3 500

制造费用——基本生产车间 2 500

——辅助生产车间 950

管理费用 3 000

贷：应付账款 24 950

3.

薪酬费用分配汇总表

2015 年 6 月 单位：元

借方账户 \ 贷方账户		应付职工薪酬			
		成本或费用项目	直接计入	分配计入	合计
基本生产成本	甲产品	直接人工		36 000	36 000
	乙产品	直接人工		24 000	24 000
	小计			60 000	60 000
辅助生产成本	机修车间	直接人工	19 000		19 000
制造费用	第一车间	人工费用	2 000		2 000
	第二车间	人工费用	3 000		3 000
管理费用		人工费用	22 600		22 600
合计			46 600	60 000	106 600

根据上表编制的会计分录如下：

借：生产成本——基本生产成本——甲产品 36 000

——乙产品 24 000

——辅助生产成本——机修车间 19 000

制造费用——第一车间 2 000

——第二车间 3 000

管理费用 22 600

贷：应付职工薪酬 106 600

第四章

一、单项选择题

1. A 2. D 3. C 4. D 5. B 6. C 7. C 8. B 9. B 10. A

二、多项选择题

1. BC 2. ABCD 3. ABD 4. AC 5. ACD 6. AD

三、计算业务题

1.（1）借：生产成本——辅助生产成本（直接材料） 51 200

制造费用——辅助生产车间 3 420

贷：原材料 54 620

借：生产成本——辅助生产成本（直接人工）　　5 472
　　制造费用——辅助生产车间　　2 374
　贷：应付职工薪酬——工资　　6 900
　　　　　　　　　——福利费　　966
借：制造费用——辅助生产车间　　3 340
　贷：累计折旧　　3 340
借：制造费用——辅助生产车间　　7 500
　贷：银行存款　　7 500

（2）辅助车间制造费用：3 420+2 100+294+3 340+7 500＝16 654（元）

借：生产成本——辅助生产成本（制造费用）　　16 654
　贷：制造费用——辅助车间　　16 654

2.

（1）借：生产成本——辅助生产成本　　9 918
　　　贷：应付职工薪酬　　9 918
（2）借：生产成本——辅助生产成本　　7 500
　　　贷：原材料　　7 500
（3）借：生产成本——辅助生产成本　　3 000
　　　贷：银行存款　　3 000
（4）借：生产成本——辅助生产成本　　2 700
　　　贷：累计折旧　　2 700
（6）借：生产成本——辅助生产成本　　2 400
　　　贷：银行存款　　2 400
（7）借：低值易耗品　　25 518
　　　贷：生产成本——辅助生产成本　　25 518

3.（1）直接分配法

修理车间分配率＝19 000/19 000＝1（元/小时）

运输部门分配率＝20 000/38 500＝0. 519 5（元/千米）

辅助生产费用分配表（直接分配法）

单位：元

项目	待分配费用	分配数量	分配率	分配金额			
				基本车间		管理部门	
				数量	金额	数量	金额
修理车间	19 000	19 000	1	16 000	16 000	3 000	3 000
运输部门	20 000	38 500	0. 519 5	30 000	15 585	8 500	4 415
合计					31 585		7 415

借：制造费用　　31 585

　　管理费用　　7 415

　　贷：生产成本——辅助生产成本——修理车间　　19 000

　　　　　　　　　　　　　　　——运输部门　　20 000

顺序分配法：

首先排序：修理车间耗用运输部门的劳务价值为 1 500×（20 000/40 000）= 750 元。

运输部门耗用修理车间的劳务价值为 1 000×（19 000/20 000）= 950 元。

故修理车间排在前，先将费用分配出去，不再承担运输部门的费用；运输部门排在后，要承担修理车间的费用。

然后分配：

修理车间分配率 = 19 000/20 000 = 0.95（元/小时）

运输部门分配率 =（20 000+1 000×0.95）/38 500 = 0.544 2（元/千米）

辅助生产费用分配表（顺序分配法）

单位：元

项目	分配费用	劳务数量	分配率	分配金额					
				运输部门		基本车间		管理部门	
				数量	金额	数量	金额	数量	金额
修理车间	19 000	20 000	0.95	1 000	950	16 000	15 200	3 000	2 850
运输部门	20 950	38 500	0.544 2			30 000	16 326	8 500	4 624
合计					950		31 526		7 474

分配修理费的会计分录：

借：生产成本——辅助生产成本——供电车间　　950

　　制造费用　　15 200

　　管理费用　　2 850

　　贷：生产成本——辅助生产成本——修理车间　　19 000

分配运输费的会计分录：

借：制造费用　　16 326

　　管理费用　　4 624

　　贷：生产成本——辅助生产成本——运输部门　　20 950

（2）代数分配法

设每小时的修理成本为 X，每千米的运输成本为 Y。

建立如下联立方程组：

$$\begin{cases} 20\,000X = 19\,000 + 1\,500Y & ① \\ 40\,000Y = 20\,000 + 1\,000X & ② \end{cases}$$

将①整理得：

$$X=\frac{19\ 000+1\ 500Y}{20\ 000} \quad ③$$

将 X 代入②式中，得：

$$40\ 000Y=20\ 000+1\ 000\times\frac{19\ 000+1\ 500Y}{20\ 000}$$

化简得：Y=0.524 7

将 Y 代入③式：

$$X=\frac{19\ 000+1\ 500\times 0.524\ 7}{20\ 000}$$

化简得：X=0.989 4

辅助生产费用分配表（代数分配法）

单位：元

项目		修理车间	运输部门	合计
待分配费用		19 000	20 000	39 000
分配数量		20 000	40 000	
分配率（X、Y 值）		0.524 7	0.989 4	
修理车间	数量		1 500	
	金额		1 484.1	1 484.1
运输部门	数量	1 000		
	金额	524.7		524.7
基本车间	数量	16 000	30 000	
	金额	8 395.2	29 682	38 077.2
管理部门	数量	3 000	8 500	
	金额	1 574.1	8 409.9	9 984
合计		10 494	39 576	50 070

借：生产成本——辅助生产成本——修理车间　1 484.1
　　　　　　　　　　　　　——运输部门　524.7
　制造费用　38 077.2
　管理费用　9 984
　贷：生产成本——辅助生产成本——修理车间　10 494
　　　　　　　　　　　　　　——运输部门　39 576

4.（1）一次交互分配法

①内部交互分配率的计算：

$$电费分配率=\frac{21\ 000}{30\ 000}=0.7（元/度）$$

$$修理费分配率=\frac{20\ 700}{4\ 600}=4.5（元/小时）$$

②对外分配率的计算：

$$电费分配率=\frac{21\ 000+2\ 700-3\ 500}{30\ 000-5\ 000}=0.808（元/度）$$

$$修理费分配率=\frac{20\ 700+3\ 500-2\ 700}{4\ 600-600}=5.375（元/小时）$$

辅助生产费用分配表（一次交互分配法）

单位：元

项目		交互分配			对外分配		
辅助生产车间名称		发电车间	修理车间	合计	发电车间	修理车间	合计
待分配费用		21 000	20 700	41 700	20 200	21 500	
分配数量		30 000	4 600		25 000	4 000	
分配率		0.7	4.5		0.808	5.375	
发电车间	数量		600				
	金额		2 700				2 700
修理车间	数量	5 000					
	金额	3 500					3 500
基本生产车间	数量				21 000	3 500	
	金额				16 968	18 812.5	35 780.5
行政管理部门	数量				4 000	500	
	金额				3 232	2 687.5	5 919.5
合计					20 200	21 500	

①交互分配的会计分录：

借：生产成本——辅助生产成本——发电车间　　2 700

　　　　　　　　　　　　　　——修理车间　　3 500

　贷：生产成本——辅助生产成本——修理车间　　2 700

　　　　　　　　　　　　　　　——发电车间　　3 500

②对外分配的会计分录：

借：制造费用　　35 780.5

　　管理费用　　5 919.5

　贷：生产成本——辅助生产成本——供电车间　　20 200

　　　　　　　　　　　　　　　——修理车间　　21 500

（2）计划成本分配法

辅助生产费用分配表（计划成本分配法）

单位：元

项目			发电车间		修理车间		合计
			数量（度）	金额	数量（小时）	金额	
待分配费用				21 000		20 700	41 700
劳务供应量			30 000		4 600		
按计划成本分配	计划单位成本			0.42		4.25	
	辅助生产车间	发电车间			600	2 550	2 550
		修理车间	5 000	2 100			2 100
	基本生产车间		21 000	8 820	3 500	14 875	23 695
	行政管理部门		4 000	1 680	500	2 125	3 805
	计划成本合计			12 600		19 550	32 150
辅助生产成本实际额				23 350		22 800	46 150
辅助生产成本差异额				+10 750		+3 250	+14 000

①按计划成本分配的会计分录：

借：生产成本——辅助生产成本——发电车间　　2 550

　　　　　　　　　　　　　——修理车间　　2 100

　　制造费用　　23 695

　　管理费用　　3 805

　贷：生产成本——辅助生产成本——发电车间　　12 600

　　　　　　　　　　　　　　——修理车间　　19 550

②辅助生产成本差异的会计分录：

借：管理费用　　14 000

　贷：生产成本——辅助生产成本——发电车间　　3 250

　　　　　　　　　　　　　　——修理车间　　10 750

第五章

一、判断题

1.【答案】错。

【解析】：企业出售原材料应该确认其他业务收入，结转其他业务成本。该题针对“其他业务成本核算的内容”知识点进行考核。

2.【答案】错。

【解析】：企业为客户提供的现金折扣应在实际发生时记入当期的“财务费用”。该题针对“财务费用核算的内容”知识点进行考核。

3.【答案】对。

该题针对“管理费用核算的内容”知识点进行考核。

4.【答案】对。

【解析】：本期发生的制造费用可能包含在期末存货项目中，此时对本期的损益是不产生影响的。该题针对“制造费用和管理费用的区别”知识点进行考核。

5.【答案】错。

【解析】：企业的期间费用包括管理费用、销售费用和财务费用。制造费用是成本类科目，不属于期间费用。该题针对“期间费用的内容”知识点进行考核。

6.【答案】错。

【解析】：企业出售固定资产发生的处置净损失应该计入营业外支出中，不属于日常经营活动发生的，所以不属于企业的费用。该题针对“费用的内容”知识点进行考核。

7.【答案】错。

【解析】：对于用于固定资产等建造的专门借款，符合资本化条件的应记入“在建工程”中，对于筹建期间发生的不符合资本化条件的借款利息应该记入“管理费用”中。该题针对“财务费用核算的内容”知识点进行考核。

二、计算题

1.

（1）辅助生产制造费用为：810+700+98+1 320+960＝3 888 元。

结转：

借：生产成本——辅助生产成本	3 888	
贷：制造费用——辅助生产车间		3 888

结转后辅助生产总成本：2 620+1 500+210+3 888＝8 218 元。

借：制造费用——基本生产车间	5 890	
管理费用	2 328	
贷：生产成本——辅助生产成本		8 218

（2）基本生产车间共发生制造费用：

1 510+1 400+196+2 850+1 980+5 890＝13 826（元）

甲产品分配：13 826×910/（910+818. 25）＝7 280（元）

乙产品分配：13 820×818. 25/（910+818. 25）＝6 546（元）

借：生产成本——直接生产成本——制造费用——甲产品	7 280	
生产成本——直接生产成本——制造费用——乙产品	6 546	
贷：制造费用		13 826

2.

甲产品年度计划产量的定额工时＝2 500×6＝15 000

乙产品年度计划产量的定额工时＝1 000×5＝5 000

年度计划分配率＝400 000÷（15 000+5 000）＝20

本月甲产品实际产量的定额工时＝200×6＝1 200

本月乙产品实际产量的定额工时＝80×5 ＝400

本月甲产品应分配的制造费用＝1 200×20＝24 000（元）

本月乙产品应分配的制造费用＝400×20＝ 8 000（元）

合计＝24 000+8 000＝32 000（元）

“制造费用”的期末余额为借方 2 000（1 000+33 000−32 000）元。

3.

年度计划分配率＝168 000/60 000＝2. 8

本月甲产品应分配的制造费用＝6 000×2. 8＝16 800 元

本月乙产品应分配的制造费用＝3 750×2. 8＝10 500 元

借：生产成本——基本生产成本——甲产品　　16 800

　　　　　　　　　　　　　　——乙产品　　10 500

　贷：制造费用　　27 300

年终调整差异：

年终该车间制造费用账户贷方余额为 4 500 元，按已分配的比例分别调减甲乙两种产品的生产成本。

（104 160/168 000）×4 500＝2 790（元）

（63 840/168 000）×4 500＝1 710（元）

借：生产成本——基本生产成本——甲产品　　2 790

　　　　　　　　　　　　　　——乙产品　　1 710

　贷：制造费用　　4 500

4.

甲产品年度计划产量的定额工时＝2 500×6＝15 000

乙产品年度计划产量的定额工时＝1 000×5＝5 000

年度计划分配率＝400 000÷（15 000+5 000）＝20

本月甲产品实际产量的定额工时＝200×6＝1 200

本月乙产品实际产量的定额工时＝80×5＝400

本月甲产品应分配的制造费用＝1 200×20＝24 000（元）

本月乙产品应分配的制造费用＝400×20 ＝ 8 000（元）

合计＝24 000+8 000＝32 000（元）

5.

（1）计算 A、B、C 三种产品各自应承担的间接费用：

分配率＝（4 000+2 000+3 000+20 000+1 000）/600＝50（元/小时）

A 产品应承担的间接费用＝50×300＝15 000（元）

B 产品应承担的间接费用＝50×200＝10 000（元）

C 产品应承担的间接费用＝50×100＝5 000（元）

（2）编制分配间接费用的会计分录：

借：生产成本——A 产品　　15 000

　　　　　　——B 产品　　10 000

　　　　　　——C 产品　　5 000

　贷：制造费用　　30 000

6.

（1）按生产工人工资比例分配制造费用：

分配率＝336 900/112 300＝3

甲产品应负担的制造费用＝3×67 500＝202 500（元）

乙产品应负担的制造费用＝3×44 800＝134 400（元）

（2）编制分配制造费用会计分录：

借：生产成本——甲产品　　202 500

　　　　　　——乙产品　　134 400

　贷：制造费用　　336 900

7.

调整分配率＝450÷1 670＝0.269 5

A 产品应分配制造费用＝330×3×0.269 5＝266.74（元）

B 产品应分配制造费用＝110×4×0.269 5＝118.58（元）

C 产品应分配制造费用＝120×2×0.269 5＝64.68（元）

会计分录为：

借：生产成本——基本生产成本——A 产品　　266.74

　　　　　　　　　　　　　　——B 产品　　118.58

　　　　　　　　　　　　　　——C 产品　　64.68

　贷：制造费用　　450

8.

制造费用分配率＝制造费用/生产工时总数＝6 000/1 000＝6（元/小时）

甲产品应负担的制造费用＝600×6＝3 600 元

乙产品应负担的制造费用＝400×6＝2 400 元

借：生产成品——基本生产成本——甲产品　　3 600

　　　　　　　　　　　　　　——乙产品　　2 400

　贷：制造费用——基本生产　　6 000

9.

（1）领用原材料

借：生产成本——基本生产成本　　8 000

　　制造费用　　3 000

　贷：原材料　　11 000

（2）应付职工薪酬

借：生产成本——基本生产成本　　6 840

　　制造费用　　2 280

　贷：应付职工薪酬　　9 120

（3）计提固定资产折旧费

借：制造费用　　2 000

　贷：累计折旧　　2 000

（4）用银行存款支付其他费用

借：制造费用　　4 000

　贷：银行存款　　4 000

（5）分配制造费用

制造费用合计＝3 000+2 280+2 000+4 000＝11 280

制造费用分配率＝制造费用总额÷各产品生产工人工时总数＝11 280÷（900+1 100）＝5.64

甲产品应分配制造费用＝900×5.64＝5 076（元）

乙产品应分配制造费用＝1 100×5.64＝6 204（元）

借：生产成本——基本生产成本（甲产品）　　5 076

　　　　　——基本生产成本（乙产品）　　6 204

　贷：制造费用　　11 280

三、业务计算题

1.

【解析】

（1）发生无形资产研究费用最终应该记入“管理费用”；

（2）发生专设销售部门人员工资应该记入“销售费用”；

（3）支付的业务招待费应该记入“管理费用”；

（4）支付的销售产品保险费应该记入“销售费用”；

（5）本月应交纳的城市维护建设税应该记入“营业税金及附加”；

（6）支付本月未计提短期借款利息应该记入“财务费用”；企业的期间费用包括销售费用、管理费用和财务费用。

该企业3月份发生的期间费用总额＝10+25+15+5+0.1＝55.1（万元）。该题针对“期间费用的计算”知识点进行考核。

2.

【解析】

（1）2010年1月应计提的折旧额和摊销额：

无形资产应该计提的摊销额＝120/（10×12）＝1（万元）

设备应该计提的折旧额＝（160−10）×5/（15×12）＝4.17（万元）

（2）2010年1月计提折旧和摊销的会计分录

无形资产应该计提的摊销：

借：其他业务成本　　1

　贷：累计摊销　　1

设备应该计提的折旧：

借：销售费用　　4.17

　贷：累计折旧　　4.17

该题针对“企业各项费用的核算”知识点进行考核。

3.

【解析】

(1) ①借：应收账款	4 680 000	
贷：主营业务收入		4 000 000
应交税费——应交增值税（销项税额）	680 000	
借：主营业务成本	2 000 000	
贷：库存商品		2 000 000
②借：预收账款	600 000	
银行存款	219 000	
贷：其他业务收入		700 000
应交税费——应交增值税（销项税额）		119 000
借：其他业务成本	500 000	
贷：原材料		500 000
③借：主营业务收入	1 600 000	
应交税费——应交增值税（销项税额）	272 000	
贷：银行存款		1 872 000
借：库存商品	800 000	
贷：主营业务成本		800 000
④借：银行存款	300 000	
贷：预收账款		300 000
⑤借：营业税金及附加	52 700	
贷：应交税费——应交城市维护建设税		36 890
——应交教育费附加		15 810

（2）2009 年 10 月甲公司发生的费用 = 2 000 000 + 500 000 − 800 000 + 52 700 = 1 752 700（元）

该题针对“企业各项费用的核算”知识点进行考核。

4.

（1）

借：生产成本——直接生产成本——直接材料	5 600	
制造费用——基本生产车间	1 510	
生产成本——辅助生产成本	2 620	
制造费用——辅助生产车间	810	
管理费用	1 030	
贷：原材料		11 570

（2）

借：生产成本——直接生产成本——直接工资	3 200	
制造费用——基本生产车间	1 400	
生产成本——辅助生产成本	1 500	

制造费用——辅助生产车间　　700
管理费用　　1 600
贷：应付职工薪酬——职工工资　　8 400

(3)
借：生产成本——直接生产成本——直接工资　　448
制造费用——基本生产车间　　196
生产成本——辅助生产成本　　210
制造费用——辅助生产车间　　98
管理费用　　224
贷：应付职工薪酬——职工福利费　　1 176

(4)
借：制造费用——基本生产车间　　2 850
制造费用——辅助生产车间　　1 320
管理费用　　1 970
贷：累计折旧　　6 140

(5)
借：制造费用——基本生产车间　　1 980
制造费用——辅助生产车间　　960
管理费用　　1 080
贷：银行存款　　4 020

第六章

一、单项选择

1. D　2. B　3. B　4. A　5. C　6. B　7. 8　8. B　9. A
10. C

二、多项选择

1. AB　2. ABC　3. BC　4. AB　5. CD

三、计算题

1. 编制的不可修复废品损失计算表见下表：

不可修复废品损失计算表

单位：元

项目	数量（件）	直接材料	生产工时	直接工资	制造费用	合计
费用总额	180	4 500	2 780	2 224	5 560	12 284
费用分配率		25		0.8	2	
废品成本	30	750	420	336	840	1 926
减：残值		110				110
废品报废损失		640		336	840	1 816

应作如下的账务处理：

（1）将废品成本从“生产成本”总账及其明细账的贷方转出时，应作如下的会计分录：

借：废品损失——丁产品　　1 926

　贷：生产成本——基本生产成本——丁产品　　1 926

（2）回收废品残料价值时，应作如下的会计分录：

借：原材料　　110

　贷：废品损失——丁产品　　110

（3）假定应向某过失人索取赔款200元时，应作如下的会计分录：

借：其他应收款——某责任人　　200

　贷：废品损失——丁产品　　200

（4）将废品净损失1 616（1 926-110-200）元转入合格产品成本，应作如下的会计分录：

借：生产成本——基本生产成本——丁产品　　1 616

　贷：废品损失——丁产品　　1 616

2. 编制的不可修复废品报废损失计算表如下：

不可修复废品损失计算表

单位：元

项目	直接材料	定额工时	直接工资	制造费用	合计
单件、小时费用定额	50		1.2	1.4	-
废品定额成本	200	100	120	140	460
减：残值	15				15
废品损失	185		120	140	445

第七章

一、单项选择题

1. C　2. A　3. B　4. C　5. A　6. B　7. D　8. B　9. B　10. A

二、多项选择题

1. AC 2. ABCD　3. BCD　4. ABCD　5. ABC　6. BCD　7. AC 8. ACD

三、业务题

1. 原材料费用分配率=（2 000+15 000）/（150+50×40%）=100

完工产品原材料费用=150×100=15 000（元）

在产品原材料费用=50×40%×100=2 000（元）

完工产品成本=15 000+1 500+1 000=17 500（元）

月末在产品成本=2 000（元）

2.

A 产品成本计算单

单位：元

项目		原材料	人工费用	制造费用	燃料及动力	合计
月初在产品费用		3 528	2 916	3 519	2 023	11 986
本月费用		4 872	4 284	6 081	3 577	18 814
合计		8 400	7 200	9 600	5 600	30 800
分配率		1. 4	0. 9	1. 2	0. 7	
完工产品成本	定额	4 500	6 000 小时	6 000 小时	6 000 小时	
	实际	6 300	5 400	7 200	4 200	23 100
月末在产品成本	定额	1 500	2 000 小时	2 000 小时	2 000 小时	
	实际	2 100	1 800	2 400	1 400	7 700

3.

期末在产品定额成本：

直接材料成本 = 100×20 = 2 000（元）

直接人工成本 = 100×40×0. 05 = 200（元）

制造费用 = 100×40×0. 02 = 80（元）

期末在产品定额成本 = 2 000+200+80 = 2 280（元）

完工产品成本 = 2 600+45 000−2 280 = 45 320（元）

4.（1）第一工序在产品完工率 = 4×50%/20 = 10%

第二工序在产品完工率 =（4+8×50%）/20 = 40%

第三工序在产品完工率 =（4+8+8×50%）/20 = 80%

（2）第一工序月末在产品约当产量 = 20×10% = 2

第二工序月末在产品约当产量 = 40×40% = 16

第三工序月末在产品约当产量 = 60×80% = 48

在产品约当产量合计 = 2+16+48 = 66

（3）原材料费用分配率 = 16 000/(200+120) = 50

完工产品的原材料费用 = 200×50 = 10 000（元）

在产品的原材料费用 = 120×50 = 6 000（元）

人工费用分配率 = 7 980/(200+66) = 30

完工产品的人工费用 = 200×30 = 6 000（元）

在产品的人工费用 = 66×30 = 1 980（元）

制造费用分配率 = 8 512/(200+66) = 32

完工产品的制造费用 = 200×32 = 6 400（元）

在产品的制造费用 = 66×32 = 2 112（元）

完工产品成本 = 10 000+6 000+6 400 = 22 400（元）

月末在产品成本 = 6 000+1 980+2 112 = 10 092（元）

5.

直接材料分配率＝（1 550+10 000）/（450+100×60%）＝22.6

完工产品应负担的材料费用＝450×22.6＝10 170（元）

月末在产品应负担的材料费用＝11 550−10 170＝1 380（元）

直接人工分配率＝（1 000+3 500）/（450+100×50%）＝9

完工产品应负担的人工费用＝450×9＝4 050（元）

月末在产品应负担的人工费用＝100×50%×9＝450（元）

制造费用分配率＝（1 100+4 000）/（450+100×50%）＝10.2

完工产品应负担的制造费用＝450×10.2＝4 590（元）

月末在产品应负担的制造费用＝100×50%×10.2＝510（元）

完工产品成本＝10 170+4 050+4 590＝18 810（元）

期末在产品成本＝1 380+450+510＝2 340（元）

第八章

一、单项选择题

1. A　2. D　3. A　4. C　5. B　6. D　7. B　8. D　9. B　10. A

二、多项选择题

1. CD　2. AB　3. BCD　4. ACD　5. BC

6. AB　7. ABD　8. BC　9. ABF　10. AE

三、案例

1.

（1）分步法。

第一分厂以燃烧热量为核算对象，第二分厂以锅炉为核算对象，第三分厂以热力作为成本核算对象，第四分厂以电气作为成本核算对象。

（2）设置电力和热力成本核算对象，设置成本项目为直接材料、燃料及动力、直接人工、制造费用。

2.

（1）确定生产材料定额；（2）材料定额领料单制度；（3）材料余缺及时入库；（4）期末清点完工产品数量，乘以材料定额得到完工产品材料定额，采用领料+期初−期末完工品定额＝期末在产品材料；（5）生产费用在完工产品和再产品之间分配，采用定额比例和定额费用法分配。

第九章

一、单项选择题

1. B　2. A　3. B　4. C　5. B　6. A　7. C　8. B　9. D　10. B　11. A　12. B　13. D　14. C　15. A　16. D　17. B　18. C　19. B　20. D　21. A

二、多项选择题

1. AD　2. ACD　3. ABD　4. ABCD　5. AB

6. AD　7. BC　8. BD　9. BC　10. ABDE

三、判断

1. 对　2. 对　3. 错　4. 对　5. 对　6. 错　7. 错　8. 对　9. 错　10. 对
11. 错　12. 错　13. 错　14. 错　15. 错

四、计算

（1）编制各项要素费用分配表

①分配材料费用：

A、B 产品耗用材料分配表

201×年 8 月　　单位：元

产品名称	直接耗用材料	共同耗用原材料	分配率	分配共耗材料	耗用材料合计
A 产品	980 000	49 000	0. 8	392 000	1 019 200
B 产品	790 000		0. 2	98 000	799 800
合计	1 770 000		1	49 000	1 819 000

材料费用分配表

201×年 8 月　　单位：元

会计科目	明细科目	原材料	包装物	合计
基本生产成本	A 产品	1 019 200	19 000	1 038 200
	B 产品	799 800	5 600	805 400
	小计	1 819 000	24 600	183 400
辅助生产成本	供电车间	2 800		2 800
	供汽车间	3 200		3 200
	小计	6 000		6 000
制造费用	基本生产车间	4 000	800	4 800
管理费用	修理费	2 600	900	3 500
合　计		1 831 600	509 000	1 857 900

根据材料费用汇总表，编制如下发出材料的会计分录：

借：生产成本——基本生产成本——A 产品　　1 038 200
　　　　　　　　　　　　　——B 产品　　805 400
　　辅助生产成本——供电车间　　2 800
　　　　　　　　——供汽车间　　3 200
　　制造费用——基本生产车间　　4 800
　　管理费用　　3 500
　贷：原材料　　1 831 600
　　　周转材料　　509 000

②分配职工薪酬：

职工薪酬费用分配表

201×年 8 月　　单位：元

分配对象		职工薪酬		
会计科目	明细科目	待分配费用	分配率	分配额
基本生产成本	A 产品	440 000	0.8	352 000
	B 产品		0.2	88 000
	小计	440 000	2.80	440 000
辅助生产成本	供电车间			9 000
	供汽车间			8 000
	小计			17 000
制造费用	基本生产车间			40 000
管理费用	工资、福利费			52 000
合　计				549 000

根据职工薪酬分配表，编制如下会计分录：

借：基本生产成本——A 产品　　352 000

　　　　　　　　——B 产品　　88 000

　　辅助生产成本——供电车间　　9 000

　　　　　　　　——供汽车间　　8 000

　　制造费用——基本生产车间　　40 000

　　管理费用　　52 000

　贷：应付职工薪酬　　549 000

③计提固定资产折旧费用：

折旧费用计算表

201×年 8 月　　单位：元

会计科目	明细科目	费用项目	分配金额
制造费用	基本生产车间	折旧费	20 000
辅助生产成本	供电车间	折旧费	2 000
	供汽车间	折旧费	4 000
管理费用		折旧费	6 000
合 计			32 000

根据折旧计算表，编制如下计提折旧的会计分录：

借：制造费用——基本生产车间　　20 000

　　辅助生产成本——供电车间　　2 000

　　　　　　　　——供汽车间　　4 000

　　管理费用　　6 000

　贷：累计折旧　　32 000

④分配本月现金和银行存款支付费用：

其他费用分配表

201×年 8 月　　　　单位：元

会计科目	明细科目	现金支付	银行存款支付	合　计
制造费用	基本生产车间	715	11 000	11 715
辅助生产成本	供电车间	345	4 300	4 645
	机修车间	980	1 400	2 380
管理费用		2 960	9 000	11 960
合计		5 000	25 700	30 700

根据其他费用分配表，编制如下会计分录：

借：制造费用——基本生产车间　　11 715
　　辅助生产成本——供电车间　　4 645
　　　　　　　　——供汽车间　　2 380
　　管理费用　　11 960
　贷：库存现金　　5 000
　　　银行存款　　25 700

（2）归集和分配辅助生产费用

①根据各项要素费用分配表，登记辅助生产成本明细账：

辅助生产成本明细账

车间名称：供电车间　　　　单位：元

201×年		凭证字号	摘　要	直接材料	直接人工	制造费用	合计
月	日						
8	1	略	材料费用分配表	2 800			2 800
	31		职工薪酬分配表		9 000		9 000
	31		计提折旧费			2 000	2 000
	31		其他费用			4 645	4 645
	31		本月合计	2 800	9 000		18 445
	31		结转受益部门	2 800	9 000	6 645	18 445

辅助生产成本明细账

车间名称：供汽车间　　　　单位：元

201×年		凭证字号	摘　要	直接材料	直接人工	制造费用	合计
月	日						
8	31	略	材料费用分配表	3 200			1 200
	31		职工薪酬分配表		8 000		7 000
	31		计提折旧费			4 000	4 000
	31		其他费用			2 380	2 380
	31		本月合计	3 200	8 000	6 380	17 580
	31		结转各受益部门	3 200	8 000	6 380	17 580

②分配辅助生产费用：

辅助生产费用分配表

201×年 8 月　　单位：元

受益部门	供电（单位成本 0.21 元）		供汽（单位成本 3.50 元）	
	用电度数	计划成本	供汽量	计划成本
供电车间			400	1 400
供汽车间	5 000	1 050		
基本生产车间耗用	72 000	15 120	3 470	12 145
厂部管理部门	12 000	2 520	1 250	4 375
合　　计	89 000	18 690	5 120	17 920
实际成本		19 845		18 630
成本差异		1 155		710

备注：供电车间实际成本＝18 445+1 400＝19 845（元）；供汽车间实际成本＝17 580+1 050＝18 630（元）。

根据辅助生产费用分配表，编制如下会计分录：

结转辅助生产计划成本：

借：生产成本——辅助生产成本——供电车间　　1 400

　　　　　　　　　　　　　　——供汽车间　　1 050

　　制造费用——基本生产车间——供电　　15 120

　　　　　　　　　　　　　　——供汽　　12 145

　　管理费用　　6 895

　贷：生产成本——辅助生产成本——供电车间　　18 690

　　　　　　　　　　　　　　　——机修车间　　17 920

结转辅助生产成本差异（为了简化成本计算工作，成本差异全部计入管理费用）：

借：管理费用　　1 865

　贷：生产成本——辅助生产成本——供电车间　　1 155

　　　　　　　　　　　　　　　——机修车间　　710

（3）归集和分配制造费用

①根据各项要素费用分配表，登记制造费用明细账。

制造费用明细账

车间名称：基本生产车间　　单位：元

年		凭证号	摘　　要	材料费	人工费	折旧费	供气费	水电费	其他	合计
月	日									
8	31	略	材料费用分配表	4 800						4 800
	31		职工薪酬分配表		40 000					40 000
	31		折旧费用计算表			20 000				20 000
	31		其他费用分配表						11 715	11 715

续表

年		凭证号	摘要	材料费	人工费	折旧费	供气费	水电费	其他	合计
月	日									
	31		辅助生产分配表				12 145	15 120		27 265
	31		本月合计	4 800	40 000	20 000	12 145	15 120	11 715	103 780
	31		结转制造费用	4 800	40 000	20 000	12 145	15 120	11 715	103 780

②分配制造费用：

制造费用分配表

车间名称：基本生产车间　　　　单位：元

产品	生产工时	分配率	分配金额
A 产品	80 000	0.8	83 024
B 产品	20 000	0.2	20 756
合计	100 000	1	103 780

根据制造费用分配表，编制如下会计分录：

借：生产成本——基本生产成本——A 产品　　83 024

　　　　　　　　　　　　　　——B 产品　　20 756

　贷：制造费用——基本生产车间　　103 780

（4）分配计算 A、B 产品的完工产品成本和月末在产品成本

在产品约当产量计算表

产品名称：A 产品　　　　单位：件

成本项目	在产品数量	投料程度（加工程度）	约当产量
直接材料	100	100%	100
直接人工	100	50%	50
制造费用	100	50%	50

在产品约当产量计算表

产品名称：B 产品　　　　单位：件

成本项目	在产品数量	投料程度（加工程度）	约当产量
直接材料	40	100%	40
直接人工	40	50%	20
制造费用	40	50%	20

根据 A、B 两种产品的月末在产品约当产量，采用约当产量法在 A、B 两种产品的完工产品与月末在产品之间分配生产费用。

产品成本计算单

产品名称：A 产品　　　　产成品：500 件　　　　在产品：100 件

摘　要	直接材料	直接人工	制造费用	合计
月初在产品成本	285 000	43 680	5 675	334 355
本月发生生产费用	1 038 200	350 000	83 024	1 473 224
生产费用合计	1 323 200	395 680	88 699	1 807 579
完工产品数量	500	500	500	
在产品约当量	100	50	50	
总约当产量	600	550	550	
分配率（单位成本）	2 205. 33	719. 42	161. 27	3 086. 02
完工产品总成本	1 102 665	359 710	80 635	1 543 010
月末在产品成本	220 535	35 970	8 064	264 569

产品成本计算单

产品名称：B 产品　　　　产成品：200 件　　　　在产品：40 件

摘　要	直接材料	直接人工	制造费用	合计
月初在产品成本	225 740	27 500	4 560	257 800
本月发生生产费用	805 400	880 000	20 756	914 156
生产费用合计	1 031 140	115 500	25 316	1 171 956
完工产品数量	200	200	200	
在产品约当量	40	20	20	
总约当产量	240	220	220	
分配率（单位成本）	4 296. 42	525	115. 07	4 936. 49
完工产品总成本	859 284	105 000	23 014	987 298
月末在产品成本	171 856	10 500	2 302	184 658

（5）编制完工产品成本汇总表

完工产品成本汇总表

201×年 8 月　　　　单位：元

成本项目	A 产品（500 件）		B 产品（200 件）	
	总成本	单位成本	总成本	单位成本
直接材料	1 102 665	2 205. 33	859 284	4 296. 42
直接人工	359 710	719. 42	105 000	525
制造费用	80 635	161. 27	23 014	115. 07
合计	1 148 960	2 297. 92	780 004	4 936. 49

根据完工产品成本汇总表或成本计算单及成品入库单，结转完工入库产品的生产成本。编制如下会计分录：

借：库存商品——A 产品　　1 543 010
　　　　　——B 产品　　987 298
　贷：生产成本——基本生产成本——A 产品　　1 543 010
　　　　　　　　　　　　　——B 产品　　987 298

2.

6 月份：

产品成本计算单

701 号：　　单位：元

项目	直接材料	直接人工	制造费用	合计
本月费用	59 800	8 800	6 900	75 500
完工成	35 880	6 800	5 175	47 655
在产品	23 920	2 200	1 725	27 845

产品成本计算单

802 号：　　单位：元

项目	直接材料	直接人工	制造费用	合计
本月费用	10 200	8 600	4 960	23 760
完工成本	8 280	7 180	4 080	19 540
单位定额	960	710	440	2 110
在产品定额(2 件)	1 920	1 420	880	4 220

7 月份：

产品成本计算单

701 号：　　单位：元

项目	直接材料	直接人工	制造费用	合计
月初费用	23 920	2 200	1 725	27 845
本月费用		1 800	1 400	3 200
合计	23 920	4 000	3 125	31 045
完工成本	23 920	4 000	3 125	31 045

产品成本计算单

802 号：　　单位：元

项目	直接材料	直接人工	制造费用	合计
月初费用	1 920	1 400	880	4 220
本月费用		8 100	4 050	12 150
合计	1 920	9 520	4 930	16 370
完工成本	1 920	9 520	4 930	16 370

3. **基本生产成本二级账**

单位：元

	直接材料	生产工时	直接人工	制造费用	合计
本月发生费用	52 700	43 260	18 169.2	21 630	92 499.2
累计数及累计间接费用分配率			0.42	0.5	
完工产品成本	26 000	19 560	8 215.2	9 780	55 340
余额	39 200	23 00	9 954	11 850	61 004

注：职工薪酬分配率＝18 169.2/43 260＝0.42；制造费用分配率＝21 630/43 260＝0.5。

产品生产成本明细账

产品批号：1301　　　　投产日期：7月

产品名称：A产品　　批量：6件　　单位：元　　完工日期：8月

月	日	摘要	直接材料	生产工时	直接人工	制造费用	合计
6	30	累计数及累计间接费用	15 000	9 060	3 805.2	4 530	23 335.2
6	30	完工产品成本（6件）	15 000	9 060	3 805.2	4 530	23 335.2
6	30	完工单位成本	2 500		634.2	755	3 889.2

产品生产成本明细账

产品批号：1302　　　　投产日期：7月

产品名称：B产品　　批量：12件　　单位：元　　完工日期：8月　　完工6件

月	日	摘要	直接材料	生产工时	直接人工	制造费用	合计
6	30	累计数及累计间接费用	19 200	17 500			
6	30	累计数及累计间接费用分配率			0.42	0.5	
6	30	完工产品负担费用			7 350	8 750	
6	30	完工产品成本（6件）	9 600	10 500	1 225	4 375	15 200
6	30	完工单位成本	1 600		204.17	729.17	2 533.34

产品生产成本明细账

产品批号：1303　　　　投产日期：5月

产品名称：C产品　　批量：7件　　单位：元　　完工日期：未完工

月	日	摘要	直接材料	生产工时	直接人工	制造费用	合计
6	30	本月发生	9 600	8 500			

产品生产成本明细账

产品批号：1304　　　　投产日期：6月

产品名称：D产品　　批量：9件　　单位：元　　完工日期：未完工

月	日	摘要	直接材料	生产工时	直接人工	制造费用	合计
6	30	本月发生	8 900	8 200			

4.

E 半成品生产成本明细账（第一步骤）

单位：元

摘要	直接材料	直接人工	制造费用	合计
月初在产品成本	6 520	440	600	7 560
本月发生费用	20 480	2 260	4 800	27 540
合计	27 000	2 700	5 400	35 100
本月完工数量	250	250	250	
月末在产品数量	50	20	20	
分配率	90	10	20	
完工产品成本	22 500	2 500	5 000	30 000
在产品成本	4 500	200	400	5 100
完工产品单位成本	90	10	20	

直接材料分配率＝27 000/（250+50）＝90

直接人工分配率＝2 700/（250+50×40%）＝10

制造费用分配率＝5 400/（250+50×40%）＝20

E 产品生产成本明细账（第二步骤）

单位：元

摘要	自制半成品	直接人工	制造费用	合计
月初在产品成本	1 226	88	108	1 656
本月发生费用		1 706	3 595	5 301
上步转入	30 000			30 000
合计	31 226	1 794	3 703	36 723
本月完工数量	200	200	200	
月末在产品数量	60	30	30	
完工产品成本	24 020	1 560	3 220	28 800
在产品成本	7 206	234	483	7 923
完工产品单位成本	120. 1	7. 8	16. 1	144

自制半成品分配率＝31 226/（200+60）＝120. 1

直接人工分配率＝1 794/（200+60×50%）＝7. 8

制造费用分配率＝3 703/（200+60×50%）＝16. 1

成本还原计算表

单位：元

项目	还原率	直接材料	直接人工	制造费用	合计
还原前成本		24 020	1 560	3 220	28 800
第一步骤转入第二步骤费用	0. 8＝ 24 020/30 000	22 500	2 500	5 000	30 000
还原费用		18 000	2 000	4 020	24 020

续表

项目	还原率	直接材料	直接人工	制造费用	合计
还原后总成本		18 000	3 560	7 240	28 800
还原后单位成本		90	17.8	36.2	144

5.

第二车间成本计算单（综合结转）

单位：元

项目	半成品	直接人工	制造费用	合计
期初成本	15 000	4 300	4 700	24 000
本月投入费用	99 000	8 000	12 500	119 500
合计	114 000	12 300	17 200	143 500
本月完工产品成本	99 000	11 200	15 300	125 500
期末成本（定额）	15 000	1 100	1 900	18 000

第二车间成本计算单（分项结转）

单位：元

项目		直接材料	直接人工	制造费用	合计
期初成本		15 000	4 300	4 700	24 000
本月投入	上步转来	35 000	26 000	38 000	99 000
	本步		8 000	12 500	20 500
合计		50 000	38 300	55 200	143 500
本月完工产品成本		35 000	37 200	53 300	125 500
期末成本		15 000	1 100	1 900	18 000

6.

（1）

产品成本计算单（第一步骤）

单位：元

项目		直接材料	直接人工	制造费用	合计
月初在产品成本		8 400	4 800	4 200	17 400
本月生产费用		36 000	12 000	11 400	59 400
费用合计		44 400	16 800	15 600	76 800
分配率		1.776	1.05	0.975	—
完工产品份额	定额	20 000	10 000	10 000	—
	实际	35 520	10 500	9 750	55 770
月末在产品成本	定额	5 000	6 000	6 000	—
	实际	8 880	6 300	5 850	21 030

材料费用分配率＝44 400/25 000 ＝ 1.776

人工费用分配率＝16 800/16 000 ＝ 1.05

制造费用分配率 = 15 600/16 000 = 0. 975

产品成本计算单（第二步骤）

单位：元

项目		直接材料	直接人工	制造费用	合计
月初在产品成本			1 604	1 480	3 084
本月生产费用			8 600	5 800	14 400
费用合计			10 204	7 280	17 484
分配率			1. 020 4	0. 728	—
完工产品份额	定额		6 800	6 800	—
	实际		6 938. 72	4 950. 4	11 889. 12
月末在产品成本	定额		3 200	3 200	—
	实际		3 265. 28	2 329. 6	5 594. 88

人工费用分配率 = 10 204/10 000 = 1. 020 4

制造费用分配率 = 7 280/10 000 = 0. 728

（2）

产品成本汇总表

名称：B 产品　　产量：500 吨　　单位：元

成本项目	第一步骤份额	第二步骤份额	总成本	单位成本
直接材料	35 520		35 520	71. 04
直接人工	10 500	6 938. 72	17 438. 72	34. 88
制造费用	9 750	4 950. 4	14 700. 4	29. 40
合计	55 770	11 889. 12	67 659. 12	135. 32

（3）借：库存商品——B 产品　67 659. 12

贷：生产成本——基本生产成本——第一车间——直接材料　35 520

——直接人工　10 500

——制造费用　9 750

——第二车间——直接人工　6 938. 72

——制造费用　4 950. 4

7.

（1）

产品成本计算单（第一步骤，取两位小数）

单位：元

项目	直接材料	直接人工	制造费用	合计
月初在产品成本	8 400	4 800	4 200	17 400
本月生产费用	36 000	12 000	11 400	59 400
费用合计	44 400	16 800	15 600	76 800
约当产量	335+20+30 = 385	335+20+30 * 40% = 367	335+20+30 * 40% = 367	—

续表

项目	直接材料	直接人工	制造费用	合计
应计入产成品份额(335 件)	38 632.2	15 332.95	14 240.85	68 206
月末在产品成本	5 767.8	1 467.05	1 359.15	8 594

直接材料约当产量= 335+20+30=385

材料分配率 = 44 400/ 385 = 115.32

计入完工品的材料费用=335 × 115.32 = 38 632.2（元）

直接人工和制造费用的约当产量 = 30×40%+ 20 + 335 = 367

直接人工分配率 = 16 800/ 367 = 45.77

计入完工品的人工费用 = 45.77×335=15 332.95（元）

制造费用分配率 = 15 600/367 = 42.51

计入完工品的制造费用 = 42.51×335= 14 240.85（元）

产品成本计算单（第二步骤）

单位：元

项目	直接材料	直接人工	制造费用	合计
月初在产品成本		1 604	1 480	3 084
本月生产费用		8 600	5 800	14 400
费用合计		10 204	7 280	17 484
约当产量		345	345	
应计入产成品份额(335 件)		9 909.3	7 068.5	16 977.8
月末在产品成本		294.7	211.5	506.2

直接人工和制造费用的约当产量 = 20×50% + 335 = 345

直接人工分配率 = 10 204/ 345 = 29.58

计入完工品的人工费用=29.58×335=9 909.3（元）

制造费用分配率 = 7 280/345 = 21.10

计入完工品的制造费用=21.10×335= 7 068.5（元）

（2）

产品成本汇总表

名称：F 产品　　产量：335 件　　单位：元

成本项目	第一步骤份额	第二步骤份额	总成本	单位成本
直接材料	38 632.2		38 632.2	115.32
直接人工	15 332.95	9 909.3	25 242.25	75.35
制造费用	14 240.85	7 068.5	21 309.35	63.61
合计	68 206	16 977.8	85 183.8	254.28

（3）借：库存商品——F 产品　　67 659.12

贷：生产成本——基本生产成本——第一车间——直接材料　　35 520

——直接人工　　10 500
——制造费用　　9 750
——第二车间——直接人工　6 938.72
——制造费用　4 950.4

8.

成本还原计算表

单位：元

	成本项目	还原前产品成本	本月生产	还原分配率	半成品成本还原	还原后总成本
按第二步半成品成本结构进行还原	直接材料			0.85		
	半成品	38 896	37 050		31 492.5	31 492.5
	燃料及动力	5 600	3 510		2 983.5	8 583.5
	直接人工	3 840	3 250		2 762.5	6 602.5
	制造费用	2 720	1 950		1 657.5	4 377.5
	合计	51 056	45 760		38 896	51 056
按第一步半成品成本结构进行还原	直接材料		21 500	0.730 68	15 709.62	15 709.62
	半成品	31 492.5				
	燃料及动力	8 583.5	9 000		6 576.12	15 159.62
	直接人工	6 602.5	8 100		5 918.51	12 521.01
	制造费用	4 377.5	4 500		3 288.25	7 665.75
	合计	51 056	43 100		31 492.5	51 056

9.

(1)

第一步骤：10×50%+12+4+4=25（件）

第二步骤：12×50%+4+4=14（件）

第三步骤：4×50%+4=6（件）

第四步骤：4×50%=2（件）

(2)

第一步骤：10×50%+7×2+4×2=27（件）

第二步骤：7×50%+40=7.5（件）

第三步骤：4×50%=2（件）

(3)

第一步骤：10×50%+7×2+4×4=35（件）

第二步骤：7×50%+4×2=11.5（件）

第三步骤：4×50%=2（件）

10.

(1) 连续式。

(2) 可以。完工产品和在产品的确定。

（3）可以。

11.

成本计算对象：单次运营成本。运营中的耗费有：旅客免费餐、运营者的打扫清理费、机场设备费、机场停靠时间、空调发动机耗电。成本费用有：旅客免费餐、运营者的打扫清理费、机场设备费、机场停靠时间、空调发动机耗电、空姐服装费、飞机油耗、飞机操作人员工资、飞机购置投入使用的折旧费、飞机水电费、飞机座椅清洗和更换。

期间费用有：航空公司办公楼租赁费、网络售票系统费用。

直接成本有：餐费、打扫清理费、机场设备费、机场停靠时间费、空调发动机维修费、人工工资、空姐和飞机飞行员工资、飞机水电费。

间接成本有：折旧、飞机水电费。

第十章

一、单项选择题

1. D　2. C　3. D　4. B　5. A　6. C　7. C　8. B　9. A　10. A

二、多项选择题

1. AC　2. ABCD　3. ABC　4. AC　5. BC　6. ABC　7. ABC　8. ABC　9. AB　10. ABCD

三、计算题

1. 耗用材料金额：8 000×5.4 元＝43 200（元）

甲产品：500×6 千克＝3 000（千克）

乙产品：400×5 千克＝2 000（千克）

计算分配率：8 000÷（3 000+2 000）＝1.6

甲产品实际耗用的原材料费用：3 000×1.6×5.4＝25 920（元）

乙产品实际耗用的原材料费用：2 000×1.6×5.4＝17 280（元）

2. 本月产成品材料成本＝65 100+7 300−5 200＝67 200（元）

本月产成品人工费用＝12 250+1 500−1 000＝12 750（元）

本月产成品制造费用＝36 750+4 500−3 000＝38 250（元）

A 类产品耗用材料费用＝67 200×9.6×1 500÷（9.6×1 500+8×2 000+6.4×500）＝28 800（元）

B 类产品耗用材料费用 67 200×8×2 000÷（9.6×1 500+8×2 000+6.4×500）＝32 000（元）

C 类产品耗用材料费用＝67 200×6.4×500÷（9.6×1 500+8×2 000+6.4×500）＝6 400（元）

A 类产品耗用人工费用＝12 750×6×1 500÷（6×1 500+7×2 000+5×500）＝4 500（元）

B 类产品耗用人工费用＝12 750×7×2 000÷（6×1 500+7×2 000+5×500）＝7 000（元）

C 类产品耗用人工费用 = 12 750×5×500÷（6×1 500+7×2 000+5×500）= 1 250（元）

A 类产品耗用制造费用 = 38 250×6×1 500÷（6×1 500+7×2 000+5×500）= 13 500（元）

B 类产品耗用制造费用 = 38 250×7×2 000÷（6×1 500+7×2 000+5×500）= 21 000（元）

C 类产品耗用制造费用 = 38 250×5×500÷（6×1 500+7×2 000+5×500）= 3 750（元）

A 类产品成本 = 28 800+4 500+13 500 = 46 800（元）

B 类产品成本 = 32 000+7 000+21 000 = 60 000（元）

C 类产品成本 = 6 400+1 250+3 750 = 11 400（元）

3. 略

4. 实际小时工资率 = 240 000÷20 000 = 12（元/小时）

甲产品定额生产工资 = 2 200×10×10 = 220 000（元）

甲产品实际生产工资 = 12×20 000 = 240 000（元）

甲产品生产工资脱离定额的差异 = 240 000−220 000 = 20 000（元）（超支差异）

根据计算结果，本月生产工资脱离定额的差异为超支 20 000 元，可从产量和工人生产效率等角度分析差异产生的原因。

四、案例应用分析（略）

第十一章

一、单项选择题

1. A　2. C　3. A　4. D　5. C　6. B　7. A　8. B　9. D　10. D

二、多项选择题

1. ABC　2. BC　3. CD　4. AB　5. AD　6. AB　7. ABCD　8. AB　9. ABCD　10. AB

三、计算题

1. B 材料的成本差异分析如下：

材料成本差异 = 100×900−110×1 000 = −20 000（元）（有利差异）

其中，

材料价格差异 =（100−110）×900 = −9 000（元）（有利差异）

材料用量差异 =（900−200×5）×110 = −11 000（元）（有利差异）

2. 直接人工成本差异分析如下：

直接人工成本差异 = 10×8 000−9×200×28 = 29 600（元）（不利差异）

其中，

直接人工工资率差异 =（10−9）×8 000 = 8 000（元）（不利差异）

直接人工效率差异 =（8 000−200×28）×9 = 21 600（元）（不利差异）

3. 变动制造费用差异分析如下：

变动制造费用差异＝20 000－3×6 000＝2 000（元）（不利差异）

其中，

变动制造费用开支差异＝（2.5－3）×8 000＝－4 000（元）（不利差异）

变动制造费用效率差异＝（8 000－6 000）×3＝6 000（元）

4. 固定制造费用差异分析如下：

固定制造费用成本差异＝1 424－400×3＝224（元）（不利差异）

两差异分析：

固定制造费用开支差异＝1 424－1 000×1.5＝－76（元）（有利差异）

固定制造费用能量差异＝1 000×1.5－400×2×1.5＝300（元）（不利差异）

三差异分析：

固定制造费用开支差异＝1 424－1 000×1.5＝－76（元）（有利差异）

固定制造费用能力差异＝（1 000－890）×1.5＝165（元）（不利差异）

固定制造费用效率差异＝（890－400×2）×1.5＝135（元）（不利差异）

四、案例应用分析（略）

第十二章

一、判断题

1. ×　2. √　3. ×　4. ×　5. ×　6. ×　7. √

二、单项选择题

1. B　2. D　3. B　4. C　5. B

三、计算分析题

1.

全部产品生产成本表（按产品品种反映）

2010 年 12 月　　单位：元

产品名称	计量单位	实际产量		单位成本				本月总成本			本年累计总成本		
		本月	本年累计	上年实际平均	本年计划	本月实际	本年实际平均	按上年实际平均单位成本计算	按本年计划单位成本计算	本月实际	按上年实际平均单位成本计算	按本年计划单位成本计算	本年实际
可比产品合计								76 824	75 048	74 780	899 000	878 200	874 400
甲	台	68	800	408	396	385	386	27 744	26 928	26 180	326 400	316 800	308 800
乙	台	60	700	818	802	8 810	808	19 080	48 120	48 600	572 600	561 400	565 600
不可比产品合计								–	30 400	29 120	–	352 000	336 000
丙	台	20	200	–	320	326	330	–	6 400	6 520	–	6 400	66 000
丁	台	25	300	–	9 960	904	900	–	24 000	22 600	–	28 800	270 000
产品生产成本合计								76 824	105 448	103 900	899 000	1 230 200	1 210 400

2.

产品成本分析表

单位：元

产品名称	实际产量		实际比计划的差异		各产品的成本差异对总成本影响的百分比（%）
	计划总成本	实际总成本	降低额	降低率（%）	
可比产品合计	878 200	874 400	-3 800	-0. 13	-0. 31
其中：甲产品	316 800	308 800	-8 000	-2. 53	-0. 65
乙产品	561 400	565 600	4 200	0. 75	0. 34
不可比产品合计	352 000	336 000	-16 000	-1. 55	-1. 30
其中：丙产品	64 000	66 000	2 000	3. 13	0. 16
丁产品	288 000	270 000	-18 000	-6. 25	-1. 46
全部产品合计	1 230 200	1 210 400	-19 800	-1. 61	-1. 61

以上分析表表明：

（1）该企业全部商品产品成本实际总成本比计划总成本节约 19 800 元，节约率为 1. 61%。

（2）全部商品产品成本计划已经完成，从产品品种上看，成本计划完成情况不平衡，其中：可比产品中甲产品实际成本比计划降低了 8 000 元，成本降低率为 2. 53%；乙产品实际成本比计划增加了 4 200 元，成本超支率为 0. 75%。甲、乙产品构成了可比产品成本降低额 3 800 元，成本降低率为 0. 43%。不可比产品丙产品实际成本比计划超支了 2 000 元，成本超支率为 3. 13%；丁产品实际成本比计划成本降低了 18 000 元，成本降低率为 6. 25%。丙、丁产品构成了不可比产品成本降低额为 6 000 元，成本降低率为 4. 55%。

（3）应进一步对超支率较高的丙产品进行分析，究其原因，是否是成本计划制度制定得不合实际，无法完成，还是实际生产过程中遇到特殊情况，或者人为地将属于可比产品的成本费用挤进不可比产品成本，以达到完成可比产品成本降低任务的目的等。

2. 原材料利用率变动对单位产品成本的影响率 =（80% ÷ 83% − 1）× 140 ÷ 280 × 100% = −1. 807 2%

原材料利用率变动对单位产品成本的影响额 = 270 ×（−1. 807 2）= −4. 88（元）

由于原材料利用率的提高，甲产品单位成本比上年降低了 1. 807 2%，约 4. 88 元。